本著作为江西省社会科学"十二五"规划重点项目"汉语状态补语语法化的类型学研究"（项目编号 15YY01）成果；江西省高校人文社会科学重点研究基地研究项目"汉语形容词状补功能对比研究与对外汉语教学"（项目编号 JD1513）成果。

现代汉语形容词
状补功能比较研究

徐采霞 ◎ 著

A COMPARATIVE STUDY
ON THE FUNCTION
OF ADJECTIVE COMPLEMENT
IN MODERN CHINESE

中国社会科学出版社

图书在版编目（CIP）数据

现代汉语形容词状补功能比较研究 / 徐采霞著. —北京：中国社会科学
出版社，2016.10
ISBN 978 – 7 –5161 –9045 –6

Ⅰ.①现…　Ⅱ.①徐…　Ⅲ.①现代汉语 – 形容词 – 研究　Ⅳ.①H146.3

中国版本图书馆 CIP 数据核字（2016）第 238264 号

出　版　人　赵剑英
责任编辑　任　明
责任校对　周　昊
责任印制　李寡寡

出　　　版　中国社会科学出版社
社　　　址　北京鼓楼西大街甲 158 号
邮　　　编　100720
网　　　址　http：//www.csspw.cn
发 行 部　010 – 84083685
门 市 部　010 – 84029450
经　　　销　新华书店及其他书店

印刷装订　北京市兴怀印刷厂
版　　　次　2016 年 10 月第 1 版
印　　　次　2016 年 10 月第 1 次印刷

开　　　本　710 × 1000　1/16
印　　　张　22
插　　　页　2
字　　　数　361 千字
定　　　价　85.00 元

目　录

绪　论

一　研究的缘起

本书的研究缘起于笔者在对外汉语教学中遇到的一个问题。2006 年笔者在墨西哥教授汉语，一次汉语教学研讨会上，有位墨西哥本土汉语教师问"认真地学习"和"学（习）得认真"究竟有什么不同？为什么形容词"认真"后置于动词做补语跟前置于动词做状语在句法形式上存在差别？在表达的意义上有差别吗？这位教师的母语为西班牙语，她之所以提出这个问题，是因为在西班牙语中方式范畴前置或后置于动词，所表达的意思没有差别，"认真地学习"和"学（习）得认真"在西班牙语中均表述为：

（1）estudiar　　　　　dedicadamente

　　　学习（动词）　　认真地（副词）

西班牙语的方式状语可以前置或后置于动词，而且在表意上没有太大差别，而汉语形容词跟动词的组合中，语序的变化带来了语义和句法形式上的调整。从句法上看，形容词"认真"前置于动词做状语，后置于动词则做补语。某形容词跟同一动词组合，由于语序变化而带来的语义差异对母语是西班牙语的学生来说很难透彻地理解。

当时笔者对于这个问题给出的回答是：汉语形容词前置于动词做状语，主要描写动作实现的方式、程度或动作发出者的情态；后置于动词做补语表动作的结果或动作引发施事或受事的性状变化。这位墨西哥汉语教师根据我的解释，给出了西班牙语中的两个表达方式：

（2）a. El　estudia　　　dedicadamente.

　　　他　学习（动词）　认真地（副词）

（整句意思：他认真地学习。）

　　　b. El　es　　　dedicado　　　en　　　el　　　estudio

　　　　　　他　是　认真的（形容词）　在（定冠词）学习（名词）
　　　　（整句意思：他学习很认真。）
　　例（2）a 句中方式状语"认真"后置于动词，这是西班牙语中方式
状语的常规语序，描写动作的方式。"他学得很认真"这个句子，这位墨
西哥本土教师根据我的解释，翻译为 b 句，在西班牙语中句子的意思严格
地说，是"他学习很认真"，这在汉语中是主谓谓语句而非形容词补语
句。可见汉语的状态补语在西班牙语中很难找到对应的表达形式。
　　这个问题引发了笔者的研究兴趣。在对母语为西班牙语的学习者进行
汉语教学的过程中，我们对初级和中级水平的学生进行过多次诊断性测
试，发现汉语形容词跟动词组合中由语序改变引发的语义和功能变化是教
学的难点。通过文献检索发现，英语、法语、日语、泰语和越南语等不同
母语背景的学习者在习得汉语形容词做补语这一语法项目时，都容易出现
偏误，不仅偏误数量大，偏误的类型也很复杂。补语教学一直以来都是对
外汉语教学的难点和重点。如（ ∗ 号表示不正确的表达）：
　　（3） ∗昨天我们高兴地玩了。
　　（正确：昨天我们玩得很高兴。）
　　（4） ∗昨天晚上邻居把电视声音开了太大，我睡不着。
　　（正确：昨天晚上邻居把电视声音开得太大，我睡不着。）
　　（5） ∗大卫非常快地跑，我们选他参加运动会。
　　（正确：大卫跑得非常快，我们选他参加运动会。）
　　以上偏误表明，汉语形容词前置于动词做状语或后置于动词做补语不
是简单的语序问题。形容词状补异位带来的语义差异在不同语言中并不完
全相同，形容词状补异位不是简单的语言线性编码问题，而是会引发深层
语义和句子语用功能变化。
　　从句法功能上看，汉语形容词可做定语、谓语、状语和补语。汉语学
界的既往研究主要讨论形容词的定和谓语功能，对于形容词的状语和补
语功能也有一些研究成果，但多集中在形容词做状语和做补语的限制条件
的探讨上，对形容词状补异位引发的语义和语用功能的对比研究较少，把
汉语形容词状补异位现象跟其他语言进行对比的研究尚不多见。
　　形容词前置于动词常描写动作的方式，叫方式状语（adverbial of man-
ner）；形容词后置于动词一般对动词进行补充说明，叫状态补语（com-
plement of manner）。这两个句法成分从英文表达上看很难区分。

　　汉语中的"方式"和"状态"有何区别？这两个句法成分之间是否存在区别？有何本质区别？有学者认为汉语形容词做状语和做补语时，形容词和动词之间的语义关系相同。刘丹青（1995）认为状语和补语都可视为谓词的附属成分，不存在语义对立，二者差异在语用上，汉语的"状补对立突出体现了汉语语用优先的心理现实性"①。不可忽略的语言事实是，非所有形容词都能充当动词的附属成分，在能充当动词附属成分的形容词中，有的只能做状语（本书称为"唯状形容词"）、有的只能做补语（本书称为"唯补形容词"）、有的既可做状语也可做补语（本书称为"可状可补形容词"）②。我们基于大规模现代汉语语料库，通过对现代汉语形容词的状语和补语功能的全面考察和系统对比，试回答以下问题。

　　（1）哪些形容词是唯状形容词？唯状形容词具有怎样的语义特点？为什么唯状形容词只适合在状语句位出现？唯状形容词做状语是否存在句法制约？存在哪些制约条件？

　　（2）哪些形容词是唯补形容词？唯补形容词具有怎样的语义特点？为什么唯补形容词只适合在补语句位出现？唯补形容词做补语是否存在句法制约？存在哪些制约条件？

　　（3）哪些形容词是可状可补形容词？可状可补形容词具有怎样的语义特点？为什么可状可补形容词既可做状语又可做补语？可状可补形容词实现状补异位后句法、语义和语用功能上是否存在差异？存在哪些差异？

　　（4）汉语状语和补语的本质差异是什么？为什么外国学生习得汉语形容词的状语和补语功能时产生大量偏误？这些偏误的类型及原因分析对深入认识汉语状语和补语的本质具有哪些启示？

　　为了摸清汉语形容词前置于动词做状语和后置于动词做补语的句法限制以及形容词状补异位引发的语义和语用差异，本书将基于大规模现代汉语语料库，对常用形容词的状语和补语功能进行语料检索、统计、分析和研究。为了系统整理外国学生在习得形容词做状语和做补语时产生的偏

---

　　①　刘丹青：《语义优先还是语用优先》，《语文研究》1995年第1期。

　　②　本书重点考察形容词的状语和补语功能，不考察形容词的谓语和定语功能。事实上，定语和谓语功能是汉语形容词的主要句法功能，同时也是判断形容词的重要的句法功能依据。本书所谓的"唯状形容词"不是指该形容词只具有状语功能，而是指在状语和补语这两种功能中只能做状语而不能做补语的形容词。同理，本书所谓"唯补形容词"是指只能做补语而不能做状语的形容词；"可状可补形容词"是指既可做状语也可做补语的形容词。

误，我们还将利用汉语中介语语料库进行偏误分析，并从汉外语言对比的视角对形容词状补异位现象进行考查。汉语习得研究可以启发我们从语言生成角度分析状补异位现象，从而多角度探索方式范畴的语法编码规律，思考汉语状态补语这个独特而显赫的句法成分所具有的个性，以及汉语的个性与人类语言的共性之间的辩证统一关系。

二 研究的意义

本书研究的问题来自对外汉语教学实践，不同母语背景学习者习得汉语的困难促使我们认识到，汉语本体研究对形容词状补异位现象的现有研究成果不能有效解释该现象，现有研究结论需要深化。本书的研究具有一定的理论上的追求，主要体现在以下方面：

1. 丰富并深化对汉语句法成分位序异变的研究。

邢福义（2009）指出："语序是汉语的重要语法手段，但是汉语的语序只是相对固定，而不是绝对固定。"[1] 汉语修辞学界和语法学界都很重视汉语句法成分的位序异变现象。修辞学所谓"易位"和语法学所谓"异位"虽有类似之处，但存在本质差异。汉语语法学中所讨论的异位现象主要包括以下情况：

主语和宾语的位序异动，如：我想死你们啦——你们想死我啦！

状语和补语的位序异动，如：他认真地学——他学得认真。

定语和状语的位序异动，如：他泡了一杯浓浓的茶——他浓浓地泡了一杯茶。

定语和谓语的位序异动，如：好用功的学生啊——学生好用功啊。

主语和谓语的位序异动，如：一斤苹果七块钱——七块钱一斤苹果。

修辞学中"易位"的"易"，意思是"变换，交换"；语法学中"异位"的"异"，意思是"有分别，不同"。我们认为，语言"易位"现象是指某句法成分本有个常规位置，为了独特的表达效果有意地将它从常规位置变换到一个非常规位置上的语序调整手段。如：

（6）a. 你怎么了？

b. 怎么了？你！

例（6）主语"你"从常规的句首位置变换到句末，这种语序的临时

---

[1] 邢福义：《汉语语法三百问》，商务印书馆 2009 年版，第 24 页。

调整是为了突出说话人在特定情境中的急切语气，但该成分做主语的句法功能不变。本书所讨论的形容词做状语或做补语是指形容词在编码过程中存在两个平等的句法位置，根据语境的限制和交际意图的凸显而选择其中的一个句法位置进入。如：

> （7）a. 他<u>焦急</u>地等待着。
> 　　　b. 他等得很<u>焦急</u>。

例（7）a 句和 b 句中形容词"焦急"不存在所谓的常位和变位，无论是前置于动词做状语还是后置于动词做补语都不是特定语境中的临时用法。本书所研究的"形容词状补异位"指的是形容词可以选择进入状语和补语两个不同句法位置的现象。本书重在描写形容词做状语和补语的规律，考察影响形容词进入状语句位和补语句位的制约因素，分析形容词进入状位和补位后引发的句法调整，以及语义差异和语用功能变化，以深化对汉语句法成分位序异变的研究。

2. 为深刻认识汉语状态补语这一具有汉语特性的句法成分性质与人类语言共性的关系提供语言事实的描写。

从语言类型学角度看，现代汉语是 SVO 型语言，但不同于其他 SVO 型语言的一个显著特点是，现代汉语中状语通常前置于动词。汉语语法学界对"补语"这一句法成分的界定与普通语言学界的"complement"存在分歧①。状语前置于动词通常被认为是汉语语法的特点，而补语通常被认为是汉语独特的句法成分，这些被认为是汉语的个性。为了准确理解汉语个性与人类语言共性的关系，对汉语的语法规律作出客观科学的描写和解释，汉语学界需要做的基础工作就是从类型学角度对具有汉语个性特点的汉语语法现象进行客观、全面而系统的详尽描写。

本书基于大规模现代汉语语料库，对汉语形容词做状语和做补语的功能进行系统描写，同时也对外国人习得汉语形容词做状语和做补语的常见偏误进行分类，并分析偏误原因。这样的基础研究工作有助于我们认识汉语形容词的状语和补语功能，并对形容词状补异位所引发的语义和语用差异在其他语言中的对应情况进行对比研究，从而为深入认识汉语个性与人

---

① 金立鑫：《解决汉语补语问题的一个可行性方案》，《中国语文》2009 年第 5 期。该文指出汉语的"补语"和国际通行的语法术语"complement"在概念的内涵和外延上均不完全对应，影响了汉语语言学的研究以及汉语语言学界跟国际语言学界的交流和沟通。

类语言共性的关系提供多角度描写。

　　本书的研究问题来自对外汉语教学实践，期待我们的研究有助于解决对外汉语教学中的问题，同时对汉外翻译中方式范畴的翻译和处理方式的选择也有所裨益。

　　不同母语背景的外国学习者在习得汉语补语时普遍感觉困难，常出现回避现象，在该用补语表达时，由于对补语这个句法成分的用法掌握不够，常出现用状语或者把复合表达语义拆分成几个句子来表达的偏误。我们采用面对面访谈的手段了解偏误产生者所想表达的真实意图，在此基础上将汉外语言对比与偏误分析结合起来，发现并解释外国人习得汉语补语的回避现象。第二语言习得的某些规律从语言生成角度看，与学习者的母语习得中的规律有相似之处。因此本书结合偏误分析，尝试从语言生成的角度解释汉语形容词的状补异位现象，有助于解决汉语补语这一对外汉语教学的难点问题。

　　人类语言存在差异，两种不同语言之间的直译通常是困难的，在语言翻译中逐词逐句的严格对译不容易做到。每种语言中都存在一些独特而常用的句式结构，不少翻译教材所做的努力，就是整理出不同语言之间重要句式的对译规律。方式范畴在汉语中可以编码为状语和补语，状语和补语无论在口语或书面中使用频率都很高，尤其是汉语补语变化丰富、结构复杂。汉语"补语"与英语"complement"、西班牙语"complemento, suplemento"等句法成分概念并不完全对应。如果在翻译中处理不好，就容易出现译文的欧化现象，甚至词不达意。我们注重从语义层面和语用功能上描写汉语形容词做状语和做补语的差异，研究结论对如何实现汉语与英语、西班牙语等不同语言之间方式范畴的准确而得体的翻译有所帮助。

三　研究的思路

　　我们要做的基础性工作是对现代汉语形容词的状语和补语功能进行描写，描写基于大规模现代汉语语料库。首先确定研究范围。朱德熙（1956）将形容词分为性质形容词和状态形容词。性质形容词包括单音形容词和一般双音形容词。从成员的典型性看，单音形容词是典型性质形容词；形容词短语和形容词重叠式是典型状态形容词。双音形容词在属于性质形容词还是状态形容词上呈现出复杂性：一般双音形容词归入性质形容词；偏正结构的复音形容词，如"煞白"、"冰凉"、"通红"和 AA 式叠音形容词，都属于状态形容词。正是这"一般"二字给双音形容词的性质归属带来了麻烦，也使性质、状态这一分类标准失去了对双音形容词内部成员的普遍性。

龙果夫（1958）认为形容词表示事物的性状，其中一类单纯表示属性，另一类形容词则跟量的观念或说话人对这种属性的主观估价作用发生联系。纯粹表示事物属性的是性质形容词，而跟量的观念和主观评价发生联系的是状态形容词。

按照音节标准，现代汉语形容词可以分为单音和双音形容词。单音形容词和双音形容词的语法性质差异比较大。沈家煊认为形容词单音和双音的区分比传统的性质和状态形容词的区分更加重要，而且更加管用①。单音形容词与其所修饰的动词构成的状中结构或动补结构都是黏合结构，可视为复合词。不少单音形容词和单音动词组合的黏合度非常高，如"凉拌"、"暗杀"等状中结构和"说明"、"提高"等动补结构已黏合成词，通常作为固定词条被词典收录。

随着汉语的双音化发展，单音形容词做状语和做补语的情况变得复杂，单音形容词和单音动词的组合究竟是词还是词组，有时并不容易判断，如"闲看庭前花开花落，静观天外云卷云舒"中，有"闲看"、"静观"，这其中的"闲"、"静"是词还是语素？《现代汉语词典》（第6版）把"静观"作词条收录，但未收录"闲看"。可见，这两个状中结构，一个被看作词，一个被视为词组。单音形容词与动词组合的限制条件多，形容词和动词之间词汇选择性强。这些因素都限制了单音形容词与单音动词组合成偏正结构，使这类结构的扩展性受限，一般不具有句法结构的能产性。

我们认为边界清晰、意义和结构都相对稳定的双音形容词是现代汉语形容词的典型成员，本书统计分析的主要对象是双音形容词，在具体分析过程中也涉及了单音形容词以及形容词的复杂形式，包括形容词重叠式、形容词前加程度副词构成的偏正结构和形容词性并列词组等。研究表明，单音形容词、双音形容词、形容词重叠式和其他形式的形容词性词组在做状语和补语时具有规律性。

"煞白"、"冰凉"、"通红"这类形容词的重叠式跟一般双音形容词

---

① 沈家煊：《"单双区分"在汉语中的地位和作用》，2013年11月14日在中国人民大学的讲演，感谢陆丙甫先生提供讲演稿。

的 AABB 式不同，是 ABAB 式。从静态特征上看，这类形容词中的两个语素已凝固为一个复合词而不是一个词组。《现代汉语词典》（第 6 版）把"煞白"、"冰凉"、"通红"标注为状态词①。朱德熙（1956）把状态词从双音形容词中独立出来，看作形容词的复杂形式，对汉语母语者而言，把状态词独立为一个词类并不具有很强的心理现实性。本书的研究和统计的形容词包括双音节状态词。

已有研究表明，状态形容词的出现晚于性质形容词。状态形容词最早出现于周代，《诗经》中已出现了单音节状态形容词。先秦时期状态形容词基本表现为重言词和双声叠韵联绵词，单音形容词加"然"、"如"等词缀构成的复音词也是状态形容词。先秦时代的状态形容词主要是双音节②。古代汉语单音形容词基本是性质形容词，双音形容词基本为状态形容词。张国宪（2006）认为原生态的单音形容词不是状态形容词的典型形式表征③。

现代汉语双音形容词中存在一类比较特殊的叠音词，如"忡忡"、"蒙蒙"、"袅袅"等，其特殊性在于构词语素不能独立使用。这类叠音形容词在《现代汉语词典》（第 6 版）中被标注为形容词，本书的研究对象也包括这类叠音形容词。

从类型学角度看，现代汉语是 SVO 型语言，但与其他 SVO 型语言不同，汉语的状语只能前置于动词。英语也是 SVO 型语言，英语中状语的常规句法位置是后置于动词。英语的状语也可以前置于动词，但前置或后置的语序改变并不影响该句法成分的性质。汉语形容词后置于动词变为补语，汉语的补语和状语这两个句法成分是否具有本质差异？汉语有些形容词在不改变词义的前提下，可以前置于动词做状语，也可以后置于动词做补语。考察同一形容词与动词组合的语序变换的最小差别时，分析现代汉

---

① 朱德熙：《现代汉语形容词研究》，《语言研究》1956 年第 1 期。该文指出"天蓝、水红、浅绿"一类词形式上与"煞白、冰凉、通红"相似，但语法性质完全不同。《现代汉语词典》把"煞白、冰凉、通红"标注为形容词中的状态词，而"天蓝、水红"标注为形容词，"浅绿"未收，这说明它处于词汇化的进程中，尚未完成词汇化过程。

② 杨建国：《先秦汉语的状态形容词》，《中国语文》1979 年第 6 期；郭锡良：《先秦汉语名词、动词、形容词的发展》，《中国语文》2000 年第 3 期。以上两篇文章对这个问题都做了详细论述。

③ 张国宪：《现代汉语形容词功能与认知研究》，商务印书馆 2006 年版，第 83 页。

语唯状形容词和唯补形容词的语义特征，有助于探索汉语状语和补语这两个句法成分的本质特点。

汉语形容词表示方式范畴，可以充当方式状语或状态补语。无论方式状语还是状态补语，都是状语和补语系统中的典型成员。朱德熙（1956）指出，一般双音形容词做状语需要加"地"；能直接做结果补语的双音形容词很少，绝大部分需要带"得"做状态补语。表方式范畴的双音形容词在汉语中编码为状语或补语都可带上形式标记。此外，形容词是较为抽象的词类，动词和形容词组成的述补结构具有极高的语义概括性，可以涵盖多种补语的类型。需要说明的是，本书把形容词与动词直接组合形成的结果补语视为复合词；带"得"表示"可能"的补语，如"洗得干净"视为结果补语"洗干净"的可能式。除特别说明外，本书所谓补语均指"状态补语"，即补语标记"得"后不表示可能的补语。

本书主要考察现代汉语形容词做状语和做状态补语的规律，尝试从"句法—语义"和"句法—语用"两个维度上考察形容词的状补功能。陆丙甫（2010）指出："普通人没有自觉的词性和词类的概念，他们造句是依靠直觉的，而这种直觉主要是出于对词义的反映"①。本书试图在词语和句法之间寻求互动规律，寻找形容词的语义特征与状语和补语的句位义之间的互动。首先基于大规模现代汉语语料库对常用双音形容词进行分类，根据形容词做状语和补语的功能，分为唯状形容词、唯补形容词和可状可补形容词三类，分析三类形容词的语义特征。在此基础上考察形容词做状语和补语的句法限制，语义差异和语用功能。考察外国人习得汉语形容词做状语和做补语的偏误，归纳偏误类型，并分析偏误原因。通过汉语与英语、西班牙语的对比分析，从语言生成的视角反观形容词的状语和补语的本质。

四　主要研究内容

本书首先把《汉语形容词用法词典》② 中收录的双音形容词按照词典

---

① 陆丙甫：《汉语的认知心理研究》，商务印书馆 2010 年版，第 270 页。

② 郑怀德、孟庆海：《汉语形容词用法词典》，商务印书馆 2010 年版。该词典收录常用形容词 1067 条，分义项对所有收录形容词按照其做谓语、定语、状语、补语、宾语和主语的功能进行描写。该词典中形容词做状语包括带"地"和不带"地"两种情况；做补语也包括带"得"和不带"得"两种情况。本书认定的形容词做状语同词典标准，形容词做补语仅指形容词在"得"后做状态补语，不包括不带"得"做补语的情况。

所描写的功能分为只能做状语不能做补语、只能做补语不能做状语和既能做状语又能做补语三种类型，形成三个词表。再将这三个词表中的形容词在大型现代汉语语料库中逐个进行检索，检验词典的描写与语言事实是否匹配。这是对形容词的状语和补语功能进行系统描写的基础性工作。在统计得出的三份双音形容词状补功能词表的基础上，对唯状形容词、唯补形容词和可状可补形容词的特点分别进行描写，主要分析各类形容词的语义特点，考察形容词的语义特征与状语和补语的句位义之间的互动关系；考察与形容词组合的动词的语义特征。陆俭明（1997）指出，哪些形容词能进入补语句位，形容词自身的语义特点起决定性作用，但也不可忽视与之相关的句法成分因素。无论是形动组合还是动形组合，与形容词关系最为密切的是动词。动词所描述动作的过程性差异，决定了形容词与该动词组合的入位选择。状语和补语的不同句位义决定形容词和动词组合的语序。对此，朱德熙（1956）、刘月华（1986）简单提及，但未进行系统的阐述。

在语义分析基础上，我们进一步考察形容词做状语和做补语的句法限制。李临定（1963）、刘月华（1985）指出，大多数形容词在不改变意义、不增加或减少词语的情况下，很难自由地做同一动词的状语或补语。本研究还将分析形容词做状语和做补语的语用差异和篇章功能。言语交际中句子是传递信息的最小的单位，形容词做状语或做补语，有时在孤立的句子中都正确，没有语法错误，但出现的语境条件不同，具有不同的篇章衔接的功能，限于单句的分析很多情况下无法有效解释形容词做状语和做补语的本质差异。

我们还基于中介语语料库以及在对外汉语教学过程中搜集到的偏误，对外国人习得汉语形容词做状语和做补语的偏误进行分类，并从母语影响、目的语规则泛化以及学习策略、教材编写等角度分析偏误产生的原因。本书进行偏误分析的目的并非仅为了对偏误进行纠正，而是有着更深层的考虑，即把外国人习得汉语的过程等同于语言编码过程，而偏误分析有助于从语言生成角度反观汉语状语和补语的本质。

外国人常把方式状语和状态补语相混淆。目前的汉语学界研究成果，对尚不具有汉语语感的汉语学习者的帮助很有限。本书从语义层面入手，重视形容词和它所修饰的动词的语义层面分析，而语义是人类语言表达的底层结构，具有更多的共性。因此，从语义层面进行深入研究，将有助于不同母语背景的外国人理解汉语的状语和补语的本质差异。将汉语与学习者的母语进行对比，集中对比方式范畴在英语和西班牙语中的编码方式，有助于我们发现汉语学习者在习得汉语补语过程中的回避现象。从语言类型学角度考察汉语补语这一具有汉语特性的句法成分，有助于探索汉语个性与人类语言共性的关系。

五　语料来源及说明

本书主要以《汉语形容词用法词典》[①] 中所收录的常用形容词为研究对象，根据该词典对所收录形容词的状语和补语功能描写为依据，按照只能做状语不能做补语、只能做补语不能做状语和既能做状语又能做补语的标准进行分类。本书对所选取形容词的选词范围、取舍标准和分义项处理原则作如下说明：

1. 《汉语形容词用法词典》共收录形容词 1067 条，其中双音形容词 865 个。有些形容词具有多个义项。该词典按照定语、谓语、状语、补语、主语和宾语等 6 种功能对所收录的形容词分义项逐条描写。本书以形容词的义项为考察对象，对能做状语和做补语的形容词义项进行描写和统计，得到双音形容词义项 989 条，排除该词典中收录但实质上不是形容词的 8 个双音词，被排除的非形容词性的双音词有：

> (8) 残余（动词、名词兼类）、垂危（动词）、纯粹$_2$（副词，"纯粹胡闹"）[②]、敌对（动词）、纷纷$_2$（副词，纷纷走出家门）、好多（数词，方言代词）、全部（名词）、汹涌（动词）

2. 单音形容词和三音形容词（如"红彤彤"、"湿漉漉"）以及没有双音基本式的四音节形容词（如"羞羞答答"、"形形色色"）不在考察范围内。该词典收录的 31 个 ABB 式三音节形容词和 2 个无基式的四音节 AABB 式形容词[③]均不在本书考察范围内。所取双音形容词包括属性词和状态词。不同语法体系对形容词的范围有不同的认识，如"初步"、"高

---

① 郑怀德、孟庆海：《汉语形容词用法词典》，商务印书馆 2010 年版。

② 形容词右下角的数字代表该形容词的第几个义项。依据《汉语形容词用法词典》的标注顺序，不同义项算作不同形容词，在统计时算作一个词条。括号中是该义项的词性和用法举例。

③ 这里的 AABB 式不同于双音形容词 AB 的重叠式，如"干净"的重叠形式是"干干净净"。本书所排除的是没有基本形式 AB 的形容词，如"羞羞答答、形形色色"等。

级"、"大型"，有的称"非谓形容词"；有的叫"区别词"，有学者认为这类词应排除出形容词范围。本书依照《现代汉语词典》（第 6 版）标注，把这类词视为形容词的下位类型，叫"属性词"。

3. 对形容词状语和补语功能的认定，本书依据《汉语形容词用法词典》采用的标准，无论形容词与它所修饰的动词中间带不带"地"，都视为该形容词具有状语功能，但未采用把"进行认真的检查"、"给予了热情的帮助"等结构中的形容词"认真"、"热情"等分析为状语的做法，而是把谓宾动词后修饰谓宾的形容词看作定语。形容词做补语只统计形容词在动词后带"得"做补语的情况，如"洗得很干净"。

本书主要采用北京大学语言研究中心的现代汉语语料库和华中师范大学语言研究所"现代汉语语料库"。华中师范大学语料库所取语料范围为当代小说，包含了 40 多位作家的几十部当代小说，共计 657136 个句子。在该语料库中语料数量偏少或未检索到词典中所描写的形容词功能的有效语料时，在北京大学"现代汉语语料库 CCL"中进行检索。在此对语料库所属单位表示诚挚感谢。在语料检测过程中，我们发现语料库与《汉语形容词用法词典》所描写的形容词功能存在不一致现象，主要表现为：

1. 词典没有描写的形容词功能在语料库中检索到了。如"艰辛"，根据词典的描写，只能做状语，不能做补语。检索语料库发现，该形容词做补语的语料数量很多，可以跟"走"、"活"、"变"、"攀登"等动词组合成动补结构。据此本书认定"艰辛"既可以做状语也可以做补语，形容词"艰辛"不是唯状形容词。又如形容词"突然"，根据词典描写，只能做补语，但检索语料库发现，该形容词做状语的语料不少。本书据此认定"突然"并非唯补形容词而是可状可补形容词。本书立足语言事实，遵循"以语言事实为判定标准"的基本原则，词典中标明有而语料库中检索不到该功能用法，该功能不予认定。在词典中没有标明，但在语料库中检索到大量用例的形容词的功能，本书认定为有。

2. 词典标注的句法功能如果在语料库中只有一个孤例，遇此情况则对该形容词的功能进行广泛的语感求证。如果汉语母语者大多认为这样的用法不太自然，比较别扭，本书不认定词典所描写的功能。如下面画线的形容词，在语料库中只能查到一个做补语的用例：

（9）爱情是不自由的，来得容易就看得<u>轻易</u>。

（10）我还是老老实实地照画了，画得很<u>忠实</u>，很认真。

（11）这个政治问题提得错误，引出的答案似是而非。

上例中形容词"轻易"、"忠实"、"错误"做补语在语料库中仅检测到唯一用例。经语感求证，大多数汉语母语者不接受这些形容词做补语的用法，据此本书认定这些形容词不具有补语功能。

本书搜集外国人习得形容词做状语和补语的偏误，主要通过三种渠道，或者说本书的偏误主要有三个来源：中介语语料库、对外汉语教学实践中的积累和针对偏误的面对面访谈。其中大部分偏误语料来自北京语言大学"HSK动态作文语料库"和暨南大学华文学院"留学生书面语语料库"，在此对语料库开发和维护单位谨致谢忱。偏误语料的第二个来源是我们在长期对外汉语教学实践中搜集和积累的偏误，主要包括外国学生习作中摘录的偏误，以及与外国人交际时发现的口语表达偏误。我们还针对偏误，设计并实施了针对性访谈，整理了共计40个小时的访谈录音，这是对20位英语和西班牙语背景的外国学生的谈话。访谈方法主要有两种：一是针对作业中出现形容词做状语或做补语偏误，请偏误者对产生偏误的真实交际意图进行访谈。访谈没有固定提纲，所谈内容围绕汉语学习者出现的偏误，主要目的是了解汉语学习者所想表达的真实意图，还原语言编码过程；二是设计表达任务，请汉语学习者用规定的汉语语法规则来表达，包括汉英和汉西翻译、特定情境中描写和评价一个事件等。任务设计着眼于考察言语交际中不太容易观察到的习得汉语补语时学习者采取的回避策略。接受访谈的20位学习者的汉语水平分别为：初级10人，中级7人，高级3人，其中12人母语为英语，8人母语为西班牙语。

书中例句除特别说明外均出自以上所提及的语料库，书中引用不再注明出处。例句中前加"＊"号表示该句是偏误，即外国人说出来的不正确的句子。例句前加"？"号表示该例句的合法性存疑，可接受度不高。转引自他人公开发表的论文论著中的例句均在书中特别说明。本书中对形容词的释义，均依照中国社会科学院语言研究所词典编辑室编、商务印书馆2012年出版的《现代汉语词典》（第6版）。

第一章

形容词状补功能研究的基础

状语和补语是汉语的两个基本句法成分，有关状语和补语的研究成果很多，但对形容词做状语和做补语的专门研究不多。句法成分的位序异变是汉语语法学界和修辞学界共同关注的问题，研究成果颇丰，然而对形容词状补异位现象的系统考察不多。从类型学视角，采用语言对比方法对形容词的状语和补语功能进行对比研究尚存深入拓展的空间。

第一节　形容词做状语

一　形容词做状语及其自由度

形容词能否做状语的问题曾引起汉语学界广泛而持久的争论，说"持久"是因为自马建中（1898）以来，到《现代汉语词典》（第6版）的词性标注①，对状语位置上表方式的词是副词还是形容词已然存在争议，并未形成统一的看法。

19世纪20—30年代的争议主要集中在"形容词做状语是否已经副词化"这个问题上，存在两种针锋相对的观点：以黎锦熙（1924）为代表的学者认为状语是副词性成分，形容词若进入状位则变为副词，持这类观点的主要有陈承泽（1922）、杨树达（1930）。认定状位形容词已副词化，显然是句法功能决定词性的反映，容易导致"词无定类"。以吕叔湘（1942）和王力（1943）为代表的学者承认汉语形容词可以做状语的事

---

① 邢福义：《处理好词典编撰中结论与事实的关系》，《语言文字应用》2006年第1期。该文以"一定"为例，对《现代汉语词典》对其词性认定的标准"做状语的标为副词；做定语（或述语）的标为形容词"提出了质疑。

实，代表性成果主要有朱德熙（1956、1982、1984、1985）、丁声树等（1961）、赵元任（1968）和吕叔湘（1965、1966、1979）。汉语形容词可以做状语的观点在汉语学界影响较大，大多普通高校中文系《现代汉语》教材，如胡裕树（1979、2011）、张静（1980）等均持此观点。

关于形容词做状语的自由度问题，主要有三种不同看法：第一种以吕叔湘（1953）、朱德熙（1956）和丁声树等（1961）为代表，认为简单形式形容词（单音形容词和一般双音形容词）一般不能做状语，而形容词重叠形式做状语很自由。这是因为状语主要表动作方式和情状，简单形式形容词大部分是性质形容词，表事物的属性和品质。状语功能是描述动作方式，这与性质形容词描述事物性状的特点矛盾；第二种观点以张志公（1979）为代表，认为汉语大部分形容词可以做状语，而且做状语是形容词的一个主要功能[①]；第三种观点以北大中文系主编的《现代汉语》和黄伯荣、廖旭东主编《现代汉语》为代表，认为形容词具有做状语的可能，但不自由，不是全部的形容词都可以做状语。

以上三种观点都认为形容词可以做状语，但对形容词做状语的自由度，不同学者的看法存在明显的分歧。关于形容词做状语存在两种不同的判断标准：一种认为只有形容词和句子的谓语动词直接组合才算形容词做状语；另一种观点认为形容词加"地"之后再与谓语动词组合也应该视为形容词做状语。本书讨论的形容词做状语的范围，包括带"地"和不带"地"两种情况，形容词前置于动词做状语，无论带不带"地"都未改变形容词和它所修饰的动词构成的状中结构的性质。

二　形容词做状语是否带"地"

汉语单音形容词和双音形容词做状语存在较大差异，汉语学界对形容词做状语现象常分音节进行考察。朱德熙（1956）认为单音形容词能做状语的很少，形容词和动词之间具有词汇选择性，单音形容词加"地"做状语的可能性很小。许多单音形容词与单音动词的组合已成为凝固格式，结构的能产性极低；有些状中结构中形容词丧失了形容词的身份变成了副词。吕叔湘（1966）对单音形容词的用法和功能进行了细致考察，结论与朱德熙（1956）基本相同，认为单音形容词修饰动词局限很多，

---

① 张志公：《汉语知识》，人民教育出版社 1979 年版，第 89 页。

绝对不能加"地",大多数形容词和动词的组合都具有熟语的性质。张国宪（2006）认为性质形容词（主要是单音形容词）与动词构成的状中结构具有凝固化倾向,句法功能低下,形容词和动词之间不能插入"地",有些状中组合已经完全词汇化并被词典作为词条收录。

双音形容词做状语的情况更加复杂。朱德熙（1956）指出,口语中绝大多数双音形容词不能做状语,但加"地"之后可以自由地做状语;双音形容词加"地"做状语有从书面语渗入口语的发展趋势。贺阳（1996）认为形容词做状语仅指形容词直接做状语,不应包括加"地"做状语的情况,因为形容词加"地"做状语时,状语部分是"形容词＋地",形容词与动词不在同一个组合层次上,不能将"形容词＋地"结构的状语功能归功于形容词。刘月华（1985）认为多数双音形容词做状语一般情况下可以不加"地",加上"地"可增强描写性。山田留里子（1995）对现代汉语双音形容词做状语的情况进行了统计,把可以做状语的双音形容词分为必须带"地"、可带可不带"地"和一定不能带"地"做状语三种类型。

三　形容词做状语的语义分析

朱德熙（1956）指出大多数形容词在状语位置和在定语、谓语位置上的意义不同。一个词在意义和句法功能都不同的情况下可判断为两个词,在状语位置上的通常被判断为副词。如果形容词在状语和定语、谓语位置上,意义没有差异则应该认定为同一个形容词。邢福义（2009）指出,词类划分应贯彻同一性原则,意义相同且组合能力也相同的应归为同一词类;意义不同且组合能力不同的则应分属不同词类。

张国宪（2006）把形容词分为述物形容词和述行形容词,这是根据形容词所修饰对象的性质划分的语义类别,"是从语义心理联想的视角审视的结果,具有很强的心理现实性"①。汉语述行形容词数量不多,主要描写动作发生的时间、速度、频度、程度、方式和情状等,与动词所述动作过程关系密切,修饰动词做状语的可能性大。刘振平（2007）把单音形容词分为三个类型:只与事物相联系、只与运动变化相联系和既与事物相联系又与运动变化相联系。张国宪（2006）指出,有些形容词既描写

---

① 张国宪:《现代汉语形容词功能与认知研究》,商务印书馆 2006 年版,第 23 页。

事物的性状，也可用来描写动作行为。人类认知的一般规律是从具体的空间性到抽象的时间性，事物常与具体的空间概念相联系，而动作过程则常与时间过程相关联。述物形容词在语言演化过程中可能派生出述行功能；也存在由述物形容词向述行的演化，这是语言发展过程中形容词语义跨认知域演化的结果。朱文文（2008）把形容词分成描写动作行为相关特征的形容词和描写人或事物相关特征的形容词。这种分类法与张国宪（2006）的分类本质上一致。根据形容词的语义特点进行次范畴分类，在一定程度上有助于解释为什么有些形容词能做状语，尤其是对有些形容词只能做状语不能做补语的现象具有一定解释力。

　　文炼（1960）、李临定（1963）在分析状语和句子中其他句法成分的关系时采用了语义关联视角。吕叔湘（1979）分析"圆圆的排成一个圈"句中形容词"圆圆"的语义指向，指出状位形容词"圆圆"在意上与动词后的宾语相关，跟紧邻的动词意义上无直接关联。语义指向分析法比较有效地解释了某些句法结构相似而意义不同的形容词自评状语的现象，为句法结构分析提供了更加贴近表达意图的有效分析方法。陈一（1987）根据状位形容词的语义指向，把形容词分为指 V 型（指向谓语动词）和指 N 型（指向主语和宾语位置上的名词）。郑贵友（2000）根据状位形容词所关联的句法成分，把汉语状位形容词分为主动双系、动宾双系、主动宾三系和唯动单系等四种类型。

　　语义指向分析有助于认识状位形容词与相关句法成分的语义关联，但具体分析中存在不少争议，较有代表性的例子是"老伯爵客客气气地劝说着尼古拉。/工人们客客气气地请两位领导坐下"[①]。张国宪（2006）从认知角度对语义指向分析的分歧作了解释，认为"语义指向就是利用性状/情状所代表的抽象'关系'去激活相关的物体或行为，在直接成分或非直接成分之间构筑语义联系"[②]。语义指向的理解，因听话人认知经验不同而产生差异，只是一种接近说话人意图的推测。语义指向分析注重在话语表达中考察形容词与其他句法成分的语义关联，是贴近语言事实的动态分析，有助于加深对形容词状语的深层语义认识。

---

　　①　陆俭明：《关于语义指向分析》，《中国语言学论丛》（第一辑），商务印书馆1997年版，第58页。该文认为形容词"客客气气"指向句子的施事"老伯爵"；肖伟良（1998）认为"客客气气"的语义同时指向施事"工人们"和谓语"请两位领导"。

　　②　张国宪：《现代汉语形容词功能与认知研究》，商务印书馆2006年版，第319页。

对动词的考察有助于深化对形动组合限制条件的认识。马庆株（1988）把动词分为自主动词和非自主动词，指出形容词状语后的谓词必须是自主动词，形容词不能前置于非自主动词做状语①，形容词做补语时与之组合的动词则无此限制，非自主动词中的变化动词后可带绝大部分形容词做补语。这和吕叔湘（1966）考察单音形容词得出的结论一致。郑贵友（2000）认为，状语句位具有临时性和意义规约性，这使进入状位的形容词必须具有可变性和易变性特点，与制作类动词、呈现类动词和感知类动词等动词的组合可能性较大。

四　形容词做状语的计量研究

有些学者从计量统计角度对形容词做状语展开了研究。由于不同学者采用不同的状语和补语界定标准，考察的语料并不完全相同，计量研究得出的数据相差甚远。莫彭玲、单青（1985）对毛泽东、鲁迅等典范的现代白话文著作进行统计，得出的结论是形容词做状语的平均频率是19.1%；陈一（1987）对《现代汉语词典》中的形容词进行了统计，统计结果是形容词做状语的比例是43.5%（1114/2560）；山田留里子（1995）对《形容词用法词典》收录的双音形容词做状语进行了统计，结论是汉语双音形容词中51%（468/918）能做状语；贺阳（1996）对性质形容词进行了统计，结论是44%的形容词可以做状语；王启龙（2003）对单音和双音形容词分别进行了统计，单音形容词做状语而未副词化的占单音形容词总数的15.5%，能做状语的复音形容词占复音形容词总数的60.5%；郭锐（2004）统计的结果是12%的形容词可以直接做状语，40%的形容词加上"地"可以做状语；李泉（2005）对单音形容词的考察结果是27.28%能做状语。

---

① 马庆株：《自主动词和非自主动词》，原载《中国语言学报》第3期，商务印书馆1988年出版，后收录到马庆株编《20世纪现代汉语语法论文精选》，商务印书馆2005年版，第241页。

第二节　形容词做补语

一　补语的定义和性质

早在 20 世纪上半叶，汉语学界关于形容词能否直接做补语曾有过争议。黎锦熙（1924）把"你要说明白，他们才可以听明白"中的"明白"视为由形容词转化而来的状性副词，是副动词用法，是副词性的附加语①。王力（1943）对此持不同看法，认为形容词可黏附在动词后边充当末品，指出"叙述词与它的末品补语之间成为因果关系者，叫作使成式。……末品补语由形容词作成者，系表示某一种行为所使成的状况"②，该观点为汉语补语研究奠定了基础。汉语学界大部分学者认同汉语形容词可以做补语的观点。胡裕树（1979）、张静（1980）、北京大学中文系现代汉语教研室（1993）等普通高校教材，以及赵元任（1968）、房玉清（1992）和刘月华（2001）等一批具有学术影响的语法著作均赞同这一观点。

吕叔湘（1979）主张取消汉语"宾语"而把动词后的成分统称为"补语"，把动词后的形容词或形容词短语，如"她不算太胖"、"他的态度显得很不自然"中的"太胖"和"很不自然"等表语成分都收入补语中，但这一观点并未引起学界的重视。

20 世纪 80 年代以来，补语的界定问题重新引发了汉语学界的关注。刘丹青（2005）认为汉语学界采用的"补语"概念并非普通语言学中的"complement（补足成分）"，同时与"状语"概念存在交叉，从类型学角度将汉语语法学中的"补语"作了重新考察③，认为状语补语与动词之间的语义关联相同，带"得"的状态补语能够充分扩展，是小句型的，"得"是状态补语的标记词；不带"得"的动结式中的补语不能扩展，且与动词结合紧密，中间无法插入其他成分，谓词和补语之间具有较强的词

---

①　黎锦熙：《新著国语文法》，商务印书馆 1992 年版，第 28 页。

②　王力：《中国现代语法》，商务印书馆 1985 年版，第 76—77 页。

③　刘丹青：《小句内句法结构：〈语法调查研究手册〉节选》，《世界汉语教学》2005 年第 3 期。

汇选择的限制，可以看作广义复合词。

金立鑫（2009）建议把汉语的"补语"分化为"后置状语"和"次级谓语"。沈家煊（2010）认为汉语的"补语"之所以成为问题，是因为与西方语言学中的"complement"概念不一致。汉语动词后有两种不同性质的句法成分，传统汉语学界认为动词后的名词性成分是"宾语"而谓词性成分是"补语"，沈先生不赞成吕叔湘（1979）提出的取消"宾语"而改成"补语"并增加一个"后置状语"的处理办法，认为金立鑫（2009）提出的解决汉语补语问题的方案是用印欧眼光看待汉语现象，建议取消"宾语"而统一采用"补语"，不必过分看重名词和动词的对立。

二　汉语补语的句位义

丁声树等（1961）注意到汉语的补语有两种基本形式：在动词和补语之间带"得"或不带"得"。朱德熙（1982）把汉语的述补结构分为黏合式和组合式，"黏合式述补结构指补语直接黏附在述语后头的格式，……组合式述补结构指带'得'的述补结构"①。缪锦安（1990）把汉语补语分为简单式补语（不带"得"）和复杂式补语（带"得"）。可见，无论汉语补语的语义类型如何复杂，在形式上都可根据补语标记"得"是否出现分为两类。

丁声树（1961）、朱德熙（1982）、房玉清（1992）等认为黏合式补语可以表示结果和程度。有些学者对黏合式补语的语法意义有所增添，范晓（1985）认为V—R结构中的R除了表示动作的结果、程度外，还可以表示动作的态，也称"情貌"。王红旗（1996）认为动结式述补结构中的形容词补语主要表示状态和评价。陆俭明（1990、2001）对述补结构中补语表结果作了细致深入的分析，认为补语表示结果的实现、预期结果的偏离和兼而有之三种情况。马真、陆俭明（1997）在前期研究的基础上，把形容词做补语的黏合式述补结构的语法意义概括为四种：除了表示预期结果的实现、非理想结果的出现、预期结果的偏离之外，还有自然结果的出现，同时指出语境因素对形容词补语的语法意义产生影响。缪锦安（1990）根据动补结构内部参与者和谓语动词的关系，把动补结构分成7种不同的语义类型。除表示结果和程度外，还可以表示变化（自然结果

---

① 朱德熙：《语法讲义》，商务印书馆2000年版，第125页。

的出现）、感受的性质和程度（情貌）以及对事件的评价，几乎涵盖了既往关于形容词做黏合式补语的全部语法意义。邢红兵（1994）指出 VA 结构可以表达有意识和无意识，张旺熹（2001）指出"动 + 形"述补结构中，主要由褒义形容词充当补语，表示实现预期目标的动作结果，而在其扩展形式里中性和贬义形容词的比例明显增加，动补结构的语法意义表示对预期结果的逐渐偏离。

组合式补语的句位义与黏合式补语的句位义基本相同，主要表示结果和程度，但不同时期、不同学者的研究结论同中有异。黎锦熙（1924）认为副词化的形容词附加语表动作或形容词所达到的程度与效果。宋玉柱（1979）支持此观点。许绍早（1956）认为组合式补语除表示结果或程度外，还表示可能。王还（1979）、穆力（1981）、朱德熙（1982）、黄伯荣、廖序东（1991）、吕叔湘（1999）和刘月华（2001）的看法与此相同，认为组合式补语或表示结果的程度或表示可能。目前汉语学界把表示结果、程度、状态和表示可能的补语作了明确的区分：把表动作引发性状程度的补语叫作"程度补语"，而把表可能的加"得"补语叫作"结果补语的可能式"或"可能补语"。

三　汉语补语的语义类别

汉语补语根据是否带"得"分为黏合式补语和组合式补语，这个分类标准具有形式上的判断依据，便于操作，但纯形式的分类无助于揭示汉语补语的本质，因此语法学界对补语的分类多采用意义兼顾形式的做法。朱德熙（1985）把补语分为 5 类，陆俭明（1992）分为 9 类，赵淑华（1992）分为 8 类、王还（1995）分为 8 类，刘月华等（2001）分为 6 类，不同学者对汉语补语区分出的类别数量和名称不尽相同，而且类别名称与内容上相互交错。

汉语国际推广领导小组办公室编制的《国际汉语教学通用课程大纲》把汉语补语分为时量补语、动量补语、结果补语、趋向补语、程度补语和可能补语 6 个基本类别，还有结果补语的可能式、趋向补语的可能式等补语的变式。该分类所贯彻的也是形式加意义的分类标准，但遗漏了时地补语。鲁健骥（1992）指出状态补语具有特定的出现语境，状态补语所评价、判断或描写的是已经发生或正在发生的动作或事件，结果补语和状态补语具有相同的语义基础。王继同（1994）认为程度补语和结果补语的逻辑基础相同，都表示动作引发的结果，"VC 了"和"V 得（很）C"都表结果的已然性和现实性。

张旺熹（2007）对汉语的动补结构分类进行了梳理，指出不同分类标准导致的各个小类之间相互纠葛，对汉语动补结构系统进行了反思①，把"VC"、"V 得/不 C"、"V 得（很）C"三种结构看作动补结构的典型形式，其中"VC"是基础形式，其他两种都是扩展形式。这三种句法形式是动词所引发的结果范畴在未然、或然和已然三个表达层面投射的结果②。对外汉语教学中常采用能愿动词替代的方式来判断可能补语，即"V 得 C = 能 VC"，"'VC'结构表现的是一个以预期目标为参照的原型范畴系统，其扩展形式'VC 了'结构表现的是动作行为结果的现实性范畴，'V 得（很）C'是结果范畴的程度式"③。

四　补语的语义指向研究

吕叔湘（1966）认为动词和形容词的组合中，形容词指向有关的事物。吕叔湘（1986）对补位形容词的语义指向进行了更加细致和深入的研究，把不用介词"把"和"被"的含有动补结构的句子按照句子成分之间的语义关系分为 8 类。龚千炎（1984）提出动形组合中的形容词在语义上有指向主语名词或者宾语名词的可能性。张国宪（1991）认为做结果补语的形容词的语义既可以指向动词也可以指向句子中的名词，并把形容词的语义指向与形容词的语义特征相联系。梅立崇（1994）指出动结式中补语的表述对象和述语动词的语义特点相关联，述语动词和补语形容词之间也有关联。马真、陆俭明（1997）把黏合式述补结构中的补位形容词的语义指向分为 10 种类型，指出补位形容词的语义指向除受形容词语义特征影响外，还应考虑述语以及同述补结构同现的名词性成分之间的语义关联。

文炼（1960）指出"他洗衣服洗得干干净净"和"他看小说看得入了迷"这两个句子的格式相同，但表达的语义关系不同。李临定（1963）认为带"得"补语句中的形容词充当的补语在语义上可以补充说明句子

---

① 张旺熹：《汉语特殊句法的语义研究》，北京语言大学出版社 2007 年版，第 189—192 页。

② 同上书，第 9 章 "动补结构的语义系统"。

③ 同上书，第 204 页。

的动词、主语和宾语。范晓（1992）认为"V得"句中"得"后形容词的语义可以指向谓词、动作的主体、动作的客体，把"老人眼睛瞪得大大的"单独列为一类，因为形容词重叠式"大大"的语义指向"眼睛"，是动作主体"老人"的部分。郭继懋、王红旗（2001）认为组合式述补结构和黏合式述补结构的语义指向相同，除了指向施事、受事和动作外，还可以指向结果、工具、处所和旁及物等。

　　不同学者对形容词补语的语义指向分析采用参照标准不同，有的从施事和受事角度分析、有的从句法成分的主语和宾语角度分析。无论采用何种标准进行语义分析，分析结果均表明汉语补语的语义指向丰富多样，可以指向动词、主语（施事、主体）和宾语（受事、客体），而且存在形容词补语的语义双指或多指的可能性。

第三节　形容词状补异位

一　语序研究

　　语序是汉语的主要语法手段之一，马建中（1989）对词类和句法的分析均以语序为中心。黎锦熙（1924）指出词的排列顺序在汉语语法中的重要性，认为汉语有"正式句"和"变式句"，这是汉语学界较早的关于语序异变的论述。王力（1943）提出"倒装法"，张世禄（1943）认为语序在语法中的作用超越修辞的临时用法，建议"凭语序建立范畴，集范畴而构成体系"[①]。赵元任（1968）通过"好人—人好"、"狗咬人—人咬狗"等例子强调词序在汉语句法中的重要作用。

　　有关汉语语序的研究成果自 20 世纪 80 年代后大量出现，陆俭明（1980）详细考察了汉语口语中的主谓易位、状中易位、述宾易位和复谓结构组成成分易位等常见易位现象。陆丙甫（1988）通过对汉语定语语序的考察，提出语序是功能类别的序列，汉语的语序主要指的是句法层面的序列。范晓（2001）认为汉语的语序可以从句法、语义和语用三个平面分析。刘丹青（1995）认为句法、语义和语用形成三角关系，而"句

---

① 张世禄：《因文法问题谈到文言白话的分界》，《语文周刊》1939 年第 30 期。

法—语义"和"句法—语用"是两个主轴,句法语序是核心的基本的语序,语义和语用可对语序产生影响。

戴浩一(1988)从认知角度解释了汉语具有的语序特点,提出了"时间顺序"原则,认为两个句法单位的相对语序取决于它们所表示的认知概念中的状态或事件发生的时间顺序,深化了对汉语语序的认识。戴先生还提出了"凸显"、"已知前于新知"、"整体前于部分"、"修饰成分前于中心语"和"从句前于主句"等语序原则。陆丙甫(2005)从认知角度对汉语语序进行了探讨,提出了"语义靠近"、"外大内小"、"可别度领前"、"距离—标记对应律"和"重度—标志"等学说,对汉语语序问题进行了系统的解释。郭中(2013)从类型学角度解释了汉语状语前置于动词的原因。语序研究是当代语言类型学的核心领域,在类型学理论指导下针对汉语的语言事实而进行的语序研究正在开展。

二　状补异位

王力(1943)较早指出了汉语状语和补语存在差异①,但未对此展开深入的分析。高名凯(1948)认为状中结构和述补结构的差异是规定者在受定者之前,这一观点某种程度上蕴含了朴素的语言象似性原则。半介(1957)较早对动词的状语和补语进行了对比研究,指出只有能表示动作情况的形容词词组才能做状语,能够表示动作结果的形容词词组才能做补语,可状可补的形容词是因为它既能表示动作的情况又能表示动作的结果,这一观点体现了对语义特征的重视,开始关注形容词的语义特征与其所修饰成分之间的语义匹配。丁声树等(1961)对动词、形容词的修饰语和补语进行了比较,认为补语带有谓语的性质,在句子里的地位比修饰语重要②,通过分析"多说了—说多了"、"错听了—听错了"说明,同一个词在做状语和做补语有时意思不同,有时又没有什么不同。状语和补语的位序异变现象及其复杂性早就引起了汉语学界的研究兴趣。

李临定(1963)讨论了带"得"补语句的句法语义特点,指出"有些句子的补语可以有与之对应的状语,但往往要适当改变它本身以及动词

---

① 王力:《中国现代语法》,商务印书馆 1985 年版,第 33 页。
② 丁声树等:《现代汉语语法讲话》,商务印书馆 2002 年版,第 67 页。

的形式"①，如"站得笔直—笔直地站着"，从语义上看两种表达有共同之处，但用处不相同：形容词做状语的句子是叙述性的，形容词在"得"后做补语的句子是描写性的，这一观点对汉语形容词状补异位研究的影响较大。刘月华（1982）赞同这一观点，详细分析了同一词语做状语和做补语的语法特点和句法限制。

尹绍华（2002）对谓词性成分做状语和补语进行了对比分析，结论是时间顺序影响语义结构关系。屈正林（2005）考察了现代汉语状补可换位现象，对副词、形容词性词语、动词性词语以及比况结构等状补异位现象进行了描写，指出状语句位和补语句位的主要区别是句位上的词语跟相关谓语形成的不同语义结构关系：补语表示动作引发的新情况，状语是谓语的伴随性因素。何洪峰（2006）通过分析状语和补语的语义特征以及信息结构中状语和补语所表示的新旧信息，对状语和补语进行了对比，指出只有部分方式状语可以变化为补语，而且受到严格的句法限制和语义的制约。

三　形容词状补异位

汉语中部分形容词既可以做状语又可做补语，故在状语和补语位序异变研究中形容词状补异位现象是比较典型的。半介（1957）、丁声树等（1961）和李临定（1963）等都曾就形容词状补异位进行研究。吕叔湘（1966）对形容词的状语和补语功能进行考察，指出形容词做状语和补语在表达功能、句法功能和形容词词义上均存在差异，做状语时形容词的词义往往有所引申，甚至发生很大变化。

王还（1984）对"快"、"慢"、"多"、"少"、"好"、"坏"等单音形容词做状语和做补语的情况进行了对比，结论是形容词做补语主要说明既成事实，状位形容词的语义重点并非强调结果而是描述动作当时的状态、方式或动作者主观态度等。王还（1991）指出形容词做状语和补语的差异有些得在上下文中才看得出来，较早从篇章角度分析形容词做状语和做补语差异。刘松汉（1990）认为同形容词进入状位或补位与形容词同句子中其他成分的语义关系相联系，并从形容词和动词的语义关系、时间性特征以及语义焦点三个方面对形容词做状语和做补语表示不同语义的

①　李临定：《带"得"字的补语句》，《中国语文》1963 年第 5 期。

现象做出解释。房玉清（1992）的看法是做补语的汉语形容词很自由，做状语的形容词形式限制很多。王邱丕、施建基（1992）指出形容词做状语和做补语时表达重心不同，光杆性质形容词做补语具有评议性，而状语位置上的形容词没有评议性特点。

石毓智（2001）认为形容词前置或后置于动词的语义侧重点不同，前置于动词表示动作的方式，后置于动词表动作所达到的结果状态。杨玉峰（2002）认为可状可补形容词修饰动词受到的制约是综合性的，主要包括时间顺序原则、参照物先于目标物原则、板块节制原则。朱文文（2008）运用词义分析、视点结构、事件结构和话语分析等理论对汉语形容词状补语序选择机制进行了研究，指出状位的方式性和补位的结果性是制约形容词入位选择的决定性因素，状补异位现象是多种因素共同制约的结果。张国宪（2006）从语义指向角度解释了句法异位现象，指出汉语的典型状语具有临时性、有意和主观性等特征，典型补语则与此相反，具有恒常性、无意和客观性等特征，"作为语法范畴的异位句法成分是语义语用范畴逐渐固化的结果。完全具备这些特征的是典型的句法成分，只具备部分特征的是程度不等的非典型句法成分"①。

第四节　对外汉语教学视野下的形容词状补功能

一　"得"后补语的定义及类型

补语是对外汉语教学的重点也是难点，从对外汉语教学的视野对形容词做状语和做补语的功能展开的研究取得了不少成果，但观点各异，仅汉语补语的分类和命名，对外汉语教科书众说纷纭，莫衷一是。刘月华等（1986）把"得"后补语叫作"情态补语"，包含的范围非常广泛，既包括动词和形容词后用"得"连接的补语，也包括用"得个"、"个"连接的补语，还包括不用这些虚词连接但是表示程度的如"极"、"透"、"死"、"坏"等充任的补语。

王还（1984）从汉语和英语对比的角度分析了汉语状语、"得"后补

---

① 张国宪：《现代汉语形容词功能与认知研究》，商务印书馆 2006 年版，第 316 页。

语和英语状语的对应情况，指出有些英语的状语翻译成汉语必须采用动词加"得"带补语，有些却可以直接采用状语来表达，汉语中区分的状语和补语，英语中有些的确不加区别。同一词语在汉语中由于语序的异动形成状语和补语两个不同性质的句法成分，这表明意义决定句法的本质。鲁健骥（1992、1993）对状态补语的句法、语义和语用等从对外汉语教学的角度做了系列研究，重点考察了状态补语使用的语境，指出对外汉语教材中把"状态补语"笼统地看作动作的程度，并将其语义指向分析为指向"得"前谓词的观点不符合汉语实际，对汉语学习者有误导作用。张旺熹（2006、2007）从对外汉语教学角度分析了形容词做结果补语、可能补语和状态补语等情况，提出这三种不同的补语具有同样的原型范畴，都表结果，并从形容词的语义特征、形容词和动词的组合类型等角度进行认知解释。

二　补语习得偏误研究

对外汉语教学界关于补语习得偏误的研究成果很丰富，但专门讨论形容词状补异位偏误的研究成果不多。成燕燕等（2003）分析了母语为哈萨克语的汉语学习者在习得汉语补语时产生的偏误，着重从汉语和哈萨克语的对比分析中寻求偏误产生的原因。

语法偏误研究中非常重视对形容词做补语的偏误，周小兵等（2010）对越南语、日语等母语背景的外国学生习得补语的常见偏误进行了分析，指出目前某些汉语教材对带"得"补语描写得不准确，这对外国学生产生误导作用，是导致补语偏误率高的主要原因。李大忠（2007）分析了外国人习得汉语的结果补语、可能补语、状态补语和程度补语出现的偏误，指出外国人习得不同类型补语产生偏误的原因是多方面的，主要有对补语标记"得"的功能不清楚、动词后同时带宾语和补语时的语序混乱等，造成外国人习得汉语补语偏误的深层原因是汉语学习者的母语时态观念的干扰，汉语本体研究中关于补语研究的不足也是一个重要原因。

彭小川等（2008）考察了可能补语和情态补语的混淆情况，指出可能补语表示的动作尚未发生，而情态补语表示的动作已经发生，整个句子是评价的意义。叶盼云（2010）分析了状态补语和"比"字句的联合使用、祈使句中形容词状语和状态补语出现的概率和条件等问题，并对相关语法规则进行了基本描写。但总体上看，从对外汉语教学视角下对汉语形

容词的状语功能的考察较少，多关注补语这个汉语教学中的难点问题。在
对问题的分析上较多注重针对性，对问题的探讨和分析缺乏系统性。

第五节　基本评价

　　我们通过对现代汉语形容词状补功能研究的历史和现状梳理，得到以
下基本的认识。

　　既往研究视野开阔，研究成果丰富。形容词的状语和补语功能虽然不
像形容词做谓语和定语那么显赫，但不可忽视，尤其是形容词的状补异位
现象，引起了汉语学界的研究兴趣，对该问题的研究涉及面广，既有从语
义角度进行的研究，也有句法上的描写，还有从语用角度的考察。前辈和
时贤的研究成果中不乏对形容词状补功能和状补异位现象的独到分析，提
出了不少至今仍有启发性的观点，这为本书的研究奠定了坚实的基础。

　　从历时角度看，对形容词做状语和做补语功能的研究方法不断更新，
研究结论逐渐深化。由最初的举例说明和语感描写，到以语料库为基础的
计量统计和分析，结论更加坚实有据。从句法结构描写到语义特征分析和
语义指向分析，研究方法上追求科学性，从单一的句法描写到"句法—
语义"、"句法—语用"多角度考察形容词的状补功能和状补异位现象。
近年来在语言类型学理论影响下，汉语学界从更加开阔的视野重新审视汉
语的补语系统，对"补语"这一具有汉语独特性的句法成分的认识不断
深入，研究结论也随之深化。在认知语言学和功能主义语言学理论影响
下，学者们不再满足于对形容词状补功能和状补异位现象进行描写，而是
在准确系统描写的基础上致力于对该现象做出认知解释。

　　本书的研究对象和研究视角与既往研究有所不同。研究对象上，本书
考察形容词做状态补语的功能。结果补语和状态补语都表动作的结果，存
在共性，但不可忽视二者的本质区别。刘丹青（1995）认为结果补语相
当于复合词，不具有高能产性，动词和补语的词语选择性强，组合的限制
条件多。状态补语可以扩展，能产性高，是真正的句法成分。陆丙甫等
（2015）认为状态补语是汉语的显赫句法成分。本书对形容词后置于动词
做补语的研究，仅考察在动词和形容词之间带"得"的状态补语，因为
从认知角度看，形容词前置于动词表方式，后置于动词表状态，无论方式

还是状态，都属于方式范畴。

　　对外汉语教学学界对形容词状补功能的偏误研究多散见于语法偏误或词语偏误分析，从汉语学习者的母语和汉语之间的语言对比视角，考察汉语方式状语和状态补语的本质差异，目前可见的研究成果不多。从这个视角对汉语形容词的状语和补语功能展开研究，可以根据方式范畴在不同类型语言中的语法编码手段比较，思考汉语的语法个性与人类语言的语法编码规律共性的关系，有助于探索不同类型的语言中影响语法编码的语义和语用因素。

第二章

形容词的状语功能

第一节　状语的句位义与方式范畴

一　状语的句法位置和语法意义

汉语的状语是位于动词或形容词之前，用来修饰动词、形容词的成分，是谓语的修饰语，其主要作用是限制和描写。所谓"限制作用"是指从时间、地点、对象、范围、目的和程度等方面对谓语动词所表示的动作进行限制；"描写作用"可以指对动作的方式、情态的修饰和描写，也可以是对动作者的心情、态度、姿态和表情等加以修饰描写。邢福义（2009）认为状语是"谓词性结构里心语前边起修饰作用的成分"[1]。现代汉语状语的常规句法位置是在其所修饰的成分之前。

杨伯峻等（2011）对古汉语的状语进行了详细论述。古汉语中状语有两个位置：一是位于谓语前，对谓词起修饰作用；二是位于主谓结构前做状语，对全句起修饰作用。形容词做状语，在古汉语中主要表示动作的状态。如：

（1）帝废立，太后<u>幽</u>杀之。（《史记·吕太后本纪》2.403）

（2）毛羽未成，不可以<u>高</u>飞。（《史记·苏秦列传》7.2242）

（3）<u>愁</u>居<u>慎</u>处，不敢动摇。（《史记·张仪列传》7.2296）

（4）<u>肥</u>养一犬。（《后汉书·乌桓传》10.2980）[2]

现代汉语和古代汉语中形容词充当状语，其句法位置均前置于形容词所修饰的成分。

---

[1]　邢福义：《汉语语法三百问》，商务印书馆2009年版，第41页。

[2]　杨伯峻、何乐士：《古汉语语法及其发展》，语文出版社2003年版，第57页。

任鹰（1999）认为每个句子成分都有其语义基础或"抽象的语义内涵"。李临定（1992）认为主语、谓语、宾语等句子成分各自蕴含着一定的概括性语义内容，这就是句子成分的语法意义，也是句法位置的语法意义。

形容词在状语句位上的主要功能是描写。形容词状语除描写它所修饰的动词之外，还可描写动词所支配的动元，包括施事和受事；或描写说话人对整个句子所叙述事件的主观评价。如：

（5）血在<u>共同</u>地奔腾。

（6）他望着圆圆的烟圈<u>袅袅</u>地升腾。

（7）他<u>冷冷清清</u>地坐着，待了足足半个时辰。

（8）她<u>客气</u>地推辞了一下。

（9）他<u>善良</u>地摇摇头说："不知道。"

（10）她<u>亲亲热热</u>地拉着小姑娘的手。

（11）老人哈哈地笑了，<u>浓浓</u>地喷了一口烟。

从语义上看，例（5）和例（6）中的形容词做状语修饰动词；例（8）、例（9）和例（10）中的形容词做状语修饰动作的施事；例（11）中的形容词做状语修饰动作的受事；例（7）中的形容词做状语描写动作的氛围。可见，把形容词做状语的功能简单地界定为"对中心成分的修饰和限制"太粗略，语言事实其实复杂得多。

充当状语的形容词所描述的事物性状都与动词所描述的动作密切相关。形容词所修饰的动词一般来说都具有明显的动作性，是动作行为，即一个有起点、持续过程和终点的运动过程。形容词所描述的事物性状具有与动作过程相伴随的临时性特点，做状语的形容词所描述的性状具有可变性和易变性。

形容词具有描写性状的语义特征，这使它可以充当方式状语描写动作的方式，能做方式状语的各类成分都有表方式的语义特征。汉语句子中能做方式状语的成分除形容词外，还有副词、名词、动词、形容词及介词短语等。

名词做状语的情况不少，如"货币分房"、"电话联系"、"暴力抗法"等状中结构中，名词"货币"、"电话"和"暴力"分别表示动作的方式、工具和凭借；"机械（地）模仿"中的"机械"兼有名词和形容词性质，用作形容词的意思是"方式拘泥死板，没有变化"，描写方式，而"很绅士地邀请"、"很淑女地微笑"中的"绅士"、"淑女"虽是名词,能接受程度副词"很"修饰,表现出很强的形容词性。

　　动词做状语的情况也很常见,如"限期整改"、"限量发行"中前一个动词"限期"和"限量"是对后一动词"整改"和"发行"的方式进行限定。邢福义(1991)讨论了动词修饰动词的现象,指出"这类结构中的谓语动词多指人体的某一部位的外露的具体动作,状语动词则表示伴随着这一具体动作而产生的有关神情、神色、情态等潜性意识活动"①,谓语动词是易于描绘的具体动作,进入状位的动词如"怜悯地看着我"、"同情地说"中的"怜悯"、"同情"描写动作发出者的神情、神色和神态。做方式状语的动词具有形容词性,可以像形容词一样接受程度副词的修饰,并且接受"不"的否定。这类状中结构中动词做状语所修饰的动词,通常表示人的某个身体部位发出的具体动作。进入状位的动词从神情、神色和神态上对施动者发出动作时的伴随状态进行描写,如"挽留"、"不舍"、"羡慕"和"嫉妒"等都可以进入状位充当动词修饰语。

　　形容词的主要功能是描写事物的性质和状态,根据形容词所修饰的中心成分的性质,可以把形容词分成述物形容词和述行形容词两个大的类别。从形容词与中心词的语义匹配度上看,述行形容词做状语是最自然的组合。汉语句子中方式状语与动词的关系较为密切,比地点和时间状语的语序位置更加贴近动词。

　　李劲荣(2010)指出不同性质的并列短语也可以做状语,而且多采用重叠式结构,如"一年一年地飞下去"、"婆婆妈妈地说东说西"、"三三两两地在车后头跟着"。重叠式短语做状语凸显状位的描写功能,因为根据语言象似性原则,重叠形式具有很强的描写性。

　　综观以上做方式状语的句法成分,无论什么性质的句法单位做方式状语,都具有描写方式的伴随性特点,所描写的性状跟动作过程相关。汉语方式状语的语法意义具有如下特点:

　　(一)伴随性

　　方式状语相对于它所修饰的动词而存在,状语所修饰的动词性质决定了状语的语义。动词这一语法范畴的最大的特点是时间性,事物的运动变化与时间维度紧密相关。郭锐(1993)根据动作过程结构中动作的起点、

---

①　邢福义:《现代汉语的特殊格式"V 地 V"》,《语言研究》1991 年第 1 期。

终点和持续段，把动词分为动作动词、变化动词和状态动词三大类①。其中动作动词的过程性最强，最容易被表方式的状语所修饰；作为动词修饰成分的状语，具有它所修饰的中心动词的过程性特点，描写动作过程的伴随状态。

（二）自主可控性

马庆株（1988）把汉语动词分为自主动词和非自主动词，自主动词叙述有意识的动作行为，即动作能由动作发出者做主，能由动作发出者主观决定并自由支配。自主动词在语义上具有［＋自主］［＋动作］的特点。与之相对，非自主动词表述无意识的、无心的动作行为，即动作发出者不能自由支配动作行为，非自主动词多表示变化和属性，其语义特征可概括为［＋非自主］［＋变化/属性]②。形容词做方式状语通常只能出现在自主动词前，不能出现在表示变化和属性的动词前。根据认知经验，只有自主动作动词所述动作才可能由动作发出者自主决定动作方式，因此只有自主动词方可受方式状语修饰，如"认真地学习"、"勤奋地工作"中动词"学习"和"工作"都是自主动词。表示变化和属性的动词叙述无意识、无心的行为，动作发出者不能自由地支配动作，修饰这类非自主动词的状语客观地描写变化的状态，不具有方式状语的特点，如"轰然倒塌"、"突然病倒"中的"倒塌"和"病倒"是非自主动词。典型的方式状语具有自主性和可控性特点，描写动作发出者的主观意愿。

（三）描写性

汉语的有些形容词既可以做状语也可以做谓语，相比之下状语更适宜描写，是凸显描写性的优选句位。从与中心词的语义匹配看，述物形容词一般不适合做状语修饰动词。述物形容词中的述人形容词主要描写人的情感、态度、神情等。我们随机选择"高兴"、"热情"、"笨拙"、"迟疑"四个述人形容词做检测。在华中师范大学语言研究所"现代汉语语料库"中检测这4个述人形容词做状语和做谓语的情况，语料调查结果表明，述人形容词做状语的频率明显高于做谓语，这说明述人形容词的优选句位是状语句位，这4个形容词做状语和谓语的语料调查情况详见表2–1。

---

① 郭锐：《汉语动词的过程结构》，《中国语文》1993年第6期。

② 马庆株：《自主动词和非自主动词》，《中国语言学学报》1988年第3期。

表 2 - 1　　　　　　　　　　**述人形容词做状语和谓语的情况比较**

例词	高兴	热情	笨拙	迟疑	总数
做状语次数	511	152	19	77	682
做谓语次数	16	16	1	0	33
状谓比较	32∶1	10∶1	19∶1	77∶0	21∶1

　　观察表 2 - 1 的统计数据可见,述人形容词做状语的频率远高于做谓语,总体上这 4 个述人形容词做状语和做谓语的比例高达 21∶1。这一统计结果表明,描写人的情感和态度的形容词的优选句位是做状语,这个句位适合凸显动作发出者的动作伴随状态。

　　(四) 主观性和抽象性

　　汉语方式状语可以表示动作行为的力度、方向、强度、速度、程度和范围,不少进入状位的形容词语义并非指向动作本身,而是指向动词的论元。动词的论元包括动作的施事和受事,当述物形容词的语义指向动作受事时,做状语的形容词所修饰的动词一般是制作、感知和变化的动词,如可以说"酸酸甜甜地喝/做了一碗酸梅汤",但不能说"＊酸酸甜甜地买/卖/盛/放了一碗酸梅汤"①。这是因为"喝/做"是制作类动词,而"买/卖/盛/放"等既不是制作类动词,也非感知和变化动词,无论是制作类、感知类还是变化类动词,动词所述动作对形容词所描述的性状的形成、出现都具有一定影响,这个形容词状语对中心动词的语义要求可以视为状位主观性的表现。形容词状语还可以表示说话人对整个事件的评价,反映说话人的主观情态。如:

　　(12) 别的同学都骄傲地领来了自己的父母。

　　(13) 强盗凶恶地亮出锋利的刀子。

　　(14) 他们放肆地评论着女警员的身段。

　　(15) 孩子们相当周到地做了十个路标。

　　上面例句中的形容词"骄傲"、"凶恶"、"放肆"、"周到"做状语,表述说话人对句子所表述事件的评价,而非动作发出者或动作本身所具有的性状。

————————

　　① 郑有贵:《现代汉语状位形容词的"系"研究》,华中师范大学出版社 2000 年版,第 86 页。

说话人的主观情态常用语气副词来表现，如"明明听见"、"偏偏跟父母对着干"、"显然是你不对"中的"明明"、"偏偏"、"显然"都是语气副词凸显表述说话人的主观情态，可以放在主语后动词前，也可提到句首。表主观性的形容词和语气副词在做状语时具有相似的句法表现，即表说话人主观评价的状语在句法位置上外移，这种句法成分的外移可从两方面分析原因：一是从语义关联性上看，主观评价性的状语关联的是句子叙述的事件而非动词，所以跟动词的语义关系相对松散；二是句首成分的辖域是整个句子，将主观评价性的状语前移到句首位置凸显该成分对整个句子所述事件的评价。从认知可别度上看，主观性强的成分比较抽象而不好掌控，因此容易被外移。

吕叔湘（1966）指出，形容词做状语时意义往往有引申，有时做状语的形容词意义可能发生很大的变化。在统计形容词做状语的语料时，我们发现同一形容词的不同义项做状语和做补语意义不同：意义较为抽象的义项容易进入状位，而意义具体实在的义项倾向于做补语。以形容词"干净"为例，该形容词的一个义项是"一点儿不剩"，这是引申义，该义项一般做状语，如"干净地消灭"；另一个义项"没有被污染"，是该形容词的比喻义，也常做状语，如"干干净净地生活"、"清清白白地做人"；第三个义项"没有尘土和杂质"，这是该形容词的本义，这个义项多做补语，如"打扫得干干净净"。

二 方式范畴与方式状语

何洪峰（2006）指出，方式范畴（manner category）是对动作行为和性质变化的方法和形式的概括与抽象。方式的基本语义来自某一词语与动作的相对关系，具有相对性。状语是修饰性方式，典型的语义是"以……方式＋VP/AP"。修饰性方式与动作行为之间的关系中，比较复杂的是形容词充当修饰性方式状语。方式状语之所以复杂，原因在于形容词的意义相比于名词、动词和介词更为抽象。形容词所描述的性质和状态在与它所修饰的动词发生语义关联时，情况较为复杂，在动作发生前称为"方式"，而在动作发生后则叫作"状态"。

《现代汉语词典》对"方式"的解释是"说话做事所采取的方法和形式"，对"状态"的解释是"人或者事物表现出来的形态"。从这两个释义上看，"状态"倾向于描述静态的人或事物，"方式"主要与动作过程相伴随。但在真实的语言表达中"方式"和"状态"有时并不容易区分，如"他善良地拒绝了"中形容词"善良"究竟是描写动作"拒绝"的状态还是伴随方式，不同人可能有不同的理解。"方式"和"状态"的语义对立特征需要结合这两个范畴相对待的句法成分考虑。脱离具体语境，单个形容词无法判断它描写的是方式还是状态。在具体语境中考察以下方面，有助于区分"方式"和"状态"。

首先看形容词在句子中是否有表述性。方式相对行为而言，表达方式的形容词具有它所修饰的动词所述行为的伴随性。信息传递中方式本身是不自足的，没有表述性功能。状态则不同，它是对客观事物性状的描写，其自身具有表述性，在信息传递时具有自足性，可以独立做谓语。汉语的非谓形容词不能独立充当谓语，但部分非谓形容词可以做状语，如"必然"、"长期"、"大量"可以分别跟动词"失败"、"合作"、"涌入"组合做状语，但不能后置于动词做谓语。这可视为状态具有陈述性和谓语性，而方式没有陈述性而不自足的一个证据。

区分方式范畴和状态范畴还可以考察形容词与动词是否具有相对关系性。方式状语所表示的方式义来自方式状语跟它所修饰的动词的相对关系上。状态义是客观呈现的，是动作行为引发的结果，具有相对独立性，与动词的关联不很密切。比较下面一组句子：

　　　(16) a. 我必须<u>认真</u>地学习营养知识，管住自己的嘴。

　　　　　 b. 马克学得很<u>认真</u>，很快学会了几个常用句子。

　　　　　 c. 小张工作很<u>认真</u>，质量不合格的产品都不能通过他的

检测。

　　　　　 d. 张老师很<u>认真</u>，绝对不会敷衍了事。

上列一组句子中形容词"认真"随着陈述性的增强，与动词所叙述动作的关系变得松散，a 句中形容词"认真"是对动作"学习"的伴随性方式描写，做状语；b 句中"认真"是对动作引发结果状态的描写，做状态补语；c 句中的"工作"是事件名词，是形容词"认真"的陈述的对象，形容词"认真"是主谓谓语句中的谓语；而 d 句中形容词"认真"独立做句子的谓语，其陈述功能最强，具有最大的独立性。

语言学界对方式状语（manner adverbial）的定义是"语法描写通常分出的一类状语，例如 in an X manner/way（以 X 的方式），quickly（很快地），angrily（愤怒地），都能回答 how（怎么样）的问题。其他几个语

义密切相关的类（例如工具和手段）也归在方式的名下"①。从普通语言学角度看，方式状语的典型成员可以回答"怎么样"的问题，即以何种方式去实施动作，但方式状语是个较为庞杂的类别，包括工具、手段甚至动作发出者和说话人的主观感受都可以做方式状语。方式范畴比较宽泛，方式状语除表动作的伴随性状态，也可以描述动作发出者的心理状态、感情态度等。

邢福义（2009）把状语分为"状况类状语"和"物体类状语"两大类，状况类状语表示的是跟状语所修饰的中心语行为有关的状况，包括性状、程度、否定、因由、关涉和语气状语等。其中性状状语表示某种性质状态，这与形容词描写性质状态的语义特点相吻合；程度状语通常由程度副词充当，但有些形容词也可以做状语表示程度，如"出奇地漂亮"、"惊人地灵活"、"意外地顺利"。形容词充当程度补语的数量很少，所修饰的中心词通常是形容词而非动词。

第二节　唯状形容词的语义特点

一　唯状形容词的界定与鉴定标准

本书所谓"唯状形容词"准确地说，是"可状不可补形容词"，仅指只能做状语但不能做补语的形容词，而不是只能做状语再无其句法功能的形容词。形容词的主要功能是做定语和谓语，在句子中充当定语和谓语是判断形容词词性的必要条件，汉语中不能充当谓语的形容词被称为"非谓形容词"，足见谓语功能对于判断形容词性的重要性。汉语形容词除了定语和谓语功能外，还能做状语和补语。汉语补语一般具有谓语性，能做补语的形容词一般也能做谓语。本书所谓"唯状形容词"只针对形容词的状语和补语两种功能而言，并不考察形容词可能具有的全部句法功能，即唯状形容词不意味着该形容词不能做定语或谓语。

本书的"唯状形容词"与陆丙甫（1983）提出的"唯状形容词"也不同。陆先生提出的"唯状形容词"是真正意义上的，即这类形容词只

①　［英］戴维·克里斯特尔：《现代语言学词典》，沈家煊译，商务印书馆2002年版，第24页。

具有充当状语的功能。换言之，这类形容词很像副词，具有唯状性。如"随时"、"大声"、"强行"、"全速"、"公然"、"奋勇"，它们的意义和分布跟表示方式的形容词完全相同，但一般认为是方式副词，实际上这类副词跟一般的副词有很大的差异。这些词不同于典型的虚化副词，它们可以表达具体实在的意义，具有明显的描写性和限制性；在分布上紧挨着被修饰的动词或形容词，而且只能前置于谓语。汉语学界把这类词看作方式副词，但它们是非典型副词，汉语母语者的语言直觉中，并不认同它们具有副词性。陆先生建议把这类词作为形容词的一个下位类别，称之为"唯状形容词"。

　　陆先生根据意义和分布重新考虑方式副词的归属有一定的道理。英语和西班牙语中都存在这种情况：大量形容词在意义不变的前提下可以加上词尾转换为副词，通过添加副词标记的词尾而由形容词变为副词，该词的核心意义不变，意义上如果用汉语表述可以表达为"以形容词所述性状的方式"，这类表示方式的英语或西班牙语副词，翻译成汉语时一般可采用在形容词后加"地"的手段。如：

　　　　（17）clear 清楚—clearly 清楚地

　　　　　　　loud 大声，响亮—loudly 大声地，响亮地

　　汉语的形态变化相对于英语和西班牙语来说不太丰富，所以从词形上难以区分核心意义相同而句法功能不同的词类。陆先生认为，把这类表示方式的词归入副词并不符合汉语母语者的语言直觉。我们随机抽选 4 个陆先生所列举的表方式的"唯状形容词"，《现代汉语词典》对这些词的词性标注如下：

　　　　（18）大声：未作为词条收录

　　　　　　　全速：名词，所能达到的最高速度。如：全速前进；全速航行

　　　　　　　公然：副词，公开地，毫无顾忌地。如：公然撕毁；公然作弊

　　　　　　　奋勇：动词，鼓起勇气。如：奋勇杀敌

　　以上都是表动作方式的词，《现代汉语词典》对它们的词性标注并不一致，汉语的词形变化与其所能充当的句法成分之间没有严格的对应关系。现代汉语中除了副词，某些名词和动词也可以前置于动词充当状语，表示动作的方式。

　　形容词是描述事物性质和状态的词，这是从意义的角度对形容词词义特点的描写。形容词在组合能力和句法功能上具有两个重要的特点：在组合能力上，一般可以受程度副词的修饰但不能带宾语，这是形容词区别于某些动词（如心理动词）的重要特征；形容词的主要句法功能是能够做定语或谓语，一般认为形容词具有充当定语、谓语、状语和补语的功能，其中做定语和做谓语是形容词的主要句法功能。

　　现代汉语词语具有双音化特点，双音词在词汇中所占比例较大，现代汉语中形容词的情况也是如此。本书统计了《汉语形容词用法词典》收录的全部双音形容词，包括属性词，也称为"非谓形容词"或"区别词"。朱德熙（1982）提出"区别词"概念，认为这类词不符合形容词的判断标准，既不能受程度副词"很"修饰，也不能做谓语。有学者认为剔除区别词后形容词集合中的成分都具有典型的形容词性质，这种分类使形容词的词类范畴更加清晰，词类的内部成分具有均质性。然而从语言历时发展角度看，这样的分类处理使形容词的功能分析变得更加复杂。以"低级"、"初级"、"高级"这一组结构相同的形容词为例来看，朱德熙（1982）认为"初级"是区别词，"高级"、"低级"是形容词，因为这两个词能受"很"修饰①。《现代汉语词典》对"高级"的释义如下：

　　（19）高级：形容词①属性词。（阶段、级别等）具有较高程度的：高级人民法院②（质量、水平）超出一般的：高级商品

　　　　　　初级：形容词，属性词。阶段级别等最低的：初级读本

　　根据词典释义，"高级"作为一般形容词和属性词所表达的意义不同，而"初级"是属性词，没有一般形容词性质。"高级"和"初级"两个词的结构关系和构词理据都相同，如果把"高级"归入形容词，而把"初级"从形容词中排除出去，单列为"区别词"，这样的分类不符合汉语母语者的语言直觉，也不具心理现实性。把区别词排除出形容词的做法容易造成语言现象的人为割裂，使人们对语言的认识变得零散而不系统。从语言发展的角度看，区别词在历时演变过程中呈现出向形容词变化的趋势②，区别词表分类，这本是形容词最基本的功能。高频使用使得区别词的语义不断虚化，用法逐渐扩展。事实上不少区别词可能向一般形容

---

① 朱德熙：《语法讲义》，商务印书馆2000年版，第53页。

② 李宇明：《非谓形容词的词类地位》，《中国语文》1996年第1期。

词演化。邢福义（2009）把性质固定、无程度量变化的形容词叫作"定质形容词"，明确指出定质形容词和一般的表示性质和状态的形容之间没有不可逾越的鸿沟。有的定质形容词在使用过程中逐渐接受程度副词修饰，向一般性质形容词转化。

我们把"煞白"、"冰冷"、"通红"等状态词作为形容词的一个下位类型归入形容词。状态词虽然也不能受程度副词的修饰，但可以自由地充当定语和谓语。朱德熙（1956）认为这类偏正结构形容词与一般形容词不同，不是性质形容词而是状态形容词。值得注意的是，偏正结构形容词如"巨大"、"庞大"、"渺小"，随着语言发展所表示的程度量在使用过程中不断减损。这类偏正结构形容词是否能受程度副词的修饰，不同的汉语母语者有着不同的语感。语感调查的结果表明，大部分汉语母语者对"非常庞大"、"如此巨大"、"多么渺小"等说法完全接受，也就是说这些偏正结果的形容词也可以受"非常"、"如此"和"多么"等表程度量的成分修饰。

形容词做状语是否副词化的问题一直是汉语学界争论的焦点。在语料分析与统计中，我们经常会遇到这个问题，如形容词"共同"，根据《现代汉语词典》标注该词有两种词性：

（20）共同：①形容词，属性词。属于大家的，彼此都具有的：共同语言②副词。大家一起（做）：共同努力

汉语母语者的一般语感倾向认同"共同"的形容词性，用作副词时除了前置于动词的句法句位改变，"共同"的词义与用作形容词时并无显著差异。汉语母语者在语言表达中关注的是词义。词类划分应重视词义标准，不能把意义相同而句法功能不同的词简单地判断为不同的词类，否则容易陷入"词无定类，依句辨品"的困境。

判断状语句位上表方式和情状的词究竟是形容词还是副词有时很困难。形容词做状语一般表方式，这与方式副词相类似。词性的判定应同时采用语法特征和意义两个标准。陆志伟（1956）认为前置于谓词（动词或者形容词）的词，如果与它做定语和谓语时的意义相同则是形容词；如果意义改变则为副词；意义有差异但是差异不至于太大时视为形容词和副词的兼类词。然而根据词的意义是否改变的标准来判断词性缺乏明确的形式标准，不具有操作性。

王启龙（2003）提出单音形容词做状语仍是形容词的一个判断标准

是能重叠，或在形容词前能加"很"，或能转换成补语，否则就是副词①。这个标准重视形容词的句法功能，但对于意义标准却考虑不够，很难涵盖形容词做状语的全部情况。

从语言对比角度看，英语形容词加副词词尾"-ly"变成副词，因此可以把"-ly"看作状语标志，实质上仍然是形容词做状语，不过多了个副词或者状语标志。事实上，有些英语方言中形容词做状语也不用"-ly"标志。在某些条件下西班牙语形容词也可以直接做状语，这些语言中的方式范畴的表达都跟汉语一样。根据分布互补理论，形容词"共同"仅修饰名词做定语或做谓语，副词"共同"仅修饰动词做状语，可见它们是意义相同而分布互补的，互补的东西应该构成一个大范畴，把它看成形容词做状语可以摆脱词类划分的纠缠。

邢福义（1989）提出"同一义项一般不宜分成两个词"的词类划分原则②。所谓"同一义项"是指相同词义的归并项。邢先生认为词类划分必须始终贯彻"词类分合的同一性"原则：同一意义并且组合能力上具有共性的同一形式，不得分化为不同的词类；不同意义并且在组合能力不具有共性的同形形式，才应该分化为不同的词类③。可见，如果形容词的意义没有太大的区别，前置于动词做状语这一点不能作为判断进入状位的形容词已副词化的依据。

依据以上鉴别标准，我们对《汉语形容词用法词典》中所收录的常用双音形容词进行功能描写和语料库检索。首先，在该词典收录的989条双音形容词中，根据词典的功能描写，找出62个只能做状语不能做补语的形容词，将这62个形容词逐个在现代汉语语料库中进行检索，对所搜集到的语料进行人工查验，最后得到只能做状语而不能做补语的形容词15个，占全部双音形容词的1.5%（15/989）。唯状形容词词表如下：

错误　　辛勤　　良好　　初步　　容易₂(发生某种变化的可能性很大)
基本　　硬性真正　　主要　　共同　　通常　　首要
袅袅　　纷纷　　滔滔

《汉语形容词用法词典》所收录的是常用形容词，覆盖面并不全面，

---

① 王启龙：《现代汉语形容词计量研究》，北京语言大学出版社2003年版，第20页。

② 邢福义：《词类问题的思考》，《语言研究》1989年第10期。

③ 邢福义：《汉语语法三百问》，商务印书馆2009年版，第138页。

特别是对形容词中的属性词的收录不多。我们根据吕叔湘、饶长溶（1981）提出的非谓形容词词表，按照只能做状语不能做补语的标准进行查验，发现现代汉语中有更多唯状形容词。列举如下（括号中是可与该属性词组合的动词示例）：

头等（重要）	同等（重要）	大量（生产）	少量（出售）
大批（生产）	通盘（考虑）	专门（研究）	额外（负担）
长期（生病）	短期（培训）	定期（检查）	高度（评价）
高速（发展）	间接（拒绝）	绝对（贫穷）	相对（稳定）
自动（驾驶）	自发（组织）	人为（破坏）	天生（聪明）
临时（借用）	随身（携带）	漫天（要价）	首先（讨论）
最初（安排）	最终（决定）	最后（打算）	快速（发展）
亲身（体验）	非法（占据）		

二 唯状形容词的语义特征

既往有关形容词做状语的研究，大多依照"能够做状语"这一标准对形容词进行分类统计，本书采用的标准是"只能做状语而不能做补语"，只有唯状形容词才能体现出状语跟补语之间的本质区别。任鹰（2001）指出，每个句法位置都有其特定语义基础和语义内涵，某成分能在一个句位上出现，其语义特征应同该句位所特有的语义内涵相切合①。唯状形容词切合状位语义内涵，但不适合补位语义内涵，这体现了状位和补位句位的本质差异，这样的分类有助于区分状语和补语。

统计结果表明，唯状形容词占形容词的比例非常低，约为1.5%。这说明做状语不是汉语形容词的主要句法功能，唯状形容词的语义特点切合状位的语义内涵，而这些语义内涵是补语所不具有的。

（一）唯状形容词的定量性

我们进一步考察唯状形容词发现，唯状形容词有共同特点：都不能接受程度副词修饰。我们将形容词分成小类分别进行讨论。

1. 属性词

在15个唯状形容词中，属性词有7个。列举如下：

初步　基本　硬性　真正　共同　通常　首要

---

① 任鹰：《主宾可换位动结式述语结构分析》，《中国语文》2001年第4期。

属性词占全部唯状形容词的约47%（7/15）。可见，属性词是唯状形容词的一个重要的组成部分。属性词也叫非谓形容词，不能做谓语，是形容词中一个特殊类。吕叔湘、饶长溶（1981）指出，有些非谓形容词可以修饰动词做状语。非谓形容词不能做补语的特点与非谓形容词只能做定语、不能做谓语的特点具有平行性，这也从一个侧面证明汉语的补语具有谓语性，因为不能做谓语的形容词也不能做补语。

属性词最显著的语义特点是描写事物的属性，但不能描写事物性状的级度差异。考察语料发现，不是所有的属性词都只能做状语不能做补语，以"直接"为例，它可以做状语，如"直接走过去"、"直接拒绝"，也可以做补语，如"你说得太直接了，他一时很难接受"。查《现代汉语词典》，"直接"是属性词，意思是"不经过中间事物发生关系的"，但真实的语料表明，它已经演变为一般形容词，语义更加抽象。

不少属性词经历了语义和功能的演化，主要可以分为两种情况：一种是完全由属性词变为一般形容词，如"平均"；一种则是属性词的意义和用法仍然存在，还演化出作为一般形容词的用法，增加了新义项，如"高级"除了与"初级"相对应的属性词义项，表示"阶段、级别等具有较高程度的"，还作为一般形容词，表示"质量水平等超过一般的"。一般形容词义项可以做谓语，如"他家的装修很高级"。

一般属性词的历史比较短，但能产性很高。在语言使用过程中，属性词所述性状的程度性处于动态变化之中。吕叔湘、饶长溶（1981）指出，非谓形容词的一个特点是容易转变为一般形容词。有些属性词随着使用频率的增加和使用范围的扩大，逐渐接受程度副词修饰，如"很直接"，"非常高级"等。邢福义（2009）把形容词分成性状形容词和定质形容词。性状形容词突出的特点是具有程度性，一般能受程度副词的修饰。定质形容词是指性质固定、没有级度变化的形容词，这类形容词不能受程度副词修饰，基本功能是充当定语，有的还能充当状语，但不能单独充当谓语或成为谓语中心①。定质形容词有些可以用表示客观程度量的副词"最"修饰，但不能用表示主观程度量的"很"、"有点儿"等副词修饰。

张国宪（2006）认为"区别词在词类连续统上介于名词与形容词之

---

① 邢福义：《汉语语法三百问》，商务印书馆2009年版，第85页。

间，它所处的位置决定其成员不同程度地具有名词和形容词的某些特性"①。李宇明（1996）指出，如果对从名词到形容词连续统中间的区别词进一步细分，具有程度意义的区别词最贴近形容词的一端，区别词与事物联系的判断具有更强的客观性及规约性，性质形容词与事物联系的判断则具有一定的主观性和随意性。

2. 叠音词

唯状形容词中有一类具有明显的形式特点，就是叠音形式，如"袅袅"、"纷纷"、"徐徐"等，这些采用叠音手段构成的形容词也叫重言词。在唯状形容词表中叠音词有 3 个，占总数的 20%（3/15），是唯状形容词中比较重要的一个类别。

叠音词与单音形容词重叠 AA 式有本质区别。叠音词所重叠的是不自由语素，不能单用，只有重叠构成词才能独立使用，如"袅袅"的构词语素"袅"不能单用。无论属性词还是叠音词都不受程度副词修饰，不能做谓语，这两个特点其实是相关的，不能做谓语是句法功能的外在表现，而不受程度副词修饰的定质性是本质特点。

叠音是一种摹状手段，可以增强语言的摹状性。《现代汉语词典》常采用"形容……的样子"来解释叠音词，可见该类词突显的描摹性语义特点。郭锐（2002）把重叠式、拟声词和状态形容词归为一类，叫状态词，其内部典型成员是形容词和拟声词的重叠形式，可见重叠形式是描摹状态的典型手段。叠音形容词都是单音状态形容词的重叠式。石锓（2010）对形容词 AA 式的历时发展研究表明，最初的单音形容词中也存在状态形容词，汉语形容词的重叠起源于单音状态形容词重叠。状态形容词表示的意义比较具体，一般只用来描写有限的一类或者几类事物。单音状态形容词构成叠音形容词的语义选择具有封闭性特点，其所修饰对象很窄，如"袅袅"最初仅用来描写烟雾，如"袅袅炊烟"，现代汉语中该词依然保持这个基本用法，有时用来描写声音，是将视觉感受挪移到听感上的通感用法，如"袅袅的歌声"。现代汉语中由单音状态形容词通过叠音构成的形容词常做状语，常见的有：

炯炯（发光）　遥遥（相对）　脉脉（含情）　匆匆（告辞）
团团（围住）　徐徐（吹来）　闪闪（发光）　熠熠（生辉）

① 张国宪：《汉语形容词功能与认知研究》，商务印书馆 2006 年版，第 397 页。

熊熊（燃烧）　　纷纷（提问）　　袅袅（升起）　　滔滔（奔流）

涓涓（流淌）　　赫赫（有名）

有些叠音副词、拟声词跟叠音形容词的结构形似，如"默默"、"悄悄"是副词，"猎猎"、"潺潺"是拟声词。拟声词和方式副词也常用作方式状语，这也从一个侧面说明了叠音构词方式具有很强的描摹作用。叠音词通过唤起人们的视觉、听觉、味觉和触觉等方面的认知经验达到生动形象的描写效果。

AA 式叠音形容词跟属性词一样不受程度副词修饰，具有摹状功能。这和一般单音形容词如"高高"、"轻轻"重叠之后程度量加强的特点具有本质的差异。单音状态形容词构成的叠音词是古汉语用法在现代汉语中的遗留，具有很强的书面语色彩，在《现代汉语词典》中通常注明这类词的书面语色彩。

（二）唯状形容词的述行性

张国宪（2006）根据所修饰对象的性质把形容词分为述物形容词和述行形容词。由于对语言的跨认知域使用，有些形容词既可述物也可述行①。形容词是描写事物性状的词类，对其所描写对象依附性很强，形容词自身语义规定了其所描写对象的特点。唯状形容词均为述行形容词，这与状语修饰动词的语法功能一致。

1. 属性词

王启龙（2003）所搜集的 2110 个现代汉语形容词中有 169 个非谓形容词，其中能直接做状语的 67 个，占非谓形容词的约 40%：

必然　长期　大概　大量　大批　大致　单独　独立　额外

恶性　反面　反复　非常　非法　高度　高速　个别　根本

公开　故意　极度　急剧　急忙　间接　精心　经常　良性

临时　起码　亲身　全部　全盘　全副　全体　人为　人工

首先　任意　首先　同步　同等　同样　忘我　无限　无上

相当　相对　相互　业余　义务　暂时　正面　侧面　衷心

重点　专门　自发　自费　一律　一定　奋勇

以上非谓形容词按照《现代汉语词典》的词性标注很多都不是属性词，如"奋勇"是动词，"精心"是一般形容词。吕叔湘、饶长溶

---

① 张国宪：《现代汉语形容词功能与认知研究》，商务印书馆 2006 年版，第 23 页。

（1981）把非谓形容词分成唯定形容词（如"大型"、"男式"）和可做定语也可做状语的形容词（如"正式"、"硬性"），能做状语的属性词是述物兼述行的形容词。

不仅属性词中存在述物兼述行的情况，一般形容词中也大量存在，这是形容词语义扩张的结果。形容词"长"的初始意义是表示"两点之间的距离"，是述物的，后发展出"表示时间的持续"，是述行的。属性词"正式"的意义为"合乎一般公认的标准的、合乎一定手续的"，它所修饰的可以是事物，也可以是动作行为，词义特点决定了该形容词具有与名词和动词组合的可能性。

属性词内部构成语素之间的组合关系常为偏正关系，第二个构词语素通常是"步"、"量"、"期"、"式"、"性"、"度"、"速"等意义比较具体的名词性成分，这使整个非谓形容词的意义呈现出具体性；也存在非谓形容词第二个语素不是名词性而是体词性语素的情况，但前后两个语素之间依然是偏正关系，如"公开"、"独立"、"自发"等。

属性词中存在两个构词语素之间非偏正关系而是并列关系的情况，这种结构的属性词不多，唯定属性词如"独特"、"公共"，可定可状属性词如"辛勤"、"错误"等都是并列型属性词，占唯状形容词的 1.3%（2/15）。这类并列结构的形容词很容易被认同为一般形容词。《现代汉语词典》把"独特"、"辛勤"标注为一般形容词而未注明其属性词性质。并列结构非谓形容词容易被认定为一般形容词，首先因为这类非谓形容词可受程度副词修饰，如"很独特"、"非常辛勤"；其次并列结构形容词内部两个构词语素具有结构上的并列性和语义上的同一性，两个语素表达的意义相同相近，在词汇化的过程中这类结构的词语意义不是两个语素意义的简单相加，这使整个词的意义具有较高的融合性，语言直觉上容易把这类词跟偏正结构的非谓形容词区别对待。

从词语的融合上看，偏正结构最难融合，所以"冰凉"、"煞白"类形容词一直被当作形容词的一个特殊类。偏正结构所表示的程度量最为固定，在句法表现上跟一般形容词存在明显差异。相比之下并列结构最容易融合，重叠的可能性也最高。

现代汉语形容词所表程度量的可调性表面看没有规律，但深入考察发现，跟形容词构词语素的内部组合方式密切相关。并列结构形容词由于两个构词语素之间的高度融合，其性质更接近单音性质形容词，它的程度量可调性高；偏正结构形容词两个构词语素之间的融合度低，尤其是状态词，词汇化程度低，前一个构词语素限定了后一个语素所表性质的程度量，所表示的程度量是固定的。其他如动宾结构、主谓结构的程度量的可调性介乎并列式和偏正式之间，值得进一步考察。

　　之所以把并列结构的"辛勤"看作非谓形容词，是因为它符合非谓形容词的三个主要特点：第一，不加"的"直接修饰名词，如"清洁工用他们的辛勤工作换来了城市整洁的环境"；第二，加"的"修饰名词，如"老师是辛勤的园丁"；第三，加"的"用于"是"后或代替名词，如"他们的工作是辛勤的"。当然，"辛勤"区别于一般形容词之处在于不能做主语和宾语，也不能做谓语；不能用"不"否定。经语料库检索，得到"辛勤"做状语和定语的语料共计 3809 条，都是光杆形容词"辛勤"直接做状语或定语，如"辛勤 + 劳动/耕耘/操劳/采集/探索/培育"和"辛勤的 + 园丁/汗水/劳动"，而"辛勤"前加"很"、"非常"等程度副词的语料只有 3 条，如"很辛勤地劳作"、"非常辛勤地工作"、"非常辛勤地劳动"，光杆形式做修饰语是主要用法。

　　2. 叠音词

　　跟一般形容词一样，叠音形容词也可根据其所描写对象的特点分为述行和述物形容词两个类型，如"皑皑"，"蒙蒙"是述物形容词，常做定语或谓语，如"皑皑白雪"、"细雨蒙蒙"；而"匆匆"、"袅袅"是述行形容词，只能做状语，如"匆匆离开"、"袅袅升起"。述行形容词有些可以做谓语，如"行色匆匆"、"炊烟袅袅"，但不能做补语。随机选择"袅袅"、"熊熊"、"遥遥"、"徐徐"四个叠音形容词在语料库中检索做状语和做谓语并对语料做出统计，结果如下：

表 2-2　　　　　　　　叠音形容词做状语和做谓语情况统计

例词	袅袅	熊熊	遥遥	徐徐	总计
做状语次数	54	9	18	26	107
做谓语次数	6	1	1	1	9
做状谓比例	9∶1	9∶1	18∶1	26∶1	11.9∶1

　　从表 2-2 统计结果看，叠音形容词做状语次数远高于做谓语，基本

达到 12 倍。叠音形容词具有强烈的书面语色彩外，做状语有着严格的限制条件，对所修饰的动词具有词语的选择性。叠音形容词能够修饰或限制的动词很少，基本为固定搭配，如"熊熊燃烧"、"袅袅升起"等，形容词和动词之间凝固性很高。

（三）"容易"类唯状形容词

唯状形容词中有个比较特殊的"容易"。吕叔湘（1966）指出，"火车好开，关山难过"中的"好"、"难"更像助动词的用法。王启龙（2003）持相似观点。形容词"容易"和单音形容词"好"、"易"意义相同，其反义词是"难"，这几个词在句法分布上更像助动词而非一般形容词。《现代汉语词典》对"容易"的标注如下：

（21）①做起来不费事的：说时容易做时难｜这篇文章写得很通俗，容易看

②发生某种变化的可能性大：容易生病｜白衣服容易脏｜这种麦子不容易倒伏

"容易$_1$"位于主要动词之前，否定副词前置于"容易"，可用来单独回答问题，可构成正反问"容易不容易"，这些分布特点和用法均与能愿动词相同；"容易$_2$"意思是"发生某种变化的可能性大"，所表示的状态和动作都尚未发生。从分布上看，"容易"、"好"、"难"、"易"是否真的是形容词值得讨论，它们做状语时的分布与"能够"、"应该"等能愿动词完全相同。马庆株（1988）指出，自主动词能受"不便"修饰，而非自主动词前不大可能加"不便"。跟"不便"意义相反而用法相近的词有"便于"、"适宜"等，《现代汉语词典》对它们的词性和释义是：

（22）便于：动词，比较容易（做某事），如：便于计算、便于携带

不便：动词，不适宜（做某事），如：不便再问、不便回绝

适宜：副词，适合，相宜，如：应对适宜

对"便于"，"不便"、"适宜"有的标为动词，有的标为副词。从释义上看都是说话人对后续事件的适宜程度做出的主观判断。自主动词所述动作有主观可控性，对自主动词所述动作做出是否适宜的判断才有意义；非自主动词所述动作无法控制，自然也就没有对动作发生是否适宜评价的必要了。同理，唯状形容词"容易"、"难"、"易"、"好"等在功能

上与"不便"类词语相同，都表示说话人对动词所述事件发生的难易程度和可能性的主观评价。从语义层面看，无论是动词、副词还是形容词，表述说话人主观情态的词都不参与句子信息的构成，仅表达说话人对事件的主观评价。

在非自主动词前不能用"不便"，但可用"容易"，如"容易生病"。这是"容易"和"不便"意义上的差异造成的，是词义特点决定的。"不便"是指去做某事的时机和条件不适宜。如：

（23）宰相当时也<u>不便</u>同皇帝直接说。

例（23）是指在某种条件下做某件事情不方便，自然就应该控制不去做，所以"不便"后续成分常常是自主动词；而"容易"是指某种特定条件下事件发生的概率，通常指客观条件下非自主、不可控行为的发生或状态改变，后续成分不区分是自主还是非自主动词。如：

（24）这种材料很<u>容易</u>生锈，不适合放在室外。

（25）山歌<u>好</u>唱口<u>难</u>开。

综上所述，"容易"类形容词主要表述说话人对动词所述事件的主观评价，其分布与功能跟典型形容词不同，更接近情态动词。这类形容词只能做状语不能做补语。

（四）"错误"类唯状形容词的客观评价性

在语料统计分析中，我们发现了比较有趣的"四缺一"现象，那就是形容词"正确"和"错误"的用法。如：

（26）正确地理解　理解得正确　错误地理解　＊理解得错误

例（26）中形容词"正确"和"错误"是一对反义词，但"正确"可以自由地前置于动词做状语或后置于动词做补语；"错误"却只能前置于动词做状语，不能后置于动词做补语。这个现象可以从两方面来解释：从言语交际的礼貌性原则看，"错误"带有否定的意味，根据"最大限度减少对他人损害"的准则，一般不直接用否定性词语做出判断和评价，而采用肯定性词语的否定式减轻程度以求委婉的表述，如"理解得不正确"。为什么"写得乱七八糟"中"乱七八糟"可以出现在补语的位置上？这可以从形容词自身的客观性程度差异得到解释：补语评价带有主观性，而"错误"与否的判断基于客观标准，具有较强的客观性。形容词"错误"无论做定语还是做状语，一般都采用光杆形式，不受程度副词"很"、"非常"修饰，相比之下，形容词"乱七八糟"带有比较强的主观性。可见，形容词的语法功能受不同因素的影响和制约，这些因素在语法编码过程中综合起作用。一些描述性强的重复词组也可以做状语却不能做补语：

（27）一步一步地检查→＊检查得一步一步的
　　　　谨慎地检查→检查得很谨慎
（28）一个字一个字地读起来→＊读得一个字一个字的
　　　　认真地看起来→看得很认真

　　例（27）中的形容词"谨慎"可做状语也可做补语，描写动作的数量短语"一步一步"却只能做状语不能做补语；例（28）与此相同，形容词"认真"可以状补异位，而数量短语"一个字一个字"却只能做状语。前置于动词做状语的成分，无论是数量词组的重复形式还是形容词，都是对谓语动词的描写。数量词组重复式虽然描写性强，但不能后置于动词做补语，而形容词却可以。这表明补语的主要功能不是客观描写动作，而是对动作及动词论元做出主观评价，纯客观描写一般无法进入状态补语句位。

　　综上所述，唯状形容词所表述程度量固定，不受程度副词的修饰，一般为述行形容词。唯状形容词的语义特点体现了状语句位最本质的语义内涵。状位形容词的语义必须跟动词有关联，而且形容词所描述的性状具有与动作相伴随的临时性和易变性；形容词状语的基本功能是分类，其所描写的性质具有定量性，不能接受程度副词修饰，这是所有能做状语的形容词的语义特点。下面我们对能进入状位的形容词的语义特征进行考察。

第三节　状位形容词的语义分析

　　汉语学界关于状语的研究主要集中在什么成分能够充当状语，以及状语的主要类别等问题上。关于能够充当状语的句法成分的语义特征与状位的语义内涵之间的互动关系的探讨不够充分。语法是约定俗成的语义结构序列，语义对语法具有制约作用。以下考察充当状语的形容词的语义特征，试图回答以下问题：哪些做状语的形容词的语义特征与状位语义内涵相吻合；哪些做状语的形容词的语义特征本不符合状位语义内涵，但在一定句法条件限制下可以进入状位？对这两个问题的探索，有利于认清汉语状语的本质。

一　形容词的语义类型

为了深入考察形容词语义特征有必要对形容词进行下位类型分析，形容词下位类型分析有助于深化对形容词这个大词类内部成员性质的认识。胡明扬（2003）认为，对于母语是汉语的人而言，形容词仅作为一个大类不影响对形容词的使用，因为语言直觉可以帮助人们区分不同形容词的不同用法，但外国学生没有语感帮助，完全有必要把形容词分得细一些，"因为分得越细，提供的句法功能信息就越多"①。

汉语学界对形容词分类常采用性质和状态形容词标准。形容词音节数量由单音节到多音节的变化与形容词表示性质或状态相关。单音形容词是典型的性质形容词；三音节及以上的形容词是状态形容词；双音形容词在性质与状态性上表现出不确定性。张国宪（2006）认为"语言形式的繁复与概念结构的复杂性是相对应的，由于状态形容词在程度量上的有限性和两极差异，表现出比性质形容词更复杂的构词表征共性"②。

形容词的主要作用是描述事物性状，依附于它所描述的对象而存在。一般可根据认知经验推测形容词描写的事物，这从词典对形容词的释义方式上可见一斑，《现代汉语词典》对形容词释义常包含对形容词所描述对象的说明。如：

（29）矮：身材短。如：矮个儿，个头不矮。

　　　暧昧$_1$：（态度、用意）含糊，不明朗。如：态度暧昧。

　　　暧昧$_2$：（行为）不光明正大，不可告人。如：关系暧昧。

从上例可以清楚地看到，词典对形容词的释义中有些直接说明形容词所描述的对象，如"矮"指"身材短"；"暧昧"的两个义项的描述对象在括号中标明，第一个义项是描写"态度"或"用意"，第二个义项描写"行为"。当根据认知经验就能够推知形容词所描述对象时，释义中对此不作特别说明。符淮青（1991）把形容词的释义模式总结为"（适用对

---

① 胡明扬：《形容词的再分类》，载胡明扬《胡明扬语言学论文集》，商务印书馆2003年版，第366页。

② 张国宪：《现代汉语形容词功能与认知研究》，商务印书馆2006年版，第81页。

象）＋性状的描写说明"，《现代汉语词典》基本体现了这个形容词的释义模式。根据形容词所修饰对象的性质对形容词进行类别的划分，把形容词分为述物形容词、述行形容词和述物兼述行形容词的分类标准，对于一般人来说具有较强的心理现实性。

述物形容词以事物为描述对象，摹写事物的特征，主要包括事物的空间（如"高大"、"狭窄"）、色彩（如"雪白"、"碧绿"）、状态（如"崭新"、"茂密"）等性状。述物形容词中的述人形容词描写人的感情（如"诚恳"、"高兴"）、感觉（如"烦躁"、"紧张"）和品质（如"卑鄙"、"虚伪"）等。述行形容词描写动作行为，这类形容词数量不多，主要包括描写动作行为的时间（如"长久"、"短暂"）、范围（如"广泛"、"深入"）、速度（如"及时"、"迅速"）、方式（如"草率"、"顺利"）、程度（如"过分"、"深刻"）、态度（如"慎重"、"踊跃"）、频度（如"偶然"、"频繁"）等。

人类所生存和感知的世界主要由事物和运动两类实体组成，名词和动词是人类语言中基本的词类。名词指称事物，动词表达动作行为，形容词则是对事物性状的描写，形容词的语义特征适合描写对象是事物还是运动与动作，决定了形容词与不同成分的组合能力。

有些形容词很难简单归入述物或述行形容词，它们既可述物也可述行。同一形容词的不同义项有的用来修饰动词，有的义项适合修饰名词，这是形容词的词义经历了跨认知域演化的结果。如形容词"粗糙"，根据《现代汉语词典》解释有两个义项：

（30）①（质料）不精细，不光滑。如：皮肤粗糙、这种瓷器比较粗糙。

②（工作等）草率；不细致。如：这衣服的手工很粗糙。

"粗糙"的第一个义项是述物形容词，用来描写事物的质料；第二个义项可以述物也可以述行，用来描写工作等行为动作。如：

（31）将她的名字粗糙地刻在一块石头上。

多义形容词的不同义项有不同的语义特征，不同义项在是否具有充当状语的可能性上存在差异，如形容词"暧昧"，根据《现代汉语词典》释义，有两个义项：

（32）①（态度、用意）等含糊；不明朗。

②（行为）不光明正大；不可告人。

"暧昧"的第一个义项在词典释义中已在括号中说明，其修饰对象是"态度"或"用意"，该义项与动作没有直接语义关联，常用来描写体词性成分，不具有做状语的语义特点；第二个义项的释义中说明其描述对象是"行为"，该义项具有做状语的可能性，如"暧昧地笑"、"暧昧地看着"、"暧昧地说"。又如，形容词"从容"的两个义项的意义分化程度更高，词典释义如下：

（33）①不慌不忙；镇静；沉着。

②（时间或经济）宽裕。

"从容"的第一个义项的摩写对象是动作，具有做状语的语义基础，如"从容地走进考场"、"从容地梳理思路"、"从容地服毒自尽"；第二个义项从释义看描写对象是"时间或经济"，是体词性成分，该义项一般不适合做状语。

从发生学角度看，同一形容词不同义项之间存在语义关联，如"暧昧"的第一个义项是初始义，第二个义项是在第一个义项的基础上发展而来的。不同义项的演化路径各不相同，有的在使用过程中衍生出情感色彩；有的修饰对象不断扩展甚至跨越认知域，如"从容"从描写人的心理状态到描写时间或金钱上的宽裕度。按形容词所描述的对象区分述物形容词和述行形容词是初步的分类，还可对形容词词义特点作更加细致的考察，提出更细致的分类标准。细致的形容词的词义辨析有助于阐释形容词对与之组合的动词的语义要求，从而揭示状中结构的语义限制规律。分析形容词下位语义类型的本质是对形容词语义特征的分析，这有助于更深入细致地认识形容词的语义特点。不同学者对汉语形容词语义类别详见表2-3。

表2-3　　　　　　　　　　　形容词分类对照表

分类	张国宪（2006）	朱文文（2008）	刘振平（2007）
	1. 时间	1. 时间	1. 时间
	2. 速度	2. 速度	2. 速度
	3. 方式	3. 空间	3. 方式
述行形容词	4. 程度	4. 力度	4. 力度
	5. 情状	5. 难度	5. 情状
	6. 频度	6. 动量	6. 频度
		7. 评价	

分类	张国宪（2006）	朱文文（2008）	刘振平（2007）
述物形容词	1. 空间	1. 性格	1. 人的外貌
	2. 度量	2. 态度	2. 人的内在素质
	3. 颜色	3. 心理状态	3. 颜色
	4. 年纪	4. 事物特征	4. 自然条件环境
	5. 属性		5. 属性
	6. 评价		6. 气味味道
			7. 状态
			8. 主观感觉
述物 + 述行形容词			空间、方位、范围、情状

表 2 - 3 中对形容词分类采用述行和述物这一标准，但不同学者分类情况同中有异。

（1）述物形容词和述行形容词这两个大类，是三位学者都划分出的类型。刘振平（2007）把述物和述行形容词单列为一个类，张国宪（2006）和朱文文（2008）没有单列。虽然从词源学角度看，任何一个形容词的初始意义不是述行就是述物，但实际语言运用中应该重视述行兼述物形容词。本书所讨论的可状可补形容词多属于这个类型。

（2）三位学者分出的每个大类中再划分小类的标准有同有异。述行形容词基本都从"时间"、"速度"、"方式"等方面分析，但对述物形容词的分析标准各有不同。张国宪（2006）列出的标准中只有"年龄"是述人的；朱文文（2008）只有"事物特征"是描写事物的，这与"性格"、"态度"不属于同一层次；刘振平（2007）的分类比较细致，在述物形容词中提出了"自然条件与环境"类别。

（3）朱文文（2008）把"评价"归入述行形容词，张国宪（2006）则归入述物形容词，刘振平（2007）没有明确提出评价类形容词，而是在述物形容词中列出了"主观感觉"类。

"评价"类形容词应该加以重视，有些形容词难以归入述物或述行类别，因为这些形容词仅表达说话人的主观评价。本书在时贤研究的基础上把做状语的形容词分为述物形容词、述行形容词和评价类形容词，分别考察这三类形容词做状语的情况。

二　述行形容词做状语

胡明扬（2003）指出，有部分性质形容词既能做定语和谓语还能直接做状语，表示数量、时间、处所、频度、范围、方式、情状，如"及时、突然、偶然、完全、热情、勉强"等①。这类形容词句法功能上可以做状语，语义上并不像一般形容词那样表示"性质"，建议把它们从"性质形容词"中分离出去，另立一类"情状形容词"，这个所谓"情状形容词"即为述行形容词。陆丙甫（1983）主张建立"唯状形容词"类别，把"大力、随手、快速"这类意义比较实在、同形容词一样有着明显描写功能的词归入形容词类，称为"唯状形容词"，依据是这类词的意义是形容词性的，做状语的分布也跟形容词状语完全相同。汉语学界一般认为这类词是表方式的副词，理由是它们只能做状语不能充当状语之外的任何句法成分，而唯状性是副词所具有的句法特点。

做状语的形容词究竟是形容词还是副词？做状语的形容词是否副词化了？朱德熙（1956）对这个问题的看法是，有些形容词虽然能做定语和谓语也能做状语，但同一形容词在不同的句法位置上意义并不相同，如形容词"白"自评定语和谓语指的是颜色，做状语的意思是"徒劳"，意义完全不同，应该看作是副词。朱德熙（1956）认为形容词加"地"之后构成的不是体词性成分而是形容词性结构，从意念上来说是描写性的而非限制性的，直接前置于动词不加"地"的情况才能算作形容词做状语，并列举出了能直接做状语的21个双音形容词。

完全、容易、干脆、仔细、勉强、一定、细心、大胆、切实、经常、特别、一般、一致、普遍、突然、偶然、积极、公开、间接、直接、正式

值得注意的是，上列有些形容词做状语是副词性的。"干脆"为例，《现代汉语词典》对"干脆"的释义如下：

（34）①形容词，直截了当；爽快：说话干脆利落。

②副词，索性：那人不讲理，干脆别理他。

形容词"干脆"做状语时必须带"地"，其语义指向动词"拒绝"，

①　胡明扬：《形容词的再分类》，载胡明扬《胡明扬语言论文集》，商务印书馆2003年版，第374页。

如"我干脆地回绝了他的请求";副词"干脆"只能直接做状语,不能带
"地",表说话人的语气,是语气副词。有的形容词,如"完全"根据
《现代汉语词典》是形容词副词兼类,但从释义上看作形容词和副词的意
义基本相同,没有本质差异。根据词类划分的同一性原则,不应分化为两
个不同的词类。总体上看这些可以直接做状语的双音形容词共同的语义特
点是与动词直接相关,是述行形容词,主要描写动作的时间、方所、速
度、方式、范围、程度等。因为形容词所描述的这些特点都跟动词的动作
性、时间性紧密相关。述行形容词与动词语义相关,状语的主要功能是对
谓语动词进行修饰和限制,述行形容词的词义符合状语句位的语义内涵,
与动词组合时倾向于进入状位。

三　述物形容词做状语

述物形容词是描述事物性状的形容词。按照事物的生命度可把述物形
容词分为述人形容词和述无生命事物的形容词。本书所谓述物形容词包括
描述无生命事物的形容词和述人形容词。

(一) 述人形容词做状语

述人形容词所描述的对象是人,而高生命度的人在言语表达中常做句
子主语。述人形容词主要描写人的情感、态度、神情等,不适合修饰动
词。但由于状位具有较强的描写性,述人形容词在一定语境条件限制下,
常进入状位,做状语的频率远高于做谓语。述人形容词做状语的语境限制
首先表现与之组合的动词的特点上。为了探寻述人形容词做状语时谓语动
词的性质,我们随机选择"高兴"、"热情"、"开朗"三个描写人的神
情、态度和性格的形容词,考察它们做状语时所修饰的动词特点。以下是
与这三个形容词高频组合的状中结构中的动词:

(35) 高兴 + 地 + 说/发现/喝/看到/参加/赶来/喊/意识/接受/
奉献/收下/告诉/招呼

热情 + 地 + 接待/投身/欢呼/说/打招呼/介绍/询问/握手/
邀请/对待/讴歌

开朗 + 地 + 笑/发现/说/融入/闲谈

考察形容词"高兴"、"热情"、"开朗"所修饰的动词,我们发现:
这三个述人形容词所修饰的动词均为动作动词,是施动者有意识发出的动
作,具有自主性和可控性语义特征。述人形容词所描述的施动者的神情、

态度和性格是伴随着动作的持续发生而呈现的状态。

1. 述人形容词的语义双指现象

述人形容词做状语时，其语义究竟指向施事还是指向动作本身，不同学者的看法不一致。如：

　　　（36）经理客气地请我们落座。

　　　（37）打了麻药后，他迷迷糊糊地进入了梦乡。

　　　（38）老人们正幸福地安度着晚年。

例（36）中述人形容词"客气"占据了状语位置，紧邻动词"请"，其语义指向施事"经理"还是动词"请"？例（37）中的述人形容词"迷迷糊糊"和例（38）中的形容词"幸福"的语义指向是什么？陆俭明（1997）认为形容词"客气"的语义指向句子的施动者；肖伟良（1998）认为形容词"客气"的语义同时指向施动者和谓语动词；张国宪（2006）认为"不同人对语义指向理解的差异是人们的认知结构差异的折射"[①]。

形容词语义指向分析的实质是利用形容词所述性状的抽象关系去激活人们认知经验中的相关事物或行为，从而构建形容词与句子中其他成分的语义关联。述人形容词就其词义看，与施事有着自然的语义关联，但因形容词处于状语句位，状位的语义内涵促使浮现意义产生，而动词施事在动作发生过程中伴随着一定的情态也符合人们的认知经验。正因如此，当述人形容词进入状位时，从静态角度看形容词语义指向动作施事，从动态角度看与动作相关，语义指向动作，述人形容词做状语时形容词的语义双指现象就这样发生了。

形容词做状语时的语义双指现象不仅在汉语中存在，西班牙语中也存在。西班牙语的语法系统中把述人形容词做状语的情况叫作"双重补语"。西班牙语的"景况补语"相当于汉语的状语，常由副词充当，表示动作的方式和状态，但西班牙语也存在述人形容词充当补语的情况。如：

　　　（39）Las muchachas regresaron a la universidad muy contentas.

　　　　　　　姑娘们　　　　回了　　　　大学　　非常　　高兴

例（39）中"contentas"（高兴）是状语，由述人形容词充当。西班牙语形容词性和数的变化必须与句子主语一致，例（39）中形容词"con-

----

① 张国宪：《汉语形容词的功能与认知研究》，商务印书馆 2006 年版，第 321 页。

tentas"采用阴性复数形式，是因为句子主语"muchachas"（姑娘们）是阴性名词，复数形式。形容词"contentas"（高兴）是双重补语，它既充当状语描述动作"regresaron"（回）的伴随状态，又描写施事主语"muchachas"（姑娘们）发出动作时的伴随神态，形容词"contentas"（高兴）在形式上与施事主语"muchachas"（姑娘们）性数一致，这是形容词状语的语义指向施事主语的句法表现。

述人形容词语义双指是词义决定的，述人形容词语义指向动词时表示动作伴随方式，语义指向施事主语时表示主语的状态，可以充当双重补语的形容词都具有表示人的主观感受和情感的语义特征，如"满意"、"高兴"、"难过"、"悲伤"等。汉语和西班牙语对比分析表明，述人形容词做状语时语义双指。如果形容词语义仅指向主语，可以采用形容词做谓语的句法形式。形容词占据状语句位时，状位的语义内涵使形容词的语义同时关联施事主语和动词，这是述人形容词进入状位所获得的句位意义。述人形容词做状语时语义可指向施动者，也可指向动词本身，是对动作发生过程中施动者神态和动作的描写，述人形容词跟句子施事主语之间存在隐性的主谓关系。

A. 述人形容词的语义类型

并非所有的述人形容词都倾向进入状语位置，"矮小"、"白皙"这类述人形容词一般不能做状语修饰动词。那么哪些述人形容词适合做状语？

（1）描述临时易变的神态和心理状态的形容词

述人形容词中描写人的感受、神情、态度和心理状态的形容词倾向于进入状位，这些形容词所述性状伴随动作过程，具有临时性和易变性等语义特征。如：

（40）年轻人温和地笑了笑。

（41）姑娘文静地坐在角落里，一点儿也不炫耀。

例（40）的"温和"和例（41）的"文静"都是描写神情和态度的形容词，这类形容词的语义具有伴随动作而表现、伴随动作而发出以及持续时间短的临时性特点，与状位所具有的伴随性、临时性、易变性等语义内涵相吻合，往往在句子中前置于动词做状语。

B. 表说话人主观评价的形容词

有些形容词做状语是为了表达说话人的主观评价或对动词所叙述事件的社会评价。如：

　　（42）他<u>谦虚</u>地笑着说自己是来学习的。

　　（43）这家伙<u>卑鄙</u>地出卖了自己的朋友。

　　例（42）中的"谦虚"的词义是人的一种品质和态度，语义指向句子主语"他"，实际上表达的是说话人对"他笑着说自己是来学习的"所叙述事件的评价；例（43）的"卑鄙"是对句子所叙述事件"他出卖了自己的朋友"做出的社会评价。这类表主观评价的形容词其语义指向整个句子，应视为更高一个层次上的谓语。评价形容词不参与句子的信息传递，不是句子信息结构的组成部分，仅表达说话人对句子所述事件的主观评价。这符合状语的抽象性和主观性句位语义内涵。述人形容词中表示对人的评价的形容词倾向于在句子中做状语。

　　C. 描写施动者主观感受的形容词

　　述人形容词中描写施事者主观感受的形容词比较容易进入状位。如：

　　（44）你怎么可以这么<u>舒服</u>地坐视一切。

　　（45）被点到的学生<u>从容</u>地从座位上站起来。

　　例（44）中的"舒服"和例（45）中的"从容"描写动作施事者的主观感受或伴随性神态，是内在感受或外在神态的表现，具有很强的描写性。

　　值得注意的是，述人形容词中描写人固有的外在形貌特点的形容词一般不能做状语，因为人的外在体貌体征与动作间没有语义关联，不容易在动作的影响下短时间发生改变。换言之，这些形容词描写的事物特点不具有临时性和易变性，不符合状位的语义要求，一般不能做状语。以下两个句子一般都不成立：

　　（46）＊父亲<u>矮小</u>地站在高大的儿子的面前。

　　（47）＊他<u>肥胖</u>地挪动着自己的身体。

　　述人形容词可以做状语也可以做谓语。有些述人形容词倾向于做状语是因为状位凸显描写功能。述人形容词做谓语通常是对主语的客观描写，如例（46）、例（47）中"矮小"和"肥胖"这类描述稳定的、不易改变的人的特征的形容词常做谓语，如：

　　（48）哥哥个子<u>矮小</u>，才到弟弟的肩膀。

　　（49）姨妈身体<u>肥胖</u>，完全失去了当年的风韵。

　　既能做状语又能做定语和谓语的述人形容词在不同句位上所表达的意思不完全相同。形容词做定语和谓语描述的是人所固有的、恒常的性状，做状语描述的是人随着动作发出而临时具有的、伴随性的特点。如：

（50）没想到啊，一向<u>骄傲</u>的他今天居然能如此<u>谦虚</u>地介绍自己。

（51）他遇事总是<u>慌里慌张</u>的，但今天却<u>从容</u>应对了这么复杂的局面。

例（50）中做状语的"谦虚"只是描写"他今天介绍自己"的动作过程中的临时表现，与一向"骄傲"的表现不同，而恒常性的"骄傲"在句子中做定语；例（51）中"从容"是描写"他今天应对这么复杂的局面"的临时性表现，与平时的"慌里慌张"形成对比，而恒常的"慌里慌张"在句子中做谓语。可见，定语和谓语位置上的形容词所描写的事物的性状都具有恒常性，而状位上的形容词凸显的是事物临时性的、动作发生时伴随性的性状。

（二）非述人述物形容词做状语

述物形容词中除述人形容词外还有描述无生命度事物的形容词，包括物体的性状、颜色、气味和环境等，这类形容词词义特征与状位的语义内涵不匹配，其语义指向通常不是动作的发出者而是被描述的对象。如：

（52）村边的小河<u>弯弯曲曲</u>地流向远方。

（53）饿狼的牙齿<u>白厉厉</u>地龇着。

例（52）中的"弯弯曲曲"描写小河的形状；例（53）中的"白厉厉"描写牙齿的颜色。无论形状还是颜色与动词"流"、"龇"之间无语义关联。语料考察发现，述物形容词做状语所修饰的动词与述人形容词做状语所修饰的动词不同。

1. 述物形容词修饰非自主动词

述物形容词做状语所修饰的动词大多为非自主动词，如例（52）中的动词"流"和例（53）中的动词"龇"。这些动词所述动作不是动作发出者有意识的、有心的行为，具有［-可控］［-自主］的语义特征，不是动作动词而是状态动词。这类动词所述动作从时间结构上看无始无终，并不强调动作起点到终点完整的运动过程，表达持续的状态。

述物形容词做状语常采用重叠形式，状位临时赋予其主观性，描写说话人主观心理上对事物性状的感受，凸显主观摹状性，是客观事物性状通过主观心理扫描的结果。如例（52）中形容词重叠式"弯弯曲曲"描写小河的形状，但经认知心理映射之后形成一个流动、呈现出弯曲特征的认知效果，具有主观性；形容词重叠增加了动态反复呈现效果，表示主观量的增加。

述物形容词做状语句子中，主语多为无生命的事物，形容词状语的描写性主要体现在摹状功能上，描写对象具有视觉可感的特点，如"弯弯曲曲"、"白厉厉"是"小河"、"牙齿"呈现的看得见的形状和颜色。述物形容词所修饰的动词是非自主动词，表示客观呈现的事物状态，多为不及物动词，动词后往往需要一个介宾短语或处所补语，作为动作终点，如例（52）中的"向远方"，或如例（53）那样在动词后加"着"凸显状态的持续。

述物形容词与非自主动词组合而成的状中结构体现了较强的主观性，语言的主观性指说话人对情景的心理扫描（mental sacaning）。例（52）、例（53）说话人在对情景进行扫描的过程中，把事物的固有属性识解为因动作而呈现的临时性状，凸显了主观性。形容词由定语到状语的异位使述物形容词所负载的信息由客观描述转变为主观感受。

2. 述物形容词修饰自主动词

有些述物形容词可以修饰自主动词，与自主动词组成状中结构。如：

（54）她到厨房下了一碗面条，热热地吃了。

（55）他浓浓地喷了口烟，半天没有说话。

（56）血液稠稠地在血管里费劲地一次次通过。

例（54）中形容词"热"是述物形容词，描写"面条"的温度，它所修饰的动词"吃"是自主动词，是句子的主语"她"发出的自主可控的动作。同样，例（55）、例（56）中做状语的述物形容词"浓"、"稠"所修饰的分别是自主动词"喷"、"通过"。

郑贵友（2000）分析了状位形容词跟句中其他成分的关系，述物形容词的语义指向宾语，但在句法形式上却紧邻动词做状语时，形容词所修饰的动词在语义上有严格的限制，多为制作、感受和存现类动词，这类动词与述物形容词之间有着广义致使关系①。这个观点启发我们去系统考察做状语的述物形容词与其所修饰的动词之间的语义关系。

A. 动词与做状语的述物形容词之间存在致使关系

---

① 郑贵友：《现代汉语状位形容词的"系"研究》，华中师范大学出版社2000年版，第150页。

述物形容词做状语修饰制作类动词，表达的深层语义是：因动词所述动作致使事物具有了形容词所描述的性状，动词和形容词之间存在致使关系。如：

(57) <u>稠稠</u>地熬了一锅小米粥

(58) <u>方方正正</u>地叠好了床上的被子

当述物形容词修饰制作类动词时，无论单音形容词还是双音形容词，常以 AA 式、AABB 式的<u>重叠</u>形式进入状位，动词具有 [＋自主] 和 [＋可控] 的语义特征，动作引发受事宾语的性状呈现，如例 (57) 中的"小米粥"因动作"熬"而呈现出"稠稠"的状态；例 (58) 中"被子"因动作"叠"而呈现出"方方正正"的状态。

语法编码的基本原则之一是象似性原则，而时间象似性是语言象似性的基本原则之一。依据时间象似性原则进行语法编码，应把语义指向受事宾语的述物形容词编码为受事宾语的定语。上面的例句应表述为：

(59) 熬了一锅<u>稠稠</u>的小米粥

(60) 床上的被子叠得<u>方方正正</u>

把述物形容词编码为状语修饰制作类动词，定语和状语的异位可以凸显事物性状通过动作而达成的主观可控的致使关系，这与状位的临时性、易变性和主观性语义内涵相关。试比较下面一组句子：

(61) <u>稠稠</u>的玉米粥像胶黏在喉咙里咽不下去。

(62) 为了儿子不饿着，妈妈<u>稠稠</u>地熬了一锅玉米粥。

例 (61) 中形容词"稠稠"客观描写玉米粥的性状，"稠稠"并非句子主语所期待的状态，只能编码为定语；例 (62) 中的"稠稠"则是句子主语期待通过动作"熬"而得到的玉米粥的性状，只能编码为状语。可见，述物形容词做状语表达对动作引发结果的心理期待，这种心理期待可以通过对动作的控制而实现。

B. 存现句中述物形容词做状语考察

存现句是表示事物存在或消失的特殊句式，开头部分常为表处所成分。述物形容词所修饰的动词一般都不是典型表示存现的动词。如：

(63) 满是皱纹的脸上<u>厚厚</u>地涂着一层化妆品

(64) 小院里<u>红红绿绿</u>地晾满了衣服

例 (63) 的动词"涂"、例 (64) 中的"晾"都不是典型的表示存在、出现或者消失的动词，而是一般动词，但因动词和述物形容词"厚厚"和"红红绿绿"之间存在广义致使关系而表达存在和消失的意义。

　　存现句中述物形容词做状语凸显主观情态。同一事物可以从不同的角度和侧面进行描写，表达一定程度量的长度、厚度、高度、浓度和亮度等具有外观或客观可感性状的形容词，具有生动性，易于表达说话人的主观感受，并引发听话人的同感效果，能达到很好的描写作用。如：

　　（65）暮色<u>浓浓</u>地笼罩着这个小村子。

　　（66）他的大鼻子在阳光下<u>通红通红</u>地闪着光。

　　例（65）中的形容词"浓"并不是"笼罩"的结果，而是对暮色的描写；例（66）中的"通红"也不是"闪光"而导致的结果，而是鼻子本来的颜色。这些本该做定语的述物形容词前置于动词做状语，凸显对事物性状的描写；动词后常带表进行态的动态助词"着"。这类句子对于动作持续状态的描写性非常强。

　　C. 述物形容词做状语凸显施事者所感知的性状

　　有些语义指向受事宾语的述物形容词做状语，所修饰的动词并无制作义而是感知类动词。

　　（67）老张<u>热热乎乎</u>地喝了一大碗小米粥。

　　（68）孩子<u>脆脆</u>地咬了一口锅巴。

　　上例中动词"吃"、"咬"都是动作施事通过身体某个部位而发出的动作，状位形容词"热热乎乎"、"脆脆"的语义分别指向受事宾语"小米粥"和"锅巴"，形容词描述的是动作施事所感受的性状，是施事者通过动作而对事物的味道、质地、温度等方面的性状的感知。常见的感知动词有"吃、喝、尝、摸、触、听、看"等。做状语修饰感知动词的形容词多限于人体知觉范畴，主要有"甜、热、辣、酸、咸、嫩、香、酥、脆、凉、冰、清楚、模糊"等。

　　不同人口味上的好恶不同，喜欢的味道带给人愉悦的心理感受，人们对此有正向心理期待，表达正向心理期待的味觉形容词前置于感知类动词做状语的频率较高。相比之下，表达负向心理期待的味觉形容词修饰感知类动词做状语的情况较为鲜见。试比较下面的句子：

　　（69）a. 他<u>香香软软</u>地吃了个新鲜出炉的面包。

　　　　　b. *他<u>硬邦邦</u>地吃了个刚从冰箱拿出来的面包。

　　　　　c. 他吃了个刚从冰箱拿出来的<u>硬邦邦</u>的面包。

　　例（69）a 句中形容词"香香软软"描写正向心理期待的事物性状，

因前置于动词"吃"做状语而凸显；例（66）b 句中的形容词"硬邦邦"描写负向期待的事物的性状，做状语的可接受度很低；c 句把表负向心理期待的述物形容词编码为定语，描写事物的客观性状。我们随机抽取"热热"、"凉凉"、"冷冷"三个表达，就其修饰感知动词的情况在现代汉语语料库中进行检索，得到的结果是"热热"修饰"吃/喝"的有效语料为 8 条；"凉凉"和"冷冷"做状语修饰动词"吃/喝"的语料为零，这一调查结果表明，状位形容词具有较强的主观性。

考察述物形容词中描写事物颜色、味道的形容词与动词的组合，我们还发现了一些有趣的语言现象。观察下面的例句：

（70）中年人<u>硬邦邦</u>地甩下一句话，头也不回地走了。

（71）望尘莫及的作家们<u>酸酸</u>地称她为"宫廷作家"。

（72）女孩<u>甜甜</u>地在妈妈脸上亲吻了一下。

（73）你们害得我被队长<u>辣辣</u>地打了两巴掌。

以上例句中述物形容词"硬邦邦"、"酸酸"、"甜甜"、"辣辣"均做状语，但所修饰的动词"甩"、"称"、"亲吻"、"打"都是表具体行为的动作动词。进一步考察发现，这些描述味觉的形容词，其语义在与一般动作动词组合时发生了变化，已不是通过味觉而感受的味道，而是抽象的主观心理感受。《现代汉语词典》对这些形容词的释义如下：

（74）硬邦邦：状态词，形容坚硬结实。

酸：②形容词，像醋的气味或者味道。

甜：形容词①像糖和蜜的味道。②形容词乖巧，讨人喜欢。

辣：形容词①像姜、蒜、辣椒等有刺激性的味道。

只有例（72）中"甜"的语义是词典中的第一个义项，是该词的初始义；第二个义项由具体可感的味觉转喻抽象心理感受；其他三个形容词在例（70）、（71）、（73）中的语义均未在词典中作为独立义项标注。例（70）中的"硬邦邦"描写强硬语气；例（71）中的"酸"描写嫉妒的感觉和语气；例（73）中的"辣"不是指具体的姜、蒜和辣椒的味道，而是形容因被打而带来的疼痛的感觉。

描写事物的味道、质地和温度的述物形容词与一般动作动词而非感知动词组合也可以做状语，此时形容词所描写的是动作引发的主观心理感受，这表明状位的主观性和抽象性语义内涵。

四　评价类形容词做状语

形容词中有一类表示评价，若按照形容词所修饰的对象性质标准进行归类，这类评价形容词不便简单地归入述物形容词或述行形容词。朱文文（2008）把评价类形容词划分为是否符合某种标准（如"正确"、"错误"）、是否令人满意（如"出色"、"妥善"）以及是否出人意料（如"巧妙"、"平常"）三个类别，并把表示社会评价的形容词归入述行形容词，认为社会评价随着时间的累积会逐步转化为对社会行为的内在约束，成为制约人们行为的潜在的规则，因此表示社会评价的形容词可以进入状语的位置。

状语句位具有表示说话人主观评价的语义内涵，表评价的形容词表述对句子所述事件的评价，跟表说话人主观情态的语气副词做状语的现象类似，把社会评价类形容词简单地归入述行形容词似有欠妥之处。评价类形容词的描写对象有时是动作行为，如"出色地完成了任务"、"出色地履行了使命"；有时是事物本身，如"出色的教师"、"出色的雇员"。评价类形容词是对句子所叙述事件的评价，应看作更高一级的谓语。我们以表评价的形容词"错误"为例进行分析。请看下面的句子：

（75）他因反对教条主义，被<u>错误</u>地撤销了领导职务。

（76）他在道教影响下，<u>错误</u>地解释了孔子的思想。

例（75）中形容词"错误"评价的对象不是动作"撤销"，而是"因为他反对教条主义而撤销他领导职务"这个事件；例（76）中"错误"评价的不是"解释"这个动作，而是"他在道教影响下解释孔子的思想"这个事件。可见，评价类形容词与述物形容词和述行形容词做状语不同，其语义指向句子所叙述的事件。从言语交际角度看，所有话语表达都是为了传递信息，句子成分与句子所传递的信息之间存在三种可能的关系：

1. 句子成分不构成命题信息，只表达说话人主观情态。语气副词多属这种情况，如：

（77）落水的<u>偏偏</u>是不会游泳的！

例（77）所要传递的信息是"落水的是不会游泳的"，句中做状语的语气副词"偏偏"表达的是说话人的主观情态，即事实跟说话人所期待的或希望的恰好相反。

2. 句子成分参与构成命题信息结构，同时又表达语言的主观性。大多数表评价的形容词做状语即属于这个类型。如：

（78）狡猾的对手这次终于<u>愚蠢</u>地钻进了我们的包围圈。

例（78）传递的基本信息是"狡猾的对手这次终于钻进了我们的包围圈"，做状语的形容词"愚蠢"评价"钻进包围圈"的行为是愚蠢的，它兼有双重功能：既参与了信息传递，同时也表达了说话人的主观评价。

3. 句子成分参与构成命题，但不表达语言主观性。一般来说当形容词编码为补语时，形容词描述和评价的是客观呈现的性状，不表示说话人的主观情态。如：

（79）a. 这次狡猾的敌人<u>做</u>得<u>很愚蠢</u>。

　　　b. ﹡这次狡猾的敌人<u>钻</u>得<u>很愚蠢</u>。

根据一般人的语感，例（79）b句不成立，但把其中的动词由表示具体行为动作的"钻"换成了泛指整个事件的"做"而转化为a句时就成立了。这正是因为做补语的形容词参与构成命题，但不能表达语言主观性。

述物形容词和述行形容词中都有表评价的形容词。述行形容词中表评价的有"卑鄙、呆板、虚伪、周到、放肆、聪明、骄傲"等；述物形容词中表评价的有"精巧、粗糙"等。有时评价类形容词究竟述物还是述行不太容易分辨。如：

（80）铁壶上<u>精巧</u>地镶嵌着<u>金丝花鸟</u>。

（81）那是一匹打造得<u>很精巧</u>的飞马。

例（80）中"精巧"做状语有述行的意味，描写具体动作"镶嵌"的工艺、方式；例（81）中"精巧"是述物形容词，描述"飞马"，与之配用的动词常为"布置"、"打造"、"制作"等。

陆丙甫（2010）对形容词带"的"做状语的情况进行了分析，把"他真的来了"分解为两个句子："他来了" + "这是真的"[①]，该观点对认识形容词状语的语法意义很有启发。形容词"真"前置于动词做状语并非真的修饰动作，而是表达说话人对"他来了"这个事件的评价，这相当于更高一层的形容词谓语，一般人凭着语言直觉采用"真的"而没有人用"真地"是有着深层语义直觉做基础的，这一汉语母语者不自觉的语言直觉跟语法学家对句法的描写规则相悖的现象，是人们在语言使用

---

① 陆丙甫：《汉语的认知心理研究》，商务印书馆2010年版，第273页。

过程中对语言表层结构下隐藏的深层语义结构理解的不自觉的流露。如：

（82）他很自然地笑着。＝他笑得很自然。

（83）（我有过前科，又有作案时间，）警察自然怀疑我。

≠ * 警察怀疑我怀疑得很自然。

＝ 警察怀疑我，这很自然。

例（82）中形容词"自然"的意思是"不勉强，不局促，不呆板"，这是对动作"笑"的评价，做状语和做补语在意义上没有太大的差异；例（83）中"自然"的意思是"理所当然"，只能前置于动词做状语，意思是"警察怀疑我"这件事的发生理所当然，是对句子所叙述事件的评价，该形容词只能进入状位不能进入补位。因为状位具有主观评价性，同时句首状语在辖域上具有辐射全句的可能性。对事件进行评价的词语可提至句首位置，例（83）可以表述为"自然警察怀疑我"，《现代汉语词典》把"自然"这个义项标注为副词。

评价类形容词可以做状语，但无法移到句首，只能在主语后动词前的状语位置上表达说话人对句子所叙述事件的主观评价。如：

（84）让我们<u>勇敢</u>地杀死那些野蛮的侵略者。

（85）土著居民大批地被入侵者<u>残忍</u>地杀死。

例（84）和例（85）的核心都是动补结构"杀死"，从语言所表达的理性意义上看，无论"我们杀死侵略者"还是"入侵者杀死土著居民"都是杀人的行为，但根据认知经验，"杀死侵略者"是正义的行为，对这个事件的评价是"勇敢"；"入侵者杀死土著居民"是非正义的行为，对事件的评价为"残忍"。可见，状位是对动词所叙述事件的主观性评价。

第四节 形容词做状语的语用功能

一 凸显事物性状的临时性

述物形容词做状语的本质是定语和状语的句位变异，述物形容词的定状异位并不是简单地移动述物形容词所占据的句法位置，同时还伴随着形容词的语义改变和语用功能变化。

功能语法认为每个句式都有着各自的表达功能。述物形容词进入状位是凸显事物性状的主观语用动机导致的，主观性体现在动作主体对客体存在物的主观心理扫描过程中。在凸显主观性的同时，描写性也是状位的一个非常重要的句法功能，述物形容词进入状位通常采用重叠式。重叠是汉语的一种重要语法手段，重叠在增强描摹性的同时具有主观调量功能。形容词重叠式做定语和谓语时，表达主观小量和喜爱的色彩，如"大大的眼睛"、"鼻子高高的"；形容词重叠式做状语则表示主观大量，而且动词所述动作可以致使、感知或呈现出形容词所述性状特点，如"稠稠地熬了一锅粥"、"热热地喝了杯咖啡"、"厚厚地落了一层灰"。

构式语法理论认为语言构式一旦形成将反作用于进入构式的句法成分，句法位置将为进入该句位的语言成分提供词语本身的语义所不具有的功能。述物形容词进入状位时状语与其所修饰动词之间的紧邻线性排列促使浮现意义产生，述物形容词与其所修饰的动词产生语义关联，使听话人把述物形容词状语所描述性状理解为由动作而引发，动作发出者通过控制动作而达成的主观意愿也因为状语的句法位置而凸显。

述物形容词定状异位缘于形容词做定语和做状语具有不同语用功能。在特定语境中人们通常根据特定交际意图选择不同编码形式，以达到特定表达效果。文学作品的语言表达中，通常利用述物形容词做状语来增强语言表达的生动性。如：

（86）喝完酒请大嫂<u>热热的</u>、<u>酸酸的</u>、<u>辣辣的</u>给咱做三碗烫饭。

（87）他的鼻子不是很高，鼻头上<u>红红</u>地发着光。

（88）他满可以<u>胖胖</u>地躺在床上。

例（86）中的述物形容词"热热"、"酸酸"、"辣辣"描写"烫饭"，但没有编码为"烫饭"的定语，而是前置于动词"做"充当状语，描写受事宾语性状的同时凸显动作与事物性状之间的致使关系；例（87）中的形容词"红红"修饰的是"鼻子"，但是置于动词前，把本为静态的颜色跟动词"发光"联系起来，描写更加生动；例（88）中"胖"是"他"固有的体态，却因为放在动词"躺"的前面做状语而实现了动静结合，使语言表述更加生动。

二　凸显事物性状的主观性

状语句位的主观性可以通过句法形式变换得到证明。试比较下面两个句子：

（89）明天我第一次上课，今晚要<u>好好</u>地准备。→＊要很好地准备准备。

　　（90）他<u>很好</u>地上完了第一堂课。→＊他好好地上完了第一堂课。

　　例（89）中形容词"好"用在未然时态句子中做状语，一般采用重叠式，不在形容词前加程度副词"很"表示程度；例（90）中形容词"好"修饰的动词已然发生，一般采用前加程度副词"很"做状语，不采用形容词重叠式。形容词重叠式比前加程度副词具有更强的描写性，而形容词前加程度副词具有更明显的评价性，因为程度副词可以有效切割性质形容词的程度量幅，为形容词所描写的性状确定量级，而评价的本质是对事物性状量级的比较。"最"、"更"等表客观量的程度副词定级作用最明显。

　　采用形容词重叠式还是前加程度副词来表程度量与句式也有关系。在祈使句中多采用"好好"而非"很好"，如"好好干！"、"慢慢走！"；陈述句常采用前加程度副词的手段，如"很早就到了学校"、"很快地看完了小说"；一般表评价时不用形容词重叠形式。

　　形容词"好"的反义词是"坏"。形容词"坏"的语义既不指向动作，也不指向施事者和受事者，而是指向句子所述事件。有趣的是，在做状语时"坏"和"好"的差别很大，一般"坏"不能做状语。根据言语交际的礼貌原则，表贬义评价的形容词一般不能做状语。我们在语料库中检索到"坏"做状语的句子。如：

　　（91）他<u>坏坏</u>地笑着说："没学点儿别的？"

　　例（91）中形容词"坏"重叠后语义上并未加强，反而表达了某种喜爱色彩。同样是表评价的形容词，"正确"、"错误"做状语的情况却与单音形容词"好"、"坏"不同，这一对互为反义的形容词都可做状语，可以说"正确地理解"，也可以说"错误地理解"。这是因为不同形容词表评价的主观性不同：形容词"好"、"坏"带有主观性评价的色彩，而"正确"、"错误"评价是否符合某个客观标准，是客观性评价。当与言语交际礼貌原则相违背时，按照客观标准做出的评价，即使是负面评价，对被评价对象的损害程度稍轻，故表客观性评价的形容词可以进入状语句位。

　　状语的主观性不仅体现在对已然发生动作的伴随性状态的描写，还可表达动词施事者希望以怎样的状态来发出动作，换言之，状语可以描写动词施事者的主观意愿。状语的主观性还可以借助某些语法手段来凸显,主要有以下几种手段。

(一) 使用能愿动词

能愿动词通常前置于谓语动词或形容词,表可能性、必要性和意愿性。能愿动词可以用在形容词和动词构成的状中结构前,但一般不能出现在形容词和动词构成的述补结构前。这主要是因为能愿动词通常表示说话人的主观愿望,所修饰的动词所述动作通常未完成,而补语一般情况下表示已然完成的动作或惯常性动作。我们以形容词"认真"和能愿动词"应该"的组合为例,在语料库中检索,得到结果如下:

(92) 应该 + 认真 + (地) + 动词:25 条,

应该认真地思索/回顾/研究/考虑/管理/学习/治/看待

应该 + 动词 + 得 + (程度副词) + 认真:3 条,

应该学习得更认真、应该读得更认真一点、应该考虑得更认真

考察语料可知,情态动词"应该"出现在补语句中的频率很低,而且有一定的限制条件:做补语的形容词"认真"语义指向动作本身,描写动作的状态;形容词前需要添加表客观量的程度副词"更",表示程度上比目前状态深一层,动词是未完成态。能愿动词修饰补语句中动词的严格限制条件说明和补语相比形容词状语的主观性更强,因为能愿动词表达说话人的主观情态,是主观性较强的词类。

能愿动词是个封闭的词类。为了验证以上结论,我们随机选择"能、会、可以、要、愿意"五个能愿动词在形容词做状语和做补语的句子中出现的频率进行语料检索,结果如表 2 - 4。

表 2 - 4　　　能愿动词在形容词做状语和补语句中出现次数比较

例词	能	会	可以	要	愿意	总计
形容词状语句	22	30	5	67	2	126
形容词补语句	3	2	2	12	0	19
比例	7.3 : 1	15 : 1	2.5 : 1	5.6 : 1	2 : 0	6.6 : 1

从表 2 - 4 统计数据看,不同能愿动词在形容词状语句和补语句中出现的频率各不相同,但总体上能愿动词在形容词状语句中出现的频率远高于形容词补语句,两种出现频率之比为 6.6 : 1。补语句前如果加上能愿

动词做状语，充当补语的形容词前常用表客观量的程度副词，如"更"、"更……一些"，这进一步证明了状位凸显主观性的语义特点。

（二）否定副词"不"、"没"与形容词状语句

汉语常用"不"来否定形容词，如"不高兴"、"不认真"，但当形容词前置于动词做状语时，并不都可以用"不"来否定。比较下面的两个句子：

（93）我不高兴地埋怨母亲。

（94）? 我不认真地学汉语。

例（93）中形容词的否定形式做状语，形容词"高兴"所描述的不是动作发出者的主观意愿，而是"我"的情绪流露；例（94）这个句子的接受度不高，形容词"认真"具有很强的自主性和可控性语义特征，这与状位的主观性一致。根据认知经验"认真"需要主观控制才能达到，而"不认真"是无须主观控制的状态。所以，表示施动者主观意愿的形容词做状语一般不能采用否定形式，只能在特定语境限制下才能使用。如：

（95）我不能不认真地感受和回味这首歌的韵味。

（96）我们除了回首当年来反思历史，怎能不认真地多想想未来。

上面两个例句中"不认真"做状语都有特定限制：例（95）用双重否定表达肯定，"不能不认真"所表达的意思是"应该认真"；例（96）是个反问句，通过无疑而问的修辞手段引起听话人注意，"怎能不"是"一定要"的意思。可见，状语强调动作发出者的主观态度，根据正向心理期待原则，表负向期待的形容词否定形式难以进入状位。

汉语的另一个否定副词"没"，出现在形容词状语句中比"不"自由一些，但出现频率也不高。在语料库中对形容词"认真"做状语进行检索，仅得到"没"修饰形容词做状语的有效语料37条。如：

（97）某些乡村干部没认真地搜集市场信息就随意动员农民都来种辣椒。

（98）我们以前从来没认真思考过这个问题。

上例中否定副词"没"否定形容词"认真"，是对已然发生动作的伴随性状态的描述，不具有主观性特点。

第五节 形容词做状语的句法限制

一 形容词做状语是否带"地"

(一)状语标记"地"的性质和作用

形容词做状语是否带"地"与形容词的词义特征和状语的作用有关,汉语学界不少学者研究过这个问题。朱德熙(1961)指出,单音形容词做状语不能带"地",双音形容词做状语有两类,一类不能带"地",另一类可以带,但对带不带"地"的条件未作深入考察。赵元任(1979)认为重叠式形容词后可以带"地"做状语。刘月华(2001)指出,限制性形容词后一般不带"地",描写性形容词后可以带"地"做状语。杨德峰(2002)认为形容词带"地"与否与音节、性质和构成方式都有密切关系。何洪峰(2006)认为表方式义的副词、状态义的状态词以及形容词的比况结构这几种形式可以不带"地"直接做方式状语,名词性和动词性词语一定要带"地"才能做状语。

经语料考察我们发现,典型状语如副词做状语倾向于不带"地";非典型状语、副词性弱的成分做状语倾向带"地"。有学者认为该现象跟"地"是状语标记存在悖论。沈家煊(1997)指出越是典型的功能越不需要标记;越是不典型的功能越需要标记。状语标记"地"是为了凸显形容词和动词性中心成分之间修饰和被修饰的关系。

副词性强的成分做状语不需要状语标记,因为副词具有唯状性;形容词性质成分做状语需要借助状语标记"地"来凸显修饰语与中心成分之间的语义关联。李劲荣(2010)对不同成分做状语的情况进行了分析,汉语中存在名词、动词做状语却不能加"地"的现象有些是省略介词造成的,在特定的上下文中可以明确补出被省略的介词。如:

(99)货币分房→以货币的形式分房

明天开会→在明天开会

脱产进修→以脱产的方式进修

步行前进→以步行的方式前进

有些是因为做状语的名词或动词具有形容词性,进入状位用来描写动作的伴随状态,这类做状语的名词或动词甚至可接受程度副词的修饰。如：

（100）很<u>绅士</u>地照顾着姑娘们

很<u>淑女</u>地端坐着

无比<u>羡慕</u>地说

十分<u>怜爱</u>地看着小动物

例（100）中画线的名词或动词都具有形容词性，做状语须加上状语标记"地"凸显修饰成分和中心词的状中关系。副词性成分做状语带不带"地"的情况比较复杂，典型的虚词性副词做状语绝对不带"地"，如"都去了"、"也想吃"、"马上就来"、"再考虑这个问题"；语气副词做状语一般也不带"地"，如"偏偏要去"、"明明看见了"、"简直不像话"；方式副词做状语可带可不带"地"，如"大力（地）推广"、"随时（地）表现出来"、"经常（地）上下波动"。可见语义越具体的副词做状语带"地"的可能性越大。在带不带"地"两可的情况下，带"地"在语用上具有凸显功能，节奏上具有舒缓语气的作用。

无论是动词、名词、副词还是形容词做状语，添加状语标记"地"可以标明状中关系。唯状性副词进入状位不带"地"，因为典型功能是无标记功能，做状语的典型性和唯一性使副词和动词组合一般不需要标记。复杂结构做状语时，无论是名词性、动词性还是形容词性短语，都必须在状语和中心动词之间带上状语标记"地"。状语与其所修饰的动词之间是否带"地"，跟充当状语的成分性质无太大关系，跟这些成分所表达的意义相关：具有描绘性质的句法成分做状语时必须带"地"；仅起限制作用而无描绘功能的成分做状语不带"地"。

状语标记"地"的功能是表明状语带有描写性，形容词的主要功能是描写事物的性状。值得注意的是，双音形容词做状语不存在绝对不能带"地"的情况，从历时发展角度看，双音形容词或多或少带有描写性，这跟形容词的双音化手段有关。单音形容词做状语一般不带"地"，因为单音形容词多为性质形容词，单音形容词做状语的主要作用是分类或限制。

有学者认为形容词做状语仅指形容词直接修饰动词，即形容词不带"地"做状语；有学者认为形容词做状语应该包括带"地"做状语。本研究认为形容词做状语应包括带"地"和不带"地"两种情况。状语是一个句子成分，从句子成分间的关系看，状语是相对于其所修饰的中心词而存在的，带不带"地"做状语并不影响形容词和动词组合而成的状中结

构的性质；从句法位置上看，状语一般前置于动词，形容词做状语带不带
"地"不影响形容词和动词的相对句位顺序。

朱德熙（1956）认为双音形容词能直接做状语的不多，如果带上
"地"，双音形容词几乎都可以自由地做状语。张国宪（2006）调查表明，
双音形容词即使带"地"也只有不到一半可以自由地做状语①。李德津
（2007）认为双音形容词自评状语用不用助词"地"都可以，要强调修饰
性时常用"地"；语义指向动词的形容词做状语一般可带可不带"地"，
是形容词中最典型的、最适合做状语的类型。

我们的研究表明，不是所有双音形容词都可带可不带"地"做状语，
有些表人的感情和感受的形容词做状语必须带"地"，如不能说"＊激动
说"、"＊兴奋挥舞着手臂"。无论是形容词做状语修饰动词，还是形容词
做定语修饰名词，形容词和中心词之间都是修饰和被修饰的关系。石毓智
（2001）分析了形容词做定语带不带"的"的情况，指出所有形容词都可
以用在"形容词＋的"的结构中。如果把"的"看成定语标记，"地"
就可以视为状语标记，形容词做定语是否带标记"的"的规律，跟形容
词做状语是否带标记"地"的规律有相似之处，但也存在不可忽视的差
异。吕叔湘（1965）指出，形容词修饰名词的时候带不带"的"，除了风
格影响以外没有别的限制，修饰动词的形容词带 de 的有的不能去掉；不
带 de 的有的加不上去②。形容词做状语是否带"地"情况更复杂，我们
将针对这个问题进行探讨。

（二）是否有双音形容词做状语不能带"地"的情况？

吕叔湘（1965）认为有不可带"地"做状语的形容词。《现代汉语词
典》对这些词的注释和词性标注如下。

（101）真正：形容词属性词，实质跟名誉相符；

　　　　　　副词，的确，切实：这东西真正好吃。

　　　完全：形容词，齐全，什么都不缺少；

　　　　　　副词，全部，全然。

　　　通常：形容词属性词，一般，平常；

　　　　　　副词，一般情况下，发生有规律。

---

① 张国宪：《现代汉语形容词的功能与认知研究》，商务印书馆 2006 年版，第88—92 页。
② 吕叔湘：《形容词使用情况的一个考察》，《中国语文》1965 年第 6 期。

一定：形容词属性词，规定的，固定的，特定的，相当的；

　　　副词，表示坚决或确定。
　　共同：形容词属性词，属于大家的；

　　　副词，大家一起（做）。

考察以上词典释义和词性标注，我们发现吕叔湘（1965）列举的五个一定不能带"地"做状语的形容词，从目前情况看已不是典型形容词，都兼有副词性质。

山田留里子（1995）根据双音形容词做状语是否带"地"分为一定带"地"、可带可不带"地"和绝对不带"地"三种情况①，提出了五个绝对不能带"地"做状语的双音形容词。这五个词如下：

可惜　民主　确实　容易₁　容易₂

结合《现代汉语词典》对这五个的词性标注，我们的分析如下。

1. 确实：兼有形容词和副词性质，位于动词前做状语时是副词，如"确实有进步"、"确实不是他干的"，是对发生的客观情况的真实性表示肯定。作为形容词表示"真实可靠"，如"确实的消息"、"这件事他亲眼看到，说得确确实实"。可见，"确实"做状语时是副词而非形容词，而且不同词性的意义具有明显差异。

2. 民主：兼有名词和形容词性，形容词表示"合于民主原则"，如"民主办厂"、"民主选举"、"民主讨论"，形容词跟动词构成状中结构，动词后不能带宾语，而且动词有名词化倾向，可以理解为凝固性较高的名词性表达。如：

　　（102）今天下午我们讨论这个问题。

　　　　→今天下午我们民主讨论这个问题。

　　　　→今天下午我们民主地讨论这个问题。

例（102）中形容词"民主"前置于动词且不带"地"的组合表现了并非状中结构而是定中结构的特点，形容词"民主"充当名词的修饰成分而非动词的修饰成分，"民主讨论"倾向于理解为体词性结构。检索

---

① 参看山田留里子《双音节形容词做状语情况考察》，载《世界汉语教学》1995 年第 3 期。该文以《汉语形容词用法词典》所收录的双音形容词为考察对象，根据词典描写得出双音形容词做状语不能带"地"、可带可不带"地"和必须带"地"三份双音形容词表，本书针对该文的词表进行分析。

语料库得到了大量把"民主讨论"作为体词性成分的用法。如：

（103）经过<u>民主讨论</u>/建立在<u>民主讨论</u>的基础上/形成<u>民主讨论</u>的风气

当形容词"民主"修饰的动词后带宾语时，形容词和动词间需带"地"。如：

（104）<u>民主地</u>提出候选人/<u>民主地</u>管理国家/<u>民主地</u>推选承办单位

这说明形容词"民主"做状语不是一定不能加"地"，而是需要加"地"，这才是它做状语的真实的句法表现。

3. 可惜：形容词，意思是"令人惋惜"。山田留里子（1995）列举了该形容词做状语一定不能带"地"的一条语料。如：

（105）a. 我有那种带照片的<u>可惜</u>送完了。

　　　　 b. <u>可惜</u>那种带照片的送完了。

例（105）a 句中的"可惜"是独立的，不参与构成句子的信息结构，而是评价句子所叙述的整个事件，可以看成更高一级的谓语，表达说话人对事件的主观评价，"可惜"在句子中的位置比较灵活，可以提到句首的位置变成例（105）b 句，这个用法更接近语气副词。

4. 容易

《现代汉语词典》对"容易"的释义和词性标注如下。

①形容词，意思是"做起来不费事"，如"这篇文章写得很通俗，容易看"。

②形容词，意思是"发生这种变化的可能性大"，如"这种天气人容易生病"。

吕叔湘（1966）注意到"火车好开，关山难过"中形容词"好"和"难"跟一般的形容词不同："好"和"难"前边能加"很"，如"很好讨论"、"很难讨论"，但"很好"、"很难"之后不能加 de，因此"好"和"难"跟后边的动词是否是修饰关系还值得研究，并提出也许应该将这类形容词归入助动词①。

跟一般形容词做状语修饰动词不同，"容易"跟它后面的动词构成的不是状中结构，"容易"是句子的焦点。一般来说问题一定是焦点，可以

_____

① 吕叔湘：《单音形容词用法研究》，《语言教学与研究》1966 年第 2 期。

采用提问形式来确定焦点。如：

（106）这本书容易不容易看？

　　　　→＊这本书容易看不看？

可见，把"容易"分析为状语不合适，因为状语是状中结构的修饰语成分，核心成分应该是动词，整个状中结构是陈述性的。英语、西班牙语中的"容易"也是焦点。如：

（107）This book　is　　　easy　　　　to　　read.

　　　　这　书　系动词　容易（形容词）介词　读

　　　　（整句意思：这本书容易读）

（108）Este libro es　　　facy　　　para leer.

　　　　这　书 系动词　容易（形容词）介词 读

　　　　（整句意思：这本书容易读）

例（107）和例（108）分别是英语和西班牙语的表达，两个句子都采用介词引介在什么方面"容易"，焦点是"容易"。可见吕叔湘先生提出把"容易"归入助动词是有道理的，无论从句子的焦点表达还是分布上看，"容易"类形容词都与助动词相类似。助动词也叫能愿动词，是用在动词或形容词前表可能、必要和意愿的辅助动词。能愿动词跟一般动词的不同之处是，能愿动词可以单用，可以单独回答问题。形容词"容易"也可以单独回答问题。如：

（109）A：这种天气容易生病吗？

　　　　B：容易。

形容词"容易"也可以构成正反问，这一用法也跟能愿动词相同。如：

（110）A：这种材料容易不容易生锈？

　　　　B：容易。

一般形容词做状语构成正反疑问句时不能只重复形容词，需要重复形容词和它所修饰的动词。如：

（111）a. 他认真看没（有）认真看？

　　　　b. ＊他认真没认真看？

根据《现代汉语词典》的释义，"容易"的第二个义项是"发生变化的可能性大"，与能愿动词"会"、"可能"的语义相似，可受程度副词"很"修饰，如"很可能生病"、"很容易生病"。把"容易"视为助动词的另一理由是"容易"的否定形式与一般形容词不同，它只能被否定副词"不"否定，一般不能被否定副词"没"否定。试比较"认真"和"容易"的用法：

（112）认真学习——不认真学习——没认真学习

　　　　容易生病——不容易生病——＊没容易生病

否定情态动词的副词通常是"不"而非"没"。试比较"可能"和"容易"的用法：

（113）可能生病——不可能生病——＊没可能生病

　　　　容易生病——不容易生病——＊没容易生病

当一般形容词做状语修饰动词时，状中结构的核心是动词，可以接受否定副词"不"或"没"的否定。"容易"修饰动词时却只能用"不"不能用"没"否定，这说明"容易"和动词组合的语义中心是"容易"而不是动词，这一表现也跟情态动词相同。

从信息传递角度看，"容易"跟情态动词一样，表达的是说话人对句子所叙述事件的主观情态，可视为更高一级谓语，是对整个句子的主观评价。试比较下面一组句子：

（114）a. 你<u>应该</u>按时参加会议。＝你按时参加会议＋这件事是你应该做的。

　　　　b. 这篇文章很<u>容易</u>看。＝看这篇文章＋这是件容易的事情。

　　　　c. 他很<u>认真</u>地学习汉语。≠他学习汉语＋这是认真的事儿。

"容易"是助动词而非形容词的第三个理由是"容易"在句子中只能前置于动词，不能后置于动词。试比较下面一组句子：

（115）a. 很容易生病→＊生病得很容易

　　　　b. 山歌好唱口难开→＊山歌唱得好

　　　　　　　　　　　　　→＊口开得很难

根据《现代汉语词典》的释义，形容词"好"表"容易"的意思时"限用于动词前"，如"这个问题不好回答"、"流行歌曲比民歌好唱"；当"好"后置于动词时"表示完成或者达到完美的地步"，如"准备好了"、"穿好了"。形容词"好"前置或后置于动词时表意的完全不相同。

"好"的反义词"难"也是形容词，意思是"做起来费事，不容易"，如"难写"、"难办"、"难走"。"难"的第二个义项意思是"不满意的性质在哪方面"，如"难听"、"难吃"，该义项一般不能后置于动词。

形容词"易"是"容易"的单音节同义形式，跟"难"相对，意思是"做起来不费事的，容易"。现代汉语中形容词"易"一般不单用，多用于固定表达，如"江山易改，本性难移"。

通过以上分析可见，"容易"、"易"、"难"、"好"不同于一般形容词，无论从用法还是分布上看，这一组词与助动词更接近，表说话人的主观情态，是对句子所叙述事件的评价。这正好与状位的主观性相吻合，这类词适合出现在状语句位，一般不能后置于动词做补语。

值得注意的是，"容易"即使前加程度副词构成复杂形式，做状语时也不能带"地"。如：

（116）很容易生病→*很容易地生病

　　　　最容易产生误解→*最容易地产生误解

一般形容词采用复杂形式做状语时必须带"地"。试比较下面一组句子：

（117）认真学习→*非常认真学习→非常认真地学习

　　　　容易生病→非常容易生病→*非常容易地生病

综合以上分析可见，山田留里子（1995）统计得出的五个做状语时绝对不能加"地"的双音形容词都不是典型形容词。当这五个词前置于动词做状语而不加"地"时，"确实"是副词用法；"民主"构成的偏正结构是体词性的；"可惜"相当于语气副词；"容易"应归入助动词。总之都不是典型的形容词自评状语。

贺阳（1996）认为极少数双音形容词，如"分明"、"确实"、"完全"做状语而绝对不能带"地"[1]。对这三个双音形容词逐个考察后我们发现，这三个形容词做状语而不带"地"也不是形容词性质。《现代汉语词典》对这三个词释义如下：

（118）分明：①副词，明明，显然，如：分明看见，分明是你的错；分明朝着你走来；②形容词，清楚，如：黑白分明，爱憎分明

根据词典标注"分明"兼有副词和形容词性，不同句法功能的语义不同：前置于动词时意思是"明明，显然"，不受程度副词的修饰；做形

---

① 贺阳：《性质形容词做状语情况的考察》，《语文研究》1996 年第 1 期。

容词时可受程度副词修饰。可见"分明"前置于动词做状语时是副词。

（119）确实：①形容词，真实可靠，如：说得确确实实；②副词，对客观情况真实性表示肯定，如：确实有进步，确实不是你说的

"确实"前置于动词表示说话人的主观情态，说明事件真实可靠，可以看作更高一层的谓语，即对句子所叙述事件的评价。"确实"表示说话人主观情态的功能跟语气副词相似。如：

（120）a. 他偏偏听不进大家的意见。

　　　　b. 他幸亏跑得快，否则就没命了。

"确实"前置于动词时应视为副词而非形容词，从功能和意义上都有别于形容词。

（121）完全：①形容词，齐全，不缺少什么。如：话没说完全就解散了。

　　　　②副词，全部，全然。如：完全同意你的意见，病完全好转了。

根据词典释义，"完全"前置于动词做状语时不受程度副词修饰，是副词。

可见，贺阳（1996）列举的"分明"、"确实"、"完全"三个不能带"地"做状语的双音形容词在做状语时都是副词而非形容词，在《现代汉语词典》中均标注为副词。从语言历史演变角度，可以清晰地看到从形容词到副词兼类的演化痕迹，词义发展使词语功能进一步分化。

对既往研究所列举的做状语而绝对不能带"地"的双音形容词的考察表明，双音形容词做状语绝对不带"地"的情况不存在，但的确存在一般情况下不带"地"做状语的形容词。李德津（2007）认为，限制性状语后不加"地"。我们考察语料后发现，这个观点太绝对了。在语料库中检索唯状形容词"共同"，该形容词前置于动词做状语是否带"地"？我们得到如下结果：

（122）共同＋动词：329 次，

　　　　共同 ＋ 进步/战斗/顶着/面对/投资/居住/探讨/度过/冲进

　　　　共同 ＋ 地 ＋ 动词：5 次，共同＋地＋奔腾/战斗

限制性形容词"共同"做状语不带"地"的频率高，属性词做状语一般不带"地"，但并非绝对不能带"地"。

方式副词和表方式的形容词有很多相似之处，方式副词前置于动词做状语时一般不带"地"，但也有方式副词做状语带"地"的情况。以方式副词"大力"为例，我们在语料库中检索"大力 + 地 + 动词"，得到有效语料 42 条，检索"大力 + 动词"，得到的有效语料是 4220 条。可见，形容词"大力"不加"地"做状语的次数几乎是加"地"做状语的 100 倍，不加"地"做状语的次数几乎可以忽略不计，不具有统计学上的意义。

时间副词有时也可加"地"做状语。以"经常"为例，我们在语料库中检索"经常 + 地 + 动词"，得到有效语料 21 条，检索"经常 + 动词"，得到有效语料 1099 条。时间副词"经常"带"地"做状语很少见，与不带"地"做状语出现的频率差别很大，但不是绝对不能带"地"。限制性状语带"地"有突出、强调甚至描写功能。如：

（123）秦杰成了王生最好的朋友，他从知道王生是共产党员的那天起，就和王生特别亲近，一夜的战斗，他没和王生分开过，<u>共同地</u>冲进敌人的司令部，<u>共同地</u>追赶着逃跑的敌人军长，现在又并肩进行着第二场战斗。

例（123）中属性词"共同"带"地"做状语凸显描写功能，起强调作用，与上文呼应。我们随机选择"初步、基本、共同、硬性、真正、主要"六个限定性形容词，考察它们做状语带不带"地"。统计结果如表 2－5。

表 2－5　　　　　　限定性形容词做状语带不带"地"情况比较

例词	初步	基本	共同	硬性	真正	主要	总计
不带"地"	78	489	307	5	537	215	1416
带"地"	0	0	5	0	37	1	43
比例	78：0	489：0	61：1	5：0	15：1	215：1	33：1

从表 2－5 的统计数据看，限定性形容词做状语带"地"出现频率极低，几乎可以忽略不计，但不能绝对地说限定性形容词做状语一定不能带"地"。把"地"看作状语标记，带标记凸显状语的描写功能，而且语气上更加舒缓。带不带"地"的影响因素还在于形容词状语的作用是分类还是描写。试比较下面一组句子：

（124）a. 我认为这些钱可以<u>基本地</u>来支撑你创业所需的资金。

　　　　b. 多少钱可以<u>基本</u>支撑一个贫困学生读完大学？

例（124）a 句描写功能凸显，句子组织结构松散，在方式状语和动词之间加上"来"以凸显前后段的关系，所以形容词"基本"带标记"地"做状语；例（124）b 句的形容词"基本"不带"地"做状语，起分类作用。

（三）双音形容词做状语可带可不带"地"的情况

根据山田留里子（1995）的统计，可带可不带"地"做状语的双音形容词有 143 个，占全部双音形容词的 30.6%。汉语学界认为，强调状语的描写功能时通常带"地"，一般情况下不带。除凸显状语的描写功能外，形容词带不带"地"做状语还可能跟话语表达的韵律有关。当双音形容词修饰单音动词时，一般需要加"地"；当双音形容词修饰双音动词时，带不带"地"自由得多。如：

（125）a. 扼要地讲了一遍→＊扼要讲一遍

b. 扼要地介绍了情况→扼要介绍了情况

单音形容词做状语修饰单音动词大部分是不自由的，形容词和动词之间具有词语选择性，如"高举"、"暗杀"、"热爱"已经词汇化，甚至作为词被收入词典。

双音形容词做状语带不带"地"表意上没有太大的差异，并不是完全没有规律。吕叔湘（1963）、朱德熙（1956）和刘月华（1982）均认为带"地"形容词状语具有较强的描写性，不带"地"的状语是限制性的。双音形容词带不带"地"做状语的差异可从以下两个方面考察。

第一，句法上的差异。不带"地"的状中结构不能被其他的语言单位隔开。如：

（126）共同建设我们的美好家园

→＊共同把我们的家园建设得更加美好

→共同地把我们的家园建设得更加美好

例（126）中形容词"共同"不带"地"可以直接修饰动词"建设"，状中结构关系紧密；但状中结构中间不能插入其他成分，要插入介宾短语"把我们的家园"必须在形容词"共同"后带"地"做状语，状语标记"地"凸显并标示状语和动词的关系，具有更强的描写性。

第二，不带"地"状中结构中双音动词的动词性很弱。随着音节增加，动词的动作性减弱，名词性增强。形容词不带"地"所修饰的动词一般不能带宾语。如：

（127）a. 他<u>辛勤</u>地耕耘着<u>自己钟情的事业</u>。

　　　　b. 他更加孜孜不倦地在数学园地里<u>辛勤耕耘</u>。

例（127）a 句"辛勤地耕耘"后可带宾语"自己钟情的事业"，动词后加时态助词"着"；例（127）b 句"辛勤耕耘"不能带宾语。更多语料考察表明，形容词不带"地"修饰动词构成的偏正结构，常作为体词性成分使用。如：

（128）经过几代人的<u>辛勤耕耘</u>，积淀了深厚的教育底蕴。

（129）<u>辛勤耕耘</u>的农民们终于看到了收获。

石毓智（2001）、李劲荣（2010）从形容词所表述的程度量上对形容词状语的修饰和限定功能进行了解释。对动词起限定作用的形容词不表程度量，不带"地"做状语；对动词进行描写的形容词重在程度量的表述，必须带"地"做状语；对动词可限制也可描写的形容词则可带可不带"地"做状语，带"地"凸显描写性，不带凸显限制性。

偏正结构双音形容词如"飞快"、"笔直"所表程度量鲜明，做状语必须带"地"，如"飞快地跑了过来"、"笔直地站在大门口"。构词语素的内部为并列、述补、主谓结构的双音形容词所表程度量目前尚未有可操作的判断标准，是否带"地"做状语的规律值得进一步探讨。

（四）双音形容词做状语必须带"地"的情况

山田留里子（1995）统计得出做状语时，一定要带"地"的双音形容词320个，占能做状语的双音形容词的68.4%，但未对这类形容词语义特征作深入探讨。我们将对此进行考察。

1. 述人形容词做状语必须带"地"

述人形容词做状语时必须带"地"，状位形容词跟句子主语之间存在隐性主谓关系，因此述人形容词带"地"做状语可取消形容词和主语的主谓关系，取消述人形容词做谓语的可能性。状语标记"地"在取消述人形容词的述谓性的同时也起组块作用。根据组块理论，状语标记"地"把形容词状语和它所修饰的中心成分关联起来，标记"地"有助于听话人在理解话语时先把状中结构组合成一个块作为谓语部分，然后再与句子的主语进行组合。如：

（130）a. 他很<u>爽快</u>地接受了这个特殊任务。

　　　　b. 他很<u>爽快</u>，一点儿都不拖泥带水的。

例（130）a 句中如果没有状语标记"地"，则主语"他"和形容词

"很爽快"之间由于线性序列中的紧邻位置，解码过程中按照出现的先后容易出现先组合主谓关系"他很爽快"，就像 b 句一样。状语标记"地"的出现，使形容词与所修饰的动词"接受"先组合为状中结构，再与句子的主语组合。又如：

　　　（131）a. 她非常<u>敏捷</u>、活泼好动。

　　　　　　　b. 她非常<u>敏捷</u>地按下了快门。

　　例（131）a 句主语"她"和"敏捷"之间构成主谓关系，而 b 句中则是"敏捷地按下快门"组合成状中结构，然后再跟主语"她"组合成主谓结构。双音述人形容词做状语时必须带"地"，因为述人形容词在句子中虽然处于状位，但它与句子主语之间存在隐性主谓关系，"地"可取消状位形容词的述谓性。从话语理解角度看，状语标记"地"具有组块标示功能，可以提示听话人在解码过程中的话语组合层次。

　　述人形容词与某些语义指向动作的形容词容易混淆，如"认真、严肃、清楚、严格、仔细"等，这些述行形容词在句中有时做状语修饰动词，有时做谓语或定语，语义指向施事主语。正因如此，这类形容词做状语时有学者认为形容词的语义同时指向主语和动词。如：

　　　（132）他是个<u>认真</u>的人。/他<u>认真</u>地完成了作业。

《现代汉语词典》对形容词"认真"的释义是"严肃对待，不马虎"，可见形容词"认真"的描写对象是行为。动作发出者通过动作而体现态度，这类形容词容易转化为对动作发出者行事态度的描写。描写动作的述行形容词可分为两个不同的类别：

　　一是描写具体动作的相关方面，如动作的速度、频度、力度、程度和范围，描写的性状具有临时性，过程性。如：

　　　（133）他<u>飞快</u>地跑着。→ ＊他是<u>飞快</u>的人。→ ＊他<u>飞快</u>。

　　二是描写表示动作发出者在动作过程中的神情、状态等。如：

　　　（134）a. 他把刚才接听电话的内容<u>认真</u>地记录下来。

　　　　　　　b. 他是个<u>认真</u>的人，他希望每件事都能做得很好。

　　　　　　　c. 他平时可不是个<u>认真</u>的人，没想到今天居然<u>认认真真</u>地完成了这个复杂的实验。

　　例（134）形容词"认真"在 a 句中描写临时性动作；在 b 句描写动作发出者的态度和意愿，在 c 句中描写人的恒定品质。这类述行形容词做状语可以不带"地"，如"认真学习"、"仔细检查"、"严格要求"、"严厉处罚"、"清楚说明"。

描写人的心情、神态、性格、态度等的述人形容词，无论所修饰的是单音还是双音动词，都必须带"地"做状语；描写人的行事风格、行为作风、做事的态度的述行形容词做状语带不带"地"比较自由。以形容词"严肃"为例进行分析。《现代汉语词典》中对它"严肃"的释义如下：

（135）严肃：①（作风、态度等）严格、认真，如：严肃查处、
严肃处理
②（神情、气氛等）使人感到敬畏。如：严肃
地说

形容词"严肃"有两个义项：描写作风、态度的义项一做状语可带可不带"地"；描写人的神情和气氛的义项二做状语必须带"地"。比较下面一组句子：

（136）专家表情严肃地纠正道。/老姜一脸严肃地宣布要上诉。

例（136）"表情严肃"、"一脸严肃"中形容词"严肃"的意思是"使人感到敬畏"的样子。形容词与"表情"、"一脸"组成主谓结构再修饰动词，形容词"严肃"描写作风和态度时跟动作紧密关联，做状语可加可不加"地"。我们在语料库中检索"严肃处理"，得到有效语料出现2077条，"严肃地处理"得到有效语料4条。如：

（137）及时、严肃地处理违法违纪行为
我们正在严肃地处理这个问题
我们严肃地处理了这件事
警方将非常严肃地处理此事

例（137）中形容词"严肃"带"地"做状语都不是光杆形式，而是以"严肃"为中心构成的形容词性词组，包括并列词组（如"及时严肃"）、程度副词与形容词构成的偏正结构（如"非常严肃"）。形容词不同义项可能表现出述人和述行的不同，述人形容词义项做状语必须带"地"；语义指向动作的述人形容词义项做状语时一般不带"地"，只有当形容词和动词构成的状中结构比较复杂时才带状语标记"地"。

2. 评价类形容词做状语必须带"地"

表主观评价或社会评价的形容词做状语必须带"地"。如：

（138）他居然荒谬地接受了这样的低价。

＝他接受了这样的低价＋这件事很荒谬

他的设想<u>荒谬</u>地变成了现实！

＝他的设想变成了现实＋这件事情很荒谬

例（138）中形容词"荒谬"不参与句子信息结构，只表达说话人对句子所叙述事件的主观评价，删除形容词"荒谬"并不影响句子信息的完整性。《现代汉语词典》对于形容词"荒谬"的解释是"极端错误，绝对不合情理"，是典型的评价类形容词。表说话人评价的形容词不少，如"荒唐、满意、明智、美满、可惜"等。这类形容词与动词之间不存在直接语义关联，带状语标记"地"有助于标明形容词与动词之间的状中组合关系。

3. 述物形容词做状语必须带"地"

述物形容词描写物体的性状，形容词的词义特征决定它与动词之间不存在直接的语义关联，述物形容词前置于动词做状语的可能性小，不能忽略有些述物形容词可做状语，"蓬松、工整、漂亮"都属于这类形容词。如：

（139）小姑娘的头发<u>蓬松</u>地披在肩上。

例（139）中"蓬松"修饰头发，前置于动词"披"做状语，是为了凸显头发性状，必须带上状语标记"地"。

4. 述行状态词做状语必须带"地"

述行状态形容词做状语必须带标记"地"，如"飞快地跑"、"乐呵呵地说"，这状态词表程度量的特点决定的。形容词的修饰功能跟形容词所表程度量有着密切的关系，当形容词状语只给事物分类时，不带标记；当形容词状语的主要功能是描写时，则必须带标记；有些形容词兼具分类和描写两种功能，形容词做状语可带可不带标记。

（五）形容词重叠式做状语带"地"的情况

丁声树等（1963）认为，单音形容词的重叠式 AA 或双音形容词的重叠式 AABB 都可以比较自由地充当状语。李德津（2007）认为，双音形容词重叠式做状语必须加"地"，而单音形容词重叠后做状语，则不一定要加"地"。如：

（140）全家<u>热热闹闹</u>地过了个团圆年。／他<u>紧紧（地）</u>握着我的手。

双音形容词重叠式 AABB 做状语一定带"地"。这表明双音形容词重叠式的描写性强于单音形容词重叠式。单音形容词重叠式做状语可带可不带"地"，但什么条件下带、什么条件下不带"地"，目前学界尚未找到规律。我们在语料库中对单音形容词"紧"的重叠式"紧紧"做状语带不带"地"进行检索，得到如下统计结果：

（141）紧紧＋地＋动词：

动词：追赶7[1]、握53、搂35、抱49、依偎3、拥抱17

紧紧＋动词：

动词：追赶7、握83、搂39、抱70、依偎4、拥抱8

从统计数据看，单音形容词重叠式"紧紧"做状语带不带"地"修饰的动词没有太大差异，可以是双音或单音动词，出现频率相同。基本可以判断单音形容词重叠式"紧紧"做状语带不带"地"比较自由。

双音形容词重叠式做状语是否带"地"则没有这么自由。我们对双音形容词"仔细"的重叠式"仔仔细细"做状语带不带"地"，在语料库中进行检索，统计结果如下：

（142）仔仔细细＋地＋动词：

动词：讲、看4、打量2、考虑1、读、观察、讨论、抚摸、洗

仔仔细细＋动词：

动词：查、看3、摸、折、记录、端详、擦、考虑1、听

统计数据表明，双音形容词重叠式"仔仔细细"做状语并非必须带，而是可带可不带"地"。可见，语义指向动词的双音形容词重叠式做状语可带可不带"地"。如：

（143）他恨不能从头发到脚趾<u>仔仔细细</u>观察过去。

他无法静下心来<u>仔仔细细</u>考虑这个问题。

你可以<u>仔仔细细</u>考虑自己的后半生。

例（143）中"仔仔细细"做状语都不带"地"。我们考察语料发现，当动词前有多个状语连续排列时，为了表达得简练，在"仔仔细细"和动词之间不加"地"。"仔仔细细"修饰动词"看"带"地"和不带"地"分别出现了3次和4次。如：

（144）妈妈想<u>仔仔细细</u>地看看你。/李老师<u>仔仔细细</u>看了前

---

[1]　动词后面的数字是在语料库中检索到的有效语料中，形容词与该动词组合出现的次数。

两页。

例（144）中形容词重叠式修饰单音动词时，带不带"地"很自由，出现频率接近，表意上也无太大差别。双音述人形容词重叠式做状语一般都带"地"，这与述人形容词简单式相同，但也发现了少数不带"地"做状语的情况。如：

（145）他们高高兴兴进了小餐厅。

→ *他们高兴进了小餐厅。

其他兄弟便高高兴兴去分东西。

→ *其他兄弟便高兴去分东西。

形容词重叠式做状语的能力很强，这不仅体现在有些形容词不重叠不能做状语，还体现在有些做状语必须带"地"的形容词，重叠之后可以不带"地"直接做状语。我们在语料库中检索"高高兴兴 + 地 + 动词"，得到有效语料40条；检索"高高兴兴 + 动词"得到有效语料8条；检索"高兴 + 地 + 动词"得到有效语料511条；检索"高兴 + 动词"未能检索到有效语料。语料分析表明，无论述行形容词还是述物形容词，双音形容词重叠后做状语比较自由。

二　进入状位的形容词的复杂度

做状语的形容词从形态上看可以是光杆形容词、形容词性短语（包括偏正短语和并列短语），也可以是形容词重叠式。我们考察状语发现，形容词以光杆形式做状语出现的频率最高。我们随机选择"高兴"、"认真"、"迅速"、"干净"、"残忍"、"惊人"6个形容词，对它们做状语时形式的复杂度进行考察，结果详见表2-6。

表2-6　　　　　做状语的形容词的复杂形式比较

例词	高兴	认真	顺利	干净	残忍	轻率	总计
光杆形式	6523	3587	1847	29	207	231	12424
很/非常	488/215	275/109	92/14	2/0	3/0	5/1	865/339
其他副词	特别12	特别11	0	0	极其5	极其2	30
重叠形式	614	304	17	37	0	0	972

考察表2-6的统计结果可见，形容词以光杆形式做状语的频率远高于其他形式，程度副词修饰形容词再做状语时"很"的出现频率最高，

因为"很"在长期广泛的应用中所表程度量减损，基本不再表程度量。使用频率第二的程度副词是"非常"，这个词所表程度量也有减损的趋势。其他程度副词出现频率极低，主要有"特别"、"极其"所占比例极低。形容词重叠形式做状语的频率较高，是除光杆形式之外所占比例较高的形式。

（一）形容词重叠式做状语

重叠是汉语一种重要的语法手段。赵元任（1979）认为，形容词重叠可以达到"生动"的效果；吕叔湘（1980）指出，形容词重叠是生动化形式；朱德熙（1982）把形容词重叠式看作形容词的复杂形式之一，表状态而非属性。形容词重叠的功能是描写某种状态并使之生动呈现。

1. 重叠形式的描写性

重叠式具有很强的摹状功能，因而具有鲜明的描写性。拟声词是重叠式最初的源起，人类语言的拟声词摹状具有共性，如"北风呼呼地吹"、"蜜蜂嗡嗡地飞"，其中状语由拟声词充当。拟声词对自然界声音的摹状能有效唤起听话人的认知经验，并产生身临其境之感，拟声词的摹状性增强了状语的描写性。拟声词的重叠手段逐渐发展到其他的词类，包括动词、名词、数词、量词和形容词。形容词重叠不仅包括词重叠，还包括构成形容词的语素重叠，不再局限于对声音的摹状，而是通过语音重叠凸显主观程度量。

下面是一组以动词"笑"为核心语素构成的状态词，比较它们之间的意义差别有助于认识重叠手段的摹状性特点。

（146）笑眯眯：状态词，微笑时眼皮微微合拢的样子。

笑哈哈：状态词，形容大笑的样子。

笑呵呵：状态词，形容笑的样子。

笑嘻嘻：状态词，形容微笑的样子。

笑吟吟：状态词，形容微笑的样子。

笑盈盈：状态词，形容笑容满面的样子。

例（146）这一组状态词的核心是动词"笑"，添加的语素成分有的描写"笑"的样子，如"笑眯眯"、"笑吟吟"、"笑盈盈"；有的摹状"笑"的声音，如"笑哈哈"、"笑嘻嘻"、"笑呵呵"。通过摹状语素的重叠凸显描写性，形象而生动。这类摹状性强的形容词做状语的频率很高，在语料库中检索这组状态词做状语和做补语的情况，结果见表2-7。

表 2 - 7　　　　　　　状态词"笑××"做状语和做补语比较

例词	笑眯眯	笑哈哈	笑呵呵	笑嘻嘻	笑吟吟	笑盈盈
做状语	140	21	25	363	46	35
做补语	0	0	0	0	0	0

表 2 - 7 统计数据表明,具有摹状性的 ABB 式形容词重叠式只能做状语不能做补语,状语和补语都有描写功能,但状语以客观描写为主,补语更多带有主观评述性。

值得注意的是,形式相同的单音形容词重叠式包含两种不同性质的成员:一是单音形容词重叠式,如单音形容词"高",其重叠式为"高高";二是叠音词或重言词,如"袅袅"、"徐徐",其中的构词语素"袅"和"徐"不能单用。石锓(2010)指出,重言形容词只能跟固定的中心词构成偏正结构,如"徐徐清风"、"袅袅炊烟",一般不做谓语,而是作为修饰语。

2. 形容词重叠式做状语表示主观增量

述物形容词常以重叠式进入状位,因为形容词重叠式表主观增量。如:

(147)香香脆脆地炸了一盘花生米/酸酸辣辣地做了一碗汤泡饭

石毓智(2001)指出,形容词所表程度常常是一个较宽的量幅,为了表述不同程度量的量级,可以采用程度副词对形容词的量幅进行切分。客观程度副词"最"、"更"与形容词组合表客观程度量;主观程度副词"非常"、"很"、"有点儿"与形容词组合表主观程度量。形容词重叠式所表程度量最具主观性,证据之一是形容词重叠式既可表增量也可表减量,程度量的增减根据形容词重叠式所进入的不同句位而定:定语和谓语句位的形容词重叠式通常表主观小量,如"高高的鼻子"、"眼睛大大的"表达喜爱的感情色彩;形容词重叠式进入状语和补语句位常表主观大量,如"深深地挖了条沟"、"高高大大地矗立在河边"。

形容词重叠式因主观增量而具有夸张性,为启发听话人的想象力、增强语言表现力而夸大事物性状。状语是动的附属成分,状位具有极强的描写功能。指宾形容词重叠式进入状位可以达到主观增量的效果。形容词重叠式与形容词前加程度副词构成的偏正结构相比,前者具有更显著的描摹功能，这从形容词重叠式的历时发展轨迹可以得到证明①，重叠式是指宾形容词进入状位的优选形式，述物形容词的光杆形式或前加程度副词构成的偏正结构都不能做状语。如：

（148）小河弯弯曲曲地流向远方

　　　→＊小河弯曲地流向远方

　　　→＊小河非常弯曲地流向远方

例（148）中的形容词"弯曲"语义指向主语"小河"，动词"流"的语义具有［－自主］、［－可控］等语义特征。形容词"弯曲"描写事物的外在形态，与动词之间无致使关系，但形容词重叠形式适应状位的描写性要求，状语的句位义反作用于词的语义特征不合格的形容词，这是词语义和构式义相互作用的结果，可见词语义和句位义之间存在互动关系。

述物形容词做状语采用重叠形式是强制性要求，述行形容词、述人形容词都可以采用重叠形式做状语，但不是强制性要求。卢建（2003）认为，语义指向动词宾语的形容词之所以需要采用重叠形式做状语，是因为动词的宾语具有渐成性语义特点；李劲荣（2007）指出，重叠式体现了形容词所描述的性状的渐成性。述物形容词做状语必须采用重叠形式也可视为一种句法形式标记。根据语义靠近原则，语义指向动词宾语的形容词应在语法编码的线性顺序上靠近其所修饰的名词，当该形容词前置于动词做状语时，需用标记来表明形容词和动词之间的关系。

（二）状位形容词的其他复杂形式

形容词除了采用光杆形式和重叠形式做状语外，还可跟程度副词构成形容词性偏正结构充当状语。根据表2－6的统计，形容词经常跟程度副词"很"、"非常"构成偏正结构做状语，这两个程度副词因高频使用所表程度量有减损趋势，很多时候不表具体程度量。其他表示程度副词，如"特别"、"极其"等都可跟形容词组成偏正结构做状语，但使用频率不高。

除前加程度副词构成形容词性偏正结构做状语外，还可在形容词后加"（一）点（儿）"。如：

（149）认真一点儿做／仔细点儿检查／温柔点儿对待

形容词后加表数量的"一点儿"再做状语多用于祈使句，形容词后

加"一点儿"的结构前置于动词做状语或后置于动词做补语，有时表意有差异，如"快点儿走！/走快点儿！"，如果把"走"理解为"前后交替地迈步前进"，做状语和做补语所表达的意思一样，都有"催促"的意思；但在动词前做状语，"走"还可以理解为"离开"，句子的意思是"尽快离开"的意思。现代汉语的状语在句子线性序列中前置于动词，根据时间顺序原则，状语所述方式或状态先于动作发生，动词"走"表"离开"义时是非持续性动作，强调动作的终点，不是持续性动词，所以"快点儿走"理解为"尽快离开"比较自然；位于动词之后时"走"强调的是持续段，加上表正在进行的助动词"着"只能理解为"加快迈步速度"，可见状语句位决定多义形容词与动词组合的意义。

（三）对状位形容词复杂度的认知解释

我们通过对大量语料考察发现，做状语时形容词的形式不能太复杂，以光杆形式、重叠式较为多见，如果跟程度副词组成偏正结构，一般跟"很"、"非常"连用。换言之，汉语形容词前置于动词做状语的形式复杂度有限。相比之下，形容词后置于动词做补语时的扩展性更大，进入补位的形容词可以从最简单的光杆形式扩展到小句，复杂度高得多。

语言理解过程遵循"尽快确定直接成分"原则（the Principle of Early Immediate Constituents），在语言理解过程中句子的主干成分应该尽快显现并组块，这样可以更快捷地确定句子的基本框架，便于对句子所表达事件的意象图式从整体上把握和理解。在句子主语出现后，听话人期待尽快出现的是谓语动词。汉语状语前置于动词，是动词的附属成分，作为动词修饰成分的状语在句法结构上如果太复杂，必然会影响句子谓语动词的尽早出现，句子理解的组块原则的贯彻将受到阻碍，一般情况下前置于动词的状语不宜采用太过复杂的形式，应尽量简短。

当形容词后置于动词做补语的情况不同，在句子主语和谓语都已出现的情况下，句子的认知背景框架已搭建起来，听话人自然会将注意力置于动词后补充性成分上，句子末尾的位置通常也是容易引起注意的焦点位置，适宜传递新信息。根据语言象似性原则，传递越是复杂的信息，采用的语言形式越是复杂，后置于动词做补语的形容词拥有很大的扩展空间，甚至可以扩展为小句。由于短时记忆局限，人们一般会把复杂结构后置，先把前面的信息组块之后，集中精力对付后面形体长、结构难的话语信息。

状语在句子信息结构中常描写动作的伴随状态，伴随状态属于叙事中为情节推进做铺垫的背景信息，徐烈炯（2004）也认为汉语的主语和动词之间的位置不是焦点位置。根据人们的认知经验，作为背景的信息一般来说不是焦点信息，故语言结构相对简单。

英语和西班牙语的状语都可以前置或后置于动词，但以动词之后为常位，前置于动词的状语一般来说形式短小，多为单个副词，即使只有两个词构成的方式状语，一般都不能前置于动词，只能后置于谓语动词。可见，无论是汉语还是英语，状语语言形式的复杂度跟句子焦点的位置都具有一致性，这是透过汉语状语前置这一特点可以窥见的人类语言的共性。

三　形容词所修饰的动词

从语义特征上看，动词区别于名词和形容词的主要特点是时间性。动词所述动作有起点、终点和持续过程，动词进入具体语言表达时通常需要一定的时态标记。郭锐（1993）根据动词的时间性特点，即动词的起点、终点和续段过程特征，把汉语的动词分为动作动词、状态动词和变化动词三大类型。

我们在语料库中检索唯状形容词做状语时，形容词所修饰的动词，唯状形容词做状语所修饰的都是描述具体动作、动作性强的动作动词。以唯状形容词"辛勤"为例，我们在语料库中检索"辛勤＋地＋动词"，得到有效语料133条，主要动词有"工作、劳动、耕耘、奔波、整理、建设、浇灌、摸索、抄写、栽种、摸索"等，这些都是动作动词。唯状形容词一般不跟变化动词和状态动词组合。

动词动作性强弱的又一个判断标准是动词后能否带宾语。形容词前置于动词做状语时，动词带宾语的能力不受状语的影响，形容词所修饰的及物动词仍然可以带宾语，如"<u>认真</u>地做作业"、"<u>迅速</u>离开了现场"、"<u>高兴</u>地抱起了孩子"。形容词后置于动词做补语时，及物动词后不能直接带宾语，动词宾语或提到句首作为话题，或采用重动句形式来表达，如"作业做得很认真"、"写作业写得很认真"。

形容词做状语所修饰的动词通常是动作动词，具有时间上的持续性特点，这通常体现在动词的体标记上，动词后带"着"或"起来"、"下去"等表持续义的体标记，凸显动作的过程性。我们通过考察语料发现，汉语中也存在形容词修饰的动词后带"了"、"过"等时态助词的情况，这表明动词的持续性并不限于现在正在进行时，也可以是过去时，即无论动作发生时间是现在、过去还是将来；形容词所修饰的动词都有持续时间段特征。我们随机抽取形容词"流利"、"激烈"进行考察，这两个形容词修饰动词的情况如下：

（150）流利 + 地 + 动词 + 了：3 次

　　　（可以）+ 流利 + 地 + 光杆动词（后边是直接引语）：4 次

　　　流利 + 地 + 动词 + 起来：1 次

我们将动词后接"起来"或采用直接引语的情况视为动词的持续态，动词后带表持续态成分占总数的 50%；动词前面用"可以"视为动作的未然态、动词后跟"了"表示动作的已然态，动词后带表完成的时态助词占"流利"做状语总数的 37.5%。这个统计结果表明，无论动词所述动作是可能出现、正在进行还是已然完成，形容词状语均描写动作的伴随方式。

在语料库中检索形容词"激烈"做状语，我们得到有效语料 73 条，具体情况如下：

（151）激烈 + 地 + 动词 + 着：20 次

　　　激烈 + 地 + 动词 + 起来：13 次

　　　激励 + 地 + 动词 + 道 + 直接引语：9 次

　　　激烈 + 地 + 动词 + 了：3 次

　　　激烈 + 地 + 光杆动词：28 次

可见，动词后带表过程和动作状态成分的比例很高。动词后是否出现表持续态的成分与形容词状语无关，与动词词义是否可持续有关系。形容词状语所描述事物性状的临时性特点是由动作的过程性决定的。状语强调动作行为的伴随性，形容词所描述性状伴随着动作的过程而存在。形容词状语多用于陈述句，陈述句中的动词常采用某种形式标记其过程性。如：

（152）a. 窗外的玫瑰<u>羞羞答答</u>地开放着。

　　　b. 哨兵<u>笔直</u>地站在大门口。

　　　c. 他<u>认真</u>地核对了三遍。

上例中的句子有个共同特点：形容词做状语时，句子的谓语动词都不是光杆动词，动词后分别带不同成分：a 句动词"开放"后带时态助词"着"，表示动作正在进行；b 句动词"站"后带有介词短语"在大门口"；c句动词"核对"后是数量短语"三遍"，这些成分对谓语动词进行补充，是动词有界化的不同手段。无论体标记还是补语，都为动词提供了运动的终点，凸显动作的过程性。

第六节　本章小结

本章主要探讨前置于动词做状语的形容词的语义特征，以及形容词做状语的语用功能和句法限制。本章的考察范围是从唯状形容词出发的，研究对象扩展到可进入状语句位的形容词及其重叠形式，以及以形容词为中心构成的形容词性词组。

一　唯状形容词的语义特征

通过对唯状形容词的语义特征分析，我们对汉语状语句位的语义内涵有了深刻认识，同时也探索了形容词的语义特征与状语句位的语义内涵之间的互动关系。

通过对《汉语形容词用法词典》中双音形容词的语料库检索，得到唯状形容词词表，其中有 7 个非谓形容词，占唯状形容词总数的约 47%。非谓形容词表固定程度量，不受程度副词修饰，唯状形容词做状语体现了状语的限制功能；词表中的叠音形容词占唯状形容词总数的 20%，叠音词具有很强的描摹性，这表明唯状形容词做状语也具有描写功能。从唯状形容词主要成员的语义特征印证了汉语状语的主要功能是限制和描写。

根据形容词所修饰对象的性质把形容词分为述物形容词、述行形容词和评价类形容词。唯状形容词都是述行形容词，述行形容词描写动作行为，这与状语的本质一致。述物形容词和评价类形容词进入状位受到严格的句法限制，状语句位赋予入位形容词跟动词语义相关联的可能性。

本章还讨论了唯状形容词中"容易"类形容词。这类形容词从语义到句法分布都与助动词更接近，是非典型形容词。这类形容词在状语句位上所关联的不是句子的动词，而是对句子所述事件做出的评价。评价类形容词比较容易进入状语的位置。

二　形容词做状语的语用功能

通过考察述物形容词、述行形容词和评价类形容词做状语的语用功能，我们对汉语状语的临时性、易变性、描写性和主观性语义内涵进行了分析。

做状语的形容词多是述行形容词，述行形容词描写与动作相关的时间、速度、力度、频度等，这类形容词的语义特征跟动词所述动作的联系最紧密。根据语义靠近原则，在语法编码时邻近动词。

语义指向受事宾语的述物形容词也可以进入状语位置，这类形容词按照语义关联的紧密度，应编码为受事宾语的定语。形容词定状异位是为了凸显动作与指宾形容词所描述性状之间的致使关系，即通过动词所述动作产生或者引发形容词所描述的性状。

述人形容词所描述人的神情、态度都是伴随动作而产生，随着动作的结束而结束，具有临时性、易变性的语义特点。经语料统计我们发现，述人形容词做状语的比例高于做谓语，这表明状位的描写功能比谓语更强大。形容词中描述恒常的、不因动作而改变性状的述人形容词一般不能做状语，这是状位的临时性和易变性的句位特点决定的。

三　形容词做状语的句法限制

本章对双音形容词做状语是否带"地"的问题进行了全面梳理，在检索语料库的基础上，对汉语学界既往研究进行了针对性分析，逐个排除了做状语绝对不能带"地"的双音形容词，证明绝对不能带"地"做状语的双音形容词不存在，都是副词用法。不能带"地"做状语的双音形容词有的兼有副词用法；有的是助动词用法，都不是典型形容词。

大部分双音形容词做状语可带可不带"地"，带"地"做状语是为了凸显状语的描写功能，形容词以复杂形式做状语必须带"地"；不带"地"做是为了状语凸显状语的限制功能，形容词不带"地"做状语时，它所修饰的动词一般不能带宾语；当动词为双音动词时形容词跟动词的组合更多地具有体词性特点。

必须带"地"做状语的一般来说是述物形容词和评价类形容词。从词义特点看，无论述物形容词还是评价类形容词，都不是对动作的描写，带"地"是为了标示形容词与所修饰动词之间较为疏远的语义关联。述人形容词做状语必须带"地"，因为述人形容词跟句子主语具有潜在的主谓关系，状语标记"地"的作用是取消形容词的述谓性。

形容词重叠式可以比较自由地做状语，不是所有形容词重叠式做状语都必须带"地"。形容词重叠式做状语是否带"地"的规律，与形容词做状语的限制条件相同。述人形容词做状语必须带"地"，重叠后可以不带"地"做状语，这证明状位凸显的是描写性，形容词重叠式具有很强的描写性。

本章还根据"尽快确立直接成分"原则，从句子信息结构和焦点位置视角对形容词做状语的语用功能做出了认知解释。

第三章

形容词做补语

第一节　补语的定义与分类

一　补语的定义

汉语学界对"补语"的定义众说纷纭。张志公等（1959）定义为"补语位于动词形容词之后，起补充说明作用，指出动作的情况或结果，动作延续的时间、性状的程度等"[1]。《辞海》对"补语"的解释是"用在动词或形容词后补充说明的成分。表示结果或程度、可能、数量及处所、时间等意义。常常由动词、数量词、副词、介词短语等充当。补语和中心词之间有的要用结构助'得'"[2]。北京大学中国语言文学系汉语教研室编《现代汉语》认为补语是放在动词或形容词之后做补充说明的成分。邢福义（2009）指出："补语是谓词性结构里心语后边起补充作用的成分。……心语和补语之间有时出现'得（de）'。"[3]

虽然学界对"补语"的定义不尽相同，但都认为补语是和谓词性中心语密切相关的句法成分，其句法位置常在动词之后，起补充作用。

补语是构成句子的成分，状语是动词的附属成分，这是补语和状语的本质区别。补语的独立性更强，补语是谓词性成分。体词性成分可以回答"什么"，而谓词性成分回答"怎么样"。体词做补语必须有介词的引导，这是补语跟宾语的主要区别。

汉语补语的功能不是单一的修饰作用，而是呈现出多样性。补语可以

---

①　张志公：《汉语知识》，中国青年出版社1979年版，第131页。

②　夏征农、陈至立：《辞海》（第6版，缩印本），上海辞书出版社2010年版，第219页。

③　邢福义：《汉语语法三百问》，商务印书馆2009年版，第46页。

由各种性质的词语充当，在对补语进行分析时，句法形式的标准很重要，是判断分析补语的主要依据。

汉语形容词如果能做补语，就一定能做谓语，因为汉语的补语具有谓语性。反过来，能做谓语的形容词不一定能做补语。述行形容词的语义特点与动词相关，描写动作的速度、力度和动作方式等，通常不做句子谓语，而是后置于动词补充说明动作的情况。如：

> （1）a. 他跑得<u>飞快</u>。→＊他飞快。＊跑飞快。＊跑是飞快的。
>
> 　　　b. 他站得<u>笔直</u>的。→＊他笔直。＊站笔直。＊站是笔直的。

例（1）中述行形容词"飞快"、"笔直"补充说明句子的谓语动词"跑"和"站"，但不能直接描写句子主语"他"，也不能直接陈述动作本身。

二　补语的分类

（一）带"得"和不带"得"补语

朱德熙（1982）将述补结构分为两个大的类别：黏合式述补结构和组合式述补结构，以动词后带不带"得"作为分类的形式标准。吕叔湘（1999）指出，最具有代表性的、最能体现汉语语法特点的、能产性最高的补语是组合式补语。黏合式述补结构通常被看作复合词，组合式述补结构才是句法结构，具有很高的能产性。

汉语学界对带"得"补语的称说各不相同，有的叫"程度补语"；有的叫"情状补语"；有的叫"结果补语"，有人用"状态补语"来称说，这类补语的语义复杂性可见一斑。动词和补语组成的述补结构所表语义关系也非常丰富。如：

> （2）a. 打得很好、打得很准、打得很艰难
>
> 　　　b. 打得很凶、打得很耐心、打得很累
>
> 　　　c. 打得很快
>
> 　　　d. 打得很高

例（2）中动词"打"和形容词补语之间的语义关系各不相同：a组中形容词"好"、"准"、"艰难"是对动词所述动作的评价；b组中形容词"凶"、"耐心"、"累"补充说明动作施事或动作发出者的状态；c组中形容词"快"描写动作本身；d组中形容词"高"说明动作受事。这一方面说明了动补结构深层语义的复杂性；另一方面也表现出汉语语法结

构的高度概括力。可见，动补结构是典型的同形异义结构，分析理解同形异义结构的关键在于抓住表层语法形式背后的深层语义关系。

程度补语和结果补语存在交叉，结果是所呈现性状的程度，程度是对结果的评价，如"气坏了"、"累死了"、"忙极了"都是结果补语，也可以说是程度。通过比较表程度的"坏"在英语和汉语中的表达方式，可以看到程度和结果的分辨之难：

（3）坏：在某些动词或者形容词后，表示特别，extreme，very much 如：

> 乐坏了 be wild with joy
> 累坏了 be dog – tired
> 气坏了 be beside oneself with rage
> 吓坏了 be badly sacred

例（3）中程度补语所修饰的谓词"疼"、"乐"、"累"、"气"、"吓"表主观感知，汉语中用"坏"来表程度，在英语中找不到统一的词或表述方式，而是分别采用了不同的表达方式，但不同表达方式的本质都相同，都表程度。可见，即使以语义做分类标准，汉语补语的类别也很难区分。

以动词和补语之间是否带"得"作为补语分类的标准，简单明晰而且可操作性强，但这样的分类对深入分析补语没有太大帮助，因为一般人使用母语时所依赖的是语感，即语言直觉，是语言符号所承载的语义。汉语学界采用形式加语义的标准对补语进行分类。

王还（1995）把带"得"而不表可能的补语叫作"'得'后补语"，这个名称简单直接，但并未能揭示这类补语的意义特点。宋玉柱（1995）把带"得"补语叫作程度补语，并指出程度补语的意思不是补语本身表示程度，而是指补语所修饰的中心语的程度。这个观点有助于分辨"好得很"这类由程度副词充当的补语和"洗得很干净"这类由形容词充当的补语之间的区别。

从名称上看，"程度补语"容易被理解为补语本身表示程度，但具体的动作行为并无程度可言，只有形容词或心理动词才有程度性。根据周小兵（2010）的统计，补语标记"得"前为心理动词或者形容词在所有补语中所占的比例不超过带"得"补语句的10%①，可见，用"程度补语"指称"得"后补语并不合适。

本研究将带"得"而不表可能的补语称为"状态补语"，因为"得"后补语的主要功能是对动词的伴随状态或动词引发状态的评价，"状态补语"这个名称能客观全面地概括"得"后补语的多样性，符合语言事实，有助于外国人学习和掌握"状态补语"这个汉语独特的语法范畴。为了称说的方便，除非特别说明，本书中所谓的"补语"均指状态补语。

（二）形容词适合充当的补语

邢福义（2009）把汉语的补语分为两大类：表示跟心语行为性状有关的状况补语和表示跟心语行为的时间方所相关的物体类补语②。卢福波（2010）认为，位于动词或形容词后起补充说明作用的补语，可以补充说明动作、变化的结果、趋向、数量、情状、可能、处所和对象等。形容词适合充当的补语主要有以下类型。

1. 结果补语

结果补语是表行为性状所导致的状态的补语。动词和做补语的形容词之间存在致使关系。如果用 A 表示形容词所充当的结果补语，V 表示动词③，动词和结果补语的关系为"因 V 而 A"，A 是 V 导致的结果。动词和结果补语中间不用"得"而直接构成"VA"组合，汉语学界也称为动结式。

2. 可能补语

可能补语是表行为性状可能有的变化和发展的补语。当形容词做补语时，常见组合形式为"V 得 A"，否定形式为"V 不 A"。可能补语可以变换为"能 + 动结式"。动词和补语的关系可以表示为"能/不能 VA"，其中的"得/不"表示是否具有可能性，具有实在的语义，不同于状态补语中作为标记的"得"。可能补语不可扩展，动词和补语的组合凝固度高，结构的能产性低。

可能补语的否定形式用得比较多，石毓智（2001）认为，这是肯定

---

① 周小兵等：《外国人学汉语语法偏误研究》，北京语言大学出版社2010年版，第30页。

② 邢福义：《汉语语法三百问》，商务印书馆2009年版，第46—47页。

③ 本研究直接用数量上占绝大多数的动词来指代对补心语。这里的 V 所指代的是对补心语，包括做谓语的动词和形容词。

否定公理作用的结果①。我们以"吃得/不消"为例在语料库中进行检索，得到"吃不消"的有效语料 102 条；"吃得消"仅得到 8 条有效语料，而且多用于疑问句、反问句，或者否定句中。如：

    （4）a. 在这深山老林里作战可不是一个女人能<u>吃得消</u>的。

          b. 老人上了年纪，现在又上吐下泻，怎么<u>吃得消</u>啊？

          c. 孩子真的<u>吃得消</u>吗？

    例（4）中"吃得消"出现的语境条件都很特别，其中 a 句是否定句；b 句是反问句；c 句是疑问句，一般陈述句中很少出现。

    3. 状态补语

本研究所谓状态补语包括程度补语和评判补语。程度补语表动作行为状态的程度，这要求被补充说明的动词有程度性，谓语动词常为形容词、心理动词、比况动词（像）。一般行为动词不具有程度量性质，充当程度补语的主要是程度副词、形容词和谓词性短语。

太田辰夫（2005）认为程度补语指的是"热得要命"、"冷得厉害"这类形容词或部分心理动词，如"喜欢"、"闷"、"饿"、"困"、"疼"后面的形容词，也包括表程度的其他性质的词语，如"热得要死"中的"要死"，在很大程度上偏离了词语的本意，作为表程度之甚的词来使用。

有极少数形容词可以做状语，如"惊人"、"意外"，这类表程度的形容词充当的状语，基本上都可以转换为"得"后补语，用来表示程度。如：

    （5）a. <u>出奇</u>＋地＋简洁/高/单纯/成功/严/宁静/平静/低/沉着/完整/坦荡/凝练

          大/高/冷/荒唐/华丽/懒/贵/静/小/蓝/多＋得＋<u>出奇</u>

        b. <u>惊人</u>＋地＋贵/准确/猛/一致/漂亮

          大/高/低/重/慢＋得＋<u>惊人</u>

        c. <u>意外</u>＋地＋好/微弱/坦诚

          高/难/坦诚＋得＋<u>意外</u>

本研究所讨论的状态补语不包括程度副词充当的补语，如"好得

---

① 石毓智：《肯定否定的对称与不对称》，北京语言文化大学出版社 2001 年版，第 52 页。该书认为，量大的事物稳定性大，倾向于肯定表达；量小的事物不太稳定，所以否定形式出现频率高。

很"。评判补语表示对动作行为性状的评议和判断。动词和补语之间的语义关系可以表述为"（评判）V 的性状为 A"，也包括 A 是 V 所引发的状态的评价，表达说话人的主观评价。形容词"可爱"的意思是"令人喜爱"，描述说话人的主观心理感受。如：

（6）在很多中国人心中，马云丑得<u>可爱</u>，丑得有魅力。

例（6）中谓词"丑"意思是"不好看"，是对外貌的客观描写，激起的审美经验是"不喜欢的，不受欢迎的"，但因马云的人格魅力，说话人对他"丑"的外貌特点的主观评价却是"可爱"。描写客观属性的词也可通过采用评判补语做出带有主观性的评价和判断。如：

（7）玫瑰红得<u>可爱</u>，香得醉人。

（8）湖水碧绿碧绿，绿得<u>可怕</u>，绿得让人生疑。

无论"红色"还是"绿色"都是客观世界的颜色，但在人们心理上激起不同的主观感受，例（7）是"可爱"，例（8）是"可怕"。这类中心词是形容词的"得"后形容词补语一般不能转化为状语。充当评判补语的形容词常带有说话人的主观情态，评判是补语重要的功能。

太田辰夫（2012）把状态补语界定为动词后跟着"个"的补语，如"说个明白"、"喝个痛快"[①]。动词后带"个"与"得"不同，除了"个"的口语色彩外，更重要的是"个"不像"得"表完成态，表达已经发生的事情要说"说了个明白"、"喝了个痛快"。此外，"个"有强烈的感情色彩，语气比较短促，"个"后补语多为形容词光杆形式，不能扩展，一般不能说"＊说个很明白、＊喝个非常痛快"，但"个"后形容词可采用重叠形式，如"说个明明白白"、"喝个痛痛快快"。

状态补语标记"个"产生于元代，最早是用"一个"将后边的形容词名词化。如：

（9）我只要辨个<u>虚实</u>，觑个<u>真假</u>，审个<u>明白</u>。（抱妆盒）

例（9）中"虚实"和"真假"是互为反义的形容词，"明白"已凝固为一个形容词。

形容词后置于动词时，可能充当结果补语、可能补语和状态补语。当形容词做可能补语时，"V 得 A"中的"得"表可能性，具有实在意义，故可能补语不在我们的考察范围内。动词和结果补语之间的词汇选择性

---

① ［日］太田辰夫：《中国语历史文法》，北京大学出版社 2012 年修订版，第 49 页。

强，充当结果补语的形容词基本没有扩展性，结果补语常被归入复合词范围，不属句法手段，本书仅考察形容词做状态补语的情况。

三　补语的本质

（一）补语表达双重语义

　　形容词做补语的句子从句法结构的表层看是单句，从深层语义分析却具有复合性。形容词充当补语的句子包含两个认知框架：句子的谓语动词陈述句子主语，补语陈述的是动词或动词的施事者或受事者，甚至对句子所叙述事件进行评价。汉语补语句是双重语义结构复合并挤压进入一个单句形式的结果。

　　挤压进单句中的两个语义表述之间有无关联？存在怎样的关联？吕叔湘（1986）认为两个表述之间是因果关系；施春宏（2004）赞同这个观点，认为动补结构所述复合事件中两个子事件之间存在因果关系；袁毓林（2001）认为表示使动意义。形容词充当补语的句子隐含的两个表述之间主要有以下关系。

　　1. 致使与结果

　　形容词充当补语的句子所包含的两个表述之间的深层语义关系可解读为：动词所述动作的发生导致补语所描写状态出现。如：

　　　　（10）孩子们玩得很开心，脸上焦虑的表情被笑容所取代。

　　　　（11）房间打扫得干干净净，可以入住了。

　　例（10）主语"孩子们"因动作"玩"而呈现出"开心"状态，可以描述为"施事—动作—状态（动作的结果）"；例（11）主语"房间"因为动作"打扫"而变得"干干净净"，动词和补语之间的致使关系一目了然。致使关系是动词和补语之间最典型的关系。

　　动词和补语之间存在一种自变式致使关系，这种关系中的动词所述动作具有［－自主］［－可控］的语义特征，形容词充当补语，描述一种自然变化或者随时间推移而自然呈现的状态。如：

　　　　（12）一年不见，原本矮小的孩子居然长得高大健壮了。

　　　　（13）这个姑娘生得聪明伶俐，招人喜欢。

　　例（12）中动词"长"和例（13）中动词"生"都具有［－自主］［－可控］的语义特征，是非自主动词，形容词性词组"高大健壮"和"聪明伶俐"是变化结果，或者说是主语状态随时间推移而自然呈现的状态，这种自变式致使关系中的动词和形容词补语之间本质上是广义的因果关系。

2. 描写与评价

补语对动词或动词论元，甚至对句子所陈述事件进行判断和评价。如：

（14）这件衣服买得太过肥大，一点儿都不合身。

（15）他跑得飞快，根本追不上。

例（14）中"肥大"不是因动作"买"而产生的结果，而是对衣服的评价；例（15）中"飞快"不是动作"跑"所引发的结果，而是对动作的评价。

致使关系是因果关系中最典型的一种，因果关系中"果"的出现由"因"而导致。在语言使用过程中，补语标记"得"的出现使动词和补语之间的语义关系变得更加丰富，由对动作引发结果的描写导致补语具有的评价功能是其中之一，也是现代汉语补语的主要功能。

（二）动词与补语的语义关系

从与动词的语义关联看，补语与状语都是动词的附属成分，从句法结构看补语具有谓语性。缪锦安（1990）认为，补语可以从时处、数量、后果、依从、描述等方面对述语进行补充。不少学者赞同汉语补语具有谓语性的观点，王还（1991）、赵金铭（1999）从外国学生习得汉语补语的偏误分析也证明了汉语补语具有谓语性。

做补语的形容词和它补充说明的动词之间语义关系比较复杂，当动词为动作动词时，动补之间的语义关系可以概括为三种类型。

1. 当形容词补语的语义指向受事宾语时，表示依从关系，动词和补语的语义关系可以表述为"因 V 而 A"。如：

（16）母亲把屋子打扫得干干净净，拾掇得整整齐齐。

2. 当形容词补语的语义指向施动者时，可能表示以下两种关系。

A. 依从关系。动词和形容词的语义关系可以表述为"因 V 而 A"。如：

（17）他听见了不气还笑，笑得很开心。

B. 描写关系。动词和形容词之间的语义关系可以表述为"以 A 的态度去 V"。如：

（18）她说得很激动，自己都觉得声音有点颤抖。

述人形容词做补语时，形容词究竟表动作发出者的主观意愿还是性状改变，有时并不容易判断。如：

（19）我越说越<u>激动</u>，说得如此<u>激动</u>，以至于自己都觉得声音有点颤抖。

例（19）第一个分句"越……越……"表示相依相伴的动态变化条件，"激动"程度随着动作"说"而变化，第三个分句突出程度性。

3. 当形容词的语义指向动词时是对动作伴随性状的描写。如：

（20）警察听得非常<u>认真</u>，还有些感动。

（21）老师讲得很<u>仔细</u>，很<u>生动</u>。

例（20）和例（21）中形容词描写动作"听"、"讲"施动者的伴随神态"认真"、"仔细"，带有说话人的主观评价意味。

综上所述，当谓语动词为动作动词时，形容词补语和动词之间存在两种不同的语义关系：一种是致使关系，语义关系可以表述为"因 V 而 A"；另一种是描写动作发生时的伴随状态，语义关系可以表述为"以 A 的性状来 V"。值得注意的是，无论是致使关系还是描写关系，补语都带有主观评价意味。

形容词及形容词性词组做补语所形成的"动词 + 得 + 形容词"结构，不同于时间、处所和次数补语，它不是单纯结构，而是"同形异义结构"。缪锦安（1990）指出，"对主张深层结构就是语义结构的人来说，就是同一语法结构表达一种以上的语法意义；对主张深层结构异于语义结构的人来说，同形异义结构就是一个表层结构有几个不同的深层结构"①。可见，因果关系并不能准确说明动词和形容词补语之间的语义关系。

第二节　结果补语和状态补语

一　结果补语和状态补语的界定

汉语结果补语和状态补语的区分标准是带不带标记"得"。这个区分标准不仅形式上简明，而且可操作性强。从补语的历时发展看，标记

---

① 缪锦安：《汉语的语义结构和补语形式》，上海外语教育出版社 1990 年版，第 93—98 页。

"得"的出现与否是结果补语和状态补语的分水岭。

杨伯峻、何乐士（2011）指出，古汉语中的结果补语大多由动词充当，也有一部分由形容词充当。充当结果补语的有"正、明、满、平、夷、窘、白、黑、空、尽、乱、高、弱、厚"等单音形容词，带"得"动补式的产生是汉语的一个重大发展①。"得"在先秦的意义是"获得，得到"，为及物动词。如：

（22）a. 求仁而得仁。（《论述·述而》）

　　　b. 得良友而友之。（《荀子·性恶》）

到了汉代"得"除了这个用法，还常出现在动词后，表示前一个动词的结果。如：

（23）a. 攻得十城。（《史记·苏秦列传》）

　　　b. 世或有神仙可以学得，不死可以力致者。（《文选·嵇康·养生论》）

汉代以后，动词后带"得"加宾语的句式广泛使用，逐渐形成表示动作及其结果的一种固定格式，常与其他动结式配合使用。如：

（24）攻下崵，收得兵六千。（《史记·秦楚之际月表》）

随着"得"带宾语用法的发展，"得"作为动词的"获得，得到"义逐渐虚化，主要用来表示结果。如：

（25）a. 直到天明，造得一寺。（《敦煌变文集》）

　　　b. 如是家中养得一男，父母看如珠玉。（《敦煌变文集》）

随着"动词+得"结构的进一步巩固和广泛运用，"得"的语义进一步虚化，逐渐演变成助词"得"，按"得"后补语的功能分为两类：一类表示结果、状态、程度，这个"得"起语缀的作用，可看作动词后缀；另一类表示可能性，"得"具有独立意义，不附属于动词。本研究所讨论的"得"后补语指第一类情况，不包括"得"表示可能的情况。

王述（1984）把"状态补语"称为"'得'后补语"是有道理的，因为"得"附属于前面的述语动词，不属于后面的补语。如果说话中有停顿要停在"得"后，而不是述语动词之后。如：

（26）a. 孩子跑得呀，真叫快！

　　　b. 那溪里的小鱼多得呀，用手一抓就是一把。

---

① 杨伯峻、何乐士：《古汉语语法及其发展》，语文出版社2011年版，第644—647页。

口语表达中，在特定语境中句子可以说到"得"为止，"得"后成分在特定语境中被省略，成为感叹句或者无补语句。如：

（27）你看你把奶奶给急得！

无论从带"得"补语句的历时演变视角，还是从现代汉语口语的停顿和省略看，动词和补语之间的"得"是动词词缀。动补结构以"得"为界，分为前段和"得"后补语段。

动词跟补语组合而成的结构常被称为"动结式"，指的是在动词后直接跟动词或者形容词做补语。结果补语句中动词和形容词之间可以插入表可能的"得"或否定副词"不"，如"吃得饱"、"吃不饱"。汉语学界通常把这种动结式中插入"得/不"表示可能性的形式叫作动结式的可能式，或结果补语的可能式。

吕叔湘（1982）分析了表可能的"得"与补语标记"得"的关系，指出"'得'字表可能者其常，而有时由盖然、或然转为已然，则所示者为结果，盖二者皆自'获得'之本义引申而得也"①，如"吃得饱"表示的是可能性，而"吃得饱饱儿的"则表示的是结果。

史维国（2006）从历时和共时角度分析了"动词＋得＋结果补语"和"动词＋得＋可能补语"的差异，认为结果补语有两个来源：一是后置状语，主要由形容词或形容词词组充当；二是表示动作行为产生的结果，该来源结果补语可以由小句、动词性词组和形容词性词组充当。从历时发展角度看，这两种结果补语都是"得"的初始义"获得"逐步虚化的结果，这个虚化过程开始于汉代，成熟于唐代，宋朝开始大量使用。可能补语起源于宋代，在使成式中间插入"得/不"而形成。

二　结果补语与状态补语的差异

太田辰夫（2005）把带助词"得"的补语叫作"结果补语"，如"写得好"。跟在"得"后的补语修饰性不如"个"后的补语那么严格，意义也不是单一地表状态。从历时发展看，结果补语和状态补语都表示结果，而且结果补语表结果在先，先有动结式，后才出现带"得"补语句。邢福义（2009）认为现代汉语中的结果补语也可以表示程度，这正是结

---

① 吕叔湘：《与动词后得与不词序有关之问题》，载吕叔湘《吕叔湘全集》（第二卷），辽宁教育出版社1982年版，第127页。

果补语和状态补语有时难以区分的原因所在。如：

（28）a. 洗干净了——洗得很干净

b. 听清楚了——听得很清楚

例（28）中两组短语，让很多外国学生感到很难区别意义，现代汉语"得"后补语中程度副词"很"意义在一定程度上虚化了，不表程度意义。

太田辰夫（2012）把"VA"看作复合词而非句法成分，因为动结式的动词和充当结果补语的动词或形容词之间存在严格的词语选择关系。如：

（29）气病了－＊气好了（气健康了）、气死了－＊气活了、气哭了－＊气笑了

气醒了－＊气醉了（气得喝醉了）、长高了－＊长矮了（长得比弟弟矮）

太田辰夫（2012）认为，结果补语一定要带"得"，否则"VA"就会凝固为复合词。石毓智（2003）认为动结式中，动词与形容词的融合程度受二者内在语义联系的制约。动补组合中的动词常跟与它有最自然因果关系的特定结果成分共现，如"吃饱"、"打死"，故动补组合中动词和补语的共现频率很高①，动词和充当结果补语的形容词的组合具有很高的可预见性，常用动词与其所组合的形容词基本是固定的。

"得"的出现使"得"后补语所表达的意义变得更加宽泛，具有不可预见性。如：

（30）衣服穿旧了。→＊衣服穿新了→衣服居然让他给穿得越来越新了。

我吃饱了。→＊我吃饿了→这东西真神奇，怎么吃得肚子越来越饿了？

充当结果补语的形容词对动词具有词汇选择性，形容词表达的是动词可能引发的最自然的结果，作为结果补语的形容词多表示客观标准，如体积的"大"和"小"、重量的"轻"和"重"、方向的"正"和"偏"、位置的"高"和"低"、容量的"满"和"空"、清洁度的"脏"和

---

① 石毓智：《现代汉语语法系统的建立——动补结构的产生及其影响》，北京语言大学出版社2003年版，第155页。

"净"以及湿度的"干"和"湿",等等。

杨伯峻等(2011)认为,"得"的出现扩展了结果补语的语义范围,使结果补语不再局限在严格的结果表述上,还可以表程度,但主要表状态。张旺熹(2007)认为状态补语是结果补语的一种。从表意角度看几乎所有的结果补语都可由状态补语替代。如:

(31) a. 洗<u>干净</u>衣服才能去玩。→衣服洗得<u>干净</u>了才能去玩。

　　　b. 弟弟长<u>高</u>了。→弟弟长得很<u>高</u>了。

总体上看,动词后带"得"的补语的构成成分的性质更加多样,形式上扩展性更强,因而可以传递更加复杂的信息。结果补语和状态补语的差别可从以下三方面分析。

(一)语义不同

结果补语是对预期目标的实现或偏离。结果补语句中的动词多为自主动词,自主动词都具有[+主观][+可控]的语义特征,动作的实施是在预期目标的指引下进行的,动作引发的结果表现为或者实现预期目标或者偏离预期目标。

结果补语通常由紧接在谓语动词后的形容词或动词充当,表示一个动作的直接结果。张旺熹(2007)认为,汉语的结果补语是以预期目标为出发点的原型形式①,然而把"预期目标"作为结果补语的原型形式很难涵盖无意发生的动作所引发的结果,把结果补语认知原型定位为"是否符合或者达成某个标准"具有更好的概括性和普遍性。

卢福波(2010)把状态补语叫作"情态补语",指动词、形容词后用用来表示程度、描写、评价一类意义的补语,大多用"得"连接,也有表程度而不用"得"连接的情况,如"好极了"、"高兴死了",是对动作状态的描写、情况说明和评价,一般要在动词和补语间加"得"。如:

(32) a. 这个孩子长得真<u>可爱</u>。

　　　b. 他把花瓶摔得<u>粉碎</u>。

当形容词做状态补语,而且补语的语义指向动作施事时,主语可以变换到补语部分。如:

(33) a. 我<u>忙</u>得忘记了吃饭。→<u>忙</u>得我忘记了吃饭。

---

① 张旺熹:《汉语特殊句法的语义研究》,北京语言大学出版社2007年版,第176—181页。该文提出"动+形"结构是以预期目标为出发点的原型。

　　b. 我<u>高兴</u>得合不拢嘴。→<u>高兴</u>得我合不拢嘴。

　　当谓词是形容词时，句子的主语容易后移到"得"后补语中做主语；当谓词由动词充当时，这样的句法变换不太容易实现。

　　（34）孩子们玩得很<u>开心</u>→＊玩得孩子们很<u>开心</u>

　　通过例（33）和例（34）的主语变换分析，可见补语的语义关联成分其实是句子的谓语，也就是说，形容词充当的补语所补充说明的是句子述语部分。从信息传递的角度看，述语是句子信息结构的中心，补语的谓语性由此可见一斑。

　　（二）功能不同

　　结果补语句的使用是有限制的，可以用于祈使句，如"听清楚了！"、"洗干净！"、"走快点儿！"；也可以在动补结构后加"了"叙述具体事件，如"孩子吃饱了，出去玩儿了"。一般结果补语不表惯常性动作，如不能说"＊我常常扫干净教室"。即使用于惯常性动作，也只能用于叙述连续发生的多个动作构成的事件链条中，如"我常常做完作业再看电视"。在连续的事件链条中，结果补语表示第二个动作发生的条件。状态补语表示惯常性动作时很自由，没有特别的限制条件，如"我常常把教室打扫得干干净净的"。

　　（三）句法表现不同

　　汉语学界把动词直接加补语的结构叫作动结式。不少学者主张把动结式看作复合词。动结式的可能式，或者可能补语也可以看作是词而非句法结构，主要依据是动结式后可直接带宾语；动结式的重音分别落在动词和结果两部分；在提问和回答问时动结式只能全部重复，不能拆开而使用其中的动词或者结果部分来问答，动结式的这些句法表现都与复合动词相同。

　　一定语境条件下状态补语也可由光杆形容词充当，如"说得轻巧"、"喝得痛快"、"涨得通红"、"涂得漆黑"，这种采用"动词＋得＋形容词"形式的补语跟可能补语在形式上相同，但动词与形容词的语义关联上，却有着本质的差异。我们通过以下手段，可以区分光杆形容词充当的是状态补语还是可能补语：

　　A. 当"得"后补语由状态词充当时，一般形容词和动词之间是补充说明关系，不表可能性。状态词的构词语素之间是偏正关系，前一个语素说明后一个语素的性状程度。状态词本身的程度量特征符合状态补语凸显程度量的语义要求，把状态词理解为状态补语是优势选择，如"跑得飞快"、"站得笔直"中"飞快"和"笔直"都是状态形容词，在句子中做状态补语，分别补充说明前面的动词"跑"和"站"。

B. 可能补语和动词之间的"得"表示"可能"的意思，其否定形式是将"得"换成"不"，如"跑得快"的否定形式是"跑不快"。状态补语与动词之间的"得"是语法标记，否定形式是在"得"后、形容词之前用否定副词，如"跑得快"的否定形式是"跑得不快"。能够变换为"V 不 A"的是可能补语，否则就是状态补语。

杨伯峻等（2011）指出，动补结构发展过程随着能够带补语的谓词范围的不断扩大，动补式的运用范围也随之扩大。为了强调结果在谓词后加"得"再引进补语，而且动补结构的动词和补语之间可以加入其他成分，如形容词补语前可以加上表程度的副词，如"跑得很快"。语法标记的出现使动结式的使用范围得到扩展，极大地丰富了语言的表现力。

吕叔湘（1966）认为，结果补语和状态补语的分布似乎是互补的。结果补语句的动词多为单音动词，结果补语也多由单音动词或者单音形容词充当，如"修好"、"弄脏"、"写完"、"买到"，其中的补语或者是单音动词"完"和"到"，或是单音形容词"好"和"脏"。单音形容词很少做"得"后补语，一般需要采用重叠式，或组成形容词性词组。只有少量双音形容词可以做结果补语，如"扫干净"、"收拾整齐"中的"干净"和"整齐"。双音形容词常做"得"后补语，而且常采用复杂形式，如"扫得干干净净"、"收拾得非常整齐"等。

由于补语标记"得"的出现，动词和形容词之间突破了动结式最初的、典型的动作和结果的关系，使"得"后补语具有了描写功能，形容词后置于动词的描写功能不同于前置于动词做状语，形容词因后置于动词而实现了焦点化，凸显了主观评价色彩，甚至连某些动词、名词都可以进入"得"后句位，表达说话人的主观评价。我们从网络语言中可以找到大量的这类表达。如：

（35）a. 这个人长得好奇葩。

　　　b. 这个小女孩打扮得好萝莉。

　　　c. 这个人显得好萌，呆萌。

　　　d. 这俩柿子长得太纠结了。

　　　e. 这花长得这么逗比是要闹哪样？

上面的例句中"得"后出现的有名词"奇葩"、"萝莉"、动词"纠结"和新造形容词"呆萌"、"逗比"，状态补语的句位义作用于入位的名词和动词，使这些本不表性状的词语的性状功能得到凸显。这些网络词语带有强烈的主观评价性，而非客观描写事物本身的性质和状态，如"奇葩"不同形容词"奇怪"，带有调侃讽刺意味；"萝莉"不同"可爱"，带有清新而且卡通化的评价；而新造词"呆萌"不同于"呆"含有"幼稚可爱"的意思；"逗比"不同于"逗"，这个新造词的奇特之处在于用于描写不同的交际对象时具有不同的褒贬色彩：描写不熟悉的人带有贬义；描写熟悉的人是开玩笑的调侃；描写陌生人甚至有侮辱的意思。值得注意的是，这些词都不能实现状补异位，它们只能进入"得"后补语的位置，不能前置于动词做状语。

王还（1984）指出，"当比较某一个行动某方面的程度时非用补语不可，因为我们比较的是这种程度"①，可见状态补语最适合用于比较，因为比较的本质是事物性状的程度量的较量，在量的比较基础上做出评价，而"得"后补语这个句位的主要语用功能正是凸显程度量。如：

　　　（36）a. 你比我唱得好。

　　　　　　b. 你唱得比我好。

例（36）中两个句子都是比较句，比较句的基本构式是"A 比 B +形容词"。比较句是对两个事物某方面的性状进行比较，当比较的是某个动作状态或者动作引发的结果状态时，程度量就跟动词产生了语义关联，状态补语句常和比较句联合使用，如"他比我高很多"、"今天的气温比昨天高七度"。张旺熹（2007）认为，"V 得（很）C"是结果范畴的程度式②，这跟我们的观点是一致的。

形容词是描写事物性状的词类，具有宽泛的量幅，在形容词前使用程度副词可以把具有宽泛量幅的形容词切割成不同的量段或者量点③，从而对事物进行比较和评价，如"染得很红"、"染得非常红"中，因为"得"后形容词受程度副词"很"、"非常"修饰，所表达的意思就比

---

① 王还：《汉语的状语与"得"后的补语和英语的状语》，《语言教学与研究》1984 年第 4 期。

② 张旺熹：《汉语特殊句法的语义研究》，北京语言大学出版社 2007 年版，第 204 页。

③ 石毓智：《肯定和否定的对称与不对称》，语言文化大学出版社 2001 年版，第 120—140 页，将形容词所描述性状的程度量用"量幅"、"量段"和"量点"进行分析。

"染红了"要鲜明、准确和生动，能传递更加丰富的信息。

三　结果补语和状态补语的变换

（一）动词充当的结果补语

结果补语一般由动词或形容词充当，动词充当的结果补语一般无法变换为状态补语，只能变换为可能补语。如：

  （37）a. 学会了开车→学得/（不）会开车→＊学得很会开车

     b. 买到了车票→买得/（不）到车票→＊买得不到车票

     c. 做完了作业→做得/（不）完作业→＊做得很完作业

例（37）中谓语动词和充当结果补语的动词之间可添加"得"，但这个"得"有表示可能的实在意义，不是语义虚化的语法标记，否定式采用把"得"换成"不"的手段。由动词充当的结果补语不可能变换为状态补语。

（二）形容词充当的结果补语

当结果补语由形容词充当时，结果补语和状态补语之间的变换情况比较复杂，结果补语通常由单音形容词充当。如：

  （38）a. 打碎了花瓶→花瓶打得碎→花瓶打得很碎

     b. 装满了书→装得满→装得很满

例（38）中形容词"碎"、"满"充当结果补语，可以变换为带"得"的状态补语，如果在动词和形容词补语之间插入"得"，可以理解为可能补语，表示可能性，这种变换跟动词做结果补语相同；如果在动词和形容词补语之间插入"得"，再加上进入补位的形容词的形式复杂化，就变换为状态补语了。在特定语境条件下，状态补语也可由光杆形容词充当，但由于上下文提供语境信息可以解读出性状程度量的比较意味。如：

  （39）a. 站得高，望得远。

     b. 攀得高，跌得重。

例（39）中形容词"高"、"远"和"重"都具有比较的意味。值得注意的是，上例中的两个句子都是对举结构。汉语的对举结构是一种特殊句式，不同于一般单句，对举结构隐含比较意味，该结构赋予进入构式的"得"后光杆形容词比较意味，表达某种程度量。所以上例 a 句的意思是"站得越高，望得越远"，b 句的意思是"攀得越高，跌得越重"。

能充当结果补语的双音形容词不多，结果补语这一句位对双音形容词有严格限制，主要表现在：语法结构上，构成形容词的两个语素之间是并列关系；语义上看，构成形容词的语素义相同或相近，并列关系的构词语素义差异已淡化；语音上分析，形容词都是重中格式或中轻格式，词语的读音前重后轻，有些形容词的第二个语素声调已丢失，如"明白"，有些尚未到轻声的程度，但后一音节必须轻读，构词语素的轻声化倾向显示了构词语素内部结构和语义的高度融合。

以上三方面的特点表明，能够做结果补语的双音形容词语义上由二元状态变为单一状态；结构上的并列组合关系显示了构词语素的同等地位；语音上的重中格式表明了表意的单一性。单一性是单音形容词区别于双音形容词的最主要特点，具有以上特点的双音形容词虽然形式上仍是双音节词，但表意上已具有单音形容词的单一性，功能上更接近单音形容词，可以跟动词直接组合为结果补语。

综上所述，双音形容词的两个构词语素必须具有意义上的同一性、结构上的并列性和表达上的单一性。以上这些限制条件可以有效消解双音形容词的两个构词语素之间因修饰、叙述等关系而使形容词表示性状的程度量的可能性，使双音形容词趋于接近性质形容词功能。双音形容词做结果补语时，跟单音形容词一样，在动词和结果补语之间插入"得"可变换为可能补语或者状态补语。如：

（40）a. 衣服洗<u>干净</u>了。→衣服洗得<u>干净</u>。→衣服洗得<u>很干净</u>。
　　　　b. 教室打扫<u>干净</u>了。→教室打扫得<u>干净</u>。→教室打扫得<u>很干净</u>。

无论是单音形容词还是双音形容词充当结果补语，当"得"后形容词为光杆形式时，一般表示可能性，是可能补语；当"得"后为形容词采用复杂形式时是状态补语。可见结果补语和状态补语在分布上呈现出互补性。

结果补语和状态补语在表达功能上也具有互补性，单音形容词不表示程度量，只起限制、区别的作用，而双音形容词表程度量，有描写、评价功能。如：

（41）a. 日本人打进了村子，打<u>红</u>了村边的河水。
　　　　b. 他那张白皙、清秀的脸被打得<u>通红</u>。

例（41）a 句中单音形容词"红"充当结果补语，在语义表达上强调的是分类作用"红的河水"和"清的河水"；b 句中"通红"做状态补语，一般人的脸也可能有红色，但是因为"打"使"脸""通红"，这是描写和评价功能，隐含着"打"得狠和重的意思。

形容词充当的结果补语一般都可以变换为带"得"的组合式补语，随着语言形式复杂化，传递的信息也更加复杂，如"长高了—长得高—长得很高"、"扫干净了—扫得干净—扫得非常干净"。状态补语不一定能变换为结果补语，因为结果补语的凝固性更强，动词对作补语的成分具有很强的词语选择性。结果补语依靠排列次序、成分类型、层次安排和转换关系显示它是补语；而状态补语除了上述的条件外，很重要的一个条件是依靠"得"标记其补语地位，当补语结构复杂时，标记"得"一定会出现。

双音形容词可以充当结果补语，也可以自由地做状态补语。形容词充当的结果补语一般能变换为状态补语。状态补语的扩展能力强，结构更加复杂，传递的信息更加丰富，是能产性极高的句法结构。

第三节　唯补形容词的语义特点

一　唯补形容词的语义分类

本书对《汉语形容词用法词典》中的双音形容词进行统计，并根据语料库检索和查验，得到唯补形容词 213 个，占 989 个双音形容词的 21.7%，详见书后附录 2。分析唯补形容词的语义特征有助于深刻认识汉语补语的本质。唯补形容词只能后置于动词做补语，不能前置于动词做状语，这个分类标准对于区别汉语方式状语和状态补语是可洞见本质的研究视角。

考察唯补形容词表我们发现，唯补形容词都是述物形容词。述物形容词是描写客观事物性状的形容词，描写对象包括无生命的事物、环境和高生命度的人，唯补形容词与谓语动词之间不存在直接的语义关联。

唯补形容词所描写的事物性状一般具有易感知和稳定性，所描述性状不因动作而临时改变。根据唯补形容词所描述事物的特点，我们把唯补形容词分成以下四种分别进行讨论。

（一）描述对象是低生命度或无生命事物

这类形容词所描写对象是低生命度或无生命的事物，形容词描写的性状主要包括性状、颜色、光泽、价格、重量、状态和品质等。举例如下：

（42）性状：矮小、肥大

　　　颜色：碧绿、煞白

　　　光泽：暗淡、光亮

　　　价格：昂贵、便宜

　　　重量：笨重、轻飘

　　　状态：崭新、陈旧

　　　品质：精致、粗糙

人类语言中对无生命度的事物或低生命度的物体的描写主要包括以上列举方面的性状。

（二）描述对象是客观环境

客观环境是人们的生存空间，对客观环境的描写主要包括卫生、声音、空间和气氛等。举例如下：

（43）卫生：肮脏、干净

　　　声音：安静、背静

　　　空间：敞亮、宽敞

　　　气氛：冷清、热闹

我们以形容词"背静"为例进行考察，《现代汉语词典》对该词的释义是"（地方）偏僻清净"。这个释义规定了形容词的描述对象，该形容词只能描写"地方"。描写对象为客观环境的形容词的释义大多采用这样的方式。

（三）描述对象是人的外在体貌

这是述人形容词中的一类，述人形容词可以做状语，也可以做谓语和定语，做状语的频率高于做谓语，这是因为状语比谓语具有更强的描写性。考察语料发现，做状语的形容词一般描述心理状态和内在品质，而人的心理状态和内在品质都具有临时性和易变性特点，动作可能引发其性状的改变，如"听了老师的话，他高兴地笑了"、"听了老师的话，他不高兴地拉着脸"，"高兴"或"不高兴"都是"听了老师的话"引发的心理状态的改变。

述人形容词中还有一类用以描写人的外在体貌特征的形容词，这类形容词的描述对象主要包括年龄、形体和印象等。举例如下：

（44）年龄：年轻、衰老

形体：矮小、肥胖

印象：陌生、熟悉

这类形容词描写的年龄形体等相对于心理状态特点来说更稳定，不因具体动作而改变性状。这类形容词只能做补语，不能做状语，如可以说"他长得很矮小"，但是不能说"＊他矮小地长"。

（四）对事物进行评价的形容词

有的形容词不是描写事物性状，而是表达说话人对句子所述事件的评价。这类形容词与可做状语的评价性形容词不同：能够做状语的评价性形容词一般表述客观性评价，即针对一个客观标准做出评价。唯补形容词中的评价性形容词构词上具有结果性特点，如"好吃"、"好听"、"好看"、"难看"、"难听"，在动作发生后才可评价。做状语和做补语的评价类形容词主要差别在于做状语凸显伴随性，做补位凸显结果性评价，这体现了语言的时间顺序象似性原则。

考察以上四类唯补形容词我们发现，虽然都是描写事物性状，但无生命度事物的性状往往不是某个行为引发的，而是自然呈现的结果，形容词描写的无生命度事物的性状具有恒常性，不易因某个动作而改变。

客观事物的生命度序列中人拥有最高的生命度，动物次之，植物的生命度低于动物，之后是无生命的物体和客观环境。述人形容词中有一类的描写对象是人的外貌、年龄、形体，如"矮小"、"肥胖"、"衰老"等，虽然描写对象是有生命度的人，但外貌、年龄和形体等特点具有客观外显性、稳定性和不易改变等特点，不因动作影响而改变，跟动作动词没有语义关联，与之组合的动词多为"长"、"变"、"表现"等变化动词和状态动词。形容词的描写对象的生命度由低到高，形成如下序列：

（45）客观环境＜无生命事物＜植物＜动物＜人的客观外貌和形体特点＜人的内在心理和情感状态

内在心理和情感态度的生命度最高，以此为描写对象的形容词可以自由地前置于动词做状语或后置于动词做补语，这类形容词不是唯状形容词。形容词的描述对象中，"客观环境"的生命度最低，描写客观环境的形容词一般只能后置于动词做补语，是唯补形容词。根据形容词描述对象生命度的高低，形容词做状语和做补语的可能性也形成了一个由可状可补形容词到只能做补语的形容词的连续统。而且，形容词描述对象的生命度越低，形容词的唯补性越强。

二 唯补状态词的结果性特征

述物状态形容词，如"煞白"、"冰冷"、"碧绿"等，都是唯补形容词。状态形容词多描写温度、颜色等性状，但与一般述物形容词不同的是，状态形容词不能做状语只能做补语。少数述行状态形容词，如"笔直"、"飞快"等描写动作的方式、速度，可以做状语。

我们随机选择描写温度的"冰凉"和描写数量的"精光"在语料库中检索其做状语和做补语的情况，得到的分析统计结果如下：

（46）动词＋得＋冰凉：有效语料 56 条。动词：冻、吹、洗、淋、变

冰凉＋地＋动词：有效语料 14 条

统计结果显示，形容词"冰凉"做补语的情况多数是"显得冰凉"、"觉得冰凉"这类动补结构。值得注意的是，现代汉语中"显"、"觉"不独立用作动词，而是跟"得"构成"显得"、"觉得"，并且已凝固成词，构成的动补结构的扩展性显然受限。形容词"冰凉"后置于动词做补语时，与之组合的动词主要有两类：一是致使"冰凉"状态出现的动作动词；二是表示瞬间变化的变化动词。无论是动作动词还是变化动词，与"冰凉"组合后表被动义，句子的主语是被描述的对象，形容词描写事物性状。如：

（47）a. 饭菜放得冰凉。

b. 她的脸被寒风吹得冰凉。

c. 孩子的小手冻得冰凉。

例（47）中句子的主语"饭菜"、"脸"、"手"都是形容词"冰凉"描述的对象，动词"放"、"吹"、"冻"不描述具体动作，句子是对动作引发性状的描写和评价。我们通过语料库检索，得到"冰凉"做状语的有效语料 19 条，其中 5 条是形容词先与名词构成主谓结构后再做状语，即不是状态形容词直接做状语，而是主谓结构做状语。如：

（48）a. 我们双脚冰凉地出发了。

b. 他浑身冰凉地倒在地上。

例（48）中状态词"冰凉"与"双脚"、"浑身"分别构成主谓结构"双脚冰凉"、"浑身冰凉"，再修饰动词"出发"和"倒"，并非状态形容词做状语。下面的情况不同：

（49）a. 一颗泪珠<u>冰凉</u>地挂在脸颊上。→冰凉的泪珠

　　　 b. 被雨水打湿的衣服<u>冰凉</u>地贴在身上。→冰凉的湿衣服

例（49）中状态词"冰凉"的语义指向句子的主语，形容词定状异位。学界认为形容词定状异位凸显事物性状的临时性，也凸显说话人的主观情态。"冰凉"做状语时，修饰的"挂"、"贴"都是表存在的动词，整个句子表存现义。存现句是典型的描写事物存在、出现和消失等状态的句式，该句式中的动词和做状语的形容词之间无致使关系，即不是因为"挂"、"贴"而使"泪珠"、"衣服"变得"冰凉"。定状异位具有凸显事物状态的修辞效果，口语中不多，常见于小说、散文等文艺语体中。述物状态形容词的优选句位是后置于动词做补语。

我们以形容词"精光"为例进行考察，发现唯补形容词具有很强的结果性。在语料库中检索"精光"做状语和做补语的情况，统计结果如下：

（50）动词+得+精光：有效语料250条，

　　　动词：吃/用/输/烧/喝/拔/啃/杀/逃/搜刮

　　　精光+地+动词：有效语料0条

无论状态词"精光"做状语或做补语，谓语动词均表"消耗"、"消费"义，或者表示从有到无的状态变化，如"逃"、"搜刮"等。状态词"精光"描写事物的数量，数量与动作的语义关联是动作引发或致使数量变化，变化过程有两个趋势：从无到有，从有到无。"精光"表示"无"的状态，词义是"一点儿不剩"，跟动词组合后表示由动作而引发的从有到无的状态变化，"精光"表终结状态，具有鲜明的结果性特征。

根据语言编码的时间象似性原则，状态词"精光"常置于谓语动词之后，动作导致"精光"状态出现。根据人们的认知经验，这个状态绝对不可能在动作发生过程中出现，不具有伴随性特点，只有结果性特点，因此状态词"精光"不能像描写温度的"冰冷"一样做状语，只能后置于动词做补语。

三　唯补评价类形容词的主观性特征

评价类形容词主要用以评价事物性状是否符合某一客观标准，或是否满足说话人的主观喜好。根据评价标准的主观性和客观性，可以把评价形容词分为两类：一是客观性评价形容词，这类形容词按照客观标准描述性

状，如"错误"；二是主观性评价形容词，这类形容词按照是否符合某种喜好的主观性标准进行评价，如"好听"、"难吃"。

我们选取形容词"错误"为例在语料库中检索它做状语和做补语的情况，得到"错误＋地＋动词"的有效语料695条，"动词＋得＋（很）错误"只得到1条有效语料。具体语料列举如下：

（51）a. 人们常常<u>错误</u>地把这种征兆理解为疲倦。

　　　　b. 她<u>错误</u>地幻想，等孩子降生后，老板会对她好一点。

（52）这个政治问题提得<u>错误</u>，得出的结论也就似是而非。

例（51）两个句子都是"错误"做状语；例（52）中形容词"错误"后置于动词做补语，这是在现代汉语语料库中检索到的唯一语料。从使用频率看，"错误"做补语所占的比例低到可以忽略不计，而且例（52）中"问题提得错误"的说法可接受度不高。我们对汉语七个方言区的汉语母语者就此说法进行了语感求证，能接受该表达的人很少，可见客观性评价形容词"错误"一般不能做补语，只能前置于动词做状语。

补语的主要功能是评价，补语的评价具有主观性。根据言语交际的礼貌原则，采用客观标准的否定形式可以把损害减少到最小，是一种委婉的表达方式。在语料库检索中，形容词"错误"做补语的语料很少，一般都采用"动词＋得＋不＋正确"的方式来表达。

主观性评价的另一个标准是是否感到满意，如"难听"、"好吃"。这类评价标准的主观性很强，"好吃"表示在吃的方面使人满意的性质；"难听"表示在听觉方面让人不满意，评价标准因人而异。这类评价形容词一般只能做补语，不能做状语。如：

（53）你尝尝这家店的白斩鸡，做得很<u>好吃</u>。

（54）他刚学小提琴，拉得很<u>难听</u>。

唯补形容词中的状态词表示结果的性质和评价类形容词的主观性，跟补语句位的结果性和主观评价性语义内涵相匹配，形容词进入状位或补位是形容词的词义特征跟补语句位语义内涵的相互影响和相互制约的结果。

第四节　形容词做补语的句法限制

语义和语法是两个相对独立而又相互关联的层次，语义决定语法，语义结构是内容，语法结构是形式。语义结构表现为语法结构，语法结构反映语义结构。语法编码的基础是语义，语义角色最终落实在句法编码上。本节将考察形容词后置于动词做补语的句法限制。

一　"得"的语法化及其功能

（一）补语标记"得"的语法化历程

"得"最初是个实义动词，《说文解字》的解释是："得，行有所得也"；《玉篇》解释为"得，获也"。杨伯峻、何乐士（2010）梳理了汉语补语的发展历程。最初动词与"得"构成联动关系，表示因动词所述动作而获得某物。如：

（55）攻得十城。（《史记·苏秦列传》）

（56）太公钓得巨鱼。（《论衡·纪妖》）

例（55）意思是因为进攻而得到了十座城池；例（56）意思是因为垂钓而得到了巨大的鱼。这两句中的"得"是动词，与"得"前动词"攻"、"钓"连用，表"获得"义。随着联动结构的广泛使用，"得"的"获得"义逐渐减弱，虚化为表示结果，经历了动词和"得"构成联动词组，"得"后可以直接带宾语的阶段。如：

（57）子胥闻得此语，即与鱼人看船。（《伍子胥变文》）

例（57）中"得"已不限于"获得"义，虚化为"出来，到"的结果义。语义由单一到多样，这是词语的句法功能虚化的前提条件，而动词"得"的语法化历程中，最关键的一步是"得"后宾语由实物名词扩展到数量短语。如：

（58）至春能锄得两遍，最好。（《齐民要术·杂说》）

例（58）中"得"后宾语不再表示具体实物，而是表示动作的结果，动词"锄"和"得"不再具有因动词而获得某物的语义关联，因果关系开始消失，动词与"得"后所带的补语成分之间的语义关系变得更加丰富。

（59）大凡事物须要说得有滋味。（《朱子语类·卷一一四》）

例（59）中"得"出现在谓语动词"说"和做补语的短语"有滋味"之间，这是动补式发展出来的新结构，动词和"得"之间曾经被取消的因果关系重新回归，但发生了本质变化："得"不再跟它后面的名词构成动词短语，而是前一个动词所表述动作引发的结果。"得"结构上的

归属必须进行重新分析，它不再是与前一个谓语动词连用的动词，由于
"得"后成分的独立表意性，"得"演变为前一个动词的后缀，自此
"得"的语义彻底虚化，语法化为补语标记。如：

(60) 十三学<u>得</u>琵琶成。(《白居易·琵琶行》)

例 (60) 中"得"后直接带宾语"琵琶"，这种情况在现代汉语普
通话中已经不复存在。现代汉语普通话中，逻辑语义宾语不能直接出现在
带补语的动词之后，必须将宾语提到动词前或将宾语放在动结式之
后。如：

(61) a. 十三岁琵琶就学成了。

b. 十三岁学成了琵琶。

例 (61) a 句通过把动词宾语"琵琶"提到动词前，b 句则是把宾语
放在动结式"学成"之后。在演化阶段曾经出现的"得"后直接带宾语
的情况，虽然在普通话不再出现，但赣方言中这种用法却很普遍。如：

(62) 这个样子，你还吃得<u>饭落</u>?

例 (62) 中"吃得饭落"的意思是"吃得下饭"，普通话中动词
"吃"和补语标记"得"之间不能插入宾语，赣方言中宾语可以先于补语
出现在动词后，这表明宾语是动词的内层结构，动宾之间的关系比动词和
补语的语义关联更加紧密。

"动词 + 得 + 补语"这个结构演变的一个关键点是补语由形容词或形
容词性词组充当，这意味着补语由表示实在意义的动词扩展到表示事物性
状的形容词。最初大部分形容词做补语表示程度，有时也表示结果或状
态。汉语语法学体系中"得"后补语的名称在"程度补语"和"结果补
语"、"状态补语"之间纠结而难以统一，这个现象背后有着历史演变的
痕迹。从表意上看，"得"后形容词补语可以表程度、结果和状态等不同
的意义。如：

(63) a. 说得<u>最好</u>。(《朱子语类·卷四》)

b. 他看得经书<u>极细致</u>。(《朱子语类·卷一一六》)

例 (63) a 句中做补语的形容词"好"是表情状的，b 句中的形容词
补语"细致"也是对动词"看"的情状描写。

综上所述，"得"由最初的实义动词，具有"获得"的意义，逐步演
化为意义虚化而标记补语的功能成分，经历了较为漫长和复杂的语法化历
程。由最初的联动式到"得"的语义扩展和泛化，意义变化引起"得"

后成分由实物名词向数量短语的转化，从而取消动词和"得"之间的因果关系，"得"后成分由体词性向谓词性过渡，致使结构重新分析，动词和"得"后成分之间的因果关系重新回归，补语标记"得"的语法化历程完成，充当"得"后补语的成分由动词扩展到形容词，"得"后补语的句位义从表结果扩展到表示程度和状态。

杨伯峻等（2011）指出，助词"得"在动补式中出现后，"得"前动词范围进一步扩大，不再限于"取得、制作"类动词，甚至可以是形容词；"得"后成分更加多样化，可以是多种类型的词和语法结构，极大提高了动结式的能产性①。可见，补语标记"得"的出现极大地扩展了补语的范围，是动结式在汉语语法系统中发挥重要作用的关键性发展。

（二）补语标记"得"的功能

缪锦安（1990）认为，补语标记"得"的出现满足了现代汉语句子结构复杂化，尤其是补语结构复杂化的需要②。补语标记"得"具有重新组合句子结构的功能，把结构复杂的句子简单化，使句子层次更加清晰。从语言组块角度看，"得"的标记功能使复杂的句子以"得"为标记，分为"得"前和"得"后两个大块，补语标记"得"起到了分离和联结的双重作用。

1. "得"的分离功能

"得"字把它后面的补语同它前面的谓词分离开来，使补充说明成分实现了整体化。根据人类记忆"大块置末端"的特点，"得"的分离功能使句子的焦点信息与"得"前动词叙述的背景事件分离开来，置于句末的补语可以通过重叠、添加修饰成分、组合为并列结构甚至主谓结构等手段来实现复杂化。这样，"得"前的主语跟谓语组合为一块，"得"后的补充说明成分构成另一块，具有化繁至简的功能。如：

（64）初升的阳光照红了大地。→初升的阳光照得大地通红。

上例中动结式通过添加补语标记"得"使"得"前的"阳光照"成为一块，交代背景信息；"得"后的"大地通红"构成另一块，传递焦点信息。这样的句子比采用动结式更加复杂，但是功能分离明确，有助于有层次地传递复杂信息。

---

① 杨伯峻、何乐士：《古汉语语法及其发展》，语文出版社 2011 年版，第 650 页。

② 缪锦安：《汉语的语义结构和补语形式》，上海外语教育出版社 1990 年版，第 124 页。

当补语由复杂结构充当时一定要带标记"得"。言语交际有传递复杂信息的需求。根据语言象似性原则,复杂信息常与复杂的语言结构相对应。从信息接受者的角度看,长度大而且结构复杂的信息需要占用更多的记忆资源,采用标记"得"来分离复杂信息,为重新组合成简单的意义块提供了形式的标记和操作上的帮助。

补语标记"得"的分离功能还体现在把句子的结构中心和语义中心分离开来。汉语学界对汉语补语句中心一直存在争议。把句子的谓语动词看作结构中心,支撑起整个"主语—谓语"事件叙述的结构框架,把"得"后补语看作语义中心,从信息结构上看补语所传递的是句子的新信息,是焦点信息。这样通过补语标记"得"可以有效地分离结构和语义中心,"得"前是结构中心,"得"后是语义中心。

聂志平(2002)认为,补语标记"得"有取消谓语动词自主性的功能,带"得"补语句的主要谓词性成分是"得"后谓词性成分,"得"前动词或形容词由于被取消了自主性,句法形式上只能是光杆动词或光杆形容词。我们认为,与其说补语标记"得"取消了句子谓语动词的自主性,不如说"得"取消了句子谓语动词的焦点性。因为不具有焦点性,谓语动词不再传递新信息,谓语动词不需要发生形式变化,既不能重叠也不与时态助词"着"、"了"、"过"或表进行的"在"、"正在"连用,这些都是句子谓语动词的焦点性被取消之后,其传递的信息也相应简化在句法形式上的表现。

有学者认为"得"后成分具有谓语性,从某种程度上说甚至比句子的谓词更加重要。我们赞同这一观点。从句法结构上看,动词是句子得以成立的主要成分,事件结构是以动词为中心来组织动词论元及其附加成分的。从语义上看,补语才是句子的中心。"得"字取消句子谓语动词焦点性的另一个证据,是"得"前动词不能直接带宾语。当句子的谓语动词为及物动词时,需要把宾语提前,充当话题,如不能说"﹡洗衣服得干干净净"而要调整为"衣服洗得干干净净"。

2. 联结功能

从语言解码的角度看,补语标记"得"还具有把"得"后补语同"得"前句法成分联结起来的功能,即通过"得"把补语成分和"得"前谓语动词联结起来,构成述补结构,再一起补充说明主语,这是分离之后必然实现的语言组合功能,如"衣服洗得干干净净",这个句子被

"得"分为两大块:"得"前动词"洗"是一块,"得"后形容词重叠式"干干净净"是一块。标记"得"把补语"干干净净"和前面的动词"洗"关联起来,然后再一同补充说明句子主语"衣服",表达的意思是"衣服因洗而干净"。口头表达可以在"得"后停顿,谓语动词和"得"之间不能有停顿,这说明"得"是动词的附属成分,"得"后补语是相对独立的成分。如:

(65)太太气得——一半也是急得——直哆嗦。

(66)王老太太愁得呀,整晚合不上眼。

例(65)中"气得"和"急得"后用了破折号,表示语气舒缓和停顿,"得"后补语"直哆嗦"相对独立;例(66)中"愁得"后用了语气词"呀",表明语气的停顿。在特定语境中甚至可以把"得"后补充成分省略而不影响句子的完整。如:

(67)他要了两块钱才给穿上衣服,把我给臊得。

(68)老爷子知道了这事儿,气得。马上把他叫过去骂了一顿。

例(67)中"臊得"和例(68)中"气得"后都没有后续成分,但在特定语境中听话人能推断出省略部分是补充说明程度的,这样的省略并不会让人感觉到信息的缺损,反而产生无声胜有声的效果,听话人可以根据"得"的联结功能而自由地想象。

补语标记"得"的分离功能和联结功能是同一个功能在编码和解码两个阶段的表现,有助于编码和解码过程中简化信息并重新组块。复杂信息编码和解码时,语言板块原则总是潜移默化地发挥着作用,补语标记"得"为语言组块提供了形式化标记。

"得"的联结作用表现在:首先肯定"得"前谓词所述动作的完成;其次表述对动作引发结果性状的评价。补语标记"得"隐含动作完成义。试比较下面的句子:

(69)把衣服洗干净!→把衣服洗干净了。→没把衣服洗干净。

(70)*把衣服洗得干净!→把衣服洗得很干净/干干净净的。

例(69)中形容词"干净"直接跟动词组合,构成结果补语,可变换为"把"字句,例(70)中"干净"在"得"后做状态补语,当形容词是光杆形式时不能变换为"把"字句。"把"字句主要表处置义,而处置强调结果,这正是"把"字句中的动词不能是光杆形式的原因,因为光杆动词没有实现义,更无结果义。根据人们的认知经验,结果义由已然完成的动作引发。例（69）中形容词"干净"做结果补语，可以使用祈使句，这是未完成状态。陈述动作引发的结果时，在动结式后加"了"表示完成，否定式则采用否定离散量的副词"没"。例（70）中祈使句不能使用带"得"补语，因为祈使句表示动作尚未发生，而补语标记"得"表示动作已然完成，因二者相互抵牾而不能同现。描述已然发生的动作时，带"得"补语后不需要动态助词"了"表完成，因为"得"隐含动作完成。

（三）现实性完成与虚拟性完成

周小兵等（2010）指出，带"得"补语句一般用于过去或经常发生的动作行为，但也可以用于表述将来或未然的动作行为。"得"字补语句表未然状态需要特定的语境条件，但汉语学界对于这个特定的语境条件未展开讨论，下面我们探讨带"得"状态补语句表未然状态的语境条件。

补语标记"得"表动作完成，这并不是说动作发生在过去时间，因为补语句可以表示动作的现实性完成，也可以表示虚拟性完成。补语不一定都表述既成事实，在特定语境中补语也可以表述未发生的事件。如：

（71）只有老师教得用心，学生才能学得专心。

（72）如果他去当老师，一定会干得很出色。

例（71）"老师教得用心"和例（72）"他去当老师"都没有现实发生，说话人采用带"得"补语形式是为了强调状态。补语句中所谓动作的完成可以是现实性的完成，也可以是虚拟性的完成。现实性完成比较容易理解，而虚拟性完成不太好理解，在语言表达形式上常常需要标记。例（71）用表示条件的关联词"只有……才"，例（72）采用表示假设条件的关联词"如果"，这些关联词都是为了明示动作的虚拟性完成，结果分句用"能"、"会"来表示将来时。

表示动作虚拟性完成时，句法形式上还有一个显著特点，就是进入"得"后补语句位的形容词常采用光杆形式。对于尚未真实完成的动作，它所引发的结果性状达到基本程度量就行了。只有对现实性完成的动作引发性状才需要对其程度量做出评价。

1. 动作现实性完成

张旺熹（2007）认为形容词补语的现实性是指动作的结果实际上已经出现，做补语的形容词总是以复杂形式出现，包括形容词前加程度副

词、形容词重叠或形容词做补语与比较句同现等①，这是形容词补语句最
自然和最典型的形式。如：

(73) 现在妹妹在鸡场里工作得<u>可好</u>啦！

(74) 她笑得<u>真开心</u>，像一朵石榴花舒展地开放着。

例 (73) 中形容词"好"、例 (74) 中形容词"开心"都没有采用
光杆形式，而是在形容词前分别加上了"可"、"真"这类表语气或程度
的副词。从语境信息可知，句中谓语动词"工作"、"笑"表已然发生的
动作，补语句表示动作的现实性完成。在陈述已然发生的真实事件时，充
当补语的形容词在某些特定条件下也可能采用光杆形式。如：

(75) 说得<u>轻巧</u>！你真的想寻死吗？

(76) 好！好！骂得<u>痛快</u>！

(77) 王老师的脸因为兴奋而涨得<u>通红</u>。

例 (75) 中形容词"轻巧"、例 (76) 中"痛快"都以光杆形式充
当补语，出现在表达讽刺、感叹等强烈感情色彩的语境中，在书面形式上
的表现是带问号或感叹号，有时因为感情强烈、语气急促而强烈导致语句
短小；例 (77) 中做补语的"通红"是状态词，表述一定程度量，故不
再受程度副词修饰。

在表动作的现实性完成的补语句中，除表完成态的助词"了"，句中
还常出现"了"、"啦"、"呀"、"嘛"等助词或语气词。语气词通常在对
已然呈现的状态进行评价和判断时使用。如：

(78) 日子过得好快<u>啊</u>！孩子们都长大了。

(79) 行呀，你媳妇表现得可孝顺<u>啦</u>！

表动作现实性完成的补语句中，做补语的成分还可能是形容词性并列
短语或者比较结构。如：

(80) 夫人见她生得<u>聪明俊俏</u>，把她留在身边。

(81) 你有些方面<u>比</u>我看得清楚，有些则<u>不如</u>我看得全面。

(82) <u>那时</u>，我吓得哭起来了。

例 (80) 采用的是形容词的并列结构，增强补语的程度量；例 (81)
采用表示比较的结构"比"和"不如"；例 (82) 直接采用表时间的
"那时"标示过去的时间。

---

① 张旺熹：《汉语特殊句法的语义研究》，北京语言大学出版社 2007 年版，第 195 页。

表评价的词语或表已然发生的假设连词，通常是说话人陈述已然发生的事件时所流露出来表示说话人主观情态的词语。如：

（83）<u>幸亏</u>我们住得僻静，<u>要不然</u>人都给你丢尽了。

（84）<u>要不是</u>你来得快，这里就不再是我们的天下！

（85）<u>别以为</u>你干得巧妙，我早就知道你是什么人了。

例（83）在句子的句首用表示说话人主观评价的"幸亏"表达由于偶然出现的有利条件"住得僻静"避免了"人都丢尽了"的主观感受；例（84）中关联词"要不是"是对已然发生情况的虚拟表述；例（85）中的"以为"表达现在看来不正确的从前的看法。这些词语都提示动作已然完成带来的现实状态的出现。

2. 动作虚拟性完成

补语句中的谓语动词所述动作如果是虚拟性完成，充当补语的形容词一般是光杆形式，光杆形容词描写动作引发的事物的基本性状。如：

（86）<u>如果</u>处理得不满意，你们可以随时找我。

（87）这次任务完成得<u>好不好</u>，还看你们勤快不勤快。

（88）<u>只要</u>你们住得舒服，钱不是问题。

例（86）中表示假设条件的关联词"如果"、例（87）中形容词的正反疑问形式"好不好"、例（88）中表条件的关联词"只要"等，都标明谓语动词表示的是假设的、尚未实现的动作。可见，补语句也可以表述动作的虚拟性完成。

无论是动作的现实性完成还是虚拟性完成，都是动作的完成状态，补语都是对动作引发性状的评价。当补语句表示未真实发生的动作时，在句法形式上有一些特点，这些特点能够把虚拟性完成与表过去或者经常性发生现实性完成的动作区分开来。

首先，表示未然动作的补语句中做补语的形容词一般是光杆形式或者否定形式。如：

（89）只有钻研得<u>深入</u>，才可能发现问题的本质。

（90）如果洗得<u>不干净</u>，就可能有残存农药。

例（89）形容词"深入"是光杆形式；例（90）形容词的否定式"不干净"做补语。在表示动作虚拟性完成的补语句中可以采用否定形式做补语，吕叔湘（1966）指出，形容词的否定形式可以看成是一种零程度量，表示不具有形容词所描述的性状，把程度量记为零。形容词光杆形式可以理解性状的基本量。

其次，表示虚拟完成动作的补语句中形容词前有时也可加表程度的副词，但通常采用表客观量的"最"、"更"和"再"等。如：

（91）只有做得更好，才能对得起这个光荣的称号。

（92）在医疗消费领域里，只有做得最大才能成活。

（93）应试教育即使做得再好，又有何意义？

例（91）和例（92）中的"只有"、例（93）中的"即使"都表明句子所述为虚拟条件，"得"后做补语的形容词分别受程度副词"更"、"最"、"再"修饰，这些都是客观性程度副词。在表示虚拟性现实的补语句中，对程度量的客观性要求高，主观性程度副词一般不能出现，因为客观性程度副词采用的参照是现实情况，否则对虚拟实现的动作引发的性状既无评价标准，更无评价的必要。

二　与唯补形容词组配的动词的特点

句子成分能否组配常通过语义范畴、句法范畴和语用范畴来限定，无论哪种范畴都是为了全面准确地描述句子成分的组配规律。陆丙甫（1998）指出，"语法研究应该以语义功能为起点，因为它不可缺少，是最起码的关系。词语的搭配中语义知识所描述的搭配限制比句法知识描述的搭配限制更为严格"①。通过对唯补形容词的考察，我们不仅发现了唯补形容词都是述物形容词，而且还发现与之组合的动词很有特点，一般不表示具体动作，不是动作动词，而是变化动词和状态动词。

吕叔湘（1966）指出，因为有"搞，变，弄，加，发"等适应面极广的动词，单音形容词大多能出现在动词的后边做补语。我们利用语料库对整理出的213个唯补形容词与动词的组配情况进行了考察，发现吕叔湘（1966）关于单音形容词做补语的规律具有普遍性，不仅适用于单音形容词，也适用于双音形容词和其他形容词的复杂形式。

（一）与唯补形容词组配的动词的类型

郭锐（1993）根据动作过程把汉语动词分成动作动词、变化动词和状态动词三大类，这三类动词是动词所述动作过程连续统上的三个核心点，汉语动词过程性构成的连续统的中心是动作动词，状态动词和变化动

---

① 陆丙甫：《从语义语用看语法形式的实质》，《中国语文》1998年第5期。

词分别处于连续统的两个极端①。

与描写无生命度事物的形容词组配的动词多为变化形容词或状态动词。从动作过程性分析，变化动词强调和凸显动作的终点，状态动词凸显的是动作的续段。我们将唯状形容词表中 213 个形容词逐个在语料库中进行检索，对与这类形容词组配频率最高的动词进行分析。

1. 变化动词

与唯补形容词组配的变化动词可以分为两类：一类动词的词义本身表示变化，最典型的是动词"变"；一类动词的词义泛化后表示变化，如"搞"、"弄"、"闹"等动词。

1）变

动词"变"是变化类动词中最典型的成员，《现代汉语词典》对"变"的释义是"和原来不同，变化。如：家乡现在变得越来越漂亮了。"动词"变"与"得"组成"变得"，后边加形容词做补语，表示事物瞬间改变的性状。

戴浩一（1989）将动词分为状态、动作和结果三类。从认知角度看动词的过程结构反映了语言观念系统在语言表达中的投射，从动作过程看，动词"变"强调和凸显的是动作的结果或动作引发的状态。在与补语标记"得"组合为"变得"后，动词"变"不再具有自主性，具有［－自主］、［－可控］等语义特征，这使述物形容词可以进入状态补语句位。如：

（94）装修之后的教室变得<u>宽敞</u>了。

（95）这个小黑屋从此以后变得<u>非常明亮</u>。

例（94）中形容词"宽敞"和例（95）中形容词"明亮"，均描写无生命的客观环境，一般情况下描写客观环境的形容词不能跟描述具体动作的动作动词组合。

形容词来表事物性状变化通常有三种方式，即"形容词＋了"、"变＋形容词＋了"和"变＋得＋形容词＋了"，我们分别考察这三种构式的语义限制和语用功能。

A. 形容词＋了

从认知语言学角度分析，当形容词与它所修饰的名词之间具有很高的

① 郭锐：《汉语动词的过程分析》，《中国语文》1993 年第 6 期。

语义关联度时，心理上执行整体扫描①，在句法上的表现是直接采用"形容词+了"的结构表示事物性质的变化，描述人的外形变化时常说"胖了"、"瘦了"、"高了"、"大了"等。

B. 变+形容词+了

当形容词跟它所修饰的名词之间的语义关联超出人们的一般认知经验时，"变"出现在形容词的前面，使变化动词的时间性得到凸显，心理上实现的是次第扫描。换言之，动词"变"的加入使超出认知经验的、随时间推移不会自然呈现而需要外力引发的性状被描述出来，如"变文静/沉默/活泼/开朗了"。前面需要加上变化动词"变"的形容词通常是描写性格的，俗话说"江山易改，本性难移"，这类形容词描写的内在性格不像人的身高、年龄等外在特征，不具有随着时间推移自然发生变化的特点，需要外力影响和推动才可能显现。如：

（96）有几万元的激励，再笨的人也会变<u>聪明</u>。

（97）这几年发生了翻天覆地的变化……街道变<u>宽</u>了，城市变<u>漂亮</u>了。

例（96）中"变聪明"的外在条件是"几万块钱的激励"，"笨的人"发生改变不是自然而然的变化，而是特定外力条件"几万块钱的激励"下引发的改变；例（97）中采用动词"变"来凸显变化，采用排比句式强化变化的效果。

C. 变+得+形容词+了

这个构式因"得"的加入而凸显形容词描述性状的程度量。"得"是补语标记，通过该标记可以把人们认知经验上本来关联程度不高的变化表达出来，还可以凸显形容词所描述性状的程度，构式凸显程度量的功能。如：

（98）城市应该变得<u>更漂亮、更舒适</u>。

（99）由于缺少刺激，这些鱼变得<u>死气沉沉</u>，变得<u>非常懒惰</u>。

"变得"后的形容词一般不能是光杆形式，而是复杂形式，有的在形容词前加上程度副词；有的构成形容词性并列词组；有的甚至可以扩展为

---

① 张国宪：《汉语形容词的功能与认知研究》，商务印书馆2006年版，第24页。性质形容词和状态形容词在人们的心理过程上可以描述为整体扫描和次第扫描，这个心理过程的差异会引发两类形容词不同的句法表现。

小句。进入"得"后补语句位的形容词多采用复杂形式，这符合补语凸显事物性状的程度量的句位语义内涵。

以上三种表示事物性状变化的构式在分布和功能上都是互补的，造成这一现象的深层原因是形容词和它描述事物之间语义关联度的高低。"变＋形容词＋了"和"变＋得＋形容词＋了"两个构式的区别，主要是形容词补语所表述程度量的差异。

变化动词"变"后做补语的形容词相当于英语语法学体系中的"表语"，动词"变"相当于系动词"become"。英语系动词"become"在汉语中分化成"变成"和"变得"，只不过"变成"已高度语法化，凝固成了一个词，《现代汉语词典》已把它作为词条收录。"变得"的语法化程度不及"变成"，目前仍被看作是一种句法手段，是动词"变"与补语标记"得"的组合。

西班牙语中相当于汉语变化动词"变"的动词有两个："convertirse"（改变）和"ponerse"（呈现），这两个动词都是自复动词，所谓自复动词表示动作的影响达及自身。在西班牙语中无论这两个动词后接的是体词性成分还是谓词性成分，该成分的表语性质不变。

从动词和形容词充当的补语之间的语义关系看，动词"变"跟行为动词与形容词充当的补语组配所表示的意义不同。比较下面的句子：

（100）a. 上届冠军卫冕的道路<u>变得艰辛</u>了。

　　　　b. 刘小光的生活道路<u>变得很艰辛</u>了。

（101）a. 男人要比我们<u>活得艰辛得多</u>。

　　　　b. 山不算太高，你却<u>攀得很艰辛</u>。

例（101）中"活"、"攀"后形容词"艰辛"评价动作的性状；例（100）的"变"后形容词不是描写动作性状，而是对"道路"的评价。例（101）采用动作动词把压缩在一个单句中的两个语义结构分成两个分句表述，例（100）采用变化动词的句子，形容词无法变换为谓语。如：

（100）a'. 上届冠军卫冕的道路变得很艰辛了。

　　　　≠卫冕的道路变了，道路很艰辛。

　　　　b'. 刘小光的生活道路变得艰辛了。

　　　　≠刘小光的生活道路变了，刘小光很艰辛。

（101）a'. 男人要比我们活得艰辛得多。

　　　　＝男人活，男人艰辛得多。

　　　　　　b'. 山不算太高，你却攀得很艰辛。

　　　　　　＝你攀山，你很艰辛。

　2）"搞、弄、闹"类动词

　　动词"搞"、"弄"跟一般动作动词不同，它们不叙述具体的动作，语义具有泛化的特点，概括并替代一般动作动词。动词"搞"、"弄"与形容词充当的补语之间存在致使关系。如：

　　　　（102）校园生活搞得丰富多彩，生动活泼。

　　　　（103）我常常被这些小事搞得很郁闷。

　　根据《现代汉语词典》对动词"搞"的释义，该动词有两个义项：

　　　　（104）①做，干，从事。如：搞生产、搞建设、搞工作。

　　　　　　　　②设法获得，弄。如：搞点儿水来。

　　根据《现代汉语词典》的释义，动词"搞"表意比较宽泛，动词"搞"既不强调动作起点，也不强调动作的续段，而是凸显通过行为而获得的终结状态。动词"搞"后带补语主要是"搞"和做补语的形容词所描述的性状之间存在致使关系。例（102）中的"搞"指做了很多活动；例（104）中的"搞"有"致使"义。动词"搞"引导结果状态，所呈现的结果可能是主动设法获得的，也可能是被动引发的。形容词只能后置于这类表示变化的动词做补语。

　　动词"弄"和形容词充当的补语之间的语义关系，与动词"搞"相似，《现代汉语词典》对"弄"的释义如下：

　　　　（105）②做，办，干，搞。如：这件事儿总得弄出个结果来。

　　　　　　　　③设法取得。如：弄点水来

　　《现代汉语词典》对动词"搞"和"弄"的释义采用相互注释的方法，这两个词都有一个义项"设法取得"，有通过某个动作而致使形容词描述性状出现的意思。《现代汉语词典》并未明确指出"搞"、"弄"具有致使义，但词典采用的配例对此有所体现。如：

　　　　（106）别把书搞坏了。/这件事儿总得弄出个结果来。

　　虽然词典对这两个动词的释义和配例都采用动词后直接加结果补语的形式，没有带"得"补语配例，但语言交际中这两个动词后出现带"得"补语的情况不少。如：

　　　　（107）战争把整个国家都弄得一片混乱。

　　　　（108）他们一片好心却把事情搞得更混乱。

动词"闹"的一个义项是"干，弄，搞"，也有致使义，如"把问题闹清楚"中动词后直接带形容词做结果补语。在语料检索中，我们发现动词后加带"得"补语的情况也很多。如：

（109）他们因为这件事闹得很不愉快。

"搞"、"弄"都是中性词，"闹"带有贬义色彩。虽然这几个动词都有"致使"义，但"搞"、"弄"所带形容词补语可以表示心理期待的正面性状，也可以是不期待出现的负面性状；而动词"闹"后所带形容词补语一般都表示不好的结果。此外，"搞"和"闹"后补语的语义可以指向动作本身，表示程度。如：

（110）当时学生们就搞得热火朝天。

（111）在饭桌上就闹得很厉害。

综上所述，"搞"、"弄"、"闹"类动词具有通过外力使受事发生变化之义，常用来替代上文出现的行为动词以避免重复。这类动词的语义已泛化，只强调动作的终点，凸显作为结果的某种状态，句子的焦点落在动作引发的结果状态上。

2. 状态动词

1）"生、长"类状态动词

动词"生"、"长"跟"得"后形容词补语的关系可以描述为补语是动词引发的结果，但句子主语对动作没有控制力。换言之，动词"生"、"长"具有［-可控］、［-自主］的语义特征[1]，形容词描写的是随着时间的推移自然呈现的性状。如：

（112）这孩子长得真高。

（113）那姑娘生得聪明伶俐，当然讨人喜欢。

例（112）中的"生"和例（113）中的"长"都是不及物动词，只有动词所叙述的动作的论元中，只出现施事而无受事，动词具有［-可控］、［-自主］的语义特征。因为句子主语对动作没有控制力，不能根据动作施动的意愿对动作进行调控，动作与形容词充当的补语之间无致使关系，补语是对动作引发性状的评价。

跟"生"、"长"类动词组合的形容词常描写人的外在形态，如"高

---

① 马庆株：《自主动词和非自主动词》，《中国语言学报》，1988 年第 3 期。该文把动词分为"自主动词"和"非自主动词"。

大"、"矮小",这类形容词一般不能做状语,因为这类形容词所描述的性状具有恒定性,这与状位的临时性、易变性语义内涵相悖。

2)"衬托、渲染"类动词

"衬托"、"渲染"类动词只能用来表述性状。根据《现代汉语词典》的释义,"衬托"的意思是"为了使事物的特色突出,把另一些事物放在一起来陪衬或者对照",主要作用是凸显事物的特点和状态;"渲染"本是一种作画的手法,常用来"比喻夸大地形容"。"衬托"和"渲染"这类动词都属于状态动词,动词所述动作不强调起点,也没有续段,是对作为结果的事物状态的描述。形容词只能后置于这类动词后做补语。如:

(114) 主席台的鲜花把会场衬托得庄严、热烈。

(115) 红灯笼把节日的气氛渲染得更加浓烈。

(116) 彩色的霓虹灯把大江两岸装点得分外妖娆。

从语义层面看,这类动词凸显对结果状态的评价,而唯补形容词描绘无生命度的环境特征,动词和形容词的词义特征提供了组配的语义基础。句法形式上,这类动词通常与介词"把"一起使用,"把"将所描述对象提到动词前,形容词占据句末位置做补语以凸显其焦点性。

3. 动作动词

动作动词叙述一个有起点、续段和终点的完整的运动过程。人们对世界的认识可以分为知域、行域和言域三个不同领域,据此标准可以把动作动词分成行域动词、言域动词和知域动词三种类型。

1)行域动词

所谓行域动词,是表述一个具体动作过程的动词。行域动词语义上所关联的论元包括动作施事和受事。唯补形容词都是述物形容词,从语义的匹配关系分析,唯补形容词只能关联动词的施事或受事,只有描写无生命度事物的形容词才与行域动词组合,后置于动词做补语是形容词唯一的入位选择。

动作施事通常是有生命度的事物,这个特点与唯补形容词描写无生命度事物的语义特征不相符。唯补形容词多描写客观环境、事物的体积颜色等性状。以形容词"宽阔"为例,我们在语料库中未检索到"宽阔"做状语的情况,做补语的有效语料得到22条,其中19条语料与形容词"宽阔"搭配的动词是"变"。语料中也发现了"宽阔"跟动作动词组配的情况。如:

（117）路面铺得<u>宽阔而又牢固</u>。

（118）城墙周围的壕沟掘得<u>非常宽阔</u>。

（119）桥面建得<u>很宽阔</u>。

以上例句中动词"铺"、"建"、"掘"都是自主动词。值得注意的是，句子的主语分别是"路面"、"壕沟"、"桥面"等无生命度的事物，做补语的形容词是"宽阔"，该形容词的语义指向动作结果，即句子主语，补位形容词具有明显的结果，动作动词在这类描写性的句子中有被动义。如例（117）句的意思是"路面被铺得宽阔而又牢固"，形容词性并列结构"宽阔而又牢固"的语义指向句子的主语"路面"。

在语料检索和分析中，我们发现有些动作受事具有一定的生命度，是生命度较低的动物和植物。如：

（120）在终年不见阳光的地方，花儿居然养得<u>如此滋润</u>？

（121）羊儿喂得<u>又肥又壮</u>，实在招人喜爱。

例（120）中的动词"养"和例（121）中的动词"喂"相对句子的主语"花儿"、"羊儿"来说，表达的是被动义，即句子的主语是动作受事，句子是对动作引发状态的描述。例（120）中"花儿滋润"是动作"养"引发的，是精细培养的结果。动作受事做主语的句子是无标记被动句，这类句子所表述的是句子的主语遭受动作后的性状。做补语的形容词是述物形容词，描写植物和动物的形态和颜色等。

在"喂、养"类动词跟唯补形容词的组合中，动词关涉的施事和受事都是有生命度的，当补语形容词描写受事外形特点时，才可能与"喂、养"类动词组合。因为形容词描述的性状是动作的结果。换言之，如果形容词不是述物形容词，而是述人或述行形容词，动词和形容词之间的语义关联就不是动作和结果，而是动作的伴随状态或是对动作的评价。

"喂、养"类动词跟描述动作的形容词或述人形容词组合，可以实现形容词状补异位。如：

（122）a. 被<u>精心</u>地喂养着。

　　　　b. 小马驹喂养得很<u>精心</u>。

例（122）a 句中"精心"做状语描述喂养过程的伴随状态，是对动词施事的主观态度的描写。因为动词的受事做句子的主语，动词采用被动形式表达；b 句中形容词"精心"做补语，是对喂养动作的评价。可见，形容词和动词的语义匹配度是句法组合的重要语义基础。

行域动词跟唯补形容词组合的语义基础是动词与受事的性状之间存在广义因果关系。从句法形式上看，这类句子的主语通常是动词的受事，谓语动词为行域动词，是无标记被动句。这类句子有较强的判断和评价功能。

2）言域动词

言域动词描述的不是具体动作，而是通过话语表达而使被表述对象具有或者呈现出某种性状，如"写"、"说"、"演奏"、"描写"、"描绘"等都是言域动词。言域动词可以理解为通过语言或者其他表达手段描述某个客观事物或事件的性状。跟行域动词相比，这类动词不能从物理层面影响某个对象，而是对某个事物做出评价。如：

（123）这份实验报告<u>写</u>得过于<u>简略</u>。

（124）他<u>说</u>得那么<u>可怕</u>，谁还想去？

（125）他把故事的人物关系<u>描写</u>得<u>错综复杂</u>。

例（123）中的"写"、例（124）中的"说"和例（125）中的"描写"都是言域动词。这类动词有通过语言去描写的意思，充当补语的形容词是对动作引发结果的评价。正因为言域动词和述物形容词之间存在广义因果关系，依据时间象似性原则，述物形容词只能后置于动词做补语，因为先有言域动词所描述的动作，后有对结果性状描述。

言域动词不限于语言类动词"说、写"，还包括语言之外的，如音乐、雕刻、绘画等艺术手段来描述事物性状的动词，如"演绎"、"刻画"等，这些用于表述的动词都可归入言域动词。如：

（126）他通过琴声把可爱的小动物<u>演绎</u>得<u>憨态可掬</u>。

（127）他把奔马<u>刻画</u>得<u>冷峻而高傲</u>。

3）知域动词

人类动作行为大部分是有意识的，具有自主性和可控性，但也存在无意识的、不可控的甚至意想不到的行为。行域动词和言域动词都是自主动词，动作施事对动作具有控制力。知域动词通常是下意识的，叙述的是动作发出者无意识发出的动作。

感知通常与动作相互联系，但也存在没有动作而主观感知的情况，如"我觉得非常痛苦"，"痛苦"不是动作发出者的动作，而是不自主地感觉到的性状。一般情况下，动作可以影响施事和受事，并使之发生变化，感知动词却不能使动作的参与者发生变化。感知动词与形容词通常构成动补结构。

考察语料我们发现，大量唯补形容词和"显"、"觉"类动词构成动补结构，这两个词在现代汉语中已不作为动词单独使用，常用于固定表达中。《现代汉语词典》虽然把"显"标注为动词，意思是"表现，露出"，但作为动词的"显"只能用在"各显其能"、"大显身手"等固定表达中。《现代汉语词典》也标注了"觉"有动词属性，意思是"感到"，但只能用于"不知不觉"、"觉出"、"觉着"等表达中，未见单独使用的语料很难找到。而且"显得"已作为词条收录词典中，标注为动词，意思是"表现出（某种情形）"，如"节日的天安门显得更加壮丽"；"觉得"也作为词条收入词典了，标注为动词，意思是"产生某种感觉"，如"一点也不觉得疲倦"。可见，"显"和"觉"在现代汉语中基本不独立作为动词使用。这两个动词跟补语标记"得"因高频出现而凝结成动词。因此，"显得/觉得＋形容词"组合中的形容词究竟是体词性宾语还是补语，不同的学者看法不同。

动词"觉"和"觉得"都用来表达句子主语或动作施事的主观情态或主观感受。西班牙语中相当于"觉得"的动词有两个，分别是"sentirse"和"parecerse"。前者表述动作主体自身的主观感受，后者表述主体对客观呈现性状。如：

（128）（今天感冒了，）我觉得难受。Me siento mal.

（129）（他平静地接受了这个残酷的事实，）我觉得很好。Me parece bien.

例（128）中"觉得"表说话人"我"对自己身体的感受；例（129）中"觉得"表说话人对外在事件的评价。这在西班牙语中都采用自复动词形式。所谓"自复动词"，就是动作的影响达及施事自身的动词，知域动词都是自复动词。这类表感知的动词并不影响动作涉及的对象，只能表达句子主语所感受到的性状。

知域动词表述句子主语对于身体、情绪、状态或对外部事件的感受，唯补形容词只能后置于动词，对感受、情绪、状态和看法进行评价，动词和形容词之间无产生致使关系。同样是感知类动词，"显得"跟"觉得"意思不同："显得"不表句子主语的感知，而是描写主语的指称对象被感知的状态，是句子主语呈现出来的状态；"显得"通常与描写事物外在可视可感性状的形容词组配，如"显得＋（很）＋软弱/平静/害羞/紧张/

光滑/沉重/威严/严肃"等。

　　西班牙语中相当于"显得"的动词是"verse",也是自复动词。动词"ver"的意思是"看",常常采用第三人称变位,如"se ve bonito"(显得很漂亮)。这是因为动词"显得"后的形容词描写表事物看得见的性状,即在别人的眼中看起来是什么样子。汉语双音动词"表现"跟"显得"意思相近,动词"表现"跟形容词常组成动补结构。我们在语料库中检索动词"表现"跟形容词组配的情况,得到结果如下:

　　　　(130)表现+得+(很)+形容词:有效语料2902条,

　　　　　　　主要形容词:明显、突出、复杂、热情、轻松、肤浅、活跃、坚强

　　　　(131)前置成分+地+表现:语料1815条,

　　　　　　　前置成分:明显、无时无刻、毫不掩饰

　　从语料考察结果可见,后置于动词"表现"做补语的形容词都是对句子主语性状的描写和评价;"表现"被其他成分修饰的语料不少,但是其中90%"地"前成分不是形容词,而是副词或者其他性质的成分,都是对动词"表现"的动作方式的描写或限制。形容词和"表现"组合的优选语序是后置于动词做补语。

　　"显得"、"觉得"已词汇化,不能再分析为动补结构而是复合词,表达句子主语看法的动词,如"想"、"看"也属于知域动词。如:

　　　　(132)他把这件事想得很复杂。

　　　　(133)我们不要把问题看得过于简单。

　　例(132)的"想"和例(133)的"看"都是知域动词,但要注意这类动词具有多义性。根据《现代汉语词典》对这两个动词的释义,它们都有两个以上义项。如:

　　　　(134)想:①推测;认为②思考③想念、回忆

　　　　　　　看:①使视线接触人或物②观察并加以判断

　　从词典释义可见,动词"想"和"看"都表示推测和判断,表达句子主语的认识和看法。从语义历时发展角度看,这两个动词表推测义是后起的,是在具体动作义的基础上发展而来的。不同词义所搭配的宾语性质也不同:行域动词的语义具体,所搭配的宾语多表示具体事物;知域动词表推测和看法,搭配的宾语通常是抽象名词,如上例中的"这件事"、"问题"。

　　以上我们逐类分析了变化动词、状态动词和动作动词跟唯补形容词组合的规律，重点分析了不同类型动词与唯补形容词组配的语义基础和句法限制。为了印证以上的分析，我们随机选择"矮小"、"宽阔"、"昂贵"、"炎热"和"难看"五个唯补形容词，对它们做补语时所搭配的动词进行考察。总体上看，唯补形容词跟变化动词、状态动词和动作动词都能组配，形成动补结构，但三类动词出现的频率差异很大。变化动词占42%，状态动词占44%。这两类动词所占比例基本相等，它们占与唯补形容词组合的动词的绝大部分。唯补形容词中大部分是述物形容词，这跟变化动词和状态动词强调动作终点的语义特征相吻合。

表 3 - 1　　　　　　　不同类型动词与唯补形容词组合的情况对比

例词	变化动词	比例	状态动词	比例	动作动词	比例
矮小	0	0%	6	86%	1	24%
宽阔	5	45%	4	36%	2	18%
昂贵	6	60%	3	30%	1	10%
炎热	4	80%	1	20%	0	0%
难看	3	30%	5	50%	2	20%
总计	18	42%	19	44%	6	14%

　　从表 3 - 1 的统计结果看，唯补形容词很少跟动作动词组配。描写纯客观环境的唯补形容词跟动作动词之间没有直接的语义关联，缺少组配的语义基础。评价类形容词跟知域动词的组配较多，因为评价属于人类认识世界的知域范畴，可见形容词的词义和动词的词义特征以及二者之间的关联性是决定形容词跟动词组配的语义基础。

　　跟唯补形容词组配的动词以变化动词和状态动词为主，这表明汉语补语句位语义内涵是动作引发的状态而非动作过程。唯补形容词的述物语义特征也表明，补语句位所关联的句法成分是动词的施事和受事成分，这正是状语和补语的本质差别。

　　评价类唯补形容词也可前置于动词做状语，但只有形容词描述动词所述动作本身时才可以进入状语的位置，形容词如描述的是动词的施事或受事时一般只能占据补语位置。

　　综上所述，无论是述物形容词还是评价类形容词，在句中所关联的成分都不是动词，动词在补语句中起中介作用，即连接句子主语与补语。变化动词和状态动词的连接作用比较直接，动作动词的连接作用需要通过被动句表达。

（二）形容词补语句中动词的自主性

马庆株（1988）把动词分为自主动词和非自主动词。所谓"自主动词"是指有意识的或有心的动作行为，能由动作者做主并主观决定和自由支配的动作行为，具有"自主性"和"可控性"；"非自主动词"是指无意识、无心的动作行为，即动作行为发出者不能自由支配的动作行为，常表示变化和属性，具有"非自主性"和"属性"等语义特点。我们根据形容词所描述性状是否有意识获得与是否可控，把形容词分为自主形容词和非自主形容词。所谓"自主形容词"指形容词描述性状具有可控性，判断依据是形容词是否可进入"A（一）点儿！"格式，如"跑快点儿！"中的形容词"快"是自主形容词。这个构式之所以可作为判断自主动词的依据，是因为祈使句凸显控制性，可检测形容词是否具有可控性的语义特点，如"谦虚"、"仔细"、"高兴"、"热情"等可以进入该构式，都是自主形容词。"非自主形容词"指形容词所描述性状不具有可控性，不受形容词描写对象的主观控制，如"肥胖"、"矮小"、"宽阔"无法进入该构式，可以说"谦虚点儿！"，但不能说"矮小点儿！"据此可以判断"谦虚"是自主形容词，"矮小"是非自主形容词。

根据形容词和动词语义匹配的原则，自主动词一般跟自主形容词组配，动作发出者可通过控制动作而达到形容词所描述的性状，动词和形容词都具有〔＋自主〕和〔＋可控〕的语义特征，这为形容词和动词组配提供了语义基础。如：

（135）a. 严格地训练——训练得很严格

b. 严格地管理——管理得很严格

例（135）中"严格"是自主形容词，可以进入"严格点儿！"构式中，与之组配的动词"训练"、"管理"都是自主动词。由于形容词和动词的具有相同的语义特征，二者组配自由，可以自由地实现形容词状补异位，如b句中形容词"严格"可以前置于动词"管理"做状语，也可以后置于动词做补语。

自主形容词跟非自主动词的组配很难实现，如例（135）中的自主形容词"严格"很难跟非自主动词组合，一般不能说"＊严格地知道"、"＊严格地倒塌"。

受形容词修饰的动词都是自主动词，非自主动词一般不接受形容词的修饰，这说明状语句位具有主观可控性语义特点。但当动词为非自主动词时，非自主形容词可以进入状语句位。如：

（136）小河<u>弯弯曲曲</u>地流向远方。

例（136）中"流"是非自主动词，而形容词重叠式"弯弯曲曲"描写小河的形状，是非自主形容词，动词与形容词可以组配，但只能组合成状中结构，不能组合成述补结构，即形容词只能前置于动词做状语，不能后置于动词做补语，不能说"＊小河流得弯弯曲曲"。

唯补形容词都是述物形容词，具有［－自主］、［－可控］的语义特征，与形容词组合的动词可以是自主动词，也可以是非自主动词。如：

（137）西瓜长得又大又甜。

（138）街道变得开阔而整洁。

例（137）中形容词性词组"又大又甜"描述的是非自主性状，动词"长"是自主动词，跟形容词所述性状之间无致使关系；例（138）中跟形容词性并列词组"开阔而整洁"组配的动词"变"是典型的变化动词，具有非自主性，此时形容词只能后置于动词做补语，补充说明主语"街道"变化后的性状。

无论动词是自主动词还是非自主动词，当与动词组配的形容词为非自主形容词时，形容词一般只能后置于动词做补语，这是非自主形容词所具有的不可控性和补语句位的结果义相互适配的结果。作为结果的状态呈现是客观的，跟形容词的自主性无关。根据人们的认知经验，方式范畴常跟有意识的、具有可行性的动作相关，而状态范畴描写动作引发状态，与之组配的动词是否为有意识的、可控性动词无关。

马庆株（1988）指出，自主动词能受"亲自、擅自、大力、大肆、默默、暗暗"等方式副词修饰，非自主动词一般不受方式副词修饰，不能说"亲自知道"、"好好懂得"。自主动词是动作发出者有意识的动作，具有可控性特点；非自主动词是无意识、无心的行为，不具有可控性。根据人们的认知经验，当动作发出者对于动作无意识且不能控制，不必考虑动作实施的方式，因为"方式"是有意识地做某件事时所采取的方法和手段。

非自主动词常表示事物属性和状态的自然变化，自然变化过程一般不具有可控性。非自主动词如受状语修饰，充当状语的多为描写动作时间、地点或表说话人主观情态的词。如：

（139） a. 他<u>明明</u>知道却假装不知道。

b. 他<u>突然</u>离开了单位。

c. 我<u>完全</u>懂了他的意思。

上例三个句子中的动词分别为"知道"、"离开"和"懂"，都是非自主动词，在这些动词前做状语的"明明"是语气副词，而"突然"是表动作发生时间的形容词，"完全"是表程度的副词。修饰自主动词的状语多为自主形容词，状位具有凸显主观性的语义内涵，尤其是方式状语，形容词充当的方式状语具有主观性和可控性的语义特征。非自主形容词一般不能充当状语，因为状位具有主观性，而非自主形容词所描写的性状具有客观性和不可控的语义特征。

非自主形容词做补语有两种情况，一是非自主形容词和非自主动词组配，如"变得年轻"、"显得文静"；二是非自主形容词和自主动词组配，如"粥熬得稠稠的"，动词必须有很强的动作性，表达制作、感受和呈现义。上例中动词"熬"具有很强的制作义，如果把它换成无制作义的动词"买"，动词和形容词就不能组配，不能说"＊粥买得稠稠的"。

非自主形容词一般描述事物属性，具有静态描写特点，特别是描写人的外貌、年龄和环境等的形容词一般不能做状语，年龄、外貌、肤色、体形等具有不自主、不可控的特点。与之相反，描写心情、心理、状态和感受的形容词具有可控性，如"善良、阴冷、险恶"，这类与心理状态有关的形容词具有可控性。

（三）形容词补语句中动词的音节

通过考察与唯状形容词组配的动词语料我们发现，形容词后置于动词做补语时，句子的谓语动词多为单音节动词，补语标记"得"前的动词有单音节倾向。我们随机选择 3 对同源同义的单音动词和双音动词"学—学习"、"选—选择"、"买—购买"，在语料库中进行检索，以考察单音动词和双音动词跟形容词组配的情况，结果详情见表 3 - 2。

表 3 - 2　　　　　　　　跟形容词组配的动词音节数对比

例词	学	学习	选	选择	买	购买
出现次数	78	3	9	3	15	0

表 3 - 2 的统计数据表明，三组同源同义单音动词和双音动词跟形容

词组配的情况存在显著差异："学—学习"这一对的差距最悬殊，单音动词"学"出现的次数是双音动词"学习"的 26 倍；"选—选择"这一组中单音动词是双音动词的 3 倍；而与单音动词"买"同义的双音动词"购买"跟补位形容词组合的语料为零。总体上看，跟形容词补语组配的单音动词出现的次数占语料总数的 94%，单音形式是形容词补语组配的谓语动词的优选形式。

张国宪（2004）指出，汉语词语双音化过程中，不仅音节长度发生变化，词语功能也发生了变异，主要表现是双音词的名词性增强，动词性减弱①。我们认为，双音动词带宾语的能力有下降的趋势，一个证据是单音动词的宾语是具体名词，而双音动词所带宾语多为抽象名词。比较以下同源同义单音动词和双音动词"写—书写、洗—洗刷、飞—飞翔"带宾语的不同表现：

　　　　（140）a. 写论文→*书写论文→书写人生新篇章

　　　　　　　　b. 洗衣服→*洗刷衣服→洗刷罪恶

　　　　　　　　c. 小鸟飞→? 小鸟飞翔→梦想在蓝天飞翔

例（140）中单音动词"写"、"洗"所带宾语分别为"论文"、"衣服"，都是具体名词，同源同义的双音动词"书写"和"洗刷"不能跟"论文"和"衣服"组配，只能带"人生篇章"和"罪恶"等抽象名词做宾语。

不仅动词所带宾语的具体性和抽象性说明双音动词的动性弱化趋势，与单音动词和双音动词组配的主语的性质也可证明这一点。例（140）c句中的单音动词"飞"可以跟具体名词"小鸟"组配，即具体名词可以做单音动词的主语，与之同源同义的双音动词"飞翔"，跟同一具体名词"小鸟"可以组配，但可接受度低于单音动词，比较能接受的是双音动词跟抽象名词"梦想"的组配，而抽象名词跟单音动词"飞"不能组配，不能说"梦想在天上飞"。可见，双音动词的词义比单音动词更加抽象。从动词所叙述的运动过程看，单音动词所述动作的过程性和时间性更具体明确，而双音动词的过程性弱，动作的起点和终点都不明确，这是双音动词动作性减弱的另一表现。

补语标记"得"前的谓语动词具有单音倾向，但谓语动词后不能直

---

① 张国宪：《现代汉语形容词的功能与认知研究》，商务印书馆 2006 年版，第 103 页。

接带宾语,即使谓语动词是及物动词,受事宾语必须通过句法手段提前。有学者据此认为,补语句中谓语动词的动词性减弱,"得"前动词对宾语的支配能力下降。我们认为,动词宾语提到动词之前,动词和宾语之间的句法关系需要重新分析。形容词后置于动词做补语时,由于谓语动词后不能直接带宾语,补语句中动词和宾语的关系的确需要重新分析,但补语句中"得"前动词的动性并未减弱。谓语动词倾向于使用单音形式,可见补语句中谓语动词的动性很强。谓语动词后不能直接带宾语是因为补语标记"得"取消了动词的焦点性。

动词词义所具有的动作性是静态属性,动词进入具体句法位置后的焦点性是动态表现。任何一个句法成分都可能成为表达的焦点,但在言语交际中,句子的焦点只能落实在一个句法成分上。形容词后置于动词做补语的句子,其自然焦点是句末形容词。根据一个句子中不出现两个不同性质焦点的原则,谓语动词不能成为焦点,而是被背景化,为焦点提供背景信息。动词的背景化可以通过两种手段实现:一是动词后带补语标记"得"用以提示焦点信息;二是简化句子的谓词,把谓语动词所带宾语提前。这样谓语动词所起的作用是连接宾语与补语。如:

　　　(141)身上的粗布褂儿洗得干干净净。

　　　(142)他想把自己的名气吹得很大。

　　　(143)这段话,我想说得潇洒一些,但眼泪不争气地掉下来。

例(141)中动词"洗"的受事"身上的粗布褂儿"在句子中做主语,句子是无标记被动句,形容词重叠式"干干净净"充当补语,描写主语性状,这种情况下的形容词补语的功能相当于英语中的表语;例(142)中通过介词"把"将动词"吹"的受事宾语"自己的名气"提到动词前,达到凸显结果的表达效果;例(143)中受事宾语"这段话"提到句首位置,这符合汉语句子的信息传递"从旧信息到新信息"的方向,位于句首的成分是旧信息,句末是新信息,也是句子的自然焦点。

朱文文(2008)指出,"述补结构带宾语所受的限制远多于状中结构,很多本可带宾语的状中结构换位为述补结构,后失去了带宾语能力"[①],并把该现象归因于状位的具体性和补位的抽象性。我们认为,形

---

　　① 朱文文:《现代汉语形容词状补语序选择机制研究》,博士学位论文,北京语言大学,2008 年,第 73 页。

容词后置于动词做补语时，句子中"得"前谓语动词不能带宾语，宾语提到动词前，这引发了句法成分的重新分析。补语句中的谓语动词仍表具体动作，动词本身的语义具有很强的动词性，但动词后的补语标记"得"取消了动词的焦点性，这是动词不能直接带宾语的真实原因。

三　补语句中宾语的句法位置

汉语的句子成分中，动词后的句法成分可能是宾语或补语，当谓语动词是及物动词时，可能出现动词同时带宾语和补语的情况。我们先观察下面一组句子：

（144）a. 衣服他洗得很干净。

　　　　b. 他衣服洗得很干净。

　　　　c. 他洗衣服洗得很干净。

　　　　d. 他把衣服洗得很干净。

上列这组句子的主语是"他"，谓语动词是"洗"，动词宾语是"衣服"，而补语是"很干净"，都是及物动词带宾语和补语的句子。无论句式如何变换，动词后带补语时宾语不能后置于动词，既不能出现在动补结构后，也不能在动词和补语之间插入宾语，只能置于动词之间。提前的宾语有两个可能的句法位置：一是提前到句首位置，如例（144）a 句；二是将宾语提到主语之后动词之前，如例（144）b 句。及物动词带宾语同时又带补语的语法编码方式很多，可以直接把宾语提前作为话题，也可以利用介词"把"将宾语提前，还可以利用重动句式来实现动宾和动补的组合。

（一）"把"字句和重动句

及物动词既带宾语又带补语时，可用"把"字句和重动句来表达：通过介词"把"将动词宾语提到主语之后、动词之前，突出对受事宾语的处置结果，如例（144）d 句；编码为重动句则通过谓语动词和宾语的组合交代背景事件，动补结构叙述主体事件，如例（144）c 句。

无论做补语的形容词语义指向动词还是动作的施事或受事，动词宾语都必须前置于动词，充当补语的形容词语义指向动词时，适宜用重动句来表达。如：

（145）a. 孩子作业做得很认真。

　　　→b. ＊孩子把作业做得很认真。

→c. 孩子做作业做得很认真。

例（145）中形容词"认真"的语义指向动词"做"，不能采用"把"字将宾语提前，因为"把"字句凸显对宾语的处置结果，动词后补语通常用来描述宾语。当形容词的语义指向动词时，不采用"把"字句来表达，例（145）b 句的接受程度不高。

当作补语的形容词的语义指向施事时，可以采用重动句表达，但同样不能用"把"字将宾语提前。这也是因为形容词的语义指向跟"把"字强调宾语变化的句式义不相符。如：

（146）a. 他看电视看得很高兴。

→b. ＊他把电视看得很高兴。

当作补语的形容词的语义指向施事时，如果编码为"把"字句，句子的意义倾向于理解为动作而引发施事的性状改变。只有做补语的形容词语义指向动词受事时，可以采用"把"字句来表达。如：

（147）他把衣服熨得笔挺的。

例（147）中做补语的形容词"笔挺"的语义指向动词受事宾语"衣服"，用"把"字句可以凸显通过动词"熨"对宾语的处置结果"笔挺"。可见，补语句跟"把"字句和重动句配合使用的条件跟做补语的形容词的语义指向有关，这是由"把"字句和重动句的句式义决定的。"把"字句的句式义是处置，凸显对宾语的处置结果，做补语的形容词的语义不指向宾语时，跟"把"字句的句式义不匹配，无法采用该句式。重动句通过动词跟宾语的组合提供背景信息，动词跟形容词组合成动补结构，补位形容词的语义无论指向动词还是动作施事或受事，都是句子的焦点信息。做补语的形容词语义指向动词受事时，可以采用"把"字句将动词宾语提前；做补语的形容词语义指向动词或动词施事时，不能采用"把"字句，可以采用重动句进行表达。

（二）补语句与比较句的配用

汉语的补语句位具有评价功能，由于句位作用，进入补语句位的形容词能凸显所描述性状的程度量，因此形容词后置于动词做补语常跟比较句配用。当比较句中的谓语动词带宾语时，宾语和补语的语序一般呈现出如下情况：

（148）a. 他唱歌唱得比我好。

→b. 他唱歌比我唱得好。

→c. ＊他比我唱歌唱得好。

例（148）中介词"比"与引介对象"我"组成的介词短语"比我"不能置于动宾结构"唱歌"之前，如 c 句是不成立的，但可置于动补结构"唱得好"之前，如 b 句；也可以置于或"得"字之后，如 a 句。介词短语跟动补结构的语义关联更加紧密，根据语义靠近原则，在语法编码时介词短语占据紧邻谓语动词的位置。介词短语无论前置还是后置于动词，在线性序列中都处于紧邻谓语动词的位置。

重动句在句法形式上的显著特点是谓语动词出现两次：第一次是动词跟宾语组合，构成的动宾结构的主要功能是交代背景信息；第二次是动词跟补语组合，构成的动补结构的主要功能是叙述主要事件，传递句子的焦点信息。在比较句中，"得"后补语可以由光杆形容词充当，这是因为比较句这一构式为做补语的形容词提供了比较义，使光杆形容词具有程度量。

四　形容词做补语的形式复杂度

进入状语句位的形容词一般形式比较短小，结构简单。充当状语的形容词以光杆形式比例最高。本节我们讨论做补语的形容词的形式复杂度。考察语料我们发现，充当补语的形容词一般不能是光杆形式，常采用复杂形式。如：

（149）他清楚地说出了自己的感受。

（150）a. 他们说得很清楚了，让他们走吧。

　　　　b. 我们已经交代得清清楚楚了，为什么还不让走？

例（149）中形容词"清楚"前置于动词做状语，采用的是光杆形式；例（150）两个句子中形容词"清楚"后置于动词做补语，a 句采用偏正结构"很清楚"、b 句的"清清楚楚"是形容词重叠式，这些都是形容词的复杂形式。

（一）形容词的音节数与量性特征

形容词的语法功能与它的量性特征相关。单音形容词由于构词语素单一，所描述性状量幅宽，与单音形容词组配的词语多，适用范围广。双音形容词和多音形容词的构词语素多，语素之间的内部关系复杂，语义限制多，描述性状的量幅小，能与之组配的词语少，适用范围小。如"绿—碧绿—绿油油"这一组形容词不同形式所描述的核心义相同，但随着音节增加，所描述性状"绿"的量幅逐步缩小，与之组合的词语范围也逐步缩小。

双音形容词的构词语素内部结构方式不同，语素之间的凝固度有高低之分。构词语素间凝固度越高，形容词越倾向于单核表达；构词语素间的凝固度越低，形容词越倾向于双核表达。张国宪（2006）把构成双音形容词的语素之间的语义凝固度，按照从低到高排列为"偏正 > 并列 > 主谓 > 动宾 > 补充"的序列。

双音形容词中数量最多的是并列结构和偏正结构。石锓（2010）表明，双音形容词中构词语素为并列结构的形容词最古老，使用频率高，而且构词语素之间的凝固程度也高。从词语双音化的历史演变过程看，结构并列、语义相同且语音有弱化现象的双音形容词凝固度最高，这类双音形容词往往具有性质形容词的语义特征和句法功能。

构词语素之间为偏正关系的形容词保留句法结构痕迹最明显，如"碧绿"的意思是"像碧玉一样绿"、"飞快"的意思是"像飞一样快"、"冰冷"的意思是"像冰一样冷"。朱德熙（1963）把偏正结构的双音形容词，如"煞白，冰冷，通红"等，称为状态形容词。状态形容词的第一个构词语素是第二个构词语素的修饰成分，修饰成分的切割使状态形容词所表程度量具体化为量点或量段，不受程度副词修饰。状态词可以独立充做补语。如：

（151）a. 他的脸热得<u>通红</u>。

b. 老人的腰杆挺得<u>笔直</u>。

c. 饭菜被风吹得<u>冰凉</u>。

上列这组句子中，补语分别由状态形容词"通红"、"笔直"、"冰凉"充当，不需要再用其他复杂化手段，因为状态形容词表性状量性，与补语句位义相吻合。

（二）做补语的形容词的复杂化

缪锦安（1990）把做补语的形容词分为单纯形容词、重叠式形容词、带状语的形容词、形容词联合结构和主谓结构[①]。下面我们对这些形容词形式逐一进行讨论。本书的讨论对象不包括形容词构成的主谓词组做补语的情况，因为主谓词组已构成形容词性谓语小句。

---

① 缪锦安：《汉语的语义结构和补语形式》，上海外语教育出版社1990年版，第84页。

1. 形容词重叠形式

重叠是一种重要的汉语语法手段，无论是单音形容词还是双音形容词，重叠后形容词所表性状的量性发生变化。进入状位和补位的形容词重叠式表性状的程度量增加，有些单音形容词重叠后可以做补语。如：

（152）举得<u>高高的</u>/走得<u>慢慢的</u>/染得<u>红红的</u>

双音形容词重叠式做补语的情况也很常见。如：

（153）打扫得<u>干干净净</u>/写得<u>整整齐齐</u>/过得<u>开开心心的</u>

单音形容词重叠式做补语时必须带"的"；双音形容词重叠式做补语，有时带"的"有时不带。卢福波（2010）注意到了这个差异，但未深入分析双音形容词重叠式做补语带不带"的"的规律。

张国宪（2006）认为形容词重叠式做补语带的"的"是状态化标记①。就语法意义而言，形容词重叠式后的"的"相当于"很"类程度副词，负载着形容词的程度量信息。形容词重叠式具有凸显程度量信息的作用。如果形容词前添加程度副词，形容词后不能再添加"的"，如不能说"*老张把窗户开得很大的"。

形容词本身的词义所表程度量越大，越不需要"的"来帮助凸显状态化。这可以解释单音形容词重叠式做状语必须带"的"，双音形容词重叠式做补语不一定要带"的"的现象。单音形容词多为性质形容词，重叠后具有一定状态性，可以进入补语句位。补语句位对入位形容词的程度量有强制性要求，单音形容词重叠式本身具有的程度量不能满足补语句位对程度量的要求，所以单音形容词重叠之后要加上表状态的助词"的"，辅助其凸显其程度量，才能进入补语句位。部分重叠的 ABB 式形容词做补语也必须加"的"。如：

（154）a. 这个孩子长得<u>傻乎乎</u>的。

　　　　b. 大炕烧得<u>热乎乎</u>的。

　　　　c. 屋子里的灯照得<u>明晃晃的</u>。

例（154）一组句子中做补语分别是"傻乎乎"、"热乎乎"、"明晃晃"，它们都是形容词的部分重叠式，后面都要带"的"才能进入补语句位。这是因为形容词部分重叠式虽具有一定程度量，但进入补语句位仍需添加"的"来完成状态化。

---

① 张国宪：《现代汉语形容词功能与认知研究》，商务印书馆 2006 年版，第 84 页。

　　双音形容词内部成员的情况比单音形容词复杂，主要体现在不同结构关系的双音形容词表示的程度量存在差异。双音形容词中的状态词，如"笔直、飞快"等，如将其中的构词语素以 A、B 来指代，二者之间的关系可以码化为"像 A 一样地 B"，形容词描写程度的语义明显，是相对定量形容词。这类状态词在进入补语句位时，形容词后加不加"的"很自由，如"跑得飞快"、"跑得飞快的"都成立。状态词一般为双音形容词，重叠形式为 ABAB 式，如"站得笔直笔直的"。

　　从历时发展角度看，由于汉语词语的双音化趋势，双音形容词多少带有程度量。但随着语言的发展，不少双音形容词所负载的程度量由于高频使用而不断减损。当双音形容词重叠式 AABB 式进入补语句位时，有些要加"的"，有些不要加"的"，有些可加可不加"的"。

　　并非所有双音形容词都能重叠。李大忠（1984）指出联合式双音形容词只有不到 1/4 能重叠，而动宾式、偏正式和主谓式双音形容词能重叠的比例更小。第二构词语素轻读的联合式双音形容词可以重叠，如"干净、清楚、整齐"等，这类联合式双音形容词完成了单核化过程，表示事物的性质而非状态①。大部分双音形容词不能重叠，这可能跟双音形容词的历史相对于单音形容词更短，口语化程度不高等因素相关。如：

　　（155）a. 干净——干干净净　　卫生——＊卫卫生生
　　　　　　b. 漂亮——漂漂亮亮　　美丽——＊美美丽丽

　　例（155）中所列举的 a 组的两个形容词"干净"和"卫生"是同义词；b 组的"漂亮"和"美丽"也是同义词，但"干净"和"漂亮"可以重叠，"卫生"和"美丽"不能重叠。这可能因为"干净"和"漂亮"的历史长、口语化程度高，所以容易重叠；相反"卫生"和"美丽"的书面色彩比较明显，历史也短，单核化程度低，所以不能重叠。这个问题值得作深入和系统的探讨。双音形容词的一部分属于性质形容词，大部分是状态形容词。状态形容词是发展变化最快、最不稳定的词类，形容词所表性状的程度量在语言发展过程中处于动态变化之中。

　　石锓（2010）指出，能与叠音形容词搭配的动词的语义范围很窄。叠音形容词做状语对其所修饰的动词具有很强的词语选择性，叠音形容词和动词之间的搭配甚至是固定的，如"徐徐开动"、"袅袅升起"、"熊熊

---

① 石锓：《汉语形容词重叠形式的历时发展》，商务印书馆 2010 年版，第 183 页。

燃烧"等，其中的叠音形容词"徐徐"、"袅袅"和"熊熊"，能与之组配的动词非常有限。

形容词重叠式可以凸显形容词描述性状的程度量，但跟程度副词修饰形容词所表示的程度量不同，二者的区别主要表现在：形容词重叠式有两个功能，一方面可以表示事物性状的渐成性①；另一方面表示事物性状的主观性程度量。形容词重叠式做定语表示程度量降低，还可以表示喜爱的色彩；但形容词重叠式做状语和补语时却起增加程度量的作用。如：

（156）a. 他<u>高高</u>的鼻子，眼睛大大的。

b. 领队<u>高高</u>地举起手中的大旗，好让后面的人都看见。

c. 她把斧头举得<u>高高的</u>，在他面前晃了晃。

例（156）中形容词重叠式"高高"在 a 句中做定语，表示主观减量并且带有喜爱的色彩；在 b 句中做状语、在 c 句中做补语，均表示主观增量。

2. 形容词前加程度副词

吕叔湘（1965）指出，单音形容词后置于动词做补语时，形容词前常加程度副词，如"飞得<u>挺</u>低、建设得<u>更</u>美<u>更</u>高"。考察语料我们发现，双音形容词做补语也跟单音形容词一样，在形容词前加上程度副词，再后置于动词做补语的情况很普遍。

根据程度副词所表程度量的主观性和客观性，可以把程度副词分为两类：一是主观性程度副词，如"很"、"非常"、"极"等；二是客观性程度副词，如"更"、"最"、"比较"、"稍微"等。做补语的形容词可以受主观性程度副词修饰。如：

（157）a. 他起得<u>很早</u>，到小树林里背英语去了。

b. 他<u>很早</u>起来，到江边散了会儿步。

例（157）中形容词"早"无论如 b 句中那样，前置于动词"起"做状语，还是如 a 句后置于动词做补语，都可以受主观性程度副词"很"修饰。我们在语料库中检索"很早"做状语和做补语的情况，得到结果如下：

（158）动词 + 得 + 很早：有效语料 17 条。

很早 + 动词：有效语料 13 条。

语料检索的结构表明，"很早"做状语和做补语概率几乎一样，没有

---

① 李劲荣：《指宾状语句的功能透视》，《中国语文》2007 年第 4 期。

明显差异。"很"不是典型的主观性程度副词,高频使用使得"很"所表程度量减损。我们随机选择主观性程度副词"太"、"真"、"有点儿",在语料库中检索它们做状语和做补语的情况,得到结果如下:

1)太

"太"跟形容词组合成偏正结构,后置于动词做补语,句法形式"动词+得+太+形容词"在语料库检索中得到有效语料 646 条,如"扯得太远、说得太重、死得太早、想得太周到、说得太轻松、来得太突然"等。偏正结构前置于动词做状语时,句法形式"太+形容词+地+动词"只检索到有效语料 2 条。总体上看,"太+形容词"结构做状语和做补语出现的概率比为 1∶323,可见,主观性程度副词"太"修饰形容词,以后置于动词做补语为主。但是我们也发现了做状语的语料。如:

(159)我们决不能让警察太轻松地就逮着了凶手。

(160)在还没有开展工作之前,太早地要求照顾是不妥的。

例(159)中不是对已然发生事件的叙述,"不能"表达了说话人的主观态度;例(160)中叙述的也是未然态事件,这两个句子中主观性程度副词"太"修饰形容词,叙述的都是假设条件下的事件,带有说话人的主观意愿。可见,主观性程度副词"太"修饰形容词很少前置于动词做状语,即使出现也受到严格的语境和句法限制。

2)真

主观性程度副词"真"修饰形容词做补语,我们按照句法形式"动词+得+真+形容词"在语料库中检索,得到有效语料 244 条,如"骂得真好、想得真周到、懂得真多、记得真清楚、想得真仔细、干得真利索"等;而前置于动词做状语,按照结构形式"真+形容词+地+动词"在语料中进行检索,未能检索到任何有效语料。

主观性程度副词"真"意思是"的确,实在",是对形容词所描述性状的主观评价。根据时间象似性原则,评价不能出现在动作完成前,所以这个形容词的偏正结构只能后置于动词,如先有动作"干",才有对该动作的评价"利索",所以一般表述为"干得真利索"。

3)有点儿

主观性程度副词"有点儿"修饰形容词后置于动词做补语,结构形式为"动词+得+有点儿+形容词",我们在语料库检索中检索该结构,共得到有效语料 237 条,如"说得有点蹊跷、做得有点过分、闹得有点累、变得有点紧张、梳得有点乱";"有点儿"跟形容词组合前置于动词做状语,我们按照结构形式"有点儿 + 形容词 + 地 + 动词"在语料库中检索,只得到有效语料 7 条。"有点儿 + 形容词"做状语和做补语的比例为 1∶47.4。我们分析该结构做状语的句子,有一些有趣的发现。如:

（161）a. 那青年<u>有点慌乱</u>地把书送我面前。

b. 他抱着一丝希望,<u>有点紧张</u>地望着她。

例（161）中的两个句子中,主观性程度副词"有点"分别修饰形容词"慌乱"、"紧张",前置于动词做状语,这样的表达具有较强的书面色彩,在文学作品中出现,口语中很少见。可见主观性程度副词修饰形容词做状语的频率较低,通常后置于动词做补语。把以上对不同主观性程度副词修饰形容词做状语和做补语的分析结果统计如表 3 - 3。

表 3 - 3　　　　主观性程度副词修饰形容词做状语和做补语情况比较

例词	太	真	有点儿	总计
做补语	646	244	237	2227
做状语	2	0	7	9
比例	323∶1	244∶0	47∶1	161∶1

表 3 - 3 的统计数据表明,主观性程度副词与形容词组成偏正结构后置于动词做补语,在语料库中出现频率是做状语的 161 倍。相比之下,做状语的可能性可以忽略不计。主观性越强、情感性越强烈的主观性程度副词,跟形容词组成的偏正结构做状语的可能性越小。在以上调查的 3 个主观性程度副词中,主观性从高到低依次为:真 > 太 > 有点,这 3 个程度副词与形容词构成的偏正结构做状语的可能性,由高到低依次为:有点 > 太 > 真,显然,二者之间呈负相关。

王邱丕（1992）指出,状位形容词的扩展性很弱,只能受"很,非常"等程度副词修饰。值得注意的是,"很"、"非常"虽然都是主观性程度副词,和上面考察的主观性程度副词"真、太、有点儿"相比,其主观性和情感性程度已弱化。"很"的主观性弱化最明显,甚至程度义都已虚化,口语表达中如果无重读对比,不表示程度量,如"你做得很好"翻译成为英语为"Well done",不能简单地跟英语中表示程度的"very"对译;"非常"最初是属性词,表示"异乎寻常"的意思,由于高频使用,所表示的程度量也已磨损,它的主观性在现代汉语里不如"真、太、有点儿"等主观性程度副词强。

3. 比较句式

形容词做补语时，汉语补语的句位义使形容词所描述性状的程度量凸显，形容词补语句常跟比较句配用。比较句对两个对象在某方面的性状进行比较，对事物性状比较的实质是对性状程度量的比较，相比较的对象一般由介词"比"引入，构成介词短语，前置或后置于句子的谓语动词。

（162）a. 哥哥长得<u>比弟弟</u>高。

　　　　　b. 哥哥<u>比弟弟</u>长得高。

例（162）中做补语的形容词"高"是光杆形式，但有时也可以受"更"、"还（要）"等客观性程度副词修饰，甚至可以在做补语的形容词后加上数量词组，以表明具体的数量差异。数量可以是模糊量，也可是具体量。如：

（163）a. ＊我跳得比他很高。

　　　　　b. 我跳得比他<u>更/还（要）</u>高。（预设：他跳得很高）

　　　　　c. 我跳得比他高<u>一点儿</u>。

　　　　　d. 我跳得比他高<u>五厘米</u>。

例（163）一组句子都是比较句，如 a 句中做补语的形容词"高"，不能受主观性程度副词修饰，但是可以如 b 句受客观性程度副词修饰，或者在形容词后加上表示程度差异的数量短语，这是对形容词所描述性状程度量的一种表达形式。有时介词"比"引介的对象在句子中不出现，不是典型的"比"字句，这时做补语的形容词后也可带某些后附成分。如：

（164）a. 弟弟说得<u>流利一些</u>。

　　　　　b. 玛丽写得<u>漂亮多了</u>。

例（164）两个句子中做补语的形容词"流利"和"漂亮"后，分别加上"多了"、"一些"，只是比较对象没有在句中出现，隐藏在上下文中。做补语的形容词后，也可带表示模糊程度量的成分，常被用于祈使句中。如：

（165）a. 写得<u>清楚一点儿</u>！

　　　　　b. 表达得简洁一点儿！

　　　　　c. 刻画得<u>生动一点儿</u>！

上面这组句子都是祈使句，其中做补语的形容词分别是"清楚"、"简洁"和"生动"，后边都加表示模糊程度量的"一点儿"。

4. "不"修饰形容词做补语

吕叔湘（1966）指出，否定副词"不"也可以看作一种程度修饰，表示程度等于零。吕叔湘、饶长溶（1981）指出，非谓形容词否定用"非"，不用"不"。"非"是古汉语动词，和"不"的区别在于"非"修饰动词性或谓词性成分，如"非慢性"的意思是"不是慢性的"，用"不"否定的形容词没有谓词性，需要用系动词"是"来帮助完成否定判断，如"不是慢性的"。

否定副词"不"可看作一种程度修饰，表示程度量为零。这样"得"后补语所表程度量可以构成一个连续统。无论肯定还是否定，补语句位对入位形容词所表程度量有强制性要求：表示肯定时前加程度副词，或跟比较句配合使用表示程度量；对举句式中光杆形容词由于处于对举构式而含程度义；否定式则表示程度量为零，表示事物不具有该形容词所描述的性状。

5. 形容词性并列结构

有些形容词做补语时不用重叠式或前加程度副词等手段实现形式复杂化，而是跟将意义相近的形容词组成形容词性并列结构，凸显程度量。如：

（166）a. 这个孩子生得<u>聪明伶俐</u>，人见人爱。

　　　　b. 小伙子长得<u>高大健壮</u>。

例（166）中形容词"聪明"与近义词"伶俐"、"高大"与其近义词"健壮"组成同义并列结构，达到凸显程度量的效果。当然，在选择近义形容词时并非完全自由。很多形容词性并列结构因高频共现而具有一定的凝固性，如"聪明伶俐"、"高大健壮"。有些近义形容词中间还添加连词"而"或采用"又……又……"等关联词组合成并列结构。如：

（167）a. 房间布置得<u>整洁而朴素</u>。

　　　　b. 阳光照得整个屋子<u>又温暖又明亮</u>。

我们随机选择述人形容词"高兴"、述物形容词"干净"和述行形容词"仔细"，在语料库中检索它们做补语的复杂形式，得到结果如表3-4。

表3-4　　　　　　　形容词做补语的复杂形式比较

例词	高兴	干净	仔细	总计
光杆形式	23	22	9	54

续表

例词	高兴	干净	仔细	总计
很 + 非常	71 + 17	95 + 28	85 + 19	315
重叠式	11	132	7	150
并列词组	11	13	7	31
其他形式	不 1 + 比 2	不 2 + 一点 1	一些 1	7

表 3 - 4 的统计数据显示，做补语的形容词形式复杂化手段中，出现频率最高的是程度副词修饰形容词，形容词性偏正结构约占形容词复杂形式总数的 57%（315/557），超过一半。程度副词对形容词所述性状进行程度分割以凸显性状的程度性，这符合补语的句位语义内涵。

从数量上看，出现频率第二的是形容词重叠式，约占 27%（150/557），形容词重叠式具有主观调量功能。补位出现的形容词复杂形式还有形容词性并列结构、比况句、形容词后加"一些"、"一点儿"等结构。

值得注意的是，做补语句的形容词也可能出现光杆形式。光杆形容词后置于动词做补语的数量不到总数的 10%。进一步考察语料我们发现，光杆形容词进入补语句位受到句法限制：或者出现在疑问句中，如疑问句"你玩得高兴吗？"；或在形容词补语后需要加表状态变化的"了"，如"玩得高兴了"；或句子表假设条件，如"只要你把衣服洗干净了就可以去玩"；或者是表选择的问句，如"看得仔细不仔细？"这表明，在一定的句法限制下形容词才能以光杆形式做补语。

（三）形容词做补语的其他特点

1. 动态助词"了"的出现

"了"是汉语常用体标记，表动作和状态完成。形容词描述性状具有可变性，有些形容词后可直接添加"了"表性状改变。如：

（168）这里的街道宽敞了，楼房气派了。

（169）几年不见，这姑娘漂亮了不少。

动态助词"了"也可跟变化动词"变"一起表达事物性状的改变。如：

（170）几年不见，这姑娘变漂亮了。

补语标记"得"隐含动作完成义。根据语言经济性原则，形容词在"得"后做补语一般不再加"了"。如：

（171）衣服洗得很<u>干净</u>。

光杆形容词做补语时，可能出现形容词补语后加"了"的情况。如：

（172）小狗玩得<u>高兴</u>了，有时就会长啸一声。

（173）街道变得<u>干净</u>了。

（174）把字体放大了，看得<u>清楚</u>了。

例（172）中形容词"高兴"以光杆形式做补语，后面不用"了"也行，可以说"小狗玩得高兴"。但这个句子仅描写小狗玩耍的状态，在形容词补语句的句末加上"了"，表示小狗性状的改变，小狗只有在"高兴"时才会"长啸一声"；例（173）中的动词"变"后做补语的形容词常与"了"共现，如"变得凉快了"、"变得专注了"；例（174）中在"字体放大"条件下看的程度才能由"不清楚"到"清楚"。形容词做补语时，在句末加上动态助词"了"，肯定补语形容词所描述性状的出现或者改变。

2. 感叹语气

做补语的形容词有时可以是光杆形容词，但句末通常有表达强烈情感的语气。如：

（175）干得<u>漂亮</u>！/看得<u>过瘾</u>！

上例虽然没有出现语气词或感叹词，但语气短促、强烈，句子短小有力，句子表达强烈的感情色彩。当主观性程度副词修饰补语形容词构成的偏正结构做补语时，句子常带表感叹的语气词。如：

（176）装修得<u>真豪华</u>啊！/考虑得<u>太周密</u>了！

例（176）是表达强烈情感的感叹句，主观性程度副词"真"和"太"分别跟形容词"豪华"和"周密"组成偏正结构，后置于动词"装修"、"考虑"做补语，句末带表示强烈感叹语气的"啊"和"了"。

（四）对做补语的形容词的复杂形式的认知解释

张国宪（2006）指出，形容词形式的复杂程度，与形容词所表量性特征的复杂程度之间具有高度一致性，呈正相关[①]。单音形容词形式最简单，只有一个音节，是性质形容词的典型形式，表达的量性特征最简单。双音形容词经过音节添加，意义虚化，量性特征比单音形容词复杂。做补语的形容词一般不采用光杆形式，而是用形容词的复杂形式。

---

① 张国宪：《现代汉语形容词的功能与认知研究》，商务印书馆2006年版，第142页。

语言结构的复杂度和语言传递信息结构的复杂度之间具有象似性，复杂的语言形式便于传递复杂信息。补语句位对程度量有较高要求，这与补语句位的评价性语义内涵有关系，这就要求做补语的形容词以复杂形式凸显形容词所描述性状的程度量特征，而形容词形式复杂化的手段很多，主要有前加程度副词、后附程度性成分、形容词重叠式或者组成形容词性并列结构等，进入补位的形容词多采用复杂形式。

构式语法认为，构式义和入位词义之间交互影响，做补语的形容词采用复杂形式，一方面是由于补位义限制，入位形容词必须复杂化以适应句位语义要求；另一方面是在特定语境中不符合补位语义要求的光杆形容词入位时，补位为入位成分提供形容词的词义不具有的程度义。

周小兵等（2010）在对情态补语（即本书所谓"状态补语"）的偏误分析中，把做补语的形容词凸显程度性要求作为一个语法规则提出，但未对此作深入解释。我们认为，这个语法要求可以从形容词补语具有谓语性上进行解释。根据我们的考察，现代汉语中能做补语的形容词一般都能做谓语。也就是说，汉语的补语都具有谓语性。

石毓智（2003）指出，和古代汉语语法相比较，现代汉语一个重大的变化就是谓语的有界化。"有界"和"无界"是一对认知上的基本概念，事物在空间性上存在"有界"和"无界"的对立，动作在时间上也存在"有界"和"无界"的对立。现代汉语陈述句的谓语在语法上要求一个量性成分，从而使之实现有界化，否则句子就不完整、不合乎语法①，这是汉语动补结构产生后出现的类推效应。形容词做补语必须凸显量性特征，因而做补语的形容词采用复杂形式也是句法的强制性要求，这是现代汉语句子的谓语有界化的二次类推结果。

朱德熙（1982）指出，形容词谓语除对比等特殊情况外，常需要一个程度词修饰。从现代汉语情况看，形容词做谓语时，修饰形容词的程度副词，如"很"，一般不表示实际意义，而是达到使形容词谓语有界化的目的。沈家煊（1995）认为，形容词的"有界"和"无界"表现在性状的程度量上。形容词谓语的有界化是谓语动词有界化的类推效应。第一次类推是由动词谓语的有界化类推到形容词谓语的有界化；第二次类推则是由形容词谓语的有界化类推到形容词补语的有界化。类推的依据是汉语补

---

① 石毓智：《现代汉语语法系统的建立》，北京语言大学出版社 2003 年版，第 188 页。

语都具有谓语性。赵元任（1968）认为，汉语的补语是次级谓语，在某种程度上可以看作谓语。李临定（1963）也认为，汉语补语的位置比谓语更重要。形容词做补语跟形容词做谓语一样，具有凸显量性特征的要求。

第五节　本章小结

本章讨论了形容词做补语的情况，形容词后置于动词做"得"后补语多表结果义，但不限于表结果义。现代汉语的结果补语和状态补语呈现出互补分布：单音形容词多做结果补语，而双音形容词一般做状态补语，能直接在动词后做结果补语的双音形容词很少。可以做结果补语的双音形容词须满足以下条件：语义上由二元状态到单一表意；构词语素之间是并列关系，两个语素之间地位平等；第二个语素读音轻化，这是表意单一性的外在表现。可以做结果补语的双音形容词的构词语素之间必须高度融合，实现意义的同一、结构的并列和表意的单一。本章重点讨论了形容词在"得"后做补语的语义特点和句法限制。

一　唯补形容词的语义特征

唯补形容词是述物形容词，我们把唯补形容词词表中的213个双音形容词按照所描述对象，分成描述无生命度或低生命度事物、描述客观环境、描述人的外形体貌和评价类形容词。考察这4类形容词做补语的情况，发现形容词自身的述物性语义特征跟补语句位的述谓性语义内涵相匹配，补语句位不仅可以补充说明谓语动词，还可以对动作施事或受事补充说明。补语句位具有结果性和评价性语义内涵。形容词及形容词性结构可以做"得"后补语。形容词的语义特征与"得"后补语句位的语义内涵不仅相互匹配，而且相互作用。

二　与唯补形容词组配的动词的特点

与唯补形容词组配的动词以变化动词和状态动词为主，唯补形容词跟动作动词的组配不仅频率低，而且要受严格的句法限制。

与变化动词组配做补语的形容词主要描述变化的事物性状。从动词所述动作的过程性分析，变化动词表瞬间变化，凸显运动终点的性状。变化动词内部成员不同，无论是"变"还是动词"搞"、"弄"、"闹"，都凸显结果性，这跟补语句位结果性语义内涵一致。唯补形容词可以跟变化动词组配，常后置于变化动词做补语。

　　状态动词凸显动作过程的持续性，不强调运动的起点和终点。无论是动词"生"、"长"，还是"渲染"、"衬托"都是状态动词，不是自主动词。这类状态动词对形容词所描述的事物性状不产生影响，动词和形容词之间无致使关系。唯补形容词可以跟状态动词组配，后置于状态动词做补语，描述作为动作结果出现的事物性状。

　　动作动词与唯补形容词的组合频率最低，句法限制最复杂。我们把动作动词分为知域动词、言域动词和行域动词进行了讨论。行域动词表示具体动作，与形容词组合时受事常做主语，构成被动句或无标记被动句，动词和形容词之间存在致使关系；言域动词无法影响所描述事物的性状，是对事物性状的评价；知域动词指人的感觉和思想类动词，这类动词不能改变形容词所描述的事物性状，唯补形容词通常后置于知域动词做补语。

　　本章还分析了与唯补形容词组配的动词的语义特征，对这些动词的语义分析表明，形容词做补语不仅跟形容词自身的语义特征和补语的句位语义内涵相关，而且跟"得"前动词的语义特征联系紧密，跟唯补形容词组配的动词一般是变化动词和状态动词。

三　形容词做补语的句法限制及认知解释

　　形容词后置于动词做补语时，句子的谓语动词以单音动词为主，进入补位的形容词一般不能是光杆形式，而是形容词的复杂形式。

　　补语标记"得"不仅能把复杂句子分开，还能连接两大语言板块，即补语标记"得"具有分离功能和连接功能，"得"有利于复杂信息的语法编码。"得"的标记功能有助于语言解码过程中的语言组块。补语标记"得"隐含动词完成态，可以分为现实性完成态和虚拟性完成。当动作表虚拟性完成时，受到严格的句法制约，包括虚拟形式标记，表假设关系的关联词语、谓语动词前使用能愿动词以及光杆形容词做补语等。

　　补语句中的谓语动词倾向以单音形式出现，具有很强的动词性。补语标记"得"取消了补语句中谓语动词的焦点性，宾语不能出现在动词后，要通过"把"字句、重动句或话题化等手段提到动词之前。

　　进入补语句位的形容词常采用复杂形式，形容词复杂化的手段很多。程度副词修饰形容词构成偏正结构这一形式出现频率最高，其次是形容词重叠形式。光杆形容词也可以后置于动词做补语，但受到严格的句法限制，表现在光杆形容词做补语只能出现在反问句、正反疑问句或感叹句中，这些特殊句式为做补语的光杆形容词提供了程度量性。

　　做补语的形容词常采用复杂形式，这一现象可以从认知语言学角度进行解释。现代汉语句子的谓语结构要求有界化，这是现代汉语语法区别于古代汉语的一个重要特点。现代汉语形容词谓语句中，形容词的有界化是动词谓语有界化的类推。汉语的补语具有谓语性，做补语的形容词的有界化可以视为做谓语的形容词有界化的二次类推的结果。

第四章

形容词的状补异位

第一节　形容词状补异位的界定

一　句法成分位序异动的两种情况

汉语语序相对是固定的。为了凸显交际意图，可改变句法成分的位序，以追求特定的表达效果。现代汉语句子成分的位序异动有两种不同的性质：修辞层面的易位和语法层面的异位。

（一）修辞易位

"易位"是一种常见修辞手段。有些句子成分具有一般的、常规的句法位置，也有特定语境中临时的、超出常规的变位。汉语修辞学界把这种现象叫作"倒装"。如：

（1）a. 你怎么了？

　　b. 怎么了，你？

（2）a. 篮子里放着一个空的破瓷碗。

　　b. 篮子里放着一个破瓷碗，空的。

例（1）中 a 句和 b 句是主语和谓语的易位；例（2）中 a 句和 b 句是定语和中心语的易位。例（1）a 句中，谓语"怎么了"在主语之后，是常位；b 句是在特定语境中为了表达急促和关切、焦虑等语气，把谓语临时调整到主语之前，是变位；例（2）a 句中，定语"空的"前置于中心成分"破瓷碗"，这是定语的常规句位；b 句将定语后置于中心语，并用逗号隔开，定语后置占据句末焦点位置，是变位。

修辞上的易位手段是特定语境中通过调整相对应的句法成分在句子中的语序，达到突出、强调特定信息的功能。值得注意的是，修辞易位现象中的句法成分位序调整，并不改变被调整的句子成分性质，句子表达的意义也没有变化，是为了凸显某一特定语用意图而采取的临时的语序调整，不是语法编码的改变，易位成分的句法性质和句法功能都没有改变。

修辞易位这一手段使用范围很广，不少学者，如陈望道（2008）、黄庆萱（1975）等，都对此进行了研究，尽管学界对易位定义各不相同，所指范围也不一致，但对易位现象的本质认识基本一致。陆俭明（1980）认为，汉语常见易位现象包括主语和谓语之间的易位、状语和中心语之间的易位、述语和宾语之间的易位、复谓结构组成成分之间的易位、述补结构中述语和补语之间的易位等。修辞易位涵盖的语法单位层次很广，包括复合词的构成语素、句子成分和复句位序，但在被颠倒的成分之间，语法关系和语法形式并未因此而发生改变。

（二）语法异位

形容词前置于动词做状语或后置于动词做补语而引发的位序改变，不同于为了强调效果而采用的修辞易位，是作为语法编码规则的状语和补语的位序异动。这样的句法成分的位序异动，已经语法化为语法规则，不是特定语境条件下的临时用法。如：

　　　　（3）a. 他认真地学习汉语。

　　　　　　 b. 他汉语学得很认真。

例（3）中的位序异动改变了形容词"认真"和它所修饰动词"学（习）"之间的语法关系：a 句中形容词前置于动词做状语；b 句中形容词后置于动词做补语。形容词"认真"的状补异位使两个句子的语法形式发生变化：状语标记"地"变为补语标记"得"；双音动词"学习"变为单音动词"学"；形容词"认真"由光杆形式变成前加程度副词"很"的偏正结构。可见，句法成分的性质和形式均因为形容词状补异位而发生了变化。

状补异位并不局限于形容词性句法成分，不少介词短语既可以做状语也可以做补语。戴浩一（1988）对"在 + 处所 + VP"和"VP + 在 + 处所"进行讨论，认为介词短语前置于动词做状语表示事件发生的处所，后置于动词做补语时，倾向于理解为物体通过运动而达到的处所。这体现了"时间顺序象似性原则"（the principle of temporal sequence，PTS）。范继淹（1982）认为，介词短语前置于动词做状语时，指动作发生的处所或状态呈现的处所；当介词短语后置于动词做补语时，指动作到达的处所和状态呈现的处所。可见，状态呈现有时间顺序上的模糊性。

本书的讨论范围限于形容词前置于动词做状语和后置于动词做补语的位序异变。形容词状补异位会引发语法关系和句法形态调整。

二 形容词状补异位引发语义变化

形容词前置于动词做状语和后置于动词做补语是否会引发语义变化？不少学者就状补异位是否引发形容词语义变化进行了研究，认为这个问题不可一概而论。形容词状补异位有时在表意上没有明显差异，有时语义的确是发生了变化。至于什么情况下形容词状补异位会引发语义变化，引发哪些的语义变化，学界未见深入系统的讨论。我们对此问题进行一些探索。

（一）状补异位引发形容词语义变化

丁声树等（1961）注意到，有时同一个形容词做状语跟做补语意思不完全一样。如：

（4）a. 你刚才那段话多说了。

b. 你刚才那段话说多了。

例（4）a 句中，形容词"多"前置于动词"说"，构成状中结构"多说"，句子的意思是"刚才那段话不应该说，多余说了"；b 句"多"后置于动词，构成述补结构"说多"，句子意思是"刚才那段话内容太多，应更简练些"。学者们对形容词状补异位现象的关注，体现了敏锐的学术眼光。但对同一形容词做状语和做补语为何表达不同意义，未作进一步分析。

从形容词的语义指向和辖域范围角度看，上例中的形容词状补异位可以进行解释：例（3）a 句中，动词"说"和宾语"那段话"关系密切，根据语义靠近原则应优先组合。修饰语"多"意思是"不必要的，过分的"，是外围成分，其辖域是动宾结构，a 句的意思是根本没有必要"说话"。形容词"多"表示"不必要的"意思。同理，在"怪我多嘴"中"多"不指嘴的数量多，而表"不必要的插话"之义，在短语"多心"、"多事儿"中形容词"多"都是"不必要"的意思。

例（4）中，b 句是复合语义结构，"你刚才说话"交代了信息背景，"话多了"是焦点信息。该句中形容词"多"的语义指向"话"，可以理解为"你刚才说的那段话的数量多了"。

同一形容词"多"为什么在 a 句中意思是"多余和不必要"，而在 b

句中表示"数量大"？这和形容词的语义指向有关。当"多"跟不可数的抽象名词组合时，如"多事、多疑、多嘴"，"过分，不必要"的意思被激活。跟动词组合也是如此，如短语"多说了、多想了、多担心了"中的"多"均表此义。动作不同于事物，只有时间性，没有空间性。如果动词后跟的是数量词组，则表数量的形容词"多"语义指向数量短语。如：

　　（5）他多说了一句话，惹祸了。

　　另一个常被引用的形容词状补异位引发语义差别的例子是：

　　（6）a. 你错听了他的话。

　　　　　b. 你听错了他的话。

　　例（6）a 句中动词"听"和名词性短语"他的话"组成动宾结构，该结构中动词"听"的意思是"听从（劝告），接受（意见）"，状位形容词"错"表示说话人对动宾结构所述事件的评价，并不参与构成句子的信息结构，a 句意思是"你听从他，你错了"，也就是"你不该听他的意见"；b 句是复合语义结构挤压在一个单句，交代背景信息的是"你听了他的话"；作为信息焦点的是"他的话是错的"。这里"听"的意思是"用耳朵接受声音"，形容词"错"指向受事宾语，意思是"你耳朵接受到的来自他的声音信息是错的"，意思是"听到的字句上有误"。

　　（二）形容词状补异位不引发语义变化

　　丁声树等（1961）支持同一形容词做状语和做补语时，也有句子的意思差不多的情况。如：

　　（7）a. 你错打了主意。

　　　　　b. 你打错了主意。

　　我们在语料库中检索形容词"错"跟"打主意"分别组合为状中结构和动补结构的情况，得到"错打了主意"的有效语料 10 条，数量很少；检索"打错了主意"得到有效语料 146 条，二者之比为 1：15。值得注意的是，动词"打"所带的宾语大部分是"算盘"、"主意"，也出现了"人"、"孩子"做宾语的情况，但所占比率很低。"打主意"的意思是"想办法，设法谋取"；"打算盘"的意思是"合计，盘算"。由于语义的凝固性，句法形式上无论形容词"错"前置于动宾短语还是插入动词和宾语之间，形容词的语义均指向动宾结构。如：

　　（8）后悔当年不该错打了主意，没跟你一道去上学。

（9）如果你打算翻墙进来，那可是打**错**了主意。

例（8）"**错**打了主意"和例（9）"打**错**了主意"意思差不多，形容词"错"做状语和做补语表意没有差别，这是因为"打主意"是固定表达。如果动词"打"和它所带宾语不是固定结构，形容词"错"前置或后置于动词"打"所表达的意思不同。如：

（10）望着眼前这个汉子，她知道自己打**错**了人。

（11）他是讲道理的人，绝不会**错**打了孩子。

例（10）中"打**错**了人"是"打"的对象"人"搞错了；例（11）中"**错**打了孩子"指的是没有正当理由地打，是"打孩子"这件事做错了。一般情况下，不存在形容词状补异位而意义不变的情况，因为汉语状语和补语的句位义存在差异。只有在动词和宾语结构和语义紧密且凝固度高的情况下，才会出现形容词前置或后置于动词而意义不变的情况。

形容词状补异位所表达的意思是否相同，还跟形容词是否表达主观评价有关。当形容词表达客观评价时，做状语和做补语的差别不明显。如：

（12）他自小**熟**读经书，尤其精通医学。

（13）好在这些书我们都读**熟**了，有跟没有都一样。

例（12）"**熟**读"和例（13）"读**熟**"都表示动作已完成，吕叔湘（1966）认为"熟读"和"读熟"意思差不多，其实二者存在语用差异。例（12）中形容词"熟"做状语描写动作"读"，句子叙述的是读书这件事；例（13）中"熟"做补语是对动作结果的凸显，两个句子凸显的焦点不同。通过拟构上下文信息，我们可以清楚地看到表述焦点不同带来的语用差异：形容词"熟"做补语时，句子和下句之间具有因果关系，因为读熟了（甚至可以背出来，书上的知识内化为自己的东西），所以"有没有都一样"；而"熟读经书，尤其精通医学"二者之间是递进关系，前后句叙述的是两个并列事件。

张国宪（2006）对"晚去一个小时/去晚了一个小时"进行了对比分析，指出形容词"晚"前置于动词做状语，指动作发出者主观上有意识地控制去的时间，而后置于动词做补语时，强调动作发生的客观性，不是主观意愿。可见做状语强调动作发出者的主观愿望，而做补语强调的是对动作结果的评价。

吕叔湘（1966）认为，"早来—来早"的意思没太大区别。我们认为，不可忽视二者在句法上不同，"早来了"后面可以加表示时间的短语，如"早来了20多分钟/几个月/几年"等；而"来早了"后边常出现的不是具体的时间，而是"一点儿，一些"等表述模糊数量的词组。这说明形容词无论做状语还是做补语都描述事物性状，但状语句位具有客观性而补语句位具有主观性。

（三）形容词与动词的语义匹配

形容词状补异位是否引发句子意义的改变？除形容词选择的句法位置具有的句位义影响外，不可忽略形容词自身语义跟它所组合的动词语义的匹配度。如：

（14）他劝老人快点走，但老人说什么都不肯离去。

（15）他不时喊掉在后边的人："快点走呀，前边就到了！"

例（14）第一个分句中动词"走"的意思是"离开，离去"，第二分句采用了"走"的同义形式"离开"；例（15）动词"走"的意思是"向前移动"。两个句子中修饰动词"走"的形容词"快"因为跟同音异义动词"走"搭配，被激活的语义不同：在例（14）真正参与组合的是该词的副词义"赶快"；例（15）的语境中被激活的是其形容词义"速度高"。在表达交际意图时，母语者通常借助语言直觉的帮助。语言直觉主要表现在词的语义特点以及人们根据认知经验判断的词与词产生关联的可能性。前置于动词的"快"有形容词性和副词性，不同词性表意不同，上下文语境提供了选择条件。形容词后置于动词没有歧义，只能表示"加速前行"的意思。如：

（16）老人催促他的宠物走快点儿。

（17）我们走快点儿，其他人都快看不见了。

上例符合时间顺序象似原则。形容词"快"前置于动词，可以理解为动作已发生或尚未发生，如果动作"走"尚未发生，其修饰语"快"倾向于理解为副词"赶快"，动词"走"理解为"离开，去"，如此可以使形容词跟动词语义匹配；如果动作已发生或正在发生，"快"倾向于理解为"速度高"，与动词表"双脚交互前移"的语义组合时，才最符合人们的认知经验，是最自然的组配。

可见，形容词和动词的语义匹配是形容词跟动词组合的前提条件，同时也是形容词能够前置或后置于动词形成状补异位的语义基础。如果把动词"走"换为"来"，可以说"快点儿来"，但不能说"＊来快点儿"。因为动词"来"表示"达于某一点"，不强调动作持续过程，只有达及目的之义，修饰它的形容词"快"只能描写动作过程的状态，动词"来"和形容词"快"的语义不匹配，不具备组合的语义基础，所以不能组合。

三　形容词状补异位

汉语形容词有不少既可以做状语也可以做补语。我们对《汉语形容词用法词典》中的双音形容词进行统计，得到可状可补形容词 686 个，占总数的 69.2%（词表详见本书附录 3）。从数量上看，可状可补形容词是一个重要类别。分析可状可补形容词的语义特征、形容词状补异位的句法限制，以及形容词状补异位引发的语义变化和语用差异，有助于我们深入认识汉语状语和补语的本质。

多义形容词的不同义项做状语或做补语的功能不同。我们通过考察同一形容词做状语和自评补语的情况，发现同一形容词在跟不同类型的动词组合时，形容词做状语和做补语的能力不同。可能出现形容词和某个动词组合时可以做状语，但不能做补语；但该形容词与别的动词组合，既可以做状语也可以后置于动词做补语的情况。形容词状补异位体现了可状可补形容词与不同动词的语义关联，从这个视角进行分析，有助于我们从语义层面探究形容词状补异位现象的本质。

第二节　可状可补形容词的语义特征

一　述行性和述物性

我们在第三章中分析了唯状形容词的语义特征，发现唯状形容词描写的对象是动作，唯状形容词与状语句位的语义内涵相吻合；本书第四章分析了唯补形容词的语义特征，发现唯补形容词是述物形容词，形容词描写的对象是事物而非动作，包括无生命的自然环境和生命度最高的人，唯补形容词的述物性是汉语补语具有谓语性的一个证明。通过考察 686 个可状可补形容词我们发现，可状可补形容词既可以描写事物，也可以描写动作，即可状可补形容词同时具有述行性和述物性。

（一）形容词的同一义项既可述物也可述行

有些形容词既可前置于动词做状语又可后置于动词做补语，如形容词"诚恳"，《现代汉语词典》对该词的释义如下：

（18）诚恳：形容词，真诚而恳切：态度诚恳｜言出肺腑，诚恳感人

"诚恳"只有一个义项，是单义形容词。在词典释义配例中只出现了**做谓语的用法**，陈述对象一个是"态度"，一个是"言辞"。我们在语料库中找到了形容词"诚恳"做状语和做补语的用法。如：

（19）a. 医生<u>诚恳</u>地说："不应该这么对待前来就诊的病人。"

　　　 b. 律师<u>诚恳</u>地问："可以把你刚才讲的东西发给我吗？"

（20）a. 医生说得很<u>诚恳</u>，让病人很感动。

　　　 b. 律师问得很<u>诚恳</u>，绝不是有意刁难的问题。

例（19）两个句子中形容词"诚恳"分别前置于动词"说"、"问"做状语；例（20）两个句子中形容词"诚恳"依然跟动词"说"、"问"组合，但都后置于动词做补语。可见形容词"诚恳"跟动词"问"、"说"组合时可以实现状补异位。

形容词"诚恳"可以做状语，因为该形容词描述动作行为。形容词的词义是"真诚而恳切"，该义项可以修饰动作，表示动作发出者的主观意愿和动作的伴随性状。"诚恳"也可以用来描写事物。如：

（21）你知道，我这人是很<u>诚恳</u>的。

（22）他的态度很<u>诚恳</u>，让人不忍心拒绝。

例（21）中形容词"诚恳"描写的对象是人；例（22）中"诚恳"的描写对象是抽象名词"态度"，描写对象可以是人、态度，也可以是动作方式。从人类认知经验看，判断一个人是否"诚恳"，常通过观其行，听其言而实现，即"诚恳"的性状通过言行表现。因此，形容词"诚恳"所述性状可以是主体所具有的，也可以是主体表现出来的言行，这就为可状可补形容词具有述物性和述行性提供了认知基础。

（二）形容词不同义项分别述行与述物

不少汉语形容词是多义词。通过考察多义形容词做状语和做补语的语料，我们发现，做状语和做补语的并非多义形容词的同一个义项，而是该形容词的不同义项，形容词的不同义项做状语和做补语的能力不同：多义形容词的义项中的后起义、引申义等具有抽象性的义项，既可以做状语也可以做补语；形容词的初始、具体性义项，可以做补语但不能做状语。我们选取形容词"漂亮"为例进行考察。《现代汉语词典》对该形容词的释义如下：

（23）漂亮，形容词①好看，美观：她长得漂亮｜打扮得漂漂
亮亮

　　②出色：事情办得漂亮｜普通话说得漂亮

　　根据词典释义，"漂亮"有两个义项：第一个义项是初始意义，描写
对象是具体事物，常跟具体名词组配，释义配例描写人的长相和打扮，做
补语。我们在语料库中检索该义项，除配例给出的动词，"漂亮"还常跟
"写，装修，盖，修，穿"等表具体动作的动词组成动补结构。形容词
"漂亮"的初始意义不能做状语只能做补语；第二个义项"出色"是引申
义，描写对象不是具体名词，而是行为和抽象事件，配例是"办事情"、
"说普通话"等，不是具体动作。同样在语料库中进行检索，我们发现该
义项常做状语，跟动词"降落，完成，反驳，结束，击败，战胜，拒绝，
消灭"等组成状中结构，形容词"漂亮"的引申义可以做状语也可做
补语。

　　词义演化的一般规律是从具体义到抽象义，这个演化方向符合从易到
难的认知规律。语言历时研究表明，汉语形容词最初是单音形式，单音形
容词多为性质形容词。典型形容词多为性质形容词，初始义通常描写事物
的外形、颜色、温度等可视可感的具体性状。随着语言的发展，形容词的
语义演化跨越认知域，逐步向描述动作行为的方向演化，高频使用使得形
容词演化出的跨认知域意义得以稳定，成为形容词的新义项。如形容词
"长"的初始义是"两端之间的距离大"，描写事物之间的空间距离，后
由空间域跨认知域到抽象的时间域，如"长时间"、"长久"、"漫长"中
"长"所描写的是时间而非空间。

　　形容词初始义的优选句位是后置于动词做补语；后起的引申义或比喻
义在语义上更加抽象，与它组配的动词的语义范围也更加宽广，形容词引
申义项的作用也就更加广泛，既可前置于动词做状语，也可后置于动词做
补语。如：

　　（24）一个大城市就这样彻底干净地消失了。

　　（25）我要干净地生活在这个世界上，直到干净地离开。

　　例（24）中形容词"干净"前置于动词"消失"做状语；例（25）
中"干净"做动词"生活"、"离开"的状语。形容词"干净"在例
（24）中的意思是"一点儿不剩"；在例（25）中是"形容没有被污染
的，纯净的"意思。"干净"做状语时不是形容词的初始义而是引申义，

而且做状语时所修饰的动词"消失"、"生活"、"离开"都是状态动词，不是动作动词。

　　为了验证以上结论，我们再考察形容词"饱满"做状语和做补语的情况，得到了相同的结论。根据《现代汉语词典》的释义，形容词"饱满"有两个义项：一是"丰满"，二是"充足"。我们在语料库中检索形容词"饱满"前置于动词做状语的形式"饱满＋地＋动词"结构，得到有效语料90条，但其中"精神饱满＋地＋动词"就占了87条。对该结构进行层次分析，"精神"与"饱满"先构成主谓结构，再以主谓结构形式修饰动词做状语，所以这87条语料并非形容词"饱满"直接做状语。如：

　　　　（26）他休息了一会儿，又精神饱满地投入下一轮竞赛。

　　例（26）中形容词"饱满"并非直接做状语，而是跟"精神"组成主谓结构，再修饰动词"投入"。这87条语料都不是形容词"饱满"做状语。形容词"饱满"做状语的有效语料只有3条。如：

　　　　（27）饱满地叙述／饱满地展示／饱满地聚焦

　　形容词"饱满"修饰的动词"叙述"、"展示"、"聚焦"都不是动作动词，"饱满"与这类动词组成状中结构，词义是"充足"。我们在语料库中检索形容词"饱满"后置于动词做补语的形式"动词＋得＋（很）＋饱满"，得到有效语料16条，与形容词组配的动词有"显、结、长、灌"等。如：

　　　　（28）稻子长得饱满而结实。

　　　　（29）嘴唇涂得饱满鲜红。

　　例（28）中形容词"饱满"的语义指向句子主语"稻子"；例（29）中"饱满"的语义指向句子主语"嘴唇"。这些都是具体名词，形容词"饱满"对具体的事物性状进行描写。

　　当形容词表抽象义时，既可以做状语又可以做补语，如"饱满地叙述／叙述得很饱满"。但当形容词表具体义时，一般做补语，很少做状语，如可以说"长得很饱满"但一般不能说"＊饱满地长"。可见，表抽象义的形容词可以实现状补异位，可状可补形容词的语义具有抽象性。

　　多义形容词的初始义倾向后置于动词做补语，其抽象义既可前置于动词做状语，也可后置于动词做补语。跟可状可补形容词组配的动词的语义也有相应的语义特征，形容词的具体义项倾向于跟动作动词匹配，形容词的抽象义项倾向跟表抽象义的动词匹配。这一方面说明形容词和动词的组合基础是形容词和动词的语义特征，词的语义特征是语法编码的内因，句法成分的组合本质上由词的语义特征决定；另一方面也表现了语言系统具有内部调整和适应的自洽性。

二 与可状可补形容词组配的动词

我们在第四章中分析了与唯补形容词组配的动词的音节特点和语义特征。可状可补形容词做补语时，与之组配的动词以单音动词为主，这与唯补形容词做补语的表现相同，可状可补形容词前置于动词做状语时，与形容词组配的动词多为双音动词。

（一）动词的音节特点

通过第四章讨论我们发现，与唯补形容词组配的动词以单音动词为主，可状可补形容词后置于动词做补语时，"得"前动词是否是单音动词？我们随机选择"匆忙"、"草率"、"粗鲁"、"缓慢"4个可状可补形容词，在语料库中检索它们做状语和做补语的语料，与形容词组配的动词的音节情况如表4-1。

表4-1 与可状可补形容词组配的动词的音节数比较

例词	坚定	草率	粗鲁	缓慢
做状语	单52+双24	单40+双44	单16+双20	单22+双31
做补语	单8+双1	单15+双2	单17+双1	单7+双9

表4-1中的"单"表示单音动词，阿拉伯数字表示语料数量，"双"表示双音动词，统计数据表明：

1. 可状可补形容词前置于动词做状语时，动词音节特点不明显，无论是从单个形容词的状补异位还是从所选取的形容词状补异位的总体上看，形容词做状语修饰单音动词和双音动词的概率相近。

2. 可状可补形容词后置于动词做补语时，"得"前单音动词和双音动词出现概率相差较大，单音动词远高于双音动词，从总体统计结果看，单音动词和双音动词之比为3.6∶1。

3. 当可状可补形容词做补语时，"得"前双音动词的语义范围很窄，出现频率最高的是"表现"，形容词可以在动词"表现"后做补语。如：

（30）他在这件事情上一直<u>表现</u>得很坚定。

　　（31）在最后一个球的处理上<u>表现</u>得很草率，很急躁。

　　（32）他在和对方球员的冲突中<u>表现</u>得很粗鲁。

　　跟动词"表现"意思相近的"显得"出现的次数也多，这是状态动词，适合描写事物呈现出来的状态。形容词"缓慢"跟其他3个可状可补形容词不同，后置于动词做补语时，动词以双音动词为主。如：

　　（33）她很幸运，衰老得<u>很缓慢</u>。

　　（34）这种能力提高得<u>很缓慢</u>。

　　（35）这高高低低的山路，自然走得<u>缓慢</u>。

　　当双音动词与"缓慢"组配时，形容词前常加程度副词"很"，如例（33）和例（34）的"很缓慢"；后置于单音动词做补语时，形容词多以光杆形式出现，如例（35）"走得缓慢"。可状可补形容词做补语时，谓语以单音动词占绝对优势，双音动词不是绝对不能出现，但多为"表现"类动词。当可状可补形容词前置于动词做状语时，谓语可以是单音动词，也可以是双音动词。

　　（二）动词的语义特点

　　动词的双音化不仅意味着词语长度上的变化，语义和句法功能也发生了相应的变化。沈家煊（1997）、张伯江（1997）和张国宪（2006）指出，随着动词音节的增加，动词的动词性减弱的同时名词性增强。统计表明，可状可补形容词前置于动词做状语时，动词可以是单音动词也可以是双音动词；当可状可补形容词后置于动词做补语时，谓语多采用单音形式。如：

　　（36）父子俩紧紧地拥抱在一起

　　　　　→? 父子俩拥抱得紧紧的

　　　　　→父子俩抱得紧紧的

　　例（36）中双音动词"拥抱"变换为单音动词"抱"再做补语更自然，在语料库中出现频率高。在语料库中检索双音动词"拥抱"和单音动词"抱"跟形容词组合的情况，结果如下：

　　（37）拥抱＋得＋形容词：有效语料14条，

　　　　　"得"后补语：甜甜蜜蜜/更紧密些/更紧/太紧/不能太紧/很紧/

　　　　　不剩一丝缝隙/像一对久别重逢的恋人/紧紧的；

　　　　　抱＋得＋形容词：有效语料150条，

　　　　"得"后补语：我发疼/死死的不能动/紧紧的怕她飞走/
白袍法师喘不过气来

　　从语料库中检索到的语料数量看，双音动词"拥抱"和单音动词
"抱"后带补语的数量之比约为 11：1。显然单音动词带补语的频率比双
音动词高得多；单音动词后所带补语的语言结构的复杂性也更高，说明单
音动词后所带补语的扩展性强、能产性高，这表明单音动词带补语的能
力强。

　　进一步考察双音动词"拥抱"和单音动词"抱"后的补语还发现，
双音动词"拥抱"所带的补语是对客观状态的描写，如"拥抱得紧/不剩
一丝缝隙/像一对久别重逢的恋人/甜甜蜜蜜"等，单音动词"抱"后所
带补语比较丰富，既有对动作施事的情态描写，也可描写结果的性状，如
"抱得我发疼"、"抱得白袍法师喘不过气来"，而且补语的结构形式更加
复杂，从单个形容词到小句都可以充当单音动词后的补语。

　　陆丙甫（2012）指出，简单的动作常用比较简单的"动词名用"形
式，复杂社会事件往往编码为构成比较复杂的专职事件名词。动词编码也
体现了跟名词一样的复杂度象似性原则，简单、具体的动作编码为单音动
词，复杂、虚化的动作则编码为双音动词，如"推—推动、开—开展、
写—书写、飞—飞翔"等。越具体的动词对论元的控制力越强，形容词
越倾向于进入补语句位。因为汉语补语句式是复合语义挤压进单句结构的
结果，其深层语义表示事物由于动词所述的动作而发生状态改变。谓语动
词的动词性很强，因为动词必须联系动词前句子主语和动词后补语两个句
法成分。语言系统内部调适的结果，使形容词做补语时，句子的谓语动词
以单音动词为主。

　　做状语的形容词前置于动词，语法编码时形容词常与修饰的动词紧密
相邻，对动词性没有特别的要求，所以当形容词前置于动词做状语时，形
容词所修饰的动词在音节上没有特别要求，既可以是单音节动词，也可以
是双音节动词。

三　既不能做状语也不能做补语的形容词

　　本书统计的 989 个常用双音形容词中，有 75 个既不能做状语也不能
做补语的形容词，约占 7.6% 。考察这类形容词可以从不同侧面反观汉语
的状语和补语的本质。汉语中既不能做状语也不能做补语的形容词可以细

分为以下类型：

（一）叠音述物形容词

（38）皑皑、斑斑、勃勃、蒙蒙、忡忡

以上叠音形容词既不能做状语也不能做补语，形容词的语义特点决定了有些形容词主要描述动作行为，有些形容词主要描述静态事物。例（38）中的叠音形容词，根据《现代汉语词典》的释义，都具有述物性语义特征。

（39）皑皑：形容霜雪洁白。

勃勃：精神旺盛或欲望强烈的样子。

蒙蒙：形容雨点细小的样子。

忡忡：忧虑的样子。

斑斑：形容斑点很多。

以上这些叠音形容词的描写对象多为事物，包括"霜雪"、"雨点"、"精神"、"斑点"等。叠音述物形容词自身的语义特点决定了这类形容词没有跟动词组合的语义基础。它们描写对象的范围很窄，有些形容词和所描写对象之间的组配甚至是固定的，这使叠音述物形容词的语义范围狭窄，组合能力较低，与组配成分之间有词语选择性，如"白雪皑皑"、"细雨蒙蒙"、"生机勃勃"、"忧心忡忡"、"泪迹斑斑"。

（二）偏正结构述物形容词

在既不能做状语也不能做补语的形容词中，有些是偏正结构的述物形容词。值得注意的是，偏正结构形容词多是状态词，但这些偏正结构形容词与一般状态词不同。试比较下面几组状态形容词和偏正结构形容词：

（40）碧绿—草绿

雪白—银白

金黄—杏黄

例（40）中的三组形容词中，左边的"碧绿"、"雪白"、"金黄"是状态词。状态词的构词语素之间是偏正关系，整个词所表达的意义不局限于第一个构词语素所指事物的颜色，而是泛指这一类的颜色。状态词的语义已虚化，这个特点从词典对状态词的释义上清晰可见，《现代汉语词典》对其中一组形容词"金黄"、"杏黄"的释义如下：

（41）金黄：黄而微红，略像金子的颜色。如：金黄的头发、田野一片金黄

（42）杏黄：黄而微红的颜色。

以上两个释义看起来几乎一样，但例（41）中"略像金子的颜色"，这是语义虚化的表达，表一类颜色，而不是具体的"金子"的颜色。状态词词义已虚化，不局限于第一个语素所指代的事物，可以广泛地修饰具有这类颜色的其他事物，如"头发"、"麦浪"等。语义虚化使状态词能与更多的词组合，与状态词组配的词的语义范围拓展，甚至跨认知域进行组配，这使本来描述事物的状态词"金黄"具有了做状语或做补语的可能性。如：

（43）太阳的余晖把竹林映得金黄。

（44）烤得金黄的乳猪摆在圆桌的中央。

例（43）中"金黄"描写的是在落日余晖映衬下"竹林"的颜色；例（44）形容词描写的是炙烤之后"乳猪"的颜色。这都是通过动词所述动作而引发事物颜色的改变，动补结构所表达的语义在特定语境中可以被理解和接受。状态形容词前置于动词做状语的情况不少，特别是在文艺语体的表达中。如：

（45）庄稼已经苗壮地、碧绿地绵延在那里了。

（46）屋顶仿佛已经雪白地蚀去了一块。

例（45）中的"碧绿"和例（46）中的"雪白"都是状态词前置于动词做状语的情况，这在文艺语体中较为常见，这样的状中组合可以使语言表达更加生动和形象，产生陌生化审美效果，是一种常见的修辞手段。

偏正结构形容词"杏黄"的情况与状态词"金黄"不同，其中限定颜色的语素"杏"的语义并未虚化，整个词"杏黄"的语法化程度不高，能和它组配的词范围有限，更不能与跨认知域的词语组配，常见的组合是"杏黄的布/旗子/衣服/穗子"等，修饰的名词都指具体的物体，形容词"杏黄"作定语指该物体的颜色。

可见，虽然同为述物形容词，状态形容词可以跟动词组配，前置于动词做状语或后置于动词做补语；一般的偏正结构述物形容词却只能跟名词组合，做定语或做谓语，一般不能跟动词组配，这是语法化程度不同引发的结果。

状态形容词的构词语素之间是偏正关系，但整个词的语义已虚化，词的语法化程度高，形容词性强，语法功能丰富。一般偏正结构的述物形容词的构词语素间的凝固度不如状态形容词那么高，整个词的语义虚化程度也不如状态形容词，词的功能接近名词性，语法功能受到限制。

（三）非谓述物形容词

既不能做状语也不能做补语的形容词中还有一类非谓形容词，绝大部分非谓形容词只能做定语不能做状语，因为大部分非谓形容词都是述物形容词。在常用的989个双音形容词中结果统计和语料库检索得到以下9个不能做状语的非谓形容词：

（47）微型、上等、特定、唯一、业余、袖珍、英雄、低级、高级

以上所列均为非谓形容词，只能做定语不能做状语，它们所描述的对象都是事物而非动作，它们不能做状语和补语是因为形容词自身语义跟动词无关，形容词词义特征决定了它与动词组配的可能性。

分析以上三类既不能做状语也不能做补语的形容词，我们发现述物形容词的描写对象是名词性的事物，其优选句位是修饰名词做定语或在体词性主语后做谓语。当述物形容词的语义虚化后可能跟动词产生语义关联，具有做状语和做补语的可能。从语言历时发展的角度看，有些述物形容词在发展过程中，词义经历了认知域的跨越，发展到可以描述动作，成为述行形容词。也有部分形容词由于历史用法的遗留，语法化程度低，不能做状语和做补语。

不能做状语也不能做补语的形容词数量不多，对这类形容词的语义分析表明，词义特征是形容词能否进入状位或补位的内因，是形容词与动词组合的语义基础。形容词的语义特征和状语补语的句位的语义内涵之间存在相互影响和相互制约的互动关系。

第三节　不同语义指向形容词的状补异位

我们在第二章和第三章中分别对形容词做状语和做补语的限制条件进行了分析，发现形容词的语义特征是其进入状位或补位的语义基础。本节我们分析可状可补形容词状补异位的限制条件。任何句法成分都必须加载在语义角色上，从语义角度进行分析有助于认识语法编码从语义落实到句法的本质。可状可补形容词可以实现状补异位，但在句子中形容词的语义指向不同，有的指向动词，有的指向动词的受事和施事，甚至指向整个句

子。不同语义指向的形容词状补异位受到的限制也不相同，可能是句法上的，也可能是语义上的。

无论形容词前置于动词做状语还是后置于动词做补语，形容词都跟句子的其他句法成分发生语义关联，组成信息结构共同传递信息。与形容词发生语义关联的句法成分不外乎是句子的谓语动词、动词的施事受事，可根据可状可补形容词的语义指向讨论形容词状补异位现象。

一　形容词的语义指向受事

当形容词的语义指向动作受事时，形容词通常后置于动词做补语，如"衣服洗得干干净净的"中"衣服"位于句首位置，是动词"洗"的受事，形容词"干净"的语义指向"衣服"，后置于动词做补语。动词受事一般是体词性成分，语义指向受事的形容词多为述物形容词，形容词的述物性特点决定其适合描写事物性状。当形容词的语义指向受事时适合做补语。语义指向受事的可状可补形容词是否实现状补异位？下面我们根据形容词与动词之间的语义关系分别进行讨论。

（一）动词和形容词之间有致使关系

句子的结构中心是谓语，动词和形容词都可以充当汉语句子的谓语，但谓语以动词为主。一个动词可能关涉两个论元，即动作施事和受事。施事常编码为句子主语，受事编码为宾语，即"受事宾语"。当形容词的语义指向受事宾语时，表示动作引发了事物性状的改变，这符合补语句位的语义内涵，形容词通常编码为补语。如：

（48）他把院子打扫得<u>干干净净</u>。

（49）小客厅收拾得<u>温馨而雅致</u>。

例（48）中句子的主语"他"是动词"打扫"的施事，"院子"是受事，形容词的语义指向受事，其重叠式"干干净净"后置于动词做补语。形容词做补语时，谓语动词后不能直接带宾语，通过介词"把"将受事宾语提到动词之前；例（49）的情况不同，动词"收拾"的施事并未出现，动词受事"小客厅"编码为句子的主语，形容词的语义指向受事，形容词性并列结构"温馨而雅致"后置于动词做补语。以上两个例句都是语义指向受事的形容词后置于动词做补语的情况，不同的是例（48）中施事做句子主语，例（49）句中受事做主语。

这两个句子中的形容词能否移到动词前做状语，或者说形容词状补异位能否实现？我们试着将例（48）和例（49）进行变换：

　　　　（48）他把院子打扫得干干净净。→＊他干干净净地打扫院子。

　　　　（49）小客厅收拾得温馨而雅致。→＊小客厅（被）温馨而雅致地收拾。

　　上面的变换分析说明，语义指向受事的形容词不能由补语变换到状语位置，这是因为动词"打扫"、"收拾"和形容词"干干净净"、"温馨而雅致"之间有致使关系，动词所述的动作致使受事宾语呈现出形容词所描述的性状。做补语的形容词所描述的性状是动词所述动作引发的结果，形容词做补语凸显动词和形容词之间的致使关系，符合补语句位的结果性语义内涵，形容词具有的语义特征与补语句位的语义内涵相吻合。

　　动词和形容词之间存在致使关系时，形容词不能前置于动词做状语。根据语言象似性原则，动作导致的结果是形容词所描述的性状，应该在动词之后出现，形容词前置于动词做状语违反了语言的时间顺序象似性原则。

　　当动词是及物动词时，受事宾语不能直接出现在动词后，有两种方式将受事宾语提前：

　　1. 受事提到句首位置

　　语言是传递信息的工具，信息流一般从已知信息到新信息，从旧信息到新信息。形容词做补语时，谓语动词后不能带宾语，受事宾语可以提到句首位置充当话题，如例（49）中，受事"小客厅"提到了开头做句子主语。对某事物通过动作而呈现形容词所描述性状的表达常采用这样的方式。如：

　　　　（50）衣服洗得很干净。

　　　　（51）宅子造得很雅致。

　　这类把受事提前到句首做主语的句子中，施事一般不出现，是无标记被动句，句子表达的意思是"衣服被洗得很干净"和"宅子被造得很雅致"。

　　2. 介词"把"将宾语提前

　　"把"字句是汉语独特的句式，表示对人或事物的处置结果，"把"字后的宾语是被处置对象，通常是动词的受事。处置义很宽泛，不仅包括对人和事物的直接处理，也包括通过动作使事物发生变化或具有某种性状。"把"字句的动词不能是光杆形式，必须带有其他成分，以补语最为常见，表达动词和形容词之间的致使关系，凸显作为结果事物性状。如：

（52）他把心中的女孩描绘得<u>善良又美丽</u>。

（53）妈妈把孩子教育得<u>特别自信</u>。

（54）奶奶把小孙子养得<u>白白胖胖</u>。

例（52）中动词"描绘"的施事"他"、受事"心中的女孩"都在句子中出现了，通过介词"把"将宾语提到动词之前，语义指向受事"女孩"的形容词补语"善良又美丽"占据句末焦点位置。值得注意的是，动词"描绘"是言域动词，对受事宾语进行描写，意思是因为"他"的"描绘"，"女孩"呈现"善良而美丽"的性状。可见动词和形容词之间不是直接的、典型的致使关系，但可理解为广义因果关系。

例（53）中动词"教育"和形容词"自信"、例（54）的动词"养"和形容词"白白胖胖"之间的语义关系都是如此。动词不能使事物性状发生变化，但动词和形容词之间存在广义因果关系，而广义因果关系是致使关系的一种拓展。动词和形容词之间具有致使关系时，形容词只能后置于动词做补语，不能前置于动词做状语。

（二）动词和形容词之间无致使关系

动词和形容词之间无致使关系时，语义指向受事的形容词可前置于动词做状语。如：

（55）a. 那件布衣服<u>干干净净</u>地穿在身上。

　　　 b. 孩子们都穿得<u>干干净净</u>的

（56）a. 孩子们身上<u>脏兮兮</u>地涂满了水彩。

　　　 b. 孩子们身上涂得<u>脏兮兮</u>的。

例（55）a 句和 b 句中的动词都是"穿"，a 句中形容词的语义指向动词"穿"，其重叠式"干干净净"前置于动词做状语；b 句中形容词后置于动词做补语。例（56）的情况与之相似，形容词的语义指向受事"孩子们身上"，其部分重叠式"脏兮兮"可以做状语和做补语。这是因为谓语动词"穿"、"涂"和形容词"干干净净"、"脏兮兮"之间没有致使的关系，不因为穿所以衣服干干净净了，动词"穿"在句子中不是动作动词而是状态动词，与状态动词组合的形容词没有结果性，只有描写性。当动词和语义指向宾语的形容词之间无致使关系时，形容词既可前置于动词做状语，也可后置于动词做补语。

（三）形容词的不同义项与动词的关系

汉语多义形容词具有多个义项，形容词的不同义项和动词之间是否存在致使关系对不同义项做状语和做补语的影响也是决定性的。以形容词"干净"为例，根据《现代汉语词典》释义，"干净"有三个义项：

（57）干净，形容词①没有尘土、杂质等

②形容说话、动作不拖泥带水

③形容一点儿不剩

以上三个义项做状语和做补语的能力不同。我们在语料库中检索形容词"干净"做补语的情况，得到"很干净"的语料117条、"非常干净"的语料17条、"干干净净"的语料878条。无论采取何种形式，都是形容词的第一个义项做补语，少数情况下第三个义项也可以做补语。如：

（58）他一早就把院子打扫得<u>干干净净</u>。

（59）土匪的兵马被消灭得<u>干干净净</u>。

（60）恶言恶语和恶心恶念都要断得<u>干干净净</u>。

例（58）中形容词重叠式"干干净净"的意思是"没有尘土、杂质等"；例（58）和例（59）中的"干干净净"的意思是"形容词一点儿不剩"。第一个义项"没有尘土、杂质等"描写的是自然环境，是述物形容词，适合做补语；第三个义项"形容一点儿不剩"的语义已虚化，可以做补语也可做状语。

我们在语料库中检索"干净"做状语的情况，得到有效语料29条。如：

（61）红军在南昌附近彻底<u>干净</u>地消灭了敌人一个团。

（62）她们巧妙地利用这个机会<u>干净</u>地脱了身。

（63）氩气的确能够比较<u>干净</u>地排除掉空气。

例（61）和例（63）中形容词"干净"都是"形容一点儿不剩"的意思；要达到"一点儿不剩"的程度，需要动作的引发，所以这个义项容易跟动词发生语义关联，例（61）的动词"消灭"有"除掉"的意思，例（63）的动词"排除"义为"去掉，除去"，两个动词都有引发状态从有到无，最后"完全彻底、一点儿不剩"的语义特点。所以，这个义项有跟动词发生语义关联的词义基础，可以前置于动词做状语。例（62）中的"干净"表示"动作不拖泥带水，干脆利落"的意义，形容词描写对象多为"动作"，这就为形容词做状语提供了语义基础。"干净"的三个义项中，第一个义项描述具体事物性状，其优选句位是做补语，动词和形容词义项之间存在致使关系；第二个义项描述动作，其优选句位是做状语；第三个义项既可以描述事物又可以描述动作的状补，所以可以实现形容词状补异位。

形容词的述物性和述行性语义特征是决定形容词句位选择的语义基础，同一形容词的多个义项跟动词的组合有不同表现，有的义项和动词之间存在致使关系，有的义项和动词之间不存在致使关系，这使形容词的不同义项在做状语和做补语的句位选择上有着不同的倾向。

（四）语义指向宾语的形容词

汉语学界曾经讨论"指宾状语句"，指形容词占据状语位置，但状位形容词的语义却不指向动词而是指向动词宾语的句子。如：

（64）a. 妈妈<u>香香脆脆</u>地炸了一盘花生米。

b. 妈妈炸了一盘<u>香香脆脆</u>的花生米。

c. 妈妈把花生米炸得<u>香香脆脆</u>的。

例（64）a 句形容词前置于动词做状语，但形容词"香香脆脆"的语义并不指向动词"炸"，而是指向受事宾语"花生米"。吕叔湘（1986）认为，这种现象是定语位移到了状语位置上。这个句子的常规表述应如例（64）b 句，语义指向受事"花生米"的"香香脆脆"前置于中心成分做定语，这样的语序符合语言编码的语义靠近原则。动作受事"花生米"通过动作"炸"而发生性状的变化，变得"香香脆脆"了。

依照这个语义关系，也可以把句子编码为如例（64）c 句，把语义指向受事宾语的形容词后置于动词做补语，通过介词"把"将受事提到动词之前，这样句子的语义角色就在句法成分中分别得到了落实。

由指宾状语句变为形容词补语句，在句法形式上的变化是，在形容词做定语和做状语的句子中的"一盘花生米"需要调整，形容词做补语的句子中"把"后名词性成分是有定的，是交际双方的共知信息，做补语的形容词所描述的事物性状是话语焦点，是新信息。从信息传递的角度看，例（64）c 句和 a 句、b 句之间存在很大的差异，它们表达效果不同，出现的语境也不同。

学界对指宾状语句的讨论多集中在形容词从定语到状语位移发生的条件，张力军（1990）认为指宾状语句中的动词和形容词之间有致使关系；郑贵友（2000）认为，指宾状语句中的动词有处置性，性状有可控性；卢建（2003）则认为只有制作类自主动词才能进入指宾状语句；李劲荣（2007）分析了指宾状语句的篇章功能和形容词定状语异位的语用动机。

指宾状语句是否可以变换为形容词补语句？郑贵友（2000）认为指宾状语句中的形容词具有"动宾双系"性质，根据动词语义特点可分为"制作类、呈现类、感知类"①。下面我们对指宾状语句中的这三类动词分别进行讨论，探寻指宾状语句中形容词状补异位的规律。

1. 制作类动词

指宾状语句中谓语动词为制作类动词时，一般可以转换为补语句。如：

（65）a. 小朋友<u>圆圆</u>地<u>画</u>了一个鸡蛋。

b. 小朋友把鸡蛋<u>画</u>得<u>圆圆</u>的。

例（65）中动词"画"和语义指宾语的形容词"圆圆"之间存在致使关系，动词有制作义，由于"画"这个具体动作，宾语的性状才得以呈现。这种情况下，指宾状语句可以变换为形容词补语句，实现形容词的状补异位。有时动词并非严格意义的"制作"动词，但动词和形容词之间存在致使关系，指宾状语句也可以变换为形容词补语句。如：

（66）a. 他<u>圆圆</u>地<u>瞪</u>大了眼睛。

b. 他两只眼睛<u>瞪</u>得<u>圆圆的</u>。

例（66）中动词"瞪"和形容词"圆圆"之间存在致使关系，也可以实现从指宾状语句到形容词做补语的转换。语义指向宾语的形容词在语法编码时，其优选句位是后置于动词做补语，用以说明宾语在动词作用下产生的性状变化。指宾形容词后置于动词做补语符合语言的时间象似性原则。在语料库中检索形容词重叠式"圆圆"做状语和做补语，得到"圆圆"前置于动词做状语的有效语料 3 条；"圆圆"后置于动词做补语的有效语料 36 条。做状语和做补语之比为 1：12。这个统计数据证明了以上分析。进一步考察"圆圆"做状语和做补语的语料还有一些发现。如：

（67）一颗颗汗珠圆圆地<u>流</u>下来。→＊汗珠流得圆圆的

（68）因为没有树，小山圆圆地<u>立</u>在那里。→＊小山立得圆圆的

（69）太阳圆圆地<u>挂</u>在屋角。→＊太阳在屋角挂得圆圆的

例（67）、例（68）和例（69）都是形容词"圆圆"做状语，但形容词语义并不是指向宾语，句中动词分别为"流"、"立"、"挂"，都是

---

① 郑贵友：《现代汉语状位形容词的"系"研究》，华中师范大学出版社 2000 年版，第74—76 页。

状态动词。状态动词引发宾语的性状变化，状态动词和形容词之间无致使关系，形容词不能编码为补语，"圆圆"只能前置于动词前做状语。

但在句子谓语为动作动词时，形容词状补异位可以实现。如：

（70）她的指甲<u>修剪</u>得圆圆的。→她圆圆地修剪了指甲。

（71）月饼<u>做</u>得圆圆的。→圆圆地做了个月饼。

（72）他把坟头<u>拍</u>得圆圆的。→他圆圆地拍出了坟头。

例（70）中的动词"修剪"、例（71）动词"做"和例（72）的动词"拍"都具有广义"制作"义，动词跟形容词之间有致使关系，动词所述动作引发宾语变得"圆圆"的，致使关系可以表述为"指甲因修剪而圆"、"月饼因做而圆"、"坟头因拍而圆"。这类制作类动词后语义指向受事的形容词可以编码为补语，也可以编码为状语。

语料统计与分析表明，语义指向受事的形容词跟制作类动词组合时，形容词的优选句位是后置于动词做补语，这是因为制作类动词的语义蕴含动词受事在动作影响下出现某种新的性状，新性状表示新信息，新信息容易成为句子的焦点。汉语补语位于谓语动词之后的句末位置，形容词的语义特点与补语句位的语义内涵相互吻合，所以语义指向受事的形容词与制作类动词组合的优选句位是补语。

2. 呈现类动词

修饰呈现类动词做状语的形容词，从语义特点上看可以分为两类：一是表示变化的结果，一是表示动作呈现的状态。如：

（73）地上明晃晃地<u>丢</u>着把杀猪刀。→﹡杀猪刀丢得明晃晃的

（74）腰带上黑洞洞地<u>插</u>着支手枪。→﹡手枪插得黑洞洞的

例（73）中的动词"丢"和例（74）中的动词"插"都是动作动词，在动词后都带表状态持续的"着"，而且句子主语都是表处所的"地上"、"腰带上"等方位词组。这类句子没有宾语，句子主语是受事，形容词语义指向受事，是典型的存现句。形容词和动词之间无致使关系，形容词描写的性状是固有的、稳定的，不因动作而发生改变。形容词一般不能后置于动词做补语。

为了印证以上论断，在语料库中检索形容词"黑洞洞"做补语，只得到1条有效语料，出现在变化动词"变"的后面；形容词"黑洞洞"前置于动词做状语有5条语料，主要动词有"透着、指向、对准、塞满、指着"。试比较下面的例句：

（75）蜡烛一吹，屋子马上<u>变</u>得黑洞洞的。

（76）七八个枪口全都黑洞洞地<u>对准</u>了我。

同样，在语料库中检索形容词"明晃晃"，得到后置于动词做补语的有效语料6条，前置于动词做状语的有效语料32条。如：

（77）娘屋里的灯<u>照</u>得<u>明晃晃</u>的。

（78）太阳<u>明晃晃</u>地<u>照</u>着水泥地面。

形容词所描述性状是否具有易变性是形容词能否做补语的重要语义条件，当形容词语义具有恒定性时，只能在变化动词和状态动词后做补语。

3. 感知类动词

指宾状语句中形容词语义指向受事时，多前置于感知类动词前，跟感知类动词组成状中结构。这类指宾状语句不能变换为形容词补语句。如：

（79）<u>热热</u>地<u>喝</u>了一杯咖啡→＊咖啡喝得热热的

（80）<u>香喷喷</u>地<u>吃</u>了桶爆米花儿→＊爆米花儿吃得香喷喷的

（81）<u>咸咸辣辣</u>地<u>吃</u>了四年食堂→＊四年食堂吃得咸咸辣辣的

例（79）中形容词"热热"和例（80）中形容词"香喷喷"的描写对象分别是"咖啡"、"爆米花"，形容词描写食物的温度和味道；例（81）的形容词"咸咸辣辣"的描写对象从字面上看似乎是"食堂"，但其实是用地点指代"食堂做出来的菜"，形容词描写食物的味道。这些句子中的动词都是"吃"、"喝"等感知动词。

形容词在这类句子中描写人体感受到的事物的性状，动作不能改变事物的性状，动词和形容词之间没有致使关系，所以在感知动词前做状语的形容词一般不能后置于动词做补语。

人体的感知除了味觉，还有触觉、视觉和听觉，表述这些人体感受的感知动词是否都如味觉感知一样，不能实现形容词状补语异位？我们看下面的例句：

（82）<u>滑溜溜</u>地<u>摸</u>到了一条鳝鱼→＊鳝鱼摸得滑溜溜的

（83）<u>模模糊糊</u>地<u>看</u>到了远处的灯火→远处的灯火看得模模糊糊的

（84）<u>清清楚楚</u>地<u>听</u>到了他的呼喊声→他的呼唤声听得清清楚楚的

例（82）中形容词"滑溜溜"描写的是动词"摸"的受事"鳝鱼"的性状，这个性状通过动作而被感知，这种感觉类动词和形容词之间不存在致使关系,一般只能编码为状语,不能编码为补语。但例(83)的形容词"模模糊糊"描写动作"看"的受事"远处的灯火";例(84)的形容词"清清楚楚"描写动作"听"的受事"他的呼喊声",动词和形容词之间也没有致使关系,但形容词可以后置于动词做补语。这是因为"模模糊糊"、"清清楚楚"跟"滑溜溜"的语义特征有所不同,前者描述的性状并不是受事"灯火"、"呼喊声"固有的、恒定不变的性状,而是通过感知动作"看"、"听"感受到的事物的临时性状,不同主体对同一事物感知的性状可能不同,同一主体在不同条件下对同一事物的感知也可能存在差异。这种感知动词和形容词之间具有广义致使关系,形容词可以后置于动词做补语。

综上所述,制作动词、呈现动词和感知动词跟语义指向受事的形容词组合,形容词做状语和补语的能力不同。语义指向受事的形容词跟制作类动词组合时,形容词可以做状语,也可以做补语;与呈现类动词组合时,形容词一般只能做补语而不能做状语;与感知类动词组合的情况比较复杂,当形容词描述事物恒定的、不因动作而改变的性状时,形容词只能前置于动词做状语,当形容词所描写的性状因动作而改变、具有临时和易变性时,形容词可以实现状补异位。

二　形容词的语义指向动词

语义指向动词的形容词具有述行性,述行形容词描写动作发生的时间、空间、力度、速度、难度、动量等。述行形容词的语义特征跟状语句位的语义内涵一致,述行形容词通常前置于动词做状语,因为状语是动词的修饰成分,跟动词的语义关联最为密切。

汉语补语句位的语义内涵非常丰富,进入补位的形容词既可以对谓语动词进行补充,也可以对施事、受事做出说明,从形容词的语义特征和状语补语句位的语义内涵上看,语义指向动词的形容词具有做状语和自评补语的语义基础。

朱文文(2008)统计述行形容词做状语和做补语的比例是 2.09∶1。①我们随机选择"及时"、"深刻"、"细致"3 个述行形容词在语料库中对

---

① 朱文文:《现代汉语形容词状语语序选择机制研究》,博士论文,北京语言大学,2008 年。

其做状语和做补语的情况进行检索。不同于朱文文（2008）的是，我们考察的语料不限于形容词和动词相同的情况，而是以形容词相同为唯一参照标准，考察语义指向动词的形容词前置于动词做状语和后置于动词做补语的情况，包括形容词跟不同动词的组合。统计结果详见表4-2。

表4-2　　　　　语义指向动词的形容词做状语和做补语情况比较

例词	做状语次数	做补语次数	状补比例
及时	31	11	3∶1
深刻	25	4	6∶1
细致	12	3	4∶1
总计	68	18	3.8∶1

表4-2统计数据表明，语义指向动词的形容词做状语的次数高于做补语，形容词做状语和做补语的比例为3.8∶1。朱文文（2008）的统计对象比我们的统计范围小，所以形容词做状语和做补语之比，跟我们的统计结果有些差异，但有一点是共同的，就是语义指向动词的形容词做状语的比例高于做补语。

根据语义靠近原则，语义关系紧密的句法成分在语法编码时倾向于紧密组合在一起。语义指向动词的形容词描写对象是动词，前置于动词做状语是其优选句位。

进一步考察形容词做补语的语料，我们发现形容词做补语时动词都不是在句子中首次出现，也就是说，动词不传递新信息而是旧信息。如：

（85）老人看问题看得深刻极了。

（86）他就这样爱着这个女孩，爱得深刻入骨。

（87）你先自我检讨吧，如果检讨得深刻，处分就免了。

例（85）中动词"看"出现两次，是重动句，而重动句中动词重复出现，其语义已弱化；例（86）动词"爱"在前后两个分句中分别出现；例（87）中动词"检讨"也出现了两次。这些句子中"得"前动词都是第二次出现。

在一个句子或具有语义关联的前后两个分句中，动词第一次出现往往是新信息，第二次出现不传递新信息，所以"得"前动词只是起连接"得"前背景信息和"得"后补语的作用。由于"得"前动词不传递新信息，其焦点性被取消。虽然语义指向动词的形容词可以实现状补异位，但从深层语义关联看，形容词做状语时它的语义跟动词关联，而且只跟动词相关；形容词做补语时，其语义不仅跟动词关联，而且跟施事和受事相关联。形容词做状语可以表达动作发出者的主观意愿，但做补语时描述动作引发的事物性状。

语义指向动词的形容词的优选句位是前置于动词做状语，下面我们根据谓语动词的不同类型，分别讨论形容词状补异位的限制条件。

（一）谓语动词是状态动词

形容词修饰的动词一般是自主动词，当动作发出者对动作能有意识地控制时，形容词充当的方式状语才有意义。但也有不表示动作方式，而是表示程度、范围和时间的形容词，这类形容词可以前置于动词做状语。

状态动词不强调动作的起点和终点，不叙述具体动作行为，表示一种关系或者属性。如：

（88）只有到那时，自由、权利<u>真正</u>地属于人民。

例（88）中动词"属于"是状态动词，"真正"是属性词，在动词前做状语限制动词。因为状态动词和形容词之间没有致使关系，形容词不能后置于动词做补语。典型的状态动词还有"是、等于、以为、值得、显得、总计"等。谓语动词是状态动词时，形容词一般编码为状语，不能实现形容词状补异位。

语料考察我们还发现，有一类描写人体动作的动词，如"跑、站、坐、睡、躺、骑、贴、哭、笑"等，所述动作也不强调动作的起点和终点，而是突出动作的持续过程，表达人体在一个时间段内相对静止的状态。当形容词与这类状态动词组合时，可以前置于动词做状语或后置于动词做补语，实现形容词状补异位。如：

（89）a. 看见她<u>安稳</u>地<u>坐</u>在自己面前。

　　　　b. 在这些珠宝首饰中，你们<u>坐得安稳</u>？

（90）a. 小战士<u>笔直</u>地<u>站</u>在门前，目不斜视。

　　　　b. 庞大的身子立刻<u>站得笔直</u>，目不斜视。

（91）a. 她幸福地看着<u>安静</u>地<u>睡</u>在身边的儿子。

　　　　b. 晚上孩子不再闹了，<u>睡得安静</u>了。

例（89）中"坐"、例（90）的"站"和例（91）的"睡"都是表示人体相对静止姿态的动词，形容词"安稳"、"笔直"、"安静"可以前置于动词做状语，也可以后置于动词做补语，表意没有太大差异。

状态动词表述人体姿态，而形容词的语义指向动作，形容词无论前置或后置于动词均描写动词所述身体状态。表示人体姿态的动词通常是不及物动词，不带受事宾语，语义结构相对简单，动词和做补语的形容词之间不存在致使关系。

（二）谓语动词为变化动词

变化动词"变"可以接受形容词修饰。如：

（92）他的性格<u>彻底</u>地变了。→他的性格变得很<u>彻底</u>。

（93）事故就这样<u>突然</u>地发生了。→事故发生得很<u>突然</u>。

例（92）中的动词"变"和形容词"彻底"、例（93）中动词"发生"和形容词"突然"之间都没有致使关系，形容词可以实现状补异位，但以形容词前置于动词做状语的情况较多。如：

（94）春天河水<u>缓慢</u>地融化。→<u>河水融化得很缓慢</u>。

（95）战争就这样毫无预兆地<u>突然</u>爆发了→战争爆发得很<u>突然</u>。

变化动词强调动作结束时事物的性质突变，有瞬间变化的语义特点。形容词前置于变化动词做状语是对变化的描述，是描写性的，如例（94）中形容词"缓慢"前置于动词"融化"作状语，是对融化的描写，句子整体上是陈述性的；形容词后置于动词做补语则凸显对性状变化的评价，如例（94）的形容词"缓慢"后置于动词"融化"做补语，则是对"河水融化"速度的描写和评价，进入补位的形容词具有更强的谓语性，但因为形容词的语义指向动词，形容词的位序异动并不引发句子表意差异。

（三）谓语动词是动作动词

当语义指向动词的形容词与动作动词组合时，形容词既可以前置于动词做状语，也可后置于动词做补语，形容词状补异位可以自由地实现。如：

（96）如果我做得不对，你要<u>及时</u>提醒我。

（97）你提醒得很<u>及时</u>，很好。

上面两个例句中的形容词"及时"，意思是动作发生的时机正合乎需要，其语义指向动作，与动词"提醒"既可以组成偏正结构，也可以组成动补结构。但当动词所述动作尚未完成，即动词为未然态时，形容词一般前置于动词做状语，如例（96）中通过假设关系关联词"如果"和第二小句中情态助词"要"可以推断，动词"提醒"所述动作尚未实现，此时形容词要前置于动词做状语，这体现了语言编码中的时间顺序原则，因为形容词表示说话人的主观意愿，是先于动作发生而存在的；例（97）则是对已经完成了的动作做出的评价，此时形容词后置于动词做补语，一方面体现了语言的时间象似性原则，即先有动作，后有对已发生动作的评价；另一方面体现了补位的评价性功能。

值得注意的是，当句子的谓语动词的构成语素之间是动宾关系或动补关系时，形容词常做状语，不能后置于动词做补语。以下我们分别考察动补结构和动宾结构的谓语动词，跟语义指向动词的形容词组合的语序。

1. 谓语是动补结构

我们先观察下面两个例子：

（98）老乡们<u>巧妙</u>地把敌人<u>引入</u>了包围圈。→＊老乡们引入得很巧妙。

（99）老师<u>巧妙</u>地<u>引用</u>了一个典故来说明问题。→老师引用得很巧妙。

例（98）和例（99）中形容词"巧妙"前置于动词做状语，但例（98）中形容词不能后置于动词"引入"做补语；例（99）中形容词却可后置于动词"引用"做补语，这是为什么？原因在于两个动词的结构不同。例（98）的"引入"是"引"和表结果的"入"构成的动结式，表达两个事件结构：副事件是"老乡们引敌人"，主事件是"敌人入了包围圈"，两个事件结构在语法编码时挤压进入单句，形容词"巧妙"指向动词"引"而非表结果的"入"。因此，动结式动词与形容词组合时，形容词不能实现状补异位。

从句子的信息结构看，补语标记"得"取消谓语动词的焦点性，"得"后补语成为句子的焦点，如动词带结果补语的成分，动词后出现两个焦点：一个是结果补语，另一个是状态补语。一个句子中出现两个不同性质的焦点，从听话人的角度看，这使听话人无法准确聚焦，这与言语交际中"落实唯一焦点"的原则相悖。

这个规律的另一个体现是补语句中的谓语动词必须是光杆动词，不能采用复杂形式。如：

（100）<u>顺利</u>地<u>买到</u>了火车票→＊买到得很顺利→买得很顺利

（101）<u>迅速</u>地<u>做完</u>了今天的作业→＊做完得很迅速→做得很迅速

（102）<u>清楚</u>地<u>听见</u>了他的呼喊声→＊听见得很清楚→听得很

清楚

从以上例句变换可以清楚地体现这一规律，例句左列是形容词前置于动词做状语；中间和右列都是形容词后置于动词做补语。中间一列的动词分别为"买到"、"做完"、"听见"，这些动词均为动结式，即动词后已带了一个表示结果的语素，所以这类动词不能再带形容词做补语；右列中的动词不同，把动词中表结果的语素去掉了，变成单纯动词，变换之后，形容词可以后置于动词做补语。

形容词与动词组合时能否实现形容词状补异位，与跟动词组配形容词的单纯性有关，这种单纯性既体现为简单形式，也体现在简单的结构上。换言之，动词既不能是复杂的动词性词组，也不能是动结式复合动词。这一规律不仅在语义指向动词的形容词做状语时存在，当形容词的语义指向动作施事或受事时同样起作用。如：

（103）他高兴地<u>唱完</u>了这首歌。→﹡他唱完得很高兴→他唱得很高兴。

（104）我们干干净净地<u>扫完</u>了教室。→﹡教室我们扫完得干干净净→教室我们扫得干干净净。

例（103）中"高兴"的语义指向动作施事"他"，当动结式"唱完"做句子谓语时，形容词只能前置于动词做状语，如左侧；此时形容词后置于动结式做补语，如中间一列的句子；当把谓语动词中的结果补语"完"去掉后，谓语"唱"为单纯动词，此时形容词可以后置于动词做补语。例（104）中形容词重叠式"干干净净"的语义指向动作受事"教室"，形容词状补异位的情况跟例（103）相同，要把做谓语的动结式"扫完"简化为单纯动词"扫"。

以上对形容词状补异位限制条件的分析可以证明，"得"后形容词充当的补语的确带有结果性。根据语言的经济性原则，相同性质的句法成分不能也不需要出现两次，故动结式做谓语时形容词不能后置于动词做补语。

2. 谓语是动宾结构

句子谓语由动宾结构的复合动词充当时，形容词只能前置于动词做状语，很难实现形容词状补异位。如：

（105）缓慢地<u>踱步</u>→﹡踱步得很缓慢→？（步）踱得很缓慢

（106）急促地<u>打嗝</u>→﹡打嗝得很急促→？（嗝）打得很急促

例（105）中形容词"缓慢"和例（106）中"急促"所修饰的是动宾结构动词"踱步"、"打嗝"，动词性语素和名词性语素的凝固度很高。动词"踱"很少单用，常用于固定搭配，如"踱方步"、"踱来踱去"等；动词"打"虽然可以单独使用，但"打嗝"已作为一个动词被《现代汉语词典》收录。构词语素内部为动宾结构的动词做谓语时，形容词不能直接后置于动词做补语，需要把宾语提前，这样形容词可以后置于单纯动词做补语。即使动宾结构的黏合度高，已经完成了词汇化，一般已经作为词被词典收录，跟这类动补结构的动词组合时，形容词可以前置于动词做状语，但不能后置于动词做补语。如：

（107）准备工作顺利就绪。→＊准备工作就绪得很顺利

　　　　　　　　　　　→＊准备工作就绪得很顺利

无论谓语是动补结构还是动宾结构的动词，与语义指向动词的形容词组合时，形容词均前置于动词做状语。如果要把形容词编码为补语，必须将谓语动词单纯化。这种语言系统内部的调整是为了保证形容词做补语时占据焦点位置，使形容词补语的焦点性得以凸显。

综上所述，语义指向动词的形容词跟动词组合时，形容词状补异位能否实现跟动词的性质有关。无论是变化动词、状态动词还是动作动词，当动词是简单形式的动词时，形容词可以实现状补异位；如果谓语是内部结构为动宾结构或动补结构的复合动词或动词性词组时，形容词的状补异位需要在简化谓语动词的前提下实现状补异位。

三　形容词的语义指向施事

动词论元包括动作施事和动作受事。根据认知经验，动词所述动作一般由施事发出，施事是动作的发出者。语义指向施事的形容词一般是述人形容词，即使形容词描述的对象是生命度高的人，或者具有较高生命度的其他生物。

述人形容词的描写对象是人，述人形容词可以前置于动词做状语，描写动作发出者发出动作时的伴随神情、心理状态等，形容词跟动词之间存在紧密的语义关联。述人形容词也可后置于动词做补语，用于描述和评价动作引发的事物性状。我们以形容词"高兴"为例进行考察，《现代汉语词典》对该词的释义如下：

（108）高兴①形容词，愉快而兴奋：听说你要来，我很高兴。

②动词，带着愉快的情绪去做：他就是高兴看电影。

从以上释义可见，形容词"高兴"的语义跟动词联系紧密，当表达带着愉快而兴奋的情绪去做某个动作时"高兴"常做状语。通过检索语料库，我们得到"高兴"前置于动词做状语的有效语料511条。如：

（109）孩子一听这话，立刻<u>高兴</u>地跳了起来。

（110）看到老师进来，同学们<u>高兴</u>地鼓掌欢呼。

再检索语料库，得到"高兴"后置于动词做补语的有效语料45条。如：

（111）他听得<u>非常高兴</u>，不住地点头表示赞许。

（112）菜的味道很一般，但是大家吃得<u>很高兴</u>。

（113）只要活得<u>高兴</u>，穷一点没关系。

以上例句中形容词"高兴"以光杆形式或复杂形式后置于动词做补语。从语料出现频率看，语义指向施事的形容词做状语的频率高于做补语，以形容词"高兴"为例，做状语和做补语的频率之比为11：1。

语义指向动词施事的形容词是否可以实现状补异位？形容词状补异位后的表意是否发生变化？根据汉语动词的过程性特点，可以把谓语动词划分为动作动词、状态动词和变化动词三类，下面我们对语义指向受事的形容词的状补异位现象分别进行考察。

（一）谓语动词是动作动词

语义指向施事的形容词做状语时，谓语动词大部分是动作动词。如：

（114）老人<u>愤怒</u>地挥舞着拳头。→＊老人挥舞得很愤怒

（115）孩子们<u>高兴</u>地在花园里玩儿。→孩子们玩得很高兴

例（114）中形容词"愤怒"的语义指向动作"挥舞"的施事"老人"；例（115）中"高兴"的语义指向动作"玩"的施事"孩子们"。述人形容词跟动作动词组合时，形容词的语义指向分析在汉语学界存在不同的看法：有的学者认为述人形容词做状语时语义既指向动作施事，也指向动词所述动作本身；有的学者认为述人形容词的语义仅指向动作的施事。

值得注意的是，同样是语义指向施事的形容词，状补异位的可能性并不相同，例（114）的形容词不能后置于动词做补语，但例（115）中的形容词可以实现状补异位。状语句位的基本功能是描写，补语句位的基本功能是对结果进行评述。形容词究竟做状语还是做补语，起决定作用的因

素是形容词自身的语义特点，以及形容词跟与它组配的谓语动词之间的语义关联。例（114）中形容词"愤怒"和动词"挥舞"之间不存在致使关系，动作"挥舞"不能致使施事者"老人"产生"愤怒"情绪，而补语句位具有结果性特点，描写动作发出者状态的形容词不能进入补位；例（115）中形容词"高兴"和动词"玩"之间存在致使关系，动作"玩"使施事"孩子们""高兴"，动词和形容词之间存在致使关系，形容词所描述的状态是动作引发的结果，符合补语句位的结果性特征，"高兴"可以做补语。

虽然形容词"高兴"可以实现状补异位，但做状语和做补语时的语义不同，比较下面两个句子：

（116）菜味道一般，但大家吃得<u>很高兴</u>，因为是自己亲手第一次做出来的菜。

（117）阔别二十年的同学相聚，每天<u>高兴</u>地吃饭、神侃，只要在一起就开心。

例（116）中形容词"高兴"是动作"吃"引发的结果，吃上了自己第一次亲手做的菜，这是"高兴"的原因；例（117）中的"高兴"是动作发生的伴随状态，不是动作"吃"致使的结果。考察形容词做状语和做补语的语料，我们发现能跟形容词"高兴"组合的动词不多，动作动词更少，出现频率比较高的动作动词有"吃、看、谈、聊"等，都是及物动词，动词与受事构成动宾结构，该结构所叙述事件是致使施事呈现"高兴"状态的原因。如：

（118）今晚吃的是精致的广东菜，所以大家都吃得<u>很高兴</u>。

（119）他们聊工作，聊生活，什么都聊，聊得<u>很高兴</u>。

形容词做补语时谓语动词所述动作引发"高兴"状态，动词和形容词之间的语义关系可以理解为"因 V 而高兴"，如"说、聊、讲、谈"等动词都可以引发"高兴"；"吃、喝"等动词是通过满足人的生理需求而很使人"高兴"，动词和形容词有致使关系。

有些动词和形容词之间无致使关系，但由于语境所提供的信息，可以临时产生由动作而引发形容词所述状态，即产生临时致使关系。如：

（120）他<u>摔得高兴</u>，不管三七二十一，拉住一个人就摔。

（121）小竹排上的游人<u>划得高兴</u>，大声唱歌，大声笑。

例（120）中动词"摔（跤）"根据一般认知经验，摔跤总是很疼的，不会引发"高兴"状态，但句子主语"他"喜欢这个运动，可以给他带来快乐，使他高兴；例（121）中的动词是"划（船）"，一般人认为很累，但这群游客以划船为乐，所以这个动作能使他们获得高兴的感受，特定语境的辅助使动词和形容词之间产生了致使关系。形容词"高兴"后置于动词做补语的频率不高，需要特定语境提供信息，听话人才能理解。可见，跟形容词组配的动词能否致使施事具有形容词所描述的性状，这是形容词状补异位的语义限制条件，语境做提供的辅助作用也不可忽视。

有些动作动词，如"夸奖"、"鼓励"等跟形容词"高兴"组合时，形容词只能做状语而不能做补语，因为"夸奖"类动词所述动作发出时常伴随高兴神态，动词和形容词之间无致使关系。形容词"高兴"与这类动词组合时只能前置于动词做状语。如：

（122）打了胜仗军长高兴地夸奖了他们。→＊夸奖得很高兴

（123）辣妹子高兴地鼓励二狗："说得对！"→＊鼓励得很高兴

以上例句中形容词"高兴"前置于动词做状语，状语句位的典型功能是对动作伴随性状的描写，形容词不能实现状补异位。

我们在考察语料时，还发现当形容词"高兴"在"得"后出现时，与之组配的动词出现频率最高的是"觉得"、"显得"。"觉"、"显"在现代汉语中基本不单独使用，动词"觉得"表示句子主语的感受，是知域动词，对受事没有影响力，动词和形容词之间无致使关系。"显得"是状态动词，描写句子主语的客观状态，动词和形容词之间也不存在致使关系。述人形容词在知域动词和状态动词后做补语，凸显评价功能。如：

（124）老婆爽快地答应了，他觉得<u>很高兴</u>。

（125）姑娘脸上露出了难得的笑容，显得<u>很高兴</u>。

可见，语义指向施事的形容词与动作性较强的动词组合时，形容词可以实现状补异位，但当与知域动词和状态动词组合时，形容词一般只能做补语不能做状语。形容词做状语和做补语功能差异，从配用动词的时间性语义特征上也有相应的表现。形容词"高兴"做状语的主要功能是对动作的伴随状态进行描写，做补语的主要功能是对动词引发状态的评价。

形容词"高兴"跟"说"、"吃"等动词组合既可前置也可后置于动词，值得注意的是，某些表述状态的动词跟形容词"高兴"只能组合成状中关系。如：

（126）高兴地笑了→＊笑得很高兴→高兴得笑出声来

（127）高兴地鼓掌→＊鼓掌鼓得很高兴→高兴得鼓起掌来

（128）高兴地跳起来→＊跳起来得很高兴→高兴得跳起来

上边左列的句子中形容词"高兴"做状语。根据认知经验，人在高兴时会伴随自然的身体反应，如"笑"、"鼓掌"、"跳起来"，这些动作多是下意识的自然流露，所以形容词"高兴"可以前置于这类动词做状语，描写动作发生的伴随状态。

这类动词也可以后置于做谓语的形容词"高兴"，充当补语。做谓语的形容词"高兴"可以引发"笑"、"鼓掌"、"跳起来"等动作，形容词和动词之间有致使关系，可以组合成如上右列的补语句。但形容词"高兴"不能后置于这些动词做补语，因为并非"笑"、"鼓掌"、"跳起来"所述动作引发"高兴"，所以如上例中间一列句子从语义上看都不能成立。

为了验证以上研究结论，我们以"着急"为例，在语料库中检索"形容词"做状语和做补语的情况，得到形容词"着急"做补语的有效语料3条，与之组配的动词只有一个，就是"等"。这符合人们的认知经验，引发"着急"感受的动作一般是等待；得到形容词"着急"做状语的有效语料109条，与之搭配动词主要有"说、问、叫、喊、议论、挣脱、分辨、催促、寻找、跑、望、靠上去"等。这些动作常伴随"着急"的心理感受，从有些动词的语义上就可看出动作发出者的"着急"状态。如：

（129）小李着急地催促着："把门关上！把门关上！"→＊催促得很着急

（130）亮亮着急地大声喊："打，打，快打呀！"→＊喊得很着急

（131）老鼠着急地窜来窜去，想逃出笼子。→＊窜来窜去得很着急

例（129）中动词"催促"的意思是"叫人赶快行动"；例（131）中动词"窜来窜去"有"速度频率快"的意思；例（130）动词后的直接引语体现了说话人急促的语气，语句短促而重复。描写施事的形容词只能做状语，不能实现形容词状补异位。形容词"着急"做补语只能与动词"等（待）"组合，而做状语时能与之组合的动词很多。这说明动词和

补语之间的致使关系直接影响形容词能否实现状补异位。

（二）谓语动词是状态动词

当谓语动词是状态动词时，描写人内在性格特征的形容词，如"安静"、"文静"等常做状语，描写动作发出者的状态。

（132）孩子双手抱住后脑勺，安静地躺在床上。→＊躺得很安静

（133）她文静地坐在那儿，微微含笑。→＊坐得很文静

例（132）中的"躺"和例（133）中的"坐"都是描述人体姿态的状态动词。形容词"安静"、"文静"描写施事在动作过程中的性状，动词和形容词之间无致使关系，形容词所描述的性状不是动作致使的结果，形容词只能做状语，不能实现形容词状补异位。

当动词是非自主动词时，语义指向动作施事的形容词只能后置于动词做补语。如：

（134）这个孩子长得高大。→＊这个孩子高大地长

（135）他的脸因为羞愧而涨得通红。→＊他的脸通红地涨了

例（134）中动词"长"和例（135）中动词"涨"所述都是无意识、无心的动作，动词不具有可控性的语义特点，不能通过有意识控制动作而影响形容词所描述事物的性状。这时形容词常做补语。这类句子的主语通常是人，或者人的部分身体。

语义指向施事的形容词跟状态动词组配时，形容词一般后置于动词做补语，不能变换为状语，这是状态动词的非自主、不可控的语义特征决定的。状语具有主观可控性，形容词做状语常描述施事者的主观意愿。状位所具有的主观性、可控性的语义内涵与状态动词的非可控的语义特征相矛盾，这类形容词不适合进入状位做状语。

文学作品中为了追求独特表达效果，有时会有意违反这一认知常识，表达者可以做出超常规的组合。如：

（136）杜鹃花在阳光下灿烂地开放着。

→？杜鹃花在阳光下灿烂地开→杜鹃花在阳光下开得很灿烂。

（137）灌木丛十分茂密地生长着。

→？灌木丛十分茂密地长→灌木丛长得十分茂密。

例（136）中的"开放"和例（137）中的"生长"都是状态动词，

形容词"灿烂"和"茂密"分别指向施事"杜鹃花"和"灌木丛"，形容词前置于动词做状语。当语义指向施事的形容词做状语时，动词一般为双音动词，如例（136）和例（137）中，中列句子的可接受度都不高；动词后常带"着"表持续状态，如上例左列的句子；常规表述是上例右列的句子，即形容词后置于动词做补语。

为了印证以上结论，我们在语料库中检索形容词"茂密"做状语和做补语的情况，发现该形容词做状语的频率很低，只检索到 2 例，"茂密"修饰的动词具有状态描写特点。如：

　　　　（138）山上几十万棵青松茂密地<u>挺立</u>着。

　　　　（139）丁香叶在风中茂密地<u>摇摆不停</u>。

以上例句都是文艺作品中的句子，例（138）中动词"挺立"是状态动词，描写性强；例（139）中动词"摇摆"也是对状态的描述。语义指向施事的形容词做状语凸显形容词描写功能。

（三）谓语动词是变化动词

当句子中的谓语动词是变化动词时，形容词和动词之间的语义关联发生改变，表内在稳定性格特征的述人形容词常后置于动词做补语。如：

　　　　（140）这是女大十八变啊，圆圆上了大学变得<u>文静</u>了。→＊文静地变了

语义指向施事的形容词只能跟变化动词构成述补结构，后置于变化动词做补语，是对变化引发状态的评价，形容词不能实现状语异位。当谓语动词是变化动词时，无论形容词的语义指向施事还是受事，一般来说都只能在变化动词后做补语，原因可以从以下两方面进行分析：

首先，变化动词表述瞬间完成的动作，状位形容词描写动作伴随性状，既然动作本身不强调动作过程和时间上的续段，就无所谓过程性和伴随性。

其次，变化动词不是自主动词，状位主观可控的语义内涵跟变化动词所具有的非自主、不可控等语义特征无法自洽，没有组合的语义基础。如：

　　　　（141）天气变得凉爽起来。→＊天气凉爽地变了

上例中主语"天气"的变化是自然现象，是无心的行为。跟变化动词组合的形容词只能在动词后做补语，评价所陈述对象的性状。

四　评价性形容词的状补异位

汉语学界对表评价的形容词有不同的归类方法：有的将评价性形容词归入述物形容词；有的归入述行形容词；有的认为述物和述行形容词中都有评价性形容词。我们把评价性形容词单列一类进行讨论，从形容词修饰的对象上看，述人形容词中有评价性形容词，如"卑鄙、放肆、骄傲"等；述行形容词中也有评价动作的，如"细致、精巧、轻率"等。本节讨论可状可补形容词中的评价性形容词及其状补异位的限制条件，根据评价性形容词所评价的事物方面，以下我们分三种情况进行讨论。

（一）表程度评价的形容词

形容词中有一类表程度，如"出奇、惊人"等，这类形容词表达说话人对事物性状的评价，"出奇"的意思是"不平常的"，"惊人"的意思是"使人感到吃惊"，都是根据某个标准对事物进行评价。表程度评价的形容词的语义指向句子的谓词，句子谓词常由形容词充当。如：

（142）a. 商品价格很便宜，生意好得<u>出奇</u>。

　　　　b. 小店生意竟<u>出奇</u>地好，出乎自己的预料。

例（142）中形容词"出奇"表示出人预料，它和句子的谓语"好"组合，无论如在 a 句那样后置于谓语做补语，还是如 b 句那样前置于谓语做状语，句子的语义没有太大差异。因为形容词描述谓语的程度，做谓语的形容词和表程度的形容词之间语义很单纯，无致使关系。形容词"惊人"的用法也与此相同。如：

（143）a. 地衣的生长速度慢得<u>惊人</u>。

　　　　b. 这次他的反应<u>惊人</u>地慢。

例（143）中形容词"惊人"与做句子谓语的形容词"慢"组合，形容词可以实现状补异位。我们在语料库中对这两个表程度评价的形容词进行检索，对比其做状语和做补语的情况，结果见表4-3。

表4-3　　　　　程度评价性形容词做状语和做补语情况比较

例词	做状语的次数	做补语的次数	状补比例
出奇	249	482	1：1.9
惊人	240	495	1：2
总计	489	977	1：2

　　表4－3的统计数据表明，表程度评价的形容词做补语的频率略高于做状语，但差距不太悬殊，大约为2∶1，而且做状语和做补语时，句子的表意没有很大差别。进一步考察语料我们发现，形容词做状语和做补语的差别主要体现在篇章功能上。如：

　　（144）他的动作快得惊人，没两天就把15万字的调查报告交到了县长手里。

　　（145）诗作竟是惊人地简单：基本的词汇、简单的句法，内容却如此地深刻。

　　例（144）中形容词"惊人"强调动作快的程度，后面的小句是对"快"的补充说明；例（145）中形容词"惊人"对"简单"的程度做出评价，两个句子的焦点不同。

　　程度评价性形容词表达说话人对谓词所述性状的评价，谓词多由形容词充当。从认知语言学角度分析，形容词和动词存在较大差异，动词的语义特征主要与时间性相关，而形容词描写事物性状，凸显的是程度性。表程度的形容词无论前置于或后置于谓词，表意不发生变化。当程度评价性形容词后置于谓词做补语时，由于做谓词的形容词和做附加语的形容词之间不存在致使关系，而表示事物性状和性状程度的语义关联，凸显补语的评价功能。

　　可见，形容词状补异位后语义是否改变跟谓词是动词或形容词密切相关，当谓词为形容词时状补异位后语义差别不大。

　　表程度评价的形容词还有一种情况，跟"惊人、出奇"有所不同，这类形容词不表说话人的评价，而是对动作程度的描写，如形容词"厉害"。根据《现代汉语词典》的释义，形容词"厉害"有两个义项：第一个义项是"难以对付或忍受；剧烈"，该义项常指向动词，用于描写动作的效果和程度。根据语言的时间顺序象似性原则，在动作发生之后才可能对程度进行评价，这个义项具有做补语的语义基础；"厉害"的第二义项是"严厉"，描写对象通常是人，具有做状语的语义基础。我们通过语料检索证明了这个预测，得到形容词"厉害"后置于动词做补语的有效语料1086条，而前置于动词做状语只得到有效语料43条，做补语和做状语的概率比约为25∶1，做补语和做状语的概率相差悬殊。值得注意的是"厉害"做状语和做补语在表意上也不相同。如：

　　（146）老板很厉害地写出了数学方程式。→＊写得很厉害

（147）严班长挺<u>厉害</u>地说："好好地，哭什么哭！"→说得很厉害

上两例中"厉害"都前置于动词做状语，但分别表"有本事的"和"严厉"之义。例（146）中"厉害"做状语，句子意思是因为"写出了数学方程式"，所以老板"厉害"，形容词是对施事主语"老板"的描写，动词"写"和形容之间没有致使关系，不能实现形容词状补异位；例（147）中"厉害"描写班长说话时严厉的样子，这类描写动作伴随状态的形容词可以后置于动词，可以实现形容词状补异位。如：

（148）话没说完，就<u>厉害</u>地咳嗽起来。→咳嗽得很厉害

（149）那些所谓的艺术家们<u>更加厉害</u>地明争暗斗着。→明争暗斗得很厉害

上例中形容词"厉害"描述的是动作"咳嗽"、"明争暗斗"的程度，可以前置于动词做状语，也可以后置于动词做补语。

形容词"厉害"是多义词，后置于动词占据补语位置时，补语句位赋予入位成分表程度义，与"得"前成分发生关联，解码时不会产生歧义；而当它前置于动词做状语时，位于主语和谓语动词中间，根据语义靠近原则，在语义上关系密切的成分在句法结构上也更加靠近。在句法结构上主语和做状语的形容词处于紧邻位置，这种句法位置使得在解码时容易被理解为主语和做状语的形容词之间具有主谓关系，如"老板很厉害地写出了数学方程式"中，可以把"老板很厉害"解码为主谓结构，形容词"厉害"语义指向句子主语"老板"。

在多义形容词"厉害"进入特定句法位置时，由于语境条件的限制通常只能激活某个义项并与动词组合。进入补语句位时，表程度义易被激活；当形容词进入状位时，易被激活的是形容词的性状描写义，至于哪个义项会被优先激活，由不同句位的语义内涵决定。可状可补形容词进入状语句位，由于状语句位具有的描写性语义内涵，形容词描写事物性状的义项就容易被激活；形容词进入补语句位时，补语句位凸显评价性的语义内涵决定了形容词的程度义项容易被优先激活。

（二）表客观评价的形容词

对句子所述事件的评价常按某个客观标准来评判，表示说话人按照某客观标准进行评价的形容词。"正确、正常、真切、真实、得体"等形容词评判依据都是客观标准。表客观评价的形容词跟动词组合时，形容词可

以实现状补异位，形容词状补异位后句子表意无太大变化。如：

（150）他<u>正确</u>地说出了他要说的话。

（151）他说得很<u>正确</u>，这件事不可商量。

上例中都是形容词"正确"跟动词"说"的组合，单例（150）中形容词前置于动词做状语，例（151）中后置于动词做补语，无论句位是否异动，句子表意没有太大的差异。我们在语料库中检索"正确"做状语和做补语的情况，得到该形容词前置于动词做状语的有效语料 15 条，与形容词组配的动词主要是"说、安排、分析、处理、理解、执行、展开、认识、引导、指出、判断"等；"正确"后置于动词做补语仅得到有效语料 5 条，与之组配的动词主要是"写、判断、办、估计"等，形容词"正确"做状语和做补语的概率比约为 3∶1。

这个统计结果与对表程度评价的形容词的统计结果不同：表客观评价的形容词做状语的概率更大。从词的语义特征看，表客观评价的形容词所关联的句法成分，与表程度评价的形容词不同：表程度评价的形容词的语义指向做谓语的形容词，补充说明形容词谓语的性状程度。根据语言的时间顺序象似性原则，程度的评价一般在性状之后，在描写事物性状的基础上才能对性状程度进行评价；表客观评价的形容词的语义指向动词，是对动词所述动作的评价。如：

（152）女主人<u>得体</u>地介绍了双方来宾的身份。

（153）他对自身的情况介绍得很<u>得体</u>。

例（152）和例（153）中形容词"得体"的语义指动词"介绍"，跟动词的语义关系最直接，可以前置于动词做状语，也可后置于动词做补语。

综上所述，评价形容词前置或后置于动词，语序的选择与形容词跟动词的语义关联直接相关，形容词的语义特征是形容词状补异位能否实现的内在的语义基础。

（三）表满意评价的形容词

除按客观标准对事物进行评价外，主观性评价还包括对事物性状是否令人感到满意的评价，如"精彩、出色、可怕、可悲、难看"等。有些形容词具有描述主观感受的语义特点，如"可怕"的意思是"使人害怕"，这个语义表述了性状所引发的人的主观感受。

（154）飞机<u>可怕</u>地抖动着，摇摆着。

（155）整个会场静得<u>可怕</u>。

例（154）中形容词"可怕"前置于动词做状语；例（155）中"可怕"后置于谓语"静"做补语。形容词做状语是对动作伴随的心理状态描写，做补语是对性状程度的描写。我们随机选择表满意性评价的3个形容词"精彩、巧妙、出色"，在语料库中检索其做状语和做补语的情况，结果见表4-4。

表4-4　　　　　表满意评价的形容词做状语和做补语情况比较

例词	精彩	巧妙	出色
做状语次数	36	1519	779
做状语搭配的动词	演示/刻画/写	运用/利用/联系	完成/表演/履行
做状态补语次数	44	45	217
做补语搭配的动词	谈/说/踢/演/写	说/搞/设计/表现	完成/干/做/打

从表4-4的统计情况看，形容词"精彩"做状语和做补语的概率差不多；形容词"巧妙"、"出色"做状语和做补语的概率差别很大，做状语的次数远高于做补语。表4-4的统计数据表明，形容词的语义特征是形容词状补异位的重要内在因素，形容词与动词的语义关联是重要影响因素。

进一步考察语料我们发现，表满意评价的形容词做补语时，句子的谓语动词多为单音动词，如"干得出色"、"做得很出色"、"搞得很出色"中的动词"干"、"做"、"搞"，而且这些单音动词具有词义泛化的特点，即动词不叙述具体动作，而是替代所有的动作。谓语动词的这一语义特征跟补语句位的评价性语义内涵相匹配，评价对象是已然完成的动作，形容词做补语时，补语标记"得"前的谓语动词在句子中不是第一次出现，不传递新信息，可以用表意更加宽泛的动词来替代。

当表满意评价的形容词做状语时，谓语动词多为双音节动词，如"完成、工作、拒绝、描写"等，而且这些双音动词都是陈述具体动作的。形容词做状语时评价的是具体动作；形容词做补语是对某一个阶段、某一个方面的评价。如：

（156）他们出色地完成了接待首长的任务。

（157）她干得很出色，经她手检验的产品没有不合格的。

例（156）是对一次具体接待任务的完成情况进行评价；例（157）是对整个工作的评价，而非对一次具体动作的评价。表满意评价的形容词虽然可实现状补异位，但形容词做状语或做补语是上下文制约下的选择。如：

（158）多读点书并不困难，困难在于<u>正确地</u>判断形势，<u>清醒地</u>看出问题。

（159）这使他很得意，更相信自己判断得<u>正确</u>。

表满意评价的形容词做状语时，句子具有叙述事件的功能，例（158）中两个表意连贯、结构相似的句子叙述困难所在；例（159）中，形容词强调动作的结果性，句子的功能是评价性的。总体上看，可状可补形容词中表评价的形容词做状语和做补语，概率上没有明显差异，有些形容词做状语概率高一<u>些</u>，有些做补语的概率更高。

有一类描写事物性状的形容词，如"可怕、可爱、可恶"等，所描写的不是事物的性状特征，而是说话人的主观感受。根据《现代汉语词典》对这类形容词的释义，如"可怕"意思是"使人害怕"、"可爱"解释为"令人喜爱"、"可恶"意思为"令人厌恶"等，这类释义显露出表达者的主观感受。这类形容词既可以做状语也可以做补语，但形容词实现状补异位必须跟不同的动词进行组配。以"可怕"为例，通过考察语料发现，形容词"可怕"做状语时常与"怒吼、突出、喘息、大笑、死去、皱眉、颤抖、升起"等动词组配，描写动作带给说话人的主观感受。这类形容词和表具体动作的动词组合时，形容词一般不能实现状补异位。如：

（160）风在她的周围<u>可怕</u>地怒吼着。→＊风在她周围怒吼得可怕。

（161）他那庞大的身躯<u>可怕</u>地颤抖着。→＊他那庞大的身躯颤抖得可怕。

表心理感受的形容词跟变化动词和状态动词组合时只能做补语，如"长得可怕"、"静得可怕"、"傻得可爱"、"变得可恶"等。动补组合中动词或是"变、长"类变化动词，或是表状态的形容词。

表心理感受的形容词实现状补异位受到一定的限制。这类形容词跟动作动词常组成状中结构，形容词修饰动词，描写说话人主观感受；与变化动词或者状态动词（包括形容词）组成动补结构，形容词对变化动词所述变化做出补充和说明，对状态动词（包括形容词）所述性状程度量进行说明。

表心理感受的形容词有两类：一类如"可爱、可恨、可怕、可敬、可怜"等。这类形容词构词语素的内部结构模式是"可 + 心理感受动词"；另一类是"好/难 + 动作动词"，其中的动词跟人体感知有关，如"难看、难听、难吃、难闻"等。表心理感受的形容词可前置于动词做状语，也可后置于动词做补语。以形容词"难看"为例，我们在语料库中检索其做状语和做补语的情况，得到"难看"做状语的有效语料 13 条，不少都是形容词与表身体部位的名词组成主谓结构后再做状语。如：

（162）他一脸难看地把我送上了车。

（163）他脸色难看地点点头。

上例中形容词"难看"分别与"一脸"、"脸色"先组成主谓结构，这个主谓结构修饰动词"送"和"点头"，是主谓结构做状语。我们在语料库中检索，得到"难看"做补语的有效语料 66 条，可以跟动作动词、变化动词、状态动词和形容词组合，形容词"难看"可接受程度副词"很、好、非常、更、太、无比"等的修饰。表心理感受的形容词可以表达说话人的主观评价，符合补位的语义内涵，做补语的概率高于做状语，而且做补语的自由度也高于做状语。

通过对具体语料的考察，我们可以得出如下结论：某一句法位置对某类词汇项目的选择倾向，是该句位的语法意义、语义内涵与进入该句位的词语的词汇意义、词的语义特征相互适切、相互需求的结果。

第四节　形容词状补异位的语用分析

一　汉语状补功能的互补性

太田辰夫（2012）认为，汉语的状语和补语是不同分量的东西。[①] 不同性质的句法成分在汉语中都能充当动词修饰语，如名词、代词、数词、动词、形容词和不同性质的词组等，但这些句法成分修饰动词时要受到许多限制。

单音形容词和单音动词常构成状中结构，现代汉语中不少曾经的状中

---

① ［日］太田辰夫：《中国语历史文法》，北京大学出版社 2012 年版，第 47 页。

结构已黏合成词，如"暗杀"、"凉拌"。形容词前置于动词做状语有许多限制，有些具有词语的选择性，如"袅袅升起"、"熊熊燃烧"；有的在形式上有限制，如指宾形容词做状语要用重叠形式，如"香香脆脆地炒了盘花生米"。形容词做状语不太自由，要受到语义和句法上的诸多限制。

由于形容词做状语受到的限制太多，形容词后置于动词做补语弥补了汉语中形容词做状语的不足，形容词后置于动词做补语可视为汉语状语前置于动词的一个有效补充。

从语言类型学角度看，现代汉语是 SVO 型语言，但一般 SVO 型语言的状语后置于动词是基本语序，与此不同，汉语的状语前置于动词，这是汉语自然焦点后置引发的结果。① 同样是 SVO 型语言，英语的焦点不是固定在话语结构上，而是通过重音等手段来体现。汉语的自然焦点则是通过话语结构来体现的。② 汉语的句首位置是话题位置，主语和动词之间的位置是状语常占据的位置，也是话题位置，只有动词之后的位置是焦点位置。汉语是语用敏感型语言，重视焦点信息，因此不传递新信息的非焦点信息前移，空出动词后的位置传递焦点信息，这就使句末位置语法化为补语。

我们基于语料库，对现代汉语双音形容词做状语和做补语的功能进行系统比较后发现，唯状形容词数量极少，形容词前置于动词做状语所受的限制多；唯补形容词很多，汉语补语句位已高度语法化，补语不仅有固定的句法位置，还有标记"得"。唯状形容词只能修饰动作动词，这类动词具有很强的动作性以及时间的持续性特点；唯补形容词只能修饰状态动词或变化动词，不能修饰动作动词。可见，形容词状语在语义上跟动作关系密切，具有描写动作伴随状态的功能；补语具有对动作引发状态的评价功能。

现代汉语可状可补形容词不少，在语言发展过程中不少形容词在描写对象上跨越了认知域，描述的对象从事物到动作，有些形容词在现代汉语中兼有述物性和述行性，这为形容词跟谓语动词及动作施事、动作受事等论元之间建立语义关联提供了可能，这也是形容词状补异位的语义基础。现代汉语句法成分中，状语和补语是相辅相成、功能互补的两个不同性质

---

① 郭中：《VO/OV 语序与状语位置关系的类型学考察》，《民族语文》2013 年第 1 期。

② 徐烈炯：《汉语是话语概念结构化的语言吗》，《中国语文》2002 年第 5 期。

的句法成分。

二　形容词状补异位的语用功能

(一)　形容词状补异位的认知解释

语序是重要和基本的语法手段，不同语言都有自己的语序特点。对汉语这种形态变化不丰富的语言类型而言，语序不仅是语法关系也是语义关系的基本载体。语序的改变不仅导致表层句法结构的改变，同时引发句子成分之间语义关系变化，甚至导致语义角色的范畴特征的改变。

人类语言的句子最常见的两种组织原则分别为"中心语（head）＋修饰语（modifier）"和"旧信息（given）＋新信息（new）"。石毓智（2003）认为，动补结构的建立使汉语句子的组织原则变为"伴随特征＋谓语＋结果特征"[①]，即以谓语为参照点，表动作伴随特征的成分前置于谓语，表动作结果特征的成分后置于谓语。动作的伴随特征除动作方式外，还包括动作所使用的工具、动作发生的地点和时间等；结果特征除动词所述动作引发的性状，还包括达到的程度、终结点、动作发生次数和持续时间等。汉语的信息组织原则体现了时间顺序象似性，是一种句法临摹（syntactic iconicity）现象。根据认知经验，先有行为动作，后有动作引发结果。现代汉语"动作＋结果"的线性序列，跟客观世界动作和结果发生的时间顺序相对应。

语言世界和认知世界之间并不存在直接和纯粹的临摹。客观世界的规律并不能直接投射到语言层面上，直接转写为语言规律，这中间经过了认知投射，认知经验投射到语言层面时，语言系统内部需要做出适应性调整。语言生成的基本程序是"客观图景→主观意象→语言结构"。

语言的基本功能是交际。语义是最基本层面，也是符合人们语言直觉的层面，语言结构中的语法成分都需要落实到语义角色上。形容词做状语或做补语，取决于形容词的语义特征以及与形容词组配的动词的语义特征，这决定了动词和形容词之间是否存在组合的可能性。

不同句位的语义内涵不同，对入位句法成分的要求也不同。汉语的状语和补语具有不同的语义内涵。状语适宜描写动作的过程性、伴随性特

---

① 石毓智：《现代汉语语法系统的建立——动补结构的产生及其影响》，北京语言大学出版社 2003 年版，第 223 页。

征；补语凸显的是结果性、评价性。

不同语言对语义和语用因素的敏感程度不同，不同语言的语义和语用因素对语法编码的影响也不相同。英语和西班牙语中表动作伴随性状的状语常后置于谓语动词，也可以前置于谓语动词，无论前置或后置于动词都不改变其作为状语的性质。汉语的状语却因为句位改变而引发该句法成分性质的变化。

功能语言学坚持一个功能对应一种形式的原则。语法编码的功能基础中，最重要的是语言象似性原则，该原则使语言表达尽可能精确。但语法编码的另一基本功能基础是语言经济性原则，即在不影响交际效果的前提下，人们尽量追求多个功能共享一个形式，因为人的记忆能力是有限的。[①] 在语法编码中，这两个功能原则共同作用，语言形式和语言功能之间的对应关系很难做到简单——对应，呈现出复杂的局面，但各种语言系统内部都有着规律的系统性和自洽性。

语法编码中的时间顺序象似性原则能解释部分形容词前置于动词做状语或后置于动词做补语的现象，但同时我们不能忽视那些时间顺序象似性原则无法解释的形容词状补异位现象。形容词状补异位有的不影响句子的意义，换言之形容词换位后句子的意义基本相同，如"认真地学—学得认真"、"飞快地跑—跑得飞快"。这时形容词状补异位引发的是语用功能差异，形容词做状语是对动作伴随性状的描写，而形容词做补语是对性状的评价。但是绝大部分情况下，形容词状补异位必定引发语义的变化。

（二）形容词状补异位引发的语义变化

张国宪（2006）把句法成分异位解释为"说话人有意识地试图达到某种交际意图而采用的句法手段，是一种有着语用动机的明示行为"[②]，定语和状语异位引发的语用差异主要体现在恒久与临时、有意与无意以及主观和客观的对立上。定语和状语异位可视为句法形式和所表意之间的形义扭曲，即本应充当定语的形容词进入了状位。如：

（164）脆脆地炸了一盘花生米→炸了一盘脆脆的花生米

（165）稠稠地熬了一锅粥→熬了一锅稠稠的粥

例（164）中形容词"脆脆"和例（165）中"稠稠"的语义均指向

① 陆丙甫等：《状态补语是汉语的显赫句法成分》，《中国语文》2015 年第 3 期。
② 张国宪：《现代汉语形容词功能与认知研究》，商务印书馆 2006 年版，第 308 页。

受事宾语。指宾形容词占据状语句位，可以凸显施事的主观意愿。形容词做定语是对事物性状的客观描写，形容词做状语凸显的是性状的临时性、有意而为以及主观性，形容词做状语表动作发出者的主观意愿。如：

（166）我今天很<u>晚</u>才去。→我明天要很<u>晚</u>才能去。

（167）我今天去得很<u>晚</u>。→＊我明天想去得很<u>晚</u>。

例（166）中形容词"晚"前置于动词做状语，既可以修饰已然发生的动作，也可以修饰尚未发生的动作。状语句位使入位形容词表示动作施事主观意愿，描写动作发出者的预期目标；例（167）中形容词"晚"后置于动词做补语，只能用于对已然完成动作的评价。

状语句位具有临时性、主观性和有意性等语义内涵，当形容词前置于它所修饰的动词时，对这个动词所述动作的是否完成并没有严格要求，因为形容词做状语可以描写动作发出者的主观意愿。如：

（168）新的一年我将更加<u>努力</u>地学习。

例（168）中"新的一年"表示未来的时间，动作"学习"并未发生，做状语的形容词"努力"表示动作发出者"我"的主观意愿。当形容词后置于动词做补语时，根据时间顺序象似性表示在动作完成之后，动词所述动作是已然完成的或是惯常性的动作，动作引发结果是客观和可评价的，结果性是补语句位的基本语义内涵。

形容词前置于动词做状语或后置于动词做补语，主要区别是状语的伴随性和补语的结果性。伴随性和结果性是形容词做状语和做补语的一组最根本的对立语义特征。如：

（169）孩子们<u>高兴</u>地玩耍。→孩子们玩得很<u>高兴</u>。

例（169）中形容词"高兴"前置于动词做状语，表伴随动作"玩"的情绪状态；"高兴"后置于动词做补语，表示"高兴"的情绪是动作"玩"引发的结果。

然而，并非所有形容词状补异位都可利用时间顺序象似性原则进行解释。王还（1984）指出，汉语的状语和补语有些在英语里都用状语来表达。为什么在汉语中必须区分的状语和补语，在英语中都是状语？这跟汉语补语这一句法成分的高度语法化相关。随着汉语补语这一句法成分的高度语法，补语的语法功能不断扩展，远超出一般状语的语法功能。形容词作为中心词的修饰成分，可前置或后置于中心成分的现象并非汉语独有，英语和西班牙语中也有。但英语和西班牙语中状语前置或后置于中心动词的语序变化没有语法化，仅是特定语境中语用意图凸显的临时性手段，并不改变该句法成分的语法性质。汉语补语经语法化后，其句法和语用功能得到扩展，不仅具有描写功能，而且具有表示结果或对结果性状的评价。

　　形容词状补异位是为了达到特定交际意图而采用的手段。形容词做状语凸显形容词所述性状的伴随性和过程性，强调性状的主观性和可控性；形容词做补语凸显形容词所述性状的结果性和对性状的评价性。我们比较下面的句子：

　　　　（170）明天上公开课，所以今天要好好备课。

　　　　　　　→? 今天要很好地备课。

　　　　（171）昨天认真备了课，所以今天的公开课上得很好。

　　　　　　　→＊今天的公开课上得好好的。

　　例（170）中"好"描写动作发出者的主观意愿，形容词重叠式具有描摹功能，与状位凸显描写性的语义内涵相吻合；例（171）中"好"强调动作结果，接受程度副词"很"修饰，对形容词所描写性状的程度确定量级，达到评价效果，评价性是补语句位的主要语义内涵。补语跟状语容易混淆的功能是描写，这表现在描摹性很强的形容词重叠式既可以做状语也可以做补语。如：

　　　　（172）我昨天准备得好好的，没有想到今天出现了意外。

　　上例中形容词重叠式"好好"后置于动词"准备"做补语。补语的描写功能不同于状语的描写功能，补语隐含对形容词所描述性状的判断评价。补语句位的这一语义内涵对入位形容词的要求，主要表现在对做补语的形容词的程度性要求高，单音形容词重叠式后必须加上"的"，而单音形容词重叠式做状语加不加"地"比较自由。如：

　　　　（173）你好好准备明天的公开课。

　　　　（174）明天要上公开课，你好好地准备一下吧！

　　例（173）和例（174）都是单音形容词"好"的重叠式做状语，差别是前者不带"地"而后者带"地"，两个句子表意没有太大差异。检索语料库我们得到的结果是，"好好准备"出现38次；"好好地准备"只出现了4次。这个统计结果体现了语言经济性原则。在不影响意义表达的前提下，人们倾向于选用简单的语言形式来表达思想，传递信息。

　　形容词做状语和做补语最根本的语义对立表现在是否具有结果性上，形容词状补异位的限制都围绕着该语义特征的对立而展开。如：

（175）姑娘<u>爽朗地笑起来</u>："大爷，您想过桥呀？"

（176）这些<u>动</u>作已经烂熟于心，可以随着音乐<u>流畅地做下去</u>。

例（175）中形容词修饰动词"笑"，动词后紧跟趋向补语"起来"；例（176）中形容词"流畅"修饰动词"做"，动词后接趋向补语"下去"。趋向补语表示动作发生并持续，突出动作的持续过程性。状语的主要功能是描写动作的伴随性状态。从句法形式上看，形容词做状语时跟所修饰动词的过程性一致，动词后有时加"着"表动作的持续状态。如：

（177）他<u>阴险地笑着</u>说："我怎么不知道？"

（178）首长周围的人都<u>准确而从容不迫地工作着</u>。

例（177）中动词"笑"和例（178）中动词"工作"后面都带表持续状态的助词"着"，可见形容词前置于动词做状语或后置于动词做补语是为了凸显不同的交际意图。

三　形容词状补异位的篇章功能

形容词状补异位是为了凸显特定交际意图而进行的语序调整。句子是言语交际的最基本单位，也是信息传递的最小结构单位，交际意图往往通过信息传递结构在篇章中得以体现。可状可补形容词既可以前置于动词做状语也可以后置于动词做补语，形容词状补异位引发句子篇章功能的改变。

篇章语法研究言语交际中句子之间的深层语义连贯现象，探索通过语言手段把需要传递的信息以上下连贯、重点突出、恰如其分的结构方式组织成篇章的规律。组句成篇的过程中，除保证信息的准确传递外，更重视根据说话人的语用意图来凸显焦点信息的语用要求。

语料检索统计结果表明，形容词跟动词组配时有的做状语的概率高，有的做补语的概率高。在特定语境限制下，形容词进入状位或补位的句位选择通常是唯一的，只有这个选择才能切合语境，才能凸显交际意图，取得最佳表达效果。

汉语学界有关形容词做状语和做补语的研究成果不少，基本共识是：形容词做状语时整个句子是叙述性的；形容词做补语时整个句子是描写性的。这是对句子的静态分析，是篇章分析的基础和起点。从篇章语法角度分析，形容词做状语而形成的形容词状语句的功能主要是陈述一个事件，多用于事件链条叙述，形容词状语句作为事件链条陈述中的一个环节出现，形容词状语句对上下文语境提供的背景信息没有要求。形容词做补语形成形容词补语句，形容词补语句是对动作引发的结果性状的评价。形容词补语句中谓语动词后通常带有补语标记"得"，"得"前动词通常传递旧信息，而"得"后的补语传递新信息，从信息结构上看补语是焦点。从语义深层结构看，补语句是由两个事件结构挤压在一个单句中形成的。如：

（179）他洗衣服洗得很<u>干净</u>。＝他洗衣服＋衣服很干净

例（179）中的动宾结构"洗衣服"交代背景信息，动补结构"洗得很干净"传递焦点信息，凸显对形容词所述性状的评价，对事物性状的评价可以是对上文所描述事件的评价，也可以是引发下文传递新信息的信息结构的起点。

形容词做状语和做补语是一定语境条件下为了凸显交际意图而变换语序的结果。严格意义上讲，现代汉语中不存在不改变意义也不调整句法形式的形容词状补异位。换言之，形容词前置于动词做状语或后置于动词做补语，一般都会引起一些变化，这变化可能是语义层面的，也可能是句法形式上，更可能是语用功能的差异。下面我们分析形容词状补异位引发的篇章功能的差异。

（一）形容词做状语

形容词做状语很少传递新信息，汉语学界一般认为整个形容词状语句是陈述性的。但语料检索中，笔者发现了例外：形容词充当的状语有时可作为叙述事件的话题，被下文的有关成分回指。如：

（180）人群<u>黑压压</u>地涌上来，就像<u>暴风雨前的黑云</u>。

例（180）中第一个分句，形容词"黑压压"做状语，该成分在下一分句的"暴风雨前的黑云"这个成分上实现了回指，起到了引入新信息的作用，通过回指衔接了两个分句，形容词充当状语具有篇章衔接功能。但从语料库检索的结果看，这种情况非常少，一般出现在比喻句这类具有较强描写功能的句子中。

一般情况下形容词充当的状语不指称下文所叙述事件的参与者，既不被下文话语中的成分回指，也不回指上文的任何句法成分，而是偶然出现在叙述事件的句子中。如：

（181）他又<u>高兴</u>地喝了一杯酒，还写了一首打油诗。

（182）成交量初时<u>缓慢</u>地减少到一个水平，然后又开始增加，

形成一个波段。

例（181）中形容词"高兴"做状语修饰动词"喝"；例（182）中形容词"缓慢"修饰动词"减少"。做状语的形容词为叙述事件提供背景信息。例（181）由两个分句构成事件链条，事件链的第一环是"喝酒"，第二环是"写诗"，两个环节之间用"还"连接，并依照事件发生的先后时间顺序组合成句。例（182）中的分句也构成一个事件链条，用表示事件顺序的"然后"连接，明确提示了事件发生的先后时间顺序。

从信息传递角度看，形容词与动词构成的状中结构是整个事件链条的一个环节。形容词充当状语在信息传递结构中既没有表现出承前性，也没有启后性，整体上看，形容词状语句一般不具有篇章衔接功能。

我们以形容词"黑压压"为例进行语料检索，得到该形容词前置于动词做状语的有效语料50条，其中做状语的形容词引入新信息的只有例（180）1条，而做状语的形容词作为偶现成分的有49例。如：

　　（183）公交车站黑压压地站满了人，挤公交的大部分是普通市民。

　　（184）室内体育馆黑压压地坐满了人，紧张的气氛不亚于一场正式的比赛。

例（183）的状语"黑压压"在上下文中并没有被回指，宾语"人"在下一个分句中被回指，宾语在上下文中起衔接作用；例（184）中形容词"黑压压"充当状语也没有被回指，是个偶然出现的成分，偶然出现的成分不具有篇章的连续性。

语料统计结果显示，形容词充当状语，大部分仅传递事件的背景信息。形容词状语句引入新信息仅限于存现句，而存现句是启后性很强的句式。形容词充当的状语引入新信息受到严格句式的限制。形容词充当的状语并非篇章所要表达的语义重点，只传递背景信息，形容词状语句的篇章衔接功能较弱。

（二）形容词做补语

形容词后置于动词做补语时表现出很强的篇章衔接功能，在篇章衔接要求比较高的表达中，形容词不能做状语，只能做补语。王还（1984）指出，外国学生为回避使用汉语的补语而采用其他语言表达方式来替代补语，这常造成偏误。如：

　　（185）＊他很快地跑，所以要把他培养成运动员。→他跑得

很快

（186）＊我<u>很慢</u>地学习，还没有做练习呢。→我学得很慢

（187）＊学生的成绩都很好，可见老师<u>很好</u>地教。→老师教得很好

以上带"＊"号的句子是外国学生出现的偏误，外国学生把形容词前置于动词做状语。例（185）中"快"是个可状可补形容词，从单个句子看该形容词可以前置于动词做状语，如"他很快地跑"，但从篇章衔接角度看却不妥当。例（185）是因果关系复句，前一分句说明原因，后一分句表述结果，因为他跑步的速度足够快，所以"要把他培养成运动员"。表原因的第一个分句中形容词应该后置于动词做补语，这样才能凸显形容词所述性状的程度性。

可见，形容词做状语或做补语即使在表意上没有太大差异，在篇章功能上的差异不可忽视。分句间存在语义关联，有的通过关联词"所以"、"可见"等表明分句间的因果关系；有的虽然未使用关联词，但通过其他语法手段表明分句之间的语义关联。如例（185）因为第一分句中形容词描写的性状达到一定程度量，才引发第二分句所述结果。前一分句的主要功能不是描写，而是凸显形容所描述性状的程度性，因此形容词只能后置于动词做补语。

做补语的形容词具有很强的承前性或启后性，这可以从篇章衔接的上下文的语义关联上清晰地表现出来。如：

（188）孙省长听<u>得很认真</u>，<u>不断点头</u>，让人心里热乎乎的。

（189）他眼睛盯着材料上的字，<u>一字一顿</u>地念得非常认真。

例（188）中形容词"认真"做补语，下文的动作描写"不断点头"是补语"认真"的具体表现，上下句的语义上具有很强的关联性，形容词充当的补语的启后性明显，补语所述性状通过下文的具体动作描写来体现，起到了上下文的衔接作用；例（189）中前一分句动作描写"眼睛盯着材料上的字"以及状语"一字一顿"，都跟形容词"认真"充当的补语之间具有很强的语义关联，前二者也是得出补语"认真"这个评价的依据，做补语的形容词具有很强承前性。

除了从句子内在语义关联角度分析做补语的形容词的篇章衔接功能外，汉语的句子中还有不少形容词做补语时篇章衔接的形式标记，主要有谓语动词重复和关联词语使用。

（190）文文笑了，笑得很天真，就像孩子得到了自己心爱的玩具。

（191）我们吃的其实是洋化了的中国菜，但大家还是吃得很开心。

例（190）中的动词"笑"和例（191）中的动词"吃"在前后相连的两个分句中都出现了。因为前一分句中动词已出现，形容词充当补语的句中动词是第二次出现，不传递新信息，传递的是背景信息，形容词充当的补语所描述的性状是新信息，是句子的焦点。

动词重复出现的形式很多，除同形复现外，有时谓语动词在上下分句中并没有采用同一动词形式，而是以话语同义形式出现，即上下文中虽然采用不同的形式，但是这些看似不同的动词表达相同或相近的语义。如：

（192）这封信既表达了感谢之情，又提示了今后的通讯地址，写得很含蓄。

（193）两军的坦克和炮火一齐轰击，战斗打得很激烈。

例（192）形容词做补语的分句中，谓语动词是"写"，在前面的两个分句中并未采用这个动词，但第一个分句的动词"表达"和第二个分句的动词"提示"都是"写"在这个特定语境中表达相同相近的语义，可视为话语同义形式；例（193）中第一分句动词"轰击"和形容词做补语的第二分句中的动词"打"也是特定语境中的话语同义形式。

形容词做补语的句子的篇章衔接标记除动词复现外，还常采用关联词语明确标示出上下文的内在关联。形容词做补语的句子具有评价功能，而对一个事物的评价可能引发新判断，因此形容词补语句与上下文的分句多存在广义的因果关系。如：

（194）这一场双方拼抢得很激烈，所以让我在第一局中就出现了极点。

（195）他在这里干得极不开心，于是再度萌生了跳槽的想法。

（196）这本名杂志上发表了她的大量文章，可见她写得很出色。

例（194）中的关联词语"所以"、例（195）中的"于是"和例（196）中的"可见"，都是表因果的关联词语，形容词补语句的篇章衔接功能在这些关联词语上得以体现。

第五节　本章小结

本章我们考察了可状可补形容词的状补异位。根据形容词的语义指向分为语义指向受事、指向动词、指向施事和评价性形容词4个类型，讨论了形容词状补异位的限制条件、状补异位引发的语义变化和状补异位的语用动机，重点分析了可状可补形容词状补异位的篇章功能。

一　可状可补形容词的语义特点

我们对《汉语形容词用法词典》中的双音形容词进行了系统调查，其中可状可补形容词共有686个，占总数的近70%。可状可补形容词数量多，所占比重大。可状可补形容词既可以描述事物的性状，也可以描述动作行为，兼有述行性和述物性。

不少可状可补形容词是多义词，同一形容词的不同义项做状语和做补语的功能不同。一般表初始、具体语义的义项倾向后置于动词做补语；而后起的、抽象的义项既可以前置于动词做状语也可以后置于动词做补语。

现代汉语是SVO型语言，一般SVO型语言的状语通常后置于动词，与此不同，汉语状语的常规句位是前置于动词。从语言历时发展的角度看，状语前置于动词是非焦点性句法成分被动前移的结果，汉语是重视焦点的语用型语言，句末焦点位置高度语法化。状语前置于动词做状语要受到诸多限制，因此补语可视为对汉语状语诸多限制而带来的功能上不足的补充。

二　形容词状补异位的限制条件

根据形容词的语义指向，我们分别对语义指向受事、语义指向动词、语义指向施事和评价类等形容词状补异位的限制条件进行了考察。

语义指向受事的形容词多为述物形容词，常出现在补语句位，只有当动词和形容词之间无致使关系时，才可能实现形容词状补异位。语义指向受事的形容词实现状补异位的另一个限制条件是，与形容词组配的动词不能是动作动词，只能是状态动词。动作动词与形容词之间容易产生致使关系，当存在致使关系时，形容词只能后置于动词做补语，不能前置于动词做状语。

　　语义指向动词的形容词做状语的频率高于做补语，但形容词状补异位比较自由，无论动词是状态动词还是动作动词都可以实现形容词状语异位。但有两种情况形容词只能做状语不能做补语：一是谓语由动补式复合动词充当；二是谓语由动宾式复合动词充当。无论是动补式复合动词还是动宾式复合动词，构词语素已提供了一个焦点，形容词不能再做补语。

　　语义指向施事的形容词状补异位受到的限制主要跟动词的动作性相关。动作性越强的动词，支配性越强，对形容词所描述性状的影响越大，越不容易实现形容词状语异位；当形容词跟支配力和影响力较弱的知域动词和言域动词组合时，可以实现形容词状补异位。形容词状补异位会引发句子表意变化：形容词做状语时描述动作的伴随性状；而做补语时描述动作引发的结果性状。评价类形容词状补异位比较自由，而且状补异位之后表意上没有太大差异。

　　总体上看，形容词状补异位与形容词语义特征、形容词跟动词的语义匹配度密切相关。动词的动作性越强、动词对形容词所述性状的影响越大，形容词状补异位的限制条件越复杂；反之，动词动作性越弱，对形容词所述性状的影响越小，则形容词状补异位受到的限制越少。

三　形容词状补异位的语用分析

　　形容词前置于动词做状语或后置于动词做补语，是为了凸显特定交际意图而采用的语序调整手段。形容词状补异位的语用动机是说话人为了凸显某种交际意图，达到特定交际目的而做出的语序异动。

　　形容词做状语是为了强调描写，状语句位具有凸显性状的临时性、主观性和抽象性的语义内涵；形容词做补语是为了强调评价，补语句位具有凸显结果性的语义内涵。汉语补语具有谓语性，位于动词之后，句子末尾的补语句位最重要的语义内涵是焦点性。

　　形容词做状语的形容词状语句和形容词做补语的形容词补语句，从篇章角度看具有不同的衔接功能。形容词状语句整体上是陈述性的，对以谓语动词为中心的事件的陈述。做状语的形容词只有在启后性很强的存现句中才具有篇章衔接功能，一般只传递背景信息。形容词补语句具有很强的评价性，做补语的形容词具有很强的篇章衔接功能。形容词充当补语凸显性状的程度性，在篇章衔接中表现出很强的承前性或启后性。形容词补语句的篇章衔接常通过动词复现或关联词等标记明示。

第五章

形容词状补功能的偏误分析

偏误指在第二语言学习过程中，由于对目的语规律不正确的归纳和推论而引发的规律性错误，是学习者在习得目的语过程中为了实现交际意图、利用目的语规则编码时出现的问题。有的偏误问题反映出母语思维的干扰，有的是学习者对目的语规则理解和学习策略上的问题导致的。偏误的出现可能有母语的影响，也可能是目的语规则泛化的结果。如：

(1) *他唱歌得很好听。→他唱歌唱得很好听。

例（1）是外国学生学习汉语的补语时出现的偏误。学生懂得汉语补语后置于动词的语序规则，也了解在补语和谓语动词之间需要使用补语标记"得"。但依照这两条规则进行生硬模仿的结果是产生了如例（1）这样偏误。

分析例（1）的偏误原因发现，外国学生没有掌握汉语的补语句，补语标记"得"的前面的谓语动词必须是光杆动词，即动词不能带宾语，"唱歌"是一个动宾结构离合词，外国学生偏误产生的原因是目的语规则泛化。这可能源于教师在汉语课堂上对该语法规则的讲练有问题，也可能是汉语教材对该语法点的描写不够准确造成的。

查阅外国人学习汉语的教材我们发现，一般的对外汉语教材对汉语补语的编写中，句法结构描写多，语义和语用描写很少。究其原因，有结构主义语言学的影响，也跟汉语学界对补语的本体研究的不足有关。汉语学界对汉语母语者凭语言直觉选择、所谓不成问题的语言事实视而不见，少有涉及。从对外汉语教学的角度看，汉语学界的研究中，对汉语母语者习焉不察的语言现象的描写和解释有待发掘和深入研究。

周小兵等（2010）指出，造成偏误的原因跟目的语特点相关，包括语言的普遍性、标记性和自然度等，这些特点都对第二语言习得产生影响①。核心语法遵循普遍语法规则，是外国人容易习得的。但外围语法跟普遍语法规则不一致，容易造成学习者认知障碍，外围语法的习得比核心语法更困难。无标记的语言点通常是典型功能，符合一般认知经验，便于认知和习得；有标记的语法点借助标记凸显句法成分的语义关联，认知和习得的难度更大。汉语补语的标记性强，是汉语教学的一个难点。

汉语状语前置于动词，这有别于一般 SVO 型语言状语后置于谓语动词的编码规则。汉语形容词做状语是否带状语标记"地"的情况很复杂，有的形容词做状语必须带"地"，有的形容词做状语可带可不带"地"，对此现象汉语学界尚未找到普遍规律，基本凭借汉语母语者的语感使用。同样，补语标记"得"的使用以及该标记的表意也是外国学生感到困惑的问题。

语言的形式和功能之间往往不是简单的一对一的关系，汉语补语是典型的同形异义现象，这就必然会影响学习者对该语言点的认知和习得，也会由于其复杂性而造成偏误。一般 SVO 型语言中，状语前置或后置于动词的语序异动不会引发该成分的性质变化，只是通过调整语序达到凸显交际意图的效果。汉语中情况不同，形容词前置于动词做状语，后置于动词做补语，这两个句法成分的性质有着本质差异。这给外国学生习得汉语带来困难。对已有母语知识中不存在的新现象和新规律，外国学生不能根据母语经验类推，因而增加了理解难度，习得难度自然随之增加。

一般来说，复杂的语言结构比简单的语言结构的认知难度更高。汉语补语从深层语义上看，是双重语义结构挤压进一个简单句形式的结果，比单层结构的状语复杂。做补语的形容词，其语义不仅可以指向谓语动词，也可指向动作施事或动作受事，甚至指向整个句子所叙述的事件，这就使补语这一句法成分变得更加难以捉摸。

当语言结构的形式和意义是一对一关系时，该语言结构容易习得；而当语言结构的形式和意义之间呈现出一对多的关系时，在理解过程中存在更多可能性，需要更多的语境信息以确定具体表达中该结构的意义，习得该语言结构的难度自然加大。

由于以上因素的交互影响，外国人在习得汉语补语过程中产生大量偏

---

① 周小兵等：《外国人学汉语语法偏误研究》，北京语言大学出版社 2010 年版，第 60 页。

误，有的学习者采取回避策略，用状语替代补语。偏误分析有助于从语言生成的角度或语言编码角度分析汉语形容词做状语和做补语的本质差别。

我们搜集了形容词做状语和做补语的偏误共 1028 条，在对这些偏误分析时将涉及汉语学习者的母语背景，并从外汉语言对比角度进行讨论。

第一节　形容词做状语的偏误

状语是动词性或形容词性偏正结构中的修饰成分，组成的偏正结构都可以做句子谓语。汉语谓词前的修饰成分可以是副词，也可以是形容词，甚至可以是名词和动词。状语主要分为描写性状语和限定性状语两类。状语是基本句法成分，是谓语动词的附加成分。习得汉语的状语时学习者的母语经验可实现正迁移，因为学习者对状语这一句法成分的习得没有太大困难，产生的偏误数量不多。

通过对北京语言大学 HSK 动态作文语料库、暨南大学留学生书面语语料库的语料检索，加上在对外汉语教学中的练习批改以及诊断测试，我们搜集到形容词做状语和做补语的偏误语料共 1028 条，其中形容词做状语的偏误语料 25 条，约占本书搜集偏误总数的 2.4%。本节中我们将对形容词做状语的偏误进行分析，并探索偏误产生的原因。

一　指宾形容词做状语的偏误

指宾形容词是指语义指向动词受事宾语的形容词。语义指向宾语的形容词跟动词宾语的关系密切，在语法编码时指宾形容词紧邻所修饰的中心词，形容词和中心词构成定中结构。汉语的指宾状语句是指把语义指向动词宾语的形容词前置于动词，即中心词是动词，形容词做状语的句子。指宾状语句有凸显事物的主观可控性和性状的渐成性的语义特点，使用上存在很多限制条件。汉语学习者在习得这类形容词做状语时，因为不了解状中结构的深层语义容易产生偏误。如：

（2）＊中国人那么喜欢<u>热热地吃喝</u>东西，我有点难适应。

（3）＊现在只能睡沙发，如果有一天能<u>香香地睡床</u>，那就是我最幸福的事情。

例（2）中形容词"热"的语义指向宾语"东西"；例（3）中形容

词"香"的语义指向"睡"的宾语。形容词与动作施事和受事宾语之间有修饰与被修饰关系，如"热热的东西"、"香香的觉"。在一定句法和语义限制下，形容词可前置于动词做状语。汉语学习者学习了述物形容词做状语多用重叠形式，会说"热热地吃喝东西"、"香香地睡"，但对进入状语句位的形容词的语义特征和语义限制并不了解，所以容易产生偏误。

汉语学习者在习得汉语时，比较容易掌握句法形式。指宾形容词做状语常采用重叠形式，这条规则因为形式上的明确要求而最先被掌握，而且外国学生也很快能模仿使用。但由于缺乏汉语母语者语感，汉语学习者对指宾形容词做状语的深层语义限制不了解，导致汉语规则过度泛化，自然就容易产生偏误。

二　形容词做状语时正反疑问句偏误

正反疑问句是汉语的一种问句形式。形容词做状语的句子组合成正反疑问句时，汉语学习者常产生偏误。如：

（4）＊你认没认真学汉语？

（5）＊老师清楚不清楚读？

形容词做状语并构成正反疑问句时，一般要重复形容词与其所修饰的动词构成的状中结构，所以例（4）的正确表达是"你认真学没认真学汉语？"根据语言经济性原则，正反疑问句可以不重复动词宾语，但动词与其所修饰的动词组成的状中结构要重复，不能仅仅重复形容词，更不能只重复双音形容词的第一个音节。例（5）的偏误包括仅仅重复了做状语的形容词，以构成正反疑问句。此外，形容词充当的状语跟形容词所修饰的动词之间没有带状语标记"地"。两种偏误纠结在一起。

我们针对这类偏误，对偏误产生者进行了访谈。该偏误的作者想表达"老师读得清楚不清楚？"因为他下意识地选择了回避刚学的、而且觉得很难掌握的汉语补语形式，所以采用了形容词做状语的形式。

一般情况下，形容词和动词组成状中结构的句子再形成正反疑问句的情况不多，这是因为形成正反疑问句中，正反疑问部分容易成为句子的焦点，形容词做补语更能凸显焦点性，句末是汉语句子自然焦点位置，一般采用形容词做补语的形式构成正反疑问句，如"老师读得清楚不清楚？"

三　状语标记"地"的偏误

在习得汉语形容词做状语时，令汉语学习者感到困惑、甚至连汉语教师也感到无规律可循的一个问题，就是形容词和所修饰的动词之间是否要带状语标记"地"的问题。看下面的偏误：

（6）＊我很激动对他们说："谢谢你们，我真的爱你们！"

（7）＊我着急哭了起来。

（8）＊除了弟弟以外，我们都紧张上飞机。

例（6）中的形容词"激动"、例（7）中的"着急"和例（8）中的"紧张"均前置于动词做状语，但这三个句子的共同偏误是在形容词状语和动词中间没有带状语标记"地"。

现代汉语中有些双音形容词做状语时带不带"地"比较自由，但述人形容词做状语必须带"地"，原因可以从以下两个方面分析：

一方面是为了取消状位形容词的谓语性，进入状语句位的述人形容词与句子主语之间有潜在主谓关系，如例（6）的主语"我"和形容词"激动"之间就可以理解为"我激动"，这是潜在的主谓关系，而在形容词后加上状语标记"地"，构成"激动地"，这就取消了形容词"激动"的谓语性。

另一方面是为了标示形容词和动词之间具有修饰语与中心语的关系，凸显其偏正结构。因为带有状语标记"地"，形容词和后边的动词首先构成状中结构，如例（7）中形容词"着急"跟动词"哭"因为状语标记首先构成"着急地哭"，然后再跟句子的主语组合。

以上例句中做状语的形容词"激动"、"着急"、"紧张"都是描写人的情绪和感受的形容词，是述人形容词，这类形容词做状语时要带"地"。在我们搜集的偏误语料中还有其他需要带"地"做状语而没带的情况。如：

（9）＊上课时，我们也非常认真听课，认真学习，可是考试还是没有通过。

（10）＊我认真和勤快学习，终于考上了我理想的大学。

（11）＊因为时间很急，我匆匆忙忙穿衣服和鞋子。

例（9）的"非常认真"是形容词性偏正结构做状语；例（10）的"认真和勤快"是形容词性并列结构做状语，形容词的并列词组不能用"和"连接，可以换成"而且"；例（11）的"匆匆忙忙"是形容词重叠式做状语。这些形容词的复杂形式做状语都要在状语和动词之间加上状语标记"地"。可见，无论是形容词前加程度副词构成偏正结构、以形容词为中心构成并列词组，还是形容词重叠式做状语，都要形容词状语和所修饰的动词之间加上状语标记"地"。

考察偏误发现，汉语学习者很难区分状语标记"地"、补语标记"得"和定语标记"的"，因为这三个结构助词的发音相同，容易混淆，由此产生的偏误不少。如：

（12）＊你们不用担心我太多，我会每次认真得做下去。

（13）＊他认真的问我是不是愿意赚很多钱。

（14）＊我会更勇敢平静的面对困难。

汉语结构助词"de"对应的汉字形式有三种，分别是"的"、"地"、"得"，它们各自有着不同的功能。因为读音相同，汉语母语者在使用中有时也会混淆，尤其是"地"和"的"相混，但把"地"和"得"混淆的情况不多。

第二节　形容词做补语的偏误

对外汉语教学界对状态补语的定义众说纷纭，不少学者把"得"后不表示可能的补语统称为程度补语，我们认为这个名称不够确切。从语义上看，动作本身并无程度性可言，只有形容词表示的事物的性状具有程度性。王还（1979）认为，把这类补语叫作结果补语更为确切，因为从跟它所修饰的动词的语义关系上看，"得"后不表示可能的补语代表动作的结果。我们认为把"得"后补语叫作结果补语，这个名称跟汉语中不带"得"的结果补语混淆了。刘月华（1986）建议沿用1977年商务印书馆出版的《汉语课本》中提出的"情态补语"[①]；鲁健骥（1992）认为"状态补语"是谓语动词或形容词带"得"后用来评价、判断或描写"得"前动词、形容词或名词的成分[②]。陆俭明先生在为北京语言学院语言教学研究所编的《现代汉语补语研究资料》作的序中，首先根据述语和补语之间是否带"得"把表示程度的述补结构分成黏合和组合式；再把带"得"程度补语分为状态补语和程度补语，把状态补语和程度补语看作并

---

① 刘月华：《实用现代汉语语法》，外语教学与研究出版社1986年版，第366—367页。

② 鲁健骥：《状态补语的语境背景及其他》，《语言教学与研究》1992年第1期。

列的两个补语类型。

可见，无论是对"得"后补语的定义、分类标准还是范围界定，汉语学界尚未形成统一的看法。不同学者主编的对外汉语教材对补语的讲授方法也各不相同，这使对外汉语课堂教学中的汉语教师无所适从，认识不清，并给汉语学习者带来不少困惑。

我们把在动词后带"得"的形容词补语叫作"状态补语"，值得注意的是，本书所谓"状态补语"不包括"得"后由程度副词充当的补语，如"好得很"，其中"得"后做补语的"很"是程度副词；本书的研究对象也不包括动词后"得"带小句的情况，如"吵得谁的话都听不清楚"，其中"得"的"谁的话都听不清"是个句子，做补语。这两类情况都不是形容词做补语，故不在我们的讨论范围内。形容词常采用复杂形式做补语，我们的研究对象包括形容词性词组和形容词重叠形式在"得"后做补语的情况。为了称说方便，把形容词充当的状态补语统称为"补语"。

补语的主要语用功能是评价，包括对动作结果的评价以及对动词和动词施事和受事的状态评价。做补语时形容词在句子中的语义指向比较复杂，既可以指向动词，也可以指向动词的施事和受事。补语被视为汉语独特的句法成分，在不少语言中没有对应形式，因此汉语学习者在习得汉语补语时出现的偏误不仅数量大，而且偏误类型多。

一　补语标记"得"的偏误

形容词做补语时，在动词和补语之间的"得"是补语标记，是虚词，不表实在义，只有语法功能。因为该标记的语义虚化，汉语学习者在习得形容词做补语时产生不少跟补语标记"得"有关的偏误。

（一）用其他词语取代补语标记"得"

1. 用"了"取代"得"

对外汉语教学遵循由易到难的原则安排语言项目的教学，在对汉语学习者讲授汉语的补语标记"得"之前，已经讲授了汉语时态助词"了"的用法。不少汉语学习者先入为主，在习得形容词后置于动词做补语时，常产生以"了"取代补语标记"得"的偏误。如：

（15）＊黑板上的字我看了很清楚。→黑板上的字我看得很清楚。

（16）＊我的同屋常常把音量放了很大。→我的同屋常常把音量放得很大。

（17）＊昨天我们发现她病了很厉害。→昨天我们发现她病得很厉害。

以上句子的共同偏误是在动词和形容词充当的补语之间，用表完成的时态助词"了"取代了补语标记"得"。这类偏误产生的原因可以从以下三方面分析：

首先是母语的干扰，即汉语学习者的母语时体观念的影响。在英语和西班牙语中，动词进入句子的谓语句位，一般需要根据时态发生形变，由于状态补语常表动作完成态，所以动词所述动作已然发生，汉语学习者自然把母语中的表动作完成、动作已发生的观念迁移进来，发生了母语知识的负迁移。

其次是汉语规则的泛化。例（15）和例（17）中动词所述动作已经完成；例（16）中动词叙述的是惯常性动作。汉语学习者根据已掌握的汉语表已然发生的动作，在动词后直接加上时态助词"了"，简单地把已掌握的汉语规则泛化，用"了"来替代"得"。

最后是从口语交际角度看，这类偏误产生与发音相关。我们通过对偏误产生者进行访谈，发现动态助词"了"和补语标记"得"都读轻声，而且韵母都是"e"，两个词的发音相近，听觉上分辨度不高，汉语学习者在听中国人说话时，常把"得"听成"了"。由于"得"跟"了"都是虚词，都可表完成。这使汉语学习者用已掌握的"了"来替代补语标记"得"。

2. 用"着"取代"得"

考察偏误语料我们发现，汉语学习者用表进行的时态助词"着"取代补语标记"得"产生的偏误也不少。如：

（18）＊同学们在运动场上玩着很高兴。→同学们在运动场上玩得很高兴。

（19）＊你看，那个跑着飞快的就是大卫。→你看，那个跑得飞快的就是大卫。

例（18）和例（19）的偏误都是用动态助词"着"替代补语标记"得"。这同样是由于汉语学习者的母语知识负迁移造成的。例（18）中动词"玩"和例（19）中动词"跑"所述都是说话时正在发生的动作，根据母语的时体知识，加上已掌握的汉语表动作进行常用"着"的规则，汉语学习者常用"着"替代补语标记"得"。

　　针对此类偏误，在对外汉语教学应强调"得"的功能，重点比较补语标记"得"与动态助词"了"和"着"的差异。补语标记"得"有两个功能：一是表动作完成；二是"得"后补语成分具有性状的程度性特点。补语标记"得"不仅涵盖表完成的"了"的功能，还有连接谓语动词和补语的功能。从句法形式上看，动词后加"了"只能带体词性成分，不能带形容词、动词等谓词性成分，谓词性成分后置于动词做补语时只能用"得"来连接。

　　（二）缺少补语标记"得"

　　在我们搜集到的偏误语料中，缺少补语标记"得"的偏误数量很多，占全部偏误的 15.6% 。如：

　　　　（20）　*南昌冬天一刮风就<u>变非常冷</u>。

　　　　　　　　→南昌冬天一刮风就变得非常冷。

　　　　（21）　*他<u>跑特别快</u>，我们选他参加运动会的短跑比赛。

　　　　　　　　→他跑得特别快，我们选他参加运动会的短跑比赛。

　　　　（22）　*老师<u>说很清楚</u>，我们都能听懂。

　　　　　　　　→老师说得很清楚，我们都能听懂。

　　以上偏误都是动词直接跟形容词组合，动词和补语之间不带补语标记"得"造成的。这类偏误同样是汉语学习者母语负迁移造成的。例（20）中动词"变"在英语和西班牙语中都是系动词，形容词"冷"做表语，直接跟系动词组合成系表结构做谓语。汉语中动词"变"的后面也可以直接加形容词表状态改变，如"变冷了"。这种情况下，汉语和英语等其他语言句法结构形式相同，表意也相同。但当形容词复杂形式做补语时，如例（20）中形容词"冷"前加表程度的副词"非常"构成形容词性偏正结构做补语，动词和补语间要加"得"。例（21）中形容词"快"和例（22）中形容词"清楚"的语义分别指向动词"跑"和"说"，这种情况在英语和西班牙语中状语必须后置于动词，由于母语的负迁移，汉语学习者通常省略汉语中位于动词和形容词补语中间的标记"得"。

　　汉语补语是个复杂系统，表结果的补语可以分为结果补语和状态补语两个类型。对外汉语教材中补语教学的顺序一般先讲结果补语，后讲状态补语，这种从无标记补语到有标记补语的教学顺序，符合认知的难度递增原则。一般来说，有标记的语法规则的习得难度大于无标记语法规则。汉语学习者先掌握形容词后置于动词，动词和形容词直接组合，形容词做结果补语的规律。由于汉语结果补语的规则泛化，加上汉语学习者母语的负迁移，导致例（20）的偏误，认为所有动词后都可以直接加形容词表示性状。表面上看是母语负迁移，但深层原因是没有准确把握结果补语和状态补语这两种表结果的补语的本质差异。对汉语学习者来说，下面两个句子的表意辨析很困难：

（23）衣服洗干净了。

（24）衣服洗得很干净。

这两个句子所表基本义没有太大差异。从句法形式上看，例（24）是状态补语句，形容词前加程度副词"很"；例（23）是结果补语句，动补结构后有表完成的助词"了"。句法形式上的调整体现了结果补语和状态补语的本质差异：动结式可视为复合词结构，在特定句子中要加上助动词表完成；状态补语句中的动词加"得"表完成，"得"后形容词常加程度副词以凸显事物性状的程度性，而且伴随有评价性。

结果补语句和状态补语句的语用功能存在差异，在特定语境中可以清楚地表现出来。如：

（25）她把衣服洗干净了，又打了一桶水，把洗好的衣服顶在头上，往回走。

（26）丈夫洗碗越来越熟练了，闭着眼也可以把碗洗得很干净，放得很整齐。

例（25）中形容词"干净"做结果补语；例（26）中形容词"干净"做状态补语。例（25）由 4 个分句构成，前后分句按照动作发生的时间顺序组合，每个分句以动词为核心叙述一个事件，构成句子所述事件链中的一个环节。第一分句中动词"洗"后补语"干净"是动作引发的结果，动词和结果补语之间语义紧密，凝固度高；例（26）由 3 个分句组成，第一个分句提供背景信息，第二、三分句并列说明"洗碗"的熟练程度，状态补语句有效凸显形容词"干净"的程度量，两个并列状态补语"洗得很干净"和"放得很整齐"补充说明洗碗的"熟练"程度。以上两个例句中形容词分别编码为结果补语和状态补语，适应各自的特定语境。不同句式具有不同的篇章衔接功能，表述动作引发结果的形容词编码为结果补语；当形容词凸显动作引发性状的程度性时编码为状态补语。

形容词重叠式后置于动词做补语也要带"得",不少偏误是由于形容词重叠式做补语没加上补语标记"得"产生的。如:

(27)＊听了这个消息,她的眼睛<u>睁开大大的</u>。

　　→听了这个消息,她的眼睛睁得大大的。

(28)＊我把气球<u>吹圆圆的</u>。

　　→我把气球吹得圆圆的。

以上两例都是形容词重叠式做补语,但由于动词和补语之间没带补语标记"得"造成偏误。重叠形式是凸显形容词描摹性和程度性的重要手段,动词和形容词重叠形式充当的补语之间必须带"得"。

不同母语背景的汉语学习者面临一个共同的问题:根据什么原则决定动词与后置于动词的形容词之间是否要带"得"? 言语交际遵循语言经济原则。语言符号是表情达意、传递信息的工具,语言编码是为了准确、适量地传递信息。结果补语在句法形式上更简单,如果结果补语足够传递信息,就不需要用带"得"的状态补语来表达。如:

(29)<u>打扫干净</u>屋子再请客。

(30)门前<u>打扫得干干净净</u>,迎接贵客的到来。

例(29)表达动作"打扫"引发受事的状态"干净",关联词"再"表明结果补语是第二个动作"请客"的条件;例(30)的第二个分句"迎接贵客的到来"蕴含了对"干净"程度量的要求高,形容词重叠式后置于动词做状态补语,凸显形容词"干净"的程度性和评价功能。

缺少补语标记"得"的偏误在"比"字句中也常见,当形容词在"比"字句中做补语时,句子的结构变得更加复杂,汉语学习者因此产生的偏误也比较多。如:

(31)＊罗西亚比你唱好。→罗西亚比你唱得好。

(32)＊妈妈比我起早。→妈妈比我起得早。

进一步考察偏误语料我们发现,母语为西班牙语的汉语学习者容易产生此类偏误,这是西班牙语知识负迁移的结果。西班牙语比较句的句法形式如下所示。我们采用直译方式比较汉语和西班牙语,有助于清楚地看到这两种语言的语序差异。如:

(33) Rocia　canta　mejor　que　tu.

　　　罗西亚　唱　　更好　比　你

汉语的补语标记"得"不表实义,这使母语为西班牙语的学习者容易把它跟母语中的前置词"que"对应，造成补语标记"得"的缺失。西班牙语为母语者在习得汉语时，数量短语表示形容词所述性状的具体差别时产生的偏误更多，无论是初级、中级和高级水平阶段都产生偏误。如：

（34）＊我的室友比我起来起得早一个小时。

（35）＊我的室友比我一个小时起得早。

（36）＊我的室友比我起床起得早一个小时。

例（34）是初级水平的汉语学习者产生的偏误，用汉语重动句来解决两个信息结构组成一个句子的编码问题，由于学习者对汉语重动句的使用规则掌握不准确，机械模仿造成了偏误；例（35）是中级汉语水平的学生出现的偏误，把数量短语"一个小时"前置于动词做状语，但表时段的成分在汉语中没有介词的引导不能直接做状语，所以产生了偏误；例（36）是高级汉语水平的学生出现的偏误，把表示具体形容词量差的"一个小时"看作焦点，安排在句末，但汉语形容词充当的补语也是句子焦点，一个句子不能有两个焦点，此时形容词必须移到动词前做状语，这个句子正确的表达方式是"我的室友比我早一个小时起床"。

二　宾语和补语的语序偏误

有一类偏误从语言结构看，也是缺少标记"得"，但本质上跟上面缺少"得"的情况不同。先看下面一组偏误：

（37）　＊我来中国一年了，可是说汉语很不好。

　　　　→我来中国一年了，可是汉语说得很不好。

（38）　＊我喜欢汉语，因为每天上汉语课很开心。

　　　　→我喜欢汉语，因为每天上汉语课上得很开心。

（39）　＊玛丽唱中文歌非常好，可以参加中华才艺比赛。

　　　　→惠子唱中文歌唱得非常好，可以参加比赛。

如果不考虑上下文制约和说话人表达意图，就单个句子看，例（37）、例（38）和例（39）都可以认为是正确的表达，"说汉语"、"上汉语课"、"唱中文歌"动宾结构做主语，形容词性短语"很不好"、"很开心"、"非常好"做谓语，句子的谓语陈述、判断和描写前面的动宾结构充当的主语。

我们对产生以上偏误的汉语学习者进行访谈，了解到他们利用这些句子想表达的，并不是对动宾结构所述事件的判断和描写，而是要凸显动词所述动作引发事物性状的程度性。造成例（37）想表达的意思是来中国时间不短了，但是汉语进步不大，不是"说汉语很不好"而是想说自己"汉语说得很不好"，关联词"可是"表明前后两个分句的转折关系，他想表达的真实意图不是评价"说汉语"这件事情不好；例（38）用关联词"因为"表明后一分句是前一分句"我喜欢汉语"的原因是"汉语课上得很开心"；例（39）虽然没有关联词语，但前后分句存在内在的逻辑关联，即"唱得好，所以可以参加比赛"，这符合人们的认知经验。

当动词同时带宾语和补语时，由于汉语的宾语和补语都是后置于动词的句法成分，在语序上孰先孰后是令汉语学习者感到困惑的问题，很容易出现偏误。除汉语学习者母语的负迁移的影响外，汉语编码的复杂性也是造成偏误的不可忽略的影响因素。如：

（40）a. 他唱歌不错。

b. 他歌唱得不错。

例（40）中的两个句子表意没有太大差异。我们在语料库中进行检索，得到"唱歌不错"的有效语料3条；"歌唱得不错"的有效语料5条。可见这两个句子不仅在出现频率上相近，语境限制上也没有太大的差别。

当动词的宾语和补语在句子中同现时，在语法编码时如何安排语序是汉语学习者最大的困难。汉语语法的习得顺序一般先讲练动宾结构，再讲练动补结构。宾语是动词的内层结构成分，在语法编码中常处于紧邻动词的位置，这就容易产生在动宾结构后再加补语的偏误，如例（40）的a句，"唱"与宾语"歌"组成动宾结构，再加上"很好"。汉语的句法形式和语法功能没有严格的对应关系，动宾结构可以做句子主语，形容词可以独立做谓语。整个句子可以看成是形容词性谓语对动宾结构充当的主语的判断和描写，句子可以看成主谓结构。

对外汉语教学中应充分重视动词后宾语和补语同现的语法编码规则。汉语补语句中补语标记"得"取消了谓语动词的焦点性，使动词失去了直接带宾语的能力，宾语不能出现在"得"前的谓语动词之后，只能通过语法手段前移，"得"后只能带谓词性成分补充说明动词或动词的论元。这个规则的揭示与讲练有助于汉语学习者避免这类偏误。如：

（41）＊昨天吃北京烤鸭得很高兴。

→昨天吃北京烤鸭吃得很高兴。

（42）＊他摔杯子得粉碎。

　　　→他把杯子摔得粉碎。

例（41）的"吃"后带宾语"北京烤鸭"和补语"很高兴"；例（42）中动词"摔"后带宾语"杯子"和补语"粉碎"，谓语动词后宾语和补语同现，按照动词后先接宾语，再加补语的语序，容易产生语序偏误。

造成这类偏误的原因是，汉语学习者虽然了解汉语的谓语动词和形容词补语之间要添加补语标记"得"，但并不了解动词带"得"后不能带宾语的规则。当谓语动词为及物动词时，可将动词宾语直接提前，或通过介词"把"将宾语提到动词之前，也可以用重动句形式来实现宾语和补语的同现。这三种不同的语法编码都有使用限制，适用语境也不同。这让没有汉语语感的汉语学习者感觉困难，出现的偏误不少。

（一）重动句

当谓语动词带宾语和补语时常采用重动句来表达。对外汉语教学中，重动句常作为一个固定构式教给汉语学习者。例（41）就可以采用重动句表达为"吃北京烤鸭吃得很高兴"。汉语学习者在掌握"动词＋宾语＋动词＋得＋状态补语"之后，会说"他洗衣服洗得很干净"这样的句子，但当动词为离合词时，出现很多偏误。如：

（43）＊他<u>打球得很好</u>。→他打球打得很好。

（44）＊他<u>唱歌得很好听</u>。→他唱歌唱得很好听。

（45）＊老师<u>理发得很短</u>→老师头发理得很短。

以上偏误的共同点是，在例（43）的"打球"、例（44）的"唱歌"和例（45）的"理发"等动词后带"得"，再接形容词充当补语。这类偏误除学习者母语知识负迁移的影响外，跟语言自然度有很大的关系。以上三个句子的谓语动词"打球"、"唱歌"、"理发"都是离合词。从构词语素看，动词性语素"打"、"唱"、"理"分别带宾语语素"球"、"歌"、"发"，而且构词语素之间凝固度高，如"理发"已作为动词收入《现代汉语词典》。不少对外汉语教材的生词表中，离合词通常被看作动词，用与学生的母语中的某个动词对译的方法来解释词义。此外，由于现代汉语以双音节词为主，汉语学习者自然把离合词等同于一般动词，常在离合词后带"得"，加上形容词充当的补语，从而产生偏误。

汉语学习者在习得汉语的过程中，注重句法结构形式的掌握，特别是对重动句这种被认为是汉语独特句式的教学，无论是汉语教师的讲解，还是学生的习得，都关注形式结构特点，学生在掌握重动句的基本构式"动词＋宾语＋动词＋得＋补语"后，初级阶段多为机械模仿，缺乏对该构式使用的语义背景及构式中各个成分的语义要求，很容易产生偏误。如：

（46）＊太阳照大地照得通红。→太阳把大地照得通红。

（47）＊他摔杯子摔得粉碎。→他把杯子摔得粉碎。

（48）＊他睁眼睛睁得很大。→他把眼睛睁得很大。

以上偏误是机械模仿重动句构式而产生的，忽略了重动句中各句法成分的语义要求。重动句中的动词第一次出现时，与宾语构成动宾结构，在句子信息结构中起交代背景信息的作用；动词第二次出现时跟形容词构成动补结构，是句子的信息焦点。如：

（49）他学外语学得很轻松，但学数学却学得很累。

（50）他唱中文歌唱得很好，但是唱英文歌唱得不太好。

例（49）中"学外语"和例（50）中的"学数学"都是动宾结构交代背景信息，而"学得很轻松"、"学得很累"是动补结构，传递句子的焦点信息。重动句的谓语动词是有意而为的行为，而且通常是可反复发生的惯常性动作，做补语的形容词是对性状程度性的判断和评价。所以，表示无意而为或一次性动作动词不能做重动句的谓语，评价性弱的形容词也不能做重动句中的补语。例（46）"太阳照大地"中动词"照"是非自主动词，不是句子主语"太阳"有意发出的动作；例（47）中的动词"摔"也是在情绪激动时的非自控行为，而且是一次性动词，不是经常发生的惯常性动作；例（48）"睁大眼睛"是某种情况下的不自觉动作，不是经常重复的惯常性的、有意而为的动作。以上偏误都是由于句子谓语动词的语义特征不符合重动句谓语句位的语义内涵而导致的。

对外汉语教学过程中，对语法规则的讲练仅限于对句法结构形式层面的描写，对汉语学习者来说是远远不够的，必须在句法结构描写的基础上，对进入句式的句法成分的语义特征和句位的语义内涵进行描写和说明，否则就容易产生由于机械模仿结构而产生的偏误。对重动句机械模仿还会导致另一种偏误。如：

（51）＊他朗读朗得很流利。

（52）＊他学习学得很认真。

例（51）中"朗读"被拆开，"朗"被当成动词重复使用两次，但"朗读"是偏正结构复合动词，"朗"不是独立成词语素，所以"朗读"并不是动宾结构；例（52）"学习"中的"学"是独立成词语素，可以单独作动词用，但"学习"是并列结构复合动词而非动宾结构。以上两个句子中动词第一次出现的形式"朗读"、"学习"都不是动宾结构，不符合重动句要求。这类偏误显然是机械模仿的结果。我们通过访谈调查外国学生，他们说出带有这类偏误句子的依据是模仿汉语教师教给学生的重动句，如"他唱歌唱得很好"，外国学生没有掌握"唱歌"的构词语素之间是动宾关系。

考察重动句偏误语料我们发现，有的句子表达符合重动句的所有要求，但从汉语母语者的语感判断却不很自然。如：

（53）？他今天起床起得很早→他今天起得很早。

（54）？马丁昨天喝酒喝得醉醺醺的。→马丁昨天喝得醉醺醺的。

（55）？我中午吃饭吃得太饱了。→我中午吃得太饱了。

以上句子在汉语母语者看来，不算是错误，但表达不太自然。汉语学习者认为以上句子是典型的重动句，"起床"、"喝酒"、"吃饭"都是动宾关系。我们在语料库中检索，"起床起得早"没有找到有效语料。在暨南大学的留学生书面语语料库中，我们检索"起床起得早"，得到语料7条。同样，在现代汉语语料库中，我们检索"吃饭吃得＋形容词"没有得到有效语料，而在中介语语料库中检索，得到有效语料2条。可见，汉语母语者几乎不用"起床起得（很）早"这样的表达，但尚未建立汉语语感的汉语学习者，由于机械模仿却说出看起来符合句法结构形式，实际上却并不正确的句子。

在对所得语料进一步分析的过程中，我们发现例（53）、例（54）和例（55）的左边是重动句，右边是一般补语句，因为删除了动词和宾语组成的动宾结构而变得简单。为什么可以删除宾语而不损失信息？这是因为动宾结构"起床"、"喝酒"、"吃饭"中的动词和宾语是最自然的、出现频率最高的组合，动词和宾语之间结合得很紧密，凝固度很高，这些动宾结构中的宾语不传递新信息，在言语表达中常被汉语母语者省略，并不影响信息传递。

从认知角度分析，动宾之间构成一个以动词为核心的认识域，宾语是动词的内层结构成分，宾语聚合系统中典型成员的默认值很高，由于跟动词的高频共现，宾语的语义在认知经验的影响下比较容易融合在核心动词中，这就使宾语不再具有传递新信息的功能，常被省略，这是语言经济原则的作用。省略与动词高频共现的宾语，可以使语言表达简洁和自然。

哪些宾语和动词高频共现？哪些宾语的语义倾向于融入动词而可以被省略？这对汉语母语者来说不太困难，可以凭借语言直觉做出判断。对缺乏汉语语感的汉语学习者来说，则很难判断，需要汉语教师在教学中特别提醒，并对此现象做出简单解释。

（二）"把"字句

形容词做补语时句子的谓语动词不能直接带宾语。当谓语动词是及物动词时，动词宾语常通过介词"把"提到动词前。"把"字句教学是对外汉语语法教学的重点，也是难点，很多汉语学习者的母语中不存在"把"字句的对应表达，学生因此缺乏对该句式的语感和经验，他们的母语知识不能实现正迁移。汉语学习者对该句式的掌握感到困难，容易产生偏误。如：

（56）＊他把汉语学得很轻松。→他汉语学得很轻松。

（57）＊他把肉吃得太多。→他肉吃得太多。

（58）＊他把作文写的又快又好。→他作文写得又快又好。

例（56）的宾语"汉语"、例（57）的宾语"肉"和例（58）的宾语"作文"都通过介词"把"提到动词前，形容词充当的补语占据了句末焦点位置，这就化解了宾语和补语的句法位置上可能的冲突。但例（56）到（58）都是偏误，因为不是所有的动词宾语都可以通过介词"把"提到动词前。

"把"字句表述对人或事物的处置。"把"字后的宾语是被动词处置的对象，形容词充当的补语描述事物的状态，关键是这个状态应由动词引发，动词和补语之间有致使关系。汉语学习者没有掌握"把"字句中各句法成分之间的语义关联，他们在学习汉语时，将使用介词"把"将动词宾语提前这个语法规则泛化，认为"把"字可以将任何宾语提前，忽视了"把"字句中的谓语动词和形容词补语之间语义上的致使关系。

例（56）中动词"学"和充当补语的形容词"轻松"之间无致使关系，形容词"轻松"的语义不指向宾语"汉语"，而是指向动词，这不符合"把"字句中动词和形容词之间有致使关系的语义要求；例（57）中动词"吃"和充当补语的形容词"多"之间也无致使关系，因为"肉"

不会越吃越多，只会越吃越少；例（58）中的动词"写"和充当补语的形容词性并列短语"又好又快"之间无致使关系。以上这些偏误都是由于汉语学习者没有掌握"把"字的语义要求而引发的偏误。

对外汉语教学中"把"字句的教学多采用演绎法，即先描写"把"字句的结构"主语＋把＋宾语＋动词＋其他成分"，再举例说明。一般课堂强调句法结构形式，汉语教师讲解的内容主要包括一些使用"把"字句的基本规则，如谓语动词不能是光杆动词、"把"字句的动词必须是及物动词等。对动词和宾语之间的支配关系描述得比较清楚，但对动词后的"其他成分"很少从语义层面描写。这导致汉语学习者对动词和做补语的形容词之间的致使关系不甚明确，从而出现偏误。

当谓语是及物动词时，可以用"把"字句或重动句来解决动词宾语和补语同现的问题。这两种句式各有不同的语义限制，而且这两种句式呈现互补分布：能用重动句时一般不能用"把"字句，能用"把"字句表达时一般不能用重动句。充当补语的形容词的语义指向受事宾语时，多采用"把"字句来表达。如：

（59）他把花瓶摔得粉碎。

（60）姐姐把衣服洗得干干净净。

充当补语的形容词的语义指向动词或施动时，多采用重动句形式。如：

（61）他唱歌唱得很不错。

（62）他写作业写得认真。

对外汉语课堂教学中应重视对句法结构的语义背景描写，这有助于不同母语背景的汉语学习者区分并准确运用汉语"把"字句和重动句这两种特殊句式。

（三）话题句

当句子的谓语动词带宾语和补语时，除了用"把"字句和重动句外，还可以直接把动词宾语提到主语和动词之间，即宾语可以位于主语之后，谓语动词之前。如：

（63）他汉语说得很流利。

例（63）不能采用"把"字句，不能说"＊他把汉语说得很流利"，因为做补语的形容词"流利"的语义指向动词，描述动作"说"而不是对动词宾语"汉语"的描写，动词无处置义，适合采用把动词宾语"汉语"直接提到主语"他"之后、动词"说"之前的句法位置上。

跟"把"字句和重动句相比,把动词宾语提到动词前是个无标记的形式。徐烈炯(2004)认为汉语是话语概念结构化的语言,汉语句子开头的句首位置、句子主语和谓语动词之间的位置都是话题的位置①。当动词同时带宾语和补语时,可以把动词宾语直接提到句子主语后动词前的位置上,这是汉语句子话题的位置。

由于这个位置没有词语或结构上的标记,汉语学习者对汉语缺少语感,有时将宾语直接提到动词前会引起歧义。如:

  (64)﹡他妈妈照顾得很细心。→他照顾妈妈照顾得很细心。

  (65)﹡他学生教得非常用心。→他教学生教得非常用心。

例(64)中外国学生想表达的是箭头右边的意思,表达中将宾语提到主语和动词之间的位置,句子的主语"他"和提前到主语后的宾语"妈妈"由于位置紧密相邻,容易被理解为"他的妈妈",因而句子被解读为"他的妈妈照顾(别人)很细心","他妈妈"成为句子的施事主语;例(65)中主语"他"和被提前的宾语"学生"之间也可以理解为"他的学生",句子被理解为"他的学生教别人教得非常用心",从而产生歧义。

话题化是汉语母语者常用的编码手段,对外汉语教学中应讲解宾语提前这种无标记的手段,既要介绍将宾语提到主语和动词之间作为话题的方法,也要提醒学生,当施事主语和受事宾语都是表人的名词和代词时,要避免因主语和宾语之间形成偏正结构而可能引发的歧义。

三 形容词做补语时否定疑问方式偏误

对外汉语教学中,汉语补语的教学顺序一般是从肯定式到否定式和疑问式。在对外国学生讲练形容词做补语的肯定形式后,再对否定式和疑问形式进行讲练。外国学生由于对形容词做补语的句子的焦点把握不准,在由肯定形式到否定和疑问形式的转换过程中容易产生偏误。

(一)形容词做补语时的否定式

形容词做补语的否定式出现的偏误不少,因为形容词做补语的句子,从深层语义上看具有双重结构性,即动宾和动补结构融合在一个单句中。

---

① 徐烈炯:《汉语是话语概念结构化的语言吗》,《中国语文》2002 年第 5 期。

复杂的深层语义结构使汉语学习者在习得形容词做补语的否定式时，对句子的焦点把握不准确，因而产生偏误。如：

（66） ＊我跑得不累了，你不用担心我。→我没跑累。

（67） ＊妹妹哭得眼睛不红了，她只是有点伤心。→妹妹没哭红眼睛。

（68） ＊同学们气得脸不红了。→同学们没气红脸。

我们通过对产生偏误的外国学生的访谈，得知例（66）要表达的意思是"我没跑累"，但学生采用了否定"得"后形容词的方式，认为"不累"是焦点信息。例（67）和例（68）的情况相似，都是用副词"不"否定"得"后做补语的形容词。形容词做补语的否定式为"动词＋得＋不＋形容词"。如：

（69）衣服洗得不干净。／话说得不清楚。

汉语学习者由于不了解补语句的深层语义结构，因为机械模仿造成了如例（66）到（68）的偏误。采用副词"不"来否定形容词，多用于使动事件句。所谓使动事件句，指的是做补语的形容词的语义指向动作受事，如"衣服洗得不干净"中"衣服"是动词"洗"的受事，形容词"干净"的语义指向受事。

例（66）的主语"我"是动作"跑"的施事、例（67）的主语"妹妹"是动作"哭"的施事、例（68）的主语"同学们"是动词"气"的施事，这三个句子都不是使动事件句，而是主动事件句。所谓主动事件句，指是做补语的形容词的语义指向动作施事。如例（66）中形容词"累"的语义指向动作施事"我"。

使动事件句中形容词的语义指向受事，可以在"得"后加否定副词"不"对结果性状进行否定；主动事件句一般不在"得"后加否定副词，而是变换成结果补语句。状态补语句否定的是主事件，而不是背景事件，谓语动词常为完成态，从逻辑上已然完成的动作本身是不能被否定的。当作补语的形容词的语义指向动词本身时，也可以直接否定"得"后形容词。如：

（70）他跑得很快。→他跑得不快。

当形容词的语义指向施事时，做补语的形容词和主语之间具有潜在主谓关系，可以采用直接否定形容词的手段来实现否定。

主动事件句采用"得"后加副词"不"来否定的频率不高。以形容词"累"为例，我们在现代汉语语料库中检索，形容词"累"的语义指向施事却在"得"后否定形容词，只得到 5 条有效语料。如：

（71）有一种人倒是活得<u>不累</u>，但是对社会却无所贡献。

（72）这样可以读得飞快，读得<u>不累</u>。

（73）自己活得<u>不累</u>吗？怎么让周围的人觉得活得好累。

考察语料我们发现，主动事件句中"得"后加"不"否定形容词的方式存在一定限制条件，主要表现为：动词是状态动词，如"活"强调的是状态；句子中常出现对比、并列或转折等。用"没"否定动结式完成否定表达，在语料库中出现的频率高达 12 次，而且动词多样，如"洗、挣、擦、扫、看、念、做、读"等。进一步考察语料我们还发现，当用"不"否定形容词充当的补语时，常用"不够"修饰做补语的形容词。如：

（74）笑得不够自然、沟挖得不够深、研究得不够充分、说得不够清楚

"不够"是副词，表示程度上比所要求的差些。程度副词"不够"比"不"在否定式出现的频率高，因为"不"否定的是性质，而"不够"是对所要求的程度量的否定。补语的焦点性使性状的程度性得到凸显，而"不够"是做补语的形容词最适合的否定副词。

否定形容词所述性状多采用"没 + 动词 + 结果补语"的形式。以动词"说"和形容词"清楚"组成的动补结构的否定式为例，我们在语料库中检索的结果是："没说清楚"出现 30 次；"说得不清楚"出现 3 次；"说得不够清楚"出现 8 次。这个结果表明，否定形容词做补语的句子，既可以采用"没"否定动结式，也可以用"不够"否定"得"后形容词，这两种否定形式在语料库中出现的概率不同，前者要高很多。也可以直接用"不"否定形容词，但出现的概率很小。正因为这三种不同手段都可以达到否定表达的目的，又各有特点，汉语学习者对形容词做补语的句子的否定表达形式感到困惑，由此而产生的偏误也不少。如：

（75）＊我以前打羽毛球，可是不打好。

→我以前打羽毛球，可是打得不好。

（76）＊我很努力地学习汉语，可是汉语不说流利。

→我很努力地学习汉语，可是汉语说得不流利。

例（75）用副词"不"否定动结式"打好"；例（76）用"不"否

定"说流利"。这类偏误是由于学习者先习得用"不"否定动词的规则，后把动词和形容词直接组合构成的动结式看作一个语言组合，再按照否定副词前置于动词的规则造成的偏误。针对此类偏误，对外汉语教学中可以引导学习者把否定看成一种程度性表达，即否定表示零程度。否定时一般需要采用补语标记"得"，然后否定做补语的形容词。

（二）疑问式

考察偏误语料我们发现，形容词做补语的句子的疑问表达形式，对于外国学生来说也不容易，可能出现偏误，虽然这类偏误在我们所搜集的偏误语料中所占比例不高。如：

（77）＊你写汉字写得很快不很快？→你写汉字写得快不快？

（78）＊皮衣服在中国卖得非常贵不贵？→皮衣服在中国卖得贵不贵？

例（77）和例（78）都是利用形容词构成的正反疑问句，但形容词在句子中不做谓语，而是做补语。汉语学习者在习得形容词做补语前，已掌握形容词做谓语的正反疑问句的表达方式，一般形容词做谓语的正反疑问表达方式是"形容词＋不＋形容词"。如：

（79）大学的食堂干净不干净？

补语句位具有较强的评价功能，做补语的形容词凸显所描述性状的程度性，一般不能是光杆形式。汉语学习者掌握了形容词做补语时，形容词一般不能是光杆动词的规则，能正确使用形容词做谓语。如：

（80）你写汉字写得很快。

（81）皮衣在中国卖得非常贵。

在例（80）的基础上，外国学生利用正反形式提问，造成例（77）的偏误；例（81）是例（78）的基础句式，例（78）虽然没有重复程度副词"非常"，但仍然把它保留在形容词的肯定和否定形式前，也不正确。

形容词做补语的陈述句中，充当补语的形容词要凸显程度性，但疑问句表达对事物性状的疑问。根据肯定否定公理①，疑问句只能采用形容词的光杆形式，以表达性状的基本量。如果要凸显性状的程度性，可以采用一般疑问句形式，这样才可以保留修饰形容词的程度副词。例（77）和

① 石毓智：《肯定否定的对称与不对称》，北京语言大学出版社2001年版，第294页。

例（78）可以分别修改为：

（82）你写汉字写得很快吗？

（83）皮衣服在中国卖得非常贵吗？

正反疑问句改为一般疑问句，既保留了形容词所述性状的程度性，又准确地提出了问题。对外汉语教学中对于形容词做补语的否定表达，教学中应重点帮助学生理解形容词的程度性表达方式，以及汉语的补语句位凸显性状的程度量的语义内涵。

四　形容词做补语的句子中动词的偏误

补语标记"得"前的谓语动词必须是光杆形式，在这个问题上出现的偏误很多。如：

（84）＊我们昨天晚上谈谈非常愉快。→我们昨天晚上谈得非常愉快。

（85）＊张三走了得太快，结果脚扭伤了。→张三走得太快，结果脚扭伤了。

（86）＊我的衣服洗着得雪白了。→我的衣服洗得雪白了。

（87）＊上次多亏你来过得很准时。→上次多亏你来得很准时。

上面的偏误都出谓语动词的形式上：例（84）采用了动词重叠式"谈谈"；例（85）中谓语动词后带助词"了"；例（86）动词"洗"后带动态助词"着"；例（87）的动词"来"后用了助词"过"。

动态助词"着"、"了"、"过"与补语标记"得"不能同时出现。谓语动词后加"得"再带形容词做补语，则动词后不能再带其他时态助词。"着"表动作正在进行，"了"表完成，"过"表经验，这些都与补语标记"得"表完成的功能相同。根据语言经济原则，相同功能的成分不重复出现。动词重叠式表"短时、尝试"义，与"得"表动作完成义相矛盾，带补语的动词不能采用重叠式。由于对"得"的掌握不够系统，在形容词做补语的句子中，汉语学习者在谓语动词的形式上出现的偏误很多。如：

（88）＊我们在教室里等等得很着急，就给老师打电话了。

（89）＊等一下我看看得明白了，再告诉你是什么意思。

例（88）中的动词"等"和例（89）中的动词"看"都采用了重叠形式。形容词充当的补语为谓语动词所述动作提供了终点，补语标记

"得"表完成态，而动词重叠式表动作持续，与补语的句位语义要求不相符。

五 做补语的形容词偏误

做补语的形容词一般不采用光杆形式，形容词前要加程度副词构成偏正结构，或采用形容重叠形式。对汉语学习者来说，对做补语的形容词的形式特点的讲解很重要。考察偏误语料我们发现，在补语标记"得"后用光杆形容词做补语的偏误很多。如：

（90）＊同学们把地扫得干净，老师放心吧。

→同学们把地扫得很干净。

（91）＊我们谈得起劲，气氛不错。

→我们谈得很起劲，气氛不错。

（92）＊我们班同学昨天玩得开心，回来都有说有笑的。

→我们班同学昨天玩得很开心。

以上偏误的共同特点是："得"后做补语的形容词都采用了光杆形式。"得"后补语有凸显程度量的语义要求，做补语的形容词一般不能采用光杆形式。当然，在特定语境中光杆形容词也可以做补语。如：

（93）我们教室地扫得干净，桌椅也摆放得整齐，所以环境很舒服。

（94）他们两个谈得起劲，完全忘记了在一边等待的孩子。

（95）孩子正玩得开心呢，一点儿都不想回家。

例（93）和例（90）一样，形容词"干净"做补语，都采用形容词光杆形式做补语。例（93）中"干净"的程度不需要凸显，而是跟后面的"桌椅也摆放得整齐"一起，从不同侧面描写教室环境，所以做补语的形容词可以采用光杆形式；例（90）中的前后两个分句有因果关系，第一个分句表原因，后一个分句表结果，让老师放心的是"干净"的程度，语境限制决定了形容词必须以复杂形式充当补语，当要凸显形容词所描写性状的程度性时，形容词要采用复杂形式充当补语。

根据语境和上下文限制，充当补语的形容词选择是采用光杆形式还是复杂形式，这种选择对没有汉语语感的外国学生来说，无疑是困难的，这也正是做补语的形容词偏误数量多的原因所在。如：

（96）＊我喜欢把书架上的书放得很整整齐齐。

→我喜欢把书架上的书放得整整齐齐。

（97）＊大卫把红灯笼挂得很高高的。

　　　→大卫把红灯笼挂得高高的。

以上偏误在于做补语的形容词不仅采用了重叠式，还在重叠式前加上程度副词"很"。形容词重叠式具有表量功能，因此形容词重叠式不能再接受程度副词修饰。

在形容词重叠式做补语的句子中，外国学生感到困惑的另一个问题是形容词重叠式做补语是否要带"的"。对外汉语教学中也多采用模糊处理或者回避这个问题，因此出现的偏误比较多。如：

（98）＊小狗长得胖乎乎，但非常可爱。

　　　→小狗长得胖乎乎的，非常可爱。

（99）＊玛丽很不好意思，脸涨得通红通红。

　　　→玛丽很不好意思，脸涨得通红通红的。

形容词重叠式做补语是否带"的"，情况很复杂。单音形容词重叠式做补语一定要加"的"，如"吃得饱饱的"；状态形容词重叠式 ABAB 做补语必带"的"，如"脸涨得通红通红的"；双音形容词重叠式做补语是否加"的"没有一定之规，有的加，有的不加。如：

（100）a. 这间小屋被妈妈收拾得干干净净。

　　　　b. 妈妈总是把弄堂收拾得干干净净的，邻居们没人不喜欢她。

上例两个句子都是形容词重叠式"干干净净"做补语，a 句中形容词重叠式后不带"的"，b 句形容词重叠式后带"的"。

卢福波（2010）认为，单音形容词重叠式做补语一定带"的"；带叠音词缀的三音形容词 ABB 式和状态词重叠式 ABAB 式做补语必须带"的"；双音形容词重叠式 AABB 式做补语有的带"的"，有的不带"的"。汉语母语者凭语言直觉能对形容词重叠式做补语是否带"的"作出判断，但对没有汉语语感的外国学生来说，形容词重叠后做补语是否带"的"难以判断。

张国宪（2006）把补语形容词重叠式后"的"看作状态化标记，其语法意义相当于"很"类副词，负载着程度量的信息①。形容词重叠式后

---

① 张国宪：《现代汉语形容词功能与认知研究》，商务印书馆 2006 年版，第 86 页。

带"的"与不带"的"反映了形容词典型性的差异，不带"的"形容词中状态词的典型性大于带"的"形容词。换言之，形容词重叠式所表程度性越鲜明，越不需要加"的"来辅助凸显形容词所描述性状的程度量。

由于对外汉语教材对这个问题没有特别讲述，外国学生出现的偏误很多。这促使我们对此问题进行深入研究。有些在汉语母语者看来简单而无须解释的现象，那些凭母语者的语言直觉能正确使用的规则，在对外汉语教学中恰恰容易产生偏误。这说明看似简单的语言现象背后，隐藏着有价值的规律，尚未引起汉语学界的重视，而这些规律对于深刻认识汉语的本质具有重要意义。从这个意义上看，外国学生的偏误为我们反观汉语补语这一句法成分的本质提供了一个新视角。

第三节　形容词做状语和做补语的混淆偏误

对外国学生来说，掌握汉语形容词做状语不太困难，因为汉语状语的句位特点以及状语跟它所修饰的动词之间的语义关系，与学生的母语相近或相同，母语知识的正迁移有助于外国学生掌握汉语的状语。唯一需要注意的是，汉语状语的常规句法位置是前置于动词。

外国学生感到比较难掌握的是汉语形容词做补语。汉语补语的常规句法位置是后置于动词。不少外国学生的母语中状语的常规句位后置于动词，学生对汉语状语和补语两个句法成分的本质差异认识不足，导致在形容词前置于动词做状语或后置于动词做补语的语序问题上出现偏误。

一　形容词做状语替代做补语

形容词是描写事物性状的词类，形容词的描写性与状语的描写功能一致。汉语可状可补形容词既可前置于动词做状语，也可后置于动词做补语。那么，可状可补形容词编码为状语还是补语？这是令外国学生困惑的一个问题，因此常出现用状语代替补语的偏误。

唯补形容词只能在变化动词或状态动词后做补语。如动词"变"、"表现"，与形容词"安静"组合时，形容词一般后置于动词做补语。如：

　　（101）孩子变得很安静。/孩子表现得很安静。

SVO型语言中状语通常后置于动词，不同于其他SVO型语言，汉语状语的常规句位是前置于动词。英语、西班牙语的状语前置或后置于谓语动词都行，这种语序异动不影响该成分的状语的性质，也不影响句子意义的表达。母语是英语或西班牙语的学生常把形容词前置于动词做状语。如：

（102） ＊在墨西哥我学了一年汉语，但是我不太好学习汉语。

→在墨西哥我学了一年汉语，但我汉语学得不太好。

上例是母语为西班牙语的墨西哥学生产生的偏误。西班牙语中没有相当于汉语补语的句法成分，谓语动词的修饰成分状语一般后置于动词，也可前置于动词。无论前置还是后置于动词，状语的性质不变。受母语西班牙语的影响，学生容易把汉语的状语和补语视为相同的句法成分。

根据先易后难的原则，对外汉语教学中状语的教学先于难度更大的补语。一般语言中都有状语这一句法成分，由于母语知识的正迁移，状语比较容易掌握。状语前置于动词是汉语的一个显著特点，在汉语课堂教学中教师对此不仅重点讲解，而且辅以大量训练，这样的强化刺激使外国学生牢记状语前置于动词的句法规则，所以例（103）的偏误是学生汉语的状语句位规则泛化而导致的偏误。

刘月华（1982）指出，汉语大多数双音形容词无法在意义不变、句法形式不变的情况下做同一动词的状语和补语。我们赞同这一观点，发现当形容词前置或后置于动词的句位发生变化时，句法形式的变化首先表现为词语的增减。如：

（103）他激动地说。→他说得很激动。

上例中形容词"激动"可以做状语也可以做补语，但当形容词从状语句位到补语句位时，句子需要作出形式调整，做补语的形容词不能是光杆形式，前面加上程度副词"很"，状语标记"地"变为补语标记"得"。

形容词一般不能无条件地实现状补异位，主要原因是动词和形容词充当的补语之间存在严格的致使关系。表程度的形容词与补语凸显程度的句位特点吻合，最适合在补语位置出现。如：

（104）暴露得很彻底/吃得精光/折腾得厉害

后置于动词做补语的形容词的语义限制很少，但进入补位的形容词的形式限制较为严格，做补语的形容词一般不能是光杆形式，形容词做补语时充当谓语的一般是光杆动词，如果动词带宾语，宾语要提到动词前。

　　某个形容词前置于动词做状语还是后置于动词做补语，需要考虑状语和补语的句位意义，以及形容词的语义特征跟句位语义内涵的匹配度。形容词做状语描写动作的伴随状态，或者描述动作发出者的主观意愿；形容词做补语的语义基础是补充说明动作引发事物性状的改变，具有描写、判断和评价功能。此外语境的制约、形容词状语句和形容词补语句的篇章衔接功能差异也会影响形容词的入位选择。如：

　　（105）老师<u>认真</u>地教，学生<u>用功</u>地学，学校的学习氛围很好。

　　（106）老师教得<u>生动有趣</u>，这使学生们对学习产生了浓厚的兴趣。

　　例（105）是叙述性的，形容词做状语，句子叙述老师教学和学生学习两个并列事件；例（106）第一个分句是评价性的，教师的教学影响了学生的学习态度，前后两个分句之间存在致使关系。

　　形容词做状语和做补语可能引发句义变化，实际上形容词的静态义或理性义并没有改变，是状语或补语句位赋予进入位形容词特定的句位义。外国学生对汉语的状语和补语的句位义差异了解不足，加上课堂上教师的语法讲解中对语境因素的影响不够重视，这使学生在习得汉语形容词做状语和做补语时，很容易出现问题，偏误率很高。如：

　　（107）＊凯蒂非常好听地唱歌，所以代表我们班参加歌手大赛。

　　（108）＊马里奥很慢写汉字，今天的考试没有做完，恐怕不能通过考试。

　　（109）＊大卫很标准地发音，老师让他纠正我们的发音问题。

　　例（107）要表达的是因为唱得好听，所以参加比赛，前后两个分句之间存在因果关系，形容词应后置于动词做补语。外国人把形容词前置于动词做状语，这从单句结构看，并没有语法错误，但在特定语境中要表达的不仅是她唱歌，而且唱得很好听。补语句位才能凸显性状的程度量。例（108）和例（109）情况与例（107）相同。

　　这类偏误表明，对外汉语教学要重视语境的制约功能讲练，引导汉语学习者重视形容词做状语和形容词做补语的功能差异，不能把形容词的句法功能教学局限在单句层面的讲练上。

　　有些形容词既可前置于动词做状语，也可后置于动词做补语，形容词实现状补异位后，组成的句子在句法形式上都是正确的。如：

　　（110）孩子们<u>安静</u>地睡了。

　　　　（111）孩子们睡得很<u>安静</u>。

　　上面例句中形容词"安静"既可前置于动词"睡"做状语，也可后置于动词做补语。形容词前置或后置于动词，句子所表述的基本义没有太大变化，只在句法形式上有一些调整。但形容词状补异位会引发句子的篇章功能的差异。由于上下文的限制，形容词只能选择一个适合的句位，进入该句位才符合语境限制和要求。如：

　　　　（112）玩过小汽车，喝过牛奶，孩子才<u>安静</u>地睡了。我们这才松了一口气。

　　　　（113）看他病情减轻，睡得<u>很安静</u>，我们这才放心回家休息。

　　例（112）前三个分句表述连续发生的事件链条，"安静地睡了"是事件链条中的一个环节，叙述事件的句子焦点是动词，所以形容词"安静"做状语；例（113）前两个分句和第三分句构成因果关系，"他"的状态是"我们放心回家休息"的原因，为了凸显状态，形容词"安静"做补语。可见，形容词状补异位引发句子在篇章衔接功能上的差异。

　　有些可状可补形容词就单个句子看，无论做状语还是做补语都行，但在一定语境制约下，只有一个句位是合适的。在复句教学中很容易发生因形容词入位不符合篇章衔接要求，而导致偏误的情况。如：

　　　　（114）贝蒂是个好学生，她总是很<u>认真</u>地学习汉语。

　　　　（115）＊贝蒂每次汉语考试成绩都很好，可见她总是很<u>认真</u>地学习。

　　例（115）中形容词"认真"应后置于动词"学习"做补语，不能前置于动词做状语，这是上下文衔接的要求。第一分句表述现象，第二分句用关联词"可见"推测原因，前后分句间有因果关系，后一分句的评价是前一分句所述现象发生的依据。外国学生在习得汉语复句时，由于没有意识到上下文的语境制约而产生的偏误很多。如：

　　　　（116）＊他连假都没请就走了，是不是他匆忙地走了？

　　　　（117）＊老师很清楚地读课文，所以我们很容易听懂。

　　　　（118）＊同学们郊游回来都说说笑笑的样子，他们一定是痛快地玩了。

　　以上偏误都是一个类型，即形容词该做补语却用做了状语。这类偏误是隐性的，因为各分句从句法形式上看，都符合语法规则，但在特定语境中形容词该做补语时，汉语学习者由于回避补语这一难点而采用了他们熟悉的状语来表达，用形容词做状语替代了形容词做补语的功能。

造成这类偏误的原因主要可从两个方面来分析：一是许多学生的母语只有状语而没有跟汉语补语对应的句法成分，在他们的母语中状语前置或后置于动词，所表达的意义差别不大；二是学生没有掌握汉语补语和状语在表达功能上的差异。

对外汉语教学中，教师授课和教材编写中应重视状语和补语的功能差异，尤其应该强调补语出现的语境条件，这对外国学生很有帮助。汉语教师在教学过程中应注意观察学生对补语的回避现象，及时指出其偏误并利用真实语境进行讲练。特定语境中的讲授和运用对学生的语感培养有帮助。在一次汉语课上有个外国学生迟到了，教师巧妙地利用这个情境，跟迟到学生之间进行了一段对话：

　　　（119）老师：马克，你今天怎么迟到了？

　　　　　　　马克：老师，对不起。＊我昨天很晚睡觉。

　　　　　　　老师：以后晚上早点儿睡，睡得太晚了对身体不好。

　　　　　　　马克：＊好的，老师。我以后一定睡得很早。

以上对话共有两个话轮：第一个话轮之间存在因果关系：昨天睡觉时间晚，导致今天上课迟到。形容词做状语的句子客观陈述已然发生的事件，形容词做补语的句子除了表动作完成外，还凸显时间太晚这一焦点信息，做补语的形容词"晚"所描述性状的程度性被强调，因果关联更加明确；第二个话轮中汉语教师有意采用了形容词做状语和做补语的对比表达，提示学生区分形容词状补异位的不同功能。外国学生注意到老师采用的形容词做补语的表达，并有意模仿，但尚未完成的动作动词跟形容词组合时，形容词并不适合做补语，造成了新的偏误。

可见，外国学生在学习汉语形容词的状补异位时，需要大量针对性和对比性训练。汉语教师要利用真实交际情景或创设典型交际情景，帮助学生理解不同语境条件下形容词做状语和做补语的功能差异。

二　形容词做补语替代做状语和谓语

（一）用形容词做补语替代做状语

一般来说外国学生学会汉语补语比学习状语难，在真实的交际中不少外国学生多采用弃繁就简策略，用形容词做状语替代形容词做补语，因而产生偏误。但有趣的是，在我们搜集到的形容词状补异位的偏误语料中，出现了少量把本应做状语的形容词后置于动词做补语的偏误。如：

（120）＊我欣赏他能思考问题得很冷静。→我欣赏他能冷静地思考问题。

（121）＊小女孩看书得很安静。→小女孩安静地看着书。

这类用形容词做补语替代做状语的偏误数量很少，而且形式上看似是以繁代简。出现这类偏误的外国学生，其真实表达意图是什么？为了解答这个问题，我们对说出这类偏误的外国学生进行了访谈，通过面对面的访谈我们了解到，学生通过形容词做补语的句式，想达到凸显"冷静"、"安静"的表达效果。这些外国学生在习得汉语可状可补形容词后，他们了解了形容词置于动词之后做补语可以凸显性状，并对该功能印象深刻。

这启发我们，对外汉语课堂教学在强调形容词做补语的语用功能的同时，应该描写形容词补语前的谓语动词的语义特征。例（120）中"思考"是知域动词，对形容词"冷静"所述性状无影响，动词和形容词之间不存在致使关系，形容词不能做补语，只能前置于动词做状语，描写动作的伴随状态；例（121）的情况与此类似，句子谓语跟"安静"之间无致使关系，形容词不能做补语。

这类偏误是外国学生只注重汉语补语的凸显程度量的语用功能，却忽略动词和形容词之间的语义关系。这类偏误忽视了句子成分之间的语义关联，有时理解起来比较困难。如：

（122）＊这个学期我看老师看得很难了。→这学期我很难看到老师。

（123）＊电视新闻的内容听得不容易。→电视新闻的内容不容易听懂。

例（122）是一个外国学生偶遇他以前的汉语老师时说的话。这位汉语老师本学期没有给留学生上课，学生想表达的是"这个学期我很难看到老师"，形容词该做状语却用做了补语。形容词"难"是对句子所叙述事件"这个学期见到老师"的评价，不参与句子的信息结构，评价形容词一般不做补语，多前置于动词做状语；例（123）是外国学生对看中国电视新闻的感受，表评价的形容词"容易"是个唯状形容词，用法接近助动词，只能前置于动词做状语，表达说话人对句子所述事件的评价。

表面上看，这类偏误是外国学生机械模仿带"得"补语造成的。通过访谈我们了解到，外国学生掌握了汉语形容词做补语的评价功能，但不能准确辨析状位形容词和补位形容词的差别，汉语教师在课堂上也没有细致讲解"容易"类形容词的唯状性特点。可见，对汉语现象的描写不够深入和细致是导致这类偏误的原因。

（二）用形容词做补语替代做谓语

形容词"麻烦"、"方便"表说话人的主观感受，这类形容词一般只能在状态动词或变化动词后做补语，不能在动作动词后做补语。外国学生在习得这类形容词的状语和补语功能时，出现的偏误也不少。如：

　　（124）＊鱼有很多刺，吃得很麻烦。

　　　　　　→鱼有很多刺，吃起来很麻烦。

　　（125）＊这个住宅小区我喜欢，因为进出得很方便。

　　　　　　→这个住宅小区我喜欢，因为进出很方便。

例（124）中形容词"麻烦"的语义指向动词，动词和形容词之间无致使关系；例（125）中动词"进出"是动作动词，形容词"方便"的语义指向动词，动词和形容词之间不存在致使关系，形容词不能做补语，只能直接描写或评价动词，动词性短语"吃起来"、"进出"做句子主语，形容词直接做句子谓语。

这类偏误产生的原因，主要是学生没有掌握形容词和动词之间的语义关系，不了解汉语前置于动词的状语和后置于动词的补语的句位义。

李德津（2007）指出汉语有些形容词只能做状语，不能做补语。如：

　　（126）＊我们一定工作得很努力。→我们一定努力地工作。

上例中形容词"努力"的语义指向动词"工作"，形容词既可做状语也可做补语，但句子中"一定"、"要"说明动作尚未完成。形容词做补语的句子中，谓语动词一般表已然完成的动作或惯常性动作，当谓语动词表尚未发生的动作时，形容词一般只能前置于动词做状语。

我们在语料库中检索"努力＋地＋动词"，得到有效语料49条；检索"动词＋得＋（很）＋努力"，得到有效语料2条，如"干得很努力，做得很努力"。可见，形容词"努力"做补语的概率很低，仅跟"干"、"做"等动作动词组合。当与表惯常动作的动词组合时，形容词"努力"倾向做状语而非做补语，因为当形容词"努力"所修饰的动词为双音动词时，双音化使动词的动词性减弱，同时名词性增强，所以"工作努力"易被视为主谓结构。外国学生在汉语的习得顺序上，先学习汉语的主谓结构，很容易用主谓结构取代后习得的动补结构，而且外国学生的母语中没有与汉语的补语严格对应的句法成分。如：

（127）他去年因为工作努力得了奖。

（128）我做得很努力，但也得罪了一些人。

（129）咱们年纪轻轻的，先努力工作吧。

例（128）中形容词"努力"做补语，"得"前动词是单音动词；当动词是双音节时，形容词跟双音动词之间多组成主谓结构，形容词做谓语，如例（127）中"工作努力"是主谓结构。

为了考察外国学生对汉语形容词做补语和做状语差异的理解，我们设计了一组形容词状补异位的句子，让母语为西班牙语的外国学生把对比组中的句子译为西班牙语。结果显示，母语为西班牙语的学生能区分汉语形容词做状语和做补语的不同功能，但大部分学生把形容词做补语的句子翻译成主谓谓语句。如：

（130）汉语：他学得很认真。

　　　　学生的西班牙语译文：

El	es	muy	dedicado en	el	studio.
他	是	很	认真 在		学习

上例中西班牙学生把形容词做补语的"他学得很认真"翻译成"他在学习方面很认真"，这个句子的意思接近主谓谓语句"他学习很认真"。对母语为西班牙语的学生而言，形容词后置于动词做补语，在母语中没有对应句法成分，所以在翻译中把形容词放在了句子谓语的句法位置上。

针对该诊断测试，我们进行了访谈。通过访谈了解到，在西班牙语中形容词做状语时，句子叙述某一次具体的动作行为，这与汉语中形容词做状语的句子功能相同。西班牙语中表方式的词无论前置或后置于动词，都是动词的修饰限制成分，都是状语。汉语补语的强烈焦点性在西班牙语中只能通过谓语句位得到凸显，所以汉语中形容词做补语的句子，通过学生在翻译成西班牙语时，就变成了形容词谓语句，系动词和形容词一同构成句子的谓语。

汉语形容词无论做状语还是做补语，都是对动词所述动作的描述。形容词做补语时凸显评价功能，句末补语传递信息焦点；形容词做状语时凸显限制功能，谓语动词是句子焦点。这种由于语序更换而带来的语法差异，对母语背景是西班牙语的学生来说，很难理解。因为西班牙语的方式范畴无论前置或者后置于谓语动词，该句法成分的性质不变，不同的仅是句子交际意图凸显的差异。

不同语言对语义和语用因素的敏感程度不同，因此语义和语用因素对不同语言的语法编码的影响各异。汉语是语用敏感型语言①，而且是话语概念结构化的语言，谓语动词后的句法位置是汉语的焦点②，形容词后置于动词做补语，占据句末位置。汉语补语的语法功能经历语法化后不断扩展，已经远超了方式状语的语法功能。西班牙语是语义敏感型语言，而且形式手段丰富，形容词前置或后置于动词，并不会引发该句法成分的性质变化。母语为西班牙语的学生很难理解汉语形容词状补异位引发的句法、语义和语用功能差异。

第四节　偏误原因分析

一　汉语补语的复杂性与偏误原因分析

（一）汉语补语的复杂性

偏误在习得第二语言的过程中难以避免，语言本身的复杂性是导致偏误的根本原因。对形容词做状语和做补语的偏误分析表明，无论从偏误发生概率还是偏误类型看，形容词做补语的偏误明显多于做状语，这是汉语补语本身的复杂性导致的。

汉语的状语和补语是两个句法成分，无论从句法、语义和语用层面看，二者都有本质差别。形容词做状语或做补语有时句子表意相近，有时形容词状补异位引发很大差异。可见形容词做状语和做补语的规律非常复杂。王还（1984）指出，汉语有些以形容词做补语和做状语的句子，用英语可以毫无区别地用状语表达。母语为英语的学生往往在该用补语时仍用状语，造出不合汉语习惯的句子③。汉语学界很早就注意到，形容词状补异位在表达上有的有差别，有的没有差别，但未对此进行系统和深入的

---

① 刘丹青：《语义优先还是语用优先》，《语文研究》1995 年第 2 期。
② 徐烈炯：《汉语是话语概念结构化的语言吗》，《中国语文》2002 年第 5 期。
③ 王还：《汉语的状语与"得"后补语与英语的状语》，《语言教学与研究》1984 年第 4 期。

研究，仅限于用举例方式作简单辨析或说明①。

　　汉语状语和补语之所以容易混淆，是因为状语和补语都有描写功能，这是导致形容词做状语和做补语时，表意很难分辨的主要原因。对形容词状补异位的辨析应以描写为基础。对外汉语教学界注重句法描写，但语法编码还受语义和语用因素影响，并非所有的形容词都能自由地实现状补异位，所以对外汉语教学应在句法描写基础上，加强对语义和语用因素对语法编码制约的研究。

　　汉语状语跟其他语言的状语一样，除修饰和限制谓语动词外，也可能具有某些评价功能。这也使汉语的状语和补语容易混淆。汉语语法规则的复杂性致使外国学生在学习过程中，产生了不少形容词做状语和做补语的混淆偏误。如：

　　　　（131）a. 正确地理解—理解得很正确

　　　　　　　 b. 得体地说—说得很得体

　　以上例句中形容词"正确"、"得体"无论前置于动词做状语还是后置于动词做补语，所表达的意义没有太大差异。当形容词的语义指向动词时，形容词状补异位后句子所表达的意义也基本相同。如：

　　　　（132）a. 飞快地跑—跑得飞快

　　　　　　　 b. 迅速地发展—发展得很迅速

　　例（132）中形容词"飞快"状补异位引发的差异，主要是句子的信息焦点不同。汉语补语不限于补充说明动词，还可能对动作施事、受事进行描述。补语的描写功能不同于状语的描写功能。做补语的形容词有些只能在变化动词和状态动词后做补语，有的可以在动作动词后做补语。这些差异由形容词自身的语义特征决定，也跟状语和补语句位的语义内涵相关。汉语补语不仅具有一般状语甚至其他语言中后置状语的功能，还具有其他语言中方式状语所不具有的功能。如：

　　　　（133）他变得很安静。He became calm.

　　　　（134）衣服洗得非常干净。The cloth was washed clean.

　　例（133）中形容词"安静"做补语，具有英语中表语的功能；例（134）中形容词"干净"做补语，英语要通过采用动词的被动形式来表达。从语言对比的角度看，汉语补语的语法功能很复杂，而且具有多

---

① 李临定：《带"得"字的补语句》，《中国语文》1963 年第 5 期。

样性。

汉语补语占据句末自然焦点的位置，通过补语标记"得"凸显其焦点性。当形容词后置于动词做补语时，在句法形式上也有限制，如谓语动词必须是光杆形式，做补语的形容词一般不能采用光杆形式。这些限制增加了汉语形容词做补语的句子的复杂性。

对外汉语教学中，教材或汉语教师如果仅限于描写形容词做补语的句法结构，不考虑深层次的语义背景，忽略形容词状补异位引发的语用差异，表面上似乎减少了外国学生学习该语法点的难度，但是另一方面，难以避免学生对句法结构的机械模仿而产生偏误。形容词状补异位引发句子的焦点改变，从信息传递的角度，句子焦点变化引发篇章衔接差异。这启发我们，在对外汉语教学中对形容词状补异位的教学，必须超越单句教学层次，从更高的篇章语法层面展开教学。

（二）偏误原因分析

对外汉语教学中常采用语言对比分析预测教学难点，但有些偏误却无法被准确预测。这是因为第二语言习得中出现偏误的原因是多方面的，不仅与汉语学习者的母语有关，也跟学习者对目的语规则的准确掌握有关。此外，学习策略、交际策略以及文化因素的影响也不可忽略。

1. 学习者母语知识的负迁移

在习得第二语言过程中，学习者的母语具有潜在影响。母语的知识和经验在学习第二语言的过程中可能产生迁移，这种迁移可分为正迁移和负迁移。当外国学生面对汉语形容词做状语和做补语的句位选择时，母语为英语和西班牙语的学生产生的偏误中，母语知识的负迁移是一个不可忽视的影响因素。

考察偏误语料我们发现，对母语为英语和西班牙语的学生来说，习得汉语形容词前置于动词做状语不太难，不容易出现偏误。学生把本应后置于动词做补语的形容词提到动词前做状语，主要是学习者母语干扰的结果。英语和西班牙语中状语既可后置于动词，也可前置于动词。无论方式状语前置或后置于动词，句子所表达的意义没有差异，而且方式状语的句法性质不变。母语是英语的外国学生常产生如下偏误：

（135）＊明天要降温，我们上课穿多衣服，教室里很冷。

通过访谈我们了解到，学生想表达的是"我们上课应该多穿衣服"，可是把本该前置于动词的形容词"多"后置于动词做补语了，这是英语知识负迁移的结果，这个句子用英语表达为"Put on more clothes"，显然学生受到了英语语序的影响。由于学习者的母语干扰，学生未能掌握汉语状补异位的差异，因而下意识地采用熟悉的母语语序来表达。

母语知识负迁移引发的另一类偏误是遗漏补语标记"得"。"得"是虚词，不表实义，具有重要的语法功能。遗漏"得"是不同母语背景的汉语学习者常见的共同偏误。

此外，以形容词光杆形式做补语的偏误也很多。造成这类偏误的原因也是学习者的母语影响，把形容词做状语和做补语看作状语的简单位移，没有注意到形容词状补异位引发的句法形式的调整。

2. 汉语规则的泛化

目的语规则泛化是类推思维导致的结果。类推是利用已有知识和经验去认识和了解新事物的基本思维方法，这是人类思维的最基本方式。具有初级水平的汉语学习者，在掌握汉语基本语法规则的基础上，利用类推思维进行语言表达。由于对汉语知识的掌握不够全面和系统，学生比较注重新语法项目在句法形式上的特点，忽略语义和语用，因汉语规则泛化而导致偏误。

从语言项目的习得顺序上看，外国学生先习得形容词做状语，后习得形容词后置于动词做补语的语法项目。状语与谓语动词之间的语义在不同语言中相同，这有助于外国学生对汉语状语这一句法成分的理解。形容词做状语必须前置于动词，这是汉语区别于一般 SVO 型语言的特点。通过汉语教师讲解，组织学生进行针对性练习，一般来说学生掌握得很好。由于形容词做状语这一语法规则泛化，外国学生不加区分，一律将形容词前置于动词做状语，包括一些只能做补语不能做状语的形容词。如：

（136）＊他们干净地打扫了房间。

（137）＊他们精光地吃掉了苹果。

（138）＊昨天的汉语大赛他很好地表演了。

以上例句中外国学生把形容词"干净"、"精光"和"好"前置于动词做状语，这些偏误产生的原因是把汉语状语的句位规则泛化了，忽略了状语和补语在汉语中是性质不同的两个句法成分。

3. 学习策略和交际策略

不少学习者的母语系统中不存在跟汉语补语对应的句法成分，加上补语这个汉语的特殊句法成分比较复杂，从句法结构到深层语义上都有不少限制。这使得学生在学习汉语时选择回避策略，即不使用自己不熟悉的方式和规律来进行语言表达。回避引发的偏误具有隐蔽性，不容易被发现，但对回避策略的分析有助于深入地认识补语的本质。

在对学生回避某个语言项目的问题上，汉语教师的干预很有限。有些汉语教师甚至忽略学生采用的回避策略，不作任何引导。回避不是句法形式上的错误，而是在特定语境中不能恰当地使用语言规则进行准确和得体表达，而是通过采用母语中存在而且表达者熟练掌握的其他目的语的表达方式来替代的现象。回避不表现为单个句子有语法错误，而是采用的语言表达形式跟特定语境不适切。

考察形容词做补语的偏误语料我们发现，回避策略的主要表现是，学生把形容词做补语的单句拆分成两个语义结构简单的句子来表达。如：

（139）？我生气地摔我的杯子，杯子粉碎了。

　　　　→我生气地把杯子摔得粉碎。

（140）？他们昨天打扫了教室，教室很干净。

　　　　→他们昨天把教室打扫得很干净。

（141）？罗西亚的奶奶生病了，很重很重。

　　　　→罗西亚的奶奶病得很重。

例（139）由两个分句构成：第一分句陈述具体动作，第二分句中形容词做谓语。第一分句的宾语"杯子"是第二分句的主语，动词"摔"是致使形容词"粉碎"所述性状出现的原因，动词和形容词之间存在致使关系。可见，动词和形容词的语义关系符合补语的语义内涵，形容词应后置于动词做补语。但外国学生用两个简单句来表达。这表明学生尚未掌握汉语补语句的双重语义结构的特征，不会使用形容词做补语的规则进行编码。

针对这类因回避而产生的偏误，汉语教师在课堂教学中应注意教学策略，如设置特定交际情景，设计明确交际任务，引导学生采用形容词后置于动词做补语的编码方式，完成设定的交际任务，进行熟巧性表达训练。

二　对外汉语教材编写和课堂教学

教材在对外汉语教学中的重要地位不言而喻，它决定了语言教学的内容，影响课堂教学的方法。不仅学生对汉语教材很重视，教材也是汉语教师备课、讲解和组织语言操练的依据。有些汉语教师并没有系统掌握汉语的语法规则，仅具有汉语母语者的语言直觉。对这些教师来说，教材对课堂教学的指导作用更加重要。无论对本土汉语教师还是母语为汉语的教师而言，汉语教材对教学都具有重要作用。如果教材对语言点的表述不准确、不全面，缺乏系统性，将直接导致教师讲解不当误导学生。

汉语的补语是对外汉语教学中一个非常重要的语言项目。对外汉语教材编写非常重视对汉语补语系统的讲练。我们考察了 7 套目前使用频率较高的对外汉语教材①，发现对形容词做状语和做补语这个语言项目的编写，无论是从讲授内容还是练习设计上，目前的教材尚存一些问题。

（一）重句法结构，轻语义和语用

对谓语动词后带"得"而不表可能的补语的称说方式，对外汉语教学界未能取得一致看法，不同教材对该句法成分的称说各不相同，有的称为"程度补语"，有的叫"状态补语"，有的干脆就回避名称，直接描写现象。

这几套对外汉语教材都重视补语标记"得"，对"得"后补语究竟可能跟哪些句子成分发生语义关联，以及有怎样的语义关联，说法各不相同。对外汉语教材对汉语补语名称的不统一，显示了学者们对这一句法成分的不同认识。"程度补语"是把补语看作对动词所述动作程度的描写。鲁健骥（1993）指出，状态补语的语义不仅跟动词相关，也跟动词的施事、受事等论元相关。"程度补语"把这一句法成分原本复杂的功能简化了，这使得该句法成分名实不副，对外国学生不仅没有帮助，反而因费解而带来困惑。

语义是语法编码的基础，语法成分是语义角色的落实。语义基于人类对世界的认知，反映了语言符号和语言编码背后人类对客观世界的看法。对语言的理解基于人类的认知经验，表层句法结构只是深层语义角色在语言线性结构上的落实。对大部分外国学生来说，汉语补语这一句法成分是一个全新的语法范畴。对外汉语教材如果仅限于描写补语句的句法结构特征，忽视语义和语用功能描写，很难为尚未建立汉语语感的外国学生提供

---

① 这 7 套教材是李晓琪主编《博雅汉语初级起步篇》（北京大学出版社 2005 年版）、邓懿主编《汉语初级教程》（北京大学出版社 1993 年版）；刘珣主编的《新实用汉语课本》（商务印书馆 2003 年版）；杨继洲主编《汉语教程》（北京语言大学出版社 2003 年版）、鲁健骥主编《初级汉语课本》（北京语言大学出版社 2003 年版）、李德津、李更新主编《现代汉语教程读写课本》（北京语言大学出版社 1999 年版）和郭志良主编《速成汉语初级教程综合课本》（北京语言大学出版社 2007 年版）。

切实有效的帮助。

　　考察汉语教材我们还发现，不同教材对补语这一句法成分的语法功能的描写差别很大。有的教材指出，汉语补语的主要功能是对动作的结果、程度、状态等进行描述、判断或者评价；有的认为是对动作结果状态进行评议；有的则认为补语补充说明动作或事物的性质所达到的程度。这些不同表述一方面体现了汉语补语语法功能的复杂性，从另一方面也透露出一个问题，就是教材编写者对汉语补语的语法功能的梳理还不够充分。

　　对外国学生来说，抽象语法规则讲解仅起点拨和提示作用，要透彻理解、准确掌握这些语法规则，还需通过典型例句的配合讲解，并设置针对性练习，讲练结合，共同完成对外汉语教学中补语的教学任务。

　　不少教材注意到，形容词做状语和做补语存在功能差异。《新实用汉语课本》指出，程度补语多说明动作的实际情况；状语常强调动作发出者主观上以什么方式、态度进行。程度补语说明已然发生或常发生的动作；状语还可以说明未发生的动作。这样的辨析指出了形容词状补异位引发的表达重心和功能差异，对学生无疑是有帮助的。

　　在针对形容词状补异位这个语法点的对外汉语教材比较中，我们发现几乎所有的教材都没有涉及汉语的状语和补语在可扩展性方面的差异。形容词做补语具有很大的可扩展性，形容词做状语可扩展性很有限。做状语的形容词一般只能跟程度副词"很"、"非常"组合①。汉语状语的这个特点跟英语一致，形式稍复杂的状语在英语中都必须后置于动词。不同的是，汉语的后置状语已语法化为补语，具有一般方式状语所不具有的功能，而英语后置状语性质未变，只是语用功能上与前置状语存在差异，这种差异尚未发展到使之分化为另一个独立的句法成分。

　　对外汉语教材如果能从汉外语言对比角度描写形容词做状语和做补语的差异，可以帮助学生理解汉语补语这一句法成分的本质，从而透视汉语语法个性背后隐含的人类语言共性，减少外国学生因为母语和汉语的差异而产生习得汉语过程中的焦虑感。

　　综上所述，对外汉语教材编写和课堂教学存在重句法结构而轻语义语用的倾向。这主要因为汉语学界较长时间受结构主义语言学影响，重视句法结构规律的探索，轻视语义和语用功能导致的。对汉语本体的研究应该

---

　　①　王邱丕、施建基：《状语与补语比较》，《语言教学与研究》1992 年第 4 期。

加强对语义语用的分析。语义和语用因素对语法编码的影响很大，但多表现为母语者的语言直觉，因而未引起学界重视。对外汉语教学的教材编写和课堂教学应该遵循从句法、语义和语用三方面分析语言现象。

（二）重句法规则描写，轻例句的选配

对外汉语教材重视对补语进行语法规则描写，有些教材甚至把句式结构公式化，达到以简驭繁、便于外国学生模仿和记忆的目的。补语是高度语法化的句法成分，带补语标记"得"，占据句末焦点位置。对母语中没有与汉语补语对应的句法成分的外国学生来说，句法规则的准确描写，甚至公式化简洁明了，有助于学生记忆，可降低习得该语言项目的难度。

对外汉语教材在描写形容词做补语的句法规则的同时，对形容词后置于动词做补语的语义语用，仅仅简单提及，甚至直接忽略。这是重要内容的缺失，直接影响学生的习得效果，容易导致因机械模仿句法结构而产生偏误。因此，汉语教材编写和教师授课过程中应该重视典型例句的选用，通过典型例句的讲练，使句法规则血肉丰满，体现补语在语义和语用层面的特点和功能。典型例句的选择和配合使用，远比枯燥的语法规则描写更有吸引力，而且更能生动地说明抽象的语法规则。

考察对外汉语教材对形容词做补语的例句选用情况，我们发现有些教材选用的例句没能为语法规则的讲解提供生动材料。如有的教材对"得"后补语的解释是"补充说明事物性质所达到的程度"，配用的例句却是"他唱得不好"，例句中"得"后形容词"好"不是谓语动词"唱"所达到的程度，而是对动作状态的评价。有的汉语教材认为补语表示对"得"前动词的评价，配用的例句是"他的脸涨得通红"，例句中"得"后形容词"通红"不是对动词"涨"的评价，而是对于"脸"的状态评价。这些例句没能很好地跟教材讲解的语法规则匹配，不仅不能帮助学生掌握教材描写的语法规则，反而增加了学生看懂例句的负担，讲解的规则和选配的例句之间不一致，甚至是矛盾的，这无疑将增加外国学生习得该语法点的困难。

选用例句不典型甚至背离教材所描述的语法规则，这透露出教材编写者对语法规则的解释不准确，对补语的语法编码规律的研究不深入，讲解不够透彻。对外汉语教材编写和课堂教学中，应充分认识例句在补语教学中的辅助和补充作用。有时候，语义和语用的某些功能差异不适合大篇幅、深入地讲解，但可以通过典型例句的配用的方式，让外国学生去体会用法，获得语感。

（三）重单句结构，轻篇章功能

语法研究关注的最大语言单位是句子，句子是言语交际的基本单位。言语交际是为了凸显交际意图，使言语表达适合题旨情境。语法编码的实质是说话人为了表达情感、传递信息而进行的话语表达。语法编码受句法限制，也要考虑句法成分的语义特征以及句子成分之间的语义关联。还有一个重要而直接的影响因素，就是语用动机。句法成分在线性编码中句位的落实，是语义、语用因素共同作用的结果。

对外汉语教材中把形容词补语的功能表述为"对动作引发的结果、程度、状态的描述、判断或评价"，这跟状语的功能有时难以分辨。状语也可以对动作进行描写和判断，如"飞快地跑"、"正确地理解"分别对动作进行描写。

形容词做状语或做补语的差异，在单个句子中不易辨析。但从篇章角度看，形容词做状语或做补语的衔接功能差异一目了然。形容词做状语的句子和形容词做补语的句子篇章衔接功能存在明显的差异。

目前的对外汉语教材很少从篇章语法角度分析形容词做状语和做补语的差异。本章的偏误分析表明，以形容词做状语替代形容词做补语的偏误数量很多，而且一般在篇章衔接上出现偏误。对外汉语教材编写不应局限于单个句子的结构，应从篇章衔接角度，考察形容词状补异位引发的句子的语用功能差异。

第五节　本章小结

本章讨论了外国人习得汉语形容词的状语和补语功能时，经常出现的偏误。我们对搜集到的偏误作出分类，并对偏误原因进行了分析。

一　形容词做状语的偏误

形容词是描写事物性状的词类，状语的主要功能是对动作进行描写。外国人在习得形容词做状语时并不困难，出现的偏误数量较少。形容词做状语的偏误主要集中在形容词和动词之间是否带"地"的问题上。形容词做状语的另一类偏误出现在指宾状语句中，当语义指向受事宾语的形容词做状语时，学生常忽略谓语动词的语义要求，机械模仿句法结构而造成偏误。

二　形容词做补语的偏误

形容词做补语的偏误不仅数量多，而且偏误类型很复杂，偏误几乎涉及所有句子中的句法成分。出现偏误最多的是补语标记"得"、谓语动词和做补语的形容词的形式等。此外，形容词做补语的句子中，宾语的位置、肯定否定表达式上也容易产生偏误。补语标记"得"常跟时态助词"了"和"着"相混淆，这类偏误产生的原因是学生受母语时体观念影响，也有汉语时体助词规则泛化的影响。补语标记"得"的缺失主要是受母语后置状语和表语的影响。

当谓语动词带宾语和补语时，外国学生对宾语和补语的语序排列感到困惑，容易出现偏误。形容词做补语的句子中，"得"取消了谓语动词的焦点性，动词不能直接带宾语，必须通过"把"字句、重动句或话题化手段，将宾语提到动词之前。这类偏误因对三种宾语提前手段的机械模仿而产生。

在形容词做补语的句子里，外国学生常在谓语动词后加时态助词"着、了、过"，或用动词重叠形式做谓语，或用形容词光杆形式做补语。这些偏误表明，外国学生没有掌握形容词补语的凸显性状程度量的功能。

综上所述，形容词做补语的句子中，补语标记"得"、谓语动词、做补语的形容词都可能出现偏误。形容词做补语而产生的偏误数量多，涉及句法成分的范围广。可见，形容词做补语对外国学生来说的确很难，是汉语教学中的难点。

三　形容词状补异位的偏误

外国学生习得形容词状补异位常见替代偏误，即用形容词做状语替代形容词做补语，这类偏误数量很多，而且具有隐蔽性。从单个句子看没有语法错误，但从上下文看不能实现篇章衔接。

以形容词做状语替代做补语还有一种偏误，数量也不少，就是把动补结构拆开，用两个简单句来表述，这是回避策略的表现。这类偏误表明，外国学生对汉语补语句的复合语义结构不理解，没有认识到形容词做补语和做状语的差异。

　　在我们所搜集的偏误语料中，还有形容词做补语替做状语的偏误，但数量很少。这类偏误表明，外国学生掌握形容词做补语凸显的句末焦点功能，但对谓语动词和形容词的语义限制不了解，机械模仿而产生偏误。

　　形容词做补语的偏误很多，偏误原因首先是汉语补语这一句法成分的复杂性造成的。形容词做补语的句子，无论句法结构、语义限制和语用功能都很复杂。这类偏误的产生是母语负迁移、汉语规则泛化、学习策略和交际策略等多方面因素共同影响的结果。

　　我们系统考察了目前通用的 7 套对外汉语教材，通过考察教材对形容词做状语和做补语功能的讲练形式，分析教材存在的问题，并提出了针对性改进建议。

第六章

汉语状语和补语的本质

    偏误分析有助于推动语言本体研究。王力（1985）指出，中外语言的比较是对外汉语教学最有效的方法。有些汉语母语者看起来容易，凭语言直觉或语感就能解决的问题，却是外国学生汉语学习的难点，也是容易出现偏误的地方。偏误分析可以把学生母语的影响和汉语规则的泛化结合起来。朱德熙（1989）指出，汉语研究是对外汉语教学的基础，离开汉语研究，对外汉语教学无法发展。陆俭明（2005）指出，外国学生主动提出的问题或在汉语学习中出现的偏误，提示汉语本体研究的不足。形容词做状语和做补语的偏误分析表明，应该加强对句法结构的用法和语义背景的研究。我们对汉语形容词状补异位现象的研究，也从偏误分析的角度展开，这有助于我们反观现代汉语状语和补语的本质。

第一节　补语与状语的比较

一　状语的主观性和补语的评价性

（一）状语的主观性

形容词做状语和做补语都具有描写性，但这两种句法成分的描写性不同，形容词做状语进行描写时主观性更强。

1. 状语可以不参与句子的信息结构

状语承担的句法功能很多，修饰动词被认为是状语最重要的功能，普通语言学强调状语充当句子修饰语的功能①。从信息角度看，状语可以是

---

    ① ［英］戴维·克里斯特尔：《现代语言学词典》，沈家煊译，商务印书馆 2002 年版，第46 页。

句子外成分，不参与句子叙述事件，仅传递说话人对句子所述事件的主观评价。

形容词不是充当状语的典型成分。形容词描述事物性状，这一语义特点决定形容词如果做状语，一般做方式状语（manner adverbial）。方式状语常回答"怎么样"的问题。汉语补语是"得"后不表可能的补充成分，对动词或动作引发性状进行评价、判断和评价的成分。从深层语义看，状语和补语都是动词的附加成分。从描写对象看，状语可以描写动词，也可以描写动作施事或受事，这跟补语类似。方式状语和状态补语的描写功能不同。张国宪（2006）认为，状语具有极强的描写性，状语的描写功能甚至超过谓语。汉语补语具有谓语性，状态补语的描写性跟谓语的描写性接近。

2. 状语可以描写动作发出者的主观意愿

状语和补语在描写功能上的差异体现在描写对象上。王还（1984）指出，形容词状语可以描写动作的伴随方式或施事的主观意愿，形容词做状语具有主观性。形容词做补语是对动作引发结果状态的描写，描写对象是动作伴随性状或动作引发的作为结果的性状，但形容词做补语时，谓语动词所述动作常为完成态，补语描写的是动作引发的客观呈现的性状，而且以评价为目的，不是纯粹描写，带有评价功能。

3. 做状语的形容词一般采用重叠形式

重叠形式可以增加形容词的描摹功能，具有主观调量作用。重叠式做定语和做谓语时，形容词描写性状的程度量减少；重叠式做状语时，形容词所描写性状的程度量增强。丁声树等（1961）指出，形容词重叠式做状语很自由，朱德熙（1956）赞同这一观点。具有主观调量作用的形容词重叠式可以自由地做状语，这是状语描写功能主观性强的句法体现。

考察语料我们发现，形容词重叠式做状语的概率远高于做补语。以形容词"客气"、"迷糊"的重叠式"客客气气"、"迷迷糊糊"为例在语料库中检索，得到"客客气气"做状语的有效语料11条，没有发现它做补语的有效语料；检索"迷迷糊糊"做状语，得到有效语料48条，同样没有发现它做补语的情况。

语料检索结果表明，形容词重叠式倾向于前置于动词做状语，形容词重叠式具有较强的主观性，这跟状语句位的主观性一致，因此状位是形容词重叠式的优选句位。

（二）补语的评价性

山田留里子（1995）指出，有些汉语形容词的简单形式不能做状语，但重叠后可以做状语。如形容词"弯曲"不能做状语，但重叠形式"弯弯曲曲"可以做状语。试比较下面的句子：

　　（1）a. ＊小河<u>弯曲</u>地流向远方。

　　　　　b. 小河<u>弯弯曲曲</u>地流向远方。

　　　　　c. ＊小河向远方流得<u>弯弯曲曲</u>。

例（1）a 句中形容词"弯曲"不能前置于动词"流"做状语，但 b 句形容词重叠式"弯弯曲曲"可以做状语。值得注意的是，这个句子中的形容词重叠式不能实现状补异位，不能说"小河流得弯弯曲曲的"。

考察语料我们发现，形容词重叠式做补语的频率低于做状语，这表明补语的主要功能不是单纯描写，而是对形容词所描述事物性状作出评价。例（1）中动词"流"是非自主动词，具有不可控的语义特点，句子主语是无生命度的"小河"。"小河流"是自然景观，修饰动词的形容词"弯弯曲曲"做状语凸显的是描写性。这种情况下形容词不能做补语，因为非自主动词具有不可控的语义特征，对于不可控的动作没有评价的意义。

非谓形容词不能做补语是补语评价性的另一个证明。非谓形容词区别于一般形容词的显著特点是，这类形容词所描述的性状具有定量性，所以非谓形容词不受程度副词修饰。非谓形容词的定量性特征与补语凸显程度量的语义内涵不相符，而评价的本质是确定事物性状的不同量级并进行比较，因此具有定量性的非谓形容词不能做补语。

（三）形容词做状语和做补语时的焦点

形容词做状语的句子和形容词做补语的句子的焦点不同，这两种句子的语用差异在特定语境中清晰地呈现。试比较下面一组句子：

　　（2）a. 他十分<u>出神</u>地听着。He listened with great fascination .

　　　　　b. 他听得十分<u>出神</u>。He listened with great fascination .

例（2）中两个句子的英语表达相同，但汉语却不同，形容词"出神"分别前置于动词做状语、后置于动词做补语，形容词的状补异位凸显不同焦点。句子的焦点是说话人想强调和突出的信息，我们可以通过设置语境，比较形容词做状语和做补语时，句子焦点的不同。如：

　　（3）a. 看起来，他听得十分专注。

　　　　　b. ＊看起来，他十分专注地听。

（4）a. 我们都认为他跑得很快。

　　　b. ＊我们都认为他很快地跑。

例（3）a 句设置语境"看起来"表示动作"听"的伴随状态是客观呈现出来的，是说话人能够看到的状态。在该语境限制下，形容词"专注"只能做补语，对动作伴随状态进行评价；b 句中形容词"专注"做状语，焦点是动词"听"，状中结构共同陈述一个事件，与表示评价的"看起来"不一致。在这个特定语境中，形容词只能后置于动词做补语。

例（4）中动词"认为"表达对人或事物作出某种判断，a 句宾语从句中形容词"快"做补语，凸显性状的程度量，与"认为"语义相匹配；b 句宾语从句中形容词做状语，宾语从句是对事件的陈述，与动词"认为"对事物性质判断的语义要求不相符，因此形容词在上文限制下只能后置于动词做补语。

可见，在表示说话人主观看法和判断的语境中，形容词做补语与语境适切，形容词做状语与说话人主观评价的语境不适合。形容词做状语时，句子的焦点是谓语动词，句子是陈述性的；当形容词做补语时，句子的焦点在做补语的形容词上，整个句子是评价性的。

二　汉语补语与外语状语比较

汉语状语可置于句首，或置于主语后动词前的位置上，为谓语提供附加信息，包括背景、方式和态度指示等。形容词的主要功能是描写事物性状，形容词做状语常提供动作的方式和状态信息。状语的句法位置在不同语言中不完全相同，不同句位上的状语所表达的意义也存在差异，下面我们比较分析汉语补语与英语和西班牙语状语。

（一）方式状语前置或后置于动词的表意差别

英语方式状语可以前置或后置于动词，前置状语和后置状语在表意上存在一定差异。试比较下面两个句子：

（5）He answered the question <u>foolishly</u>. 他回答得很愚蠢。

（6）He <u>foolishly</u> answered the question. 他愚蠢地回答了问题。

以上例句转引自陆丙甫（2010）。孤立情况下例（5）和例（6）都成立，但两句意思不同：例（5）表方式的副词后置于动词，句子的第一解读是"回答的结果错误"；例（6）表方式的副词前置于动词，这种语序的句子第一解读是"根本不应该回答"。

　　汉语中的这两个句子的表达跟英语有相似之处：当形容词"愚蠢"后置于动词做补语时，表示对动作引发结果的评价；前置于动词做状语是对整个动词所述事件的评价。这表明状语句位具有主观性，补语句位具有评价性，时间顺序象似性原则在汉语和英语的语法编码中都起作用。

　　丁声树等（1961）举例分析了同一词语做状语与做补语的意思存在差异的情况。例句如下：

　　　　（7）a. 你刚才那段话说<u>多</u>了。

　　　　　　　b. 你刚才那段话<u>多</u>说了。

　　例（7）a 句中形容词"多"前置于动词做状语，"多说了"意思是"根本不必说话"；b 句中形容词后置于动词做补语，"说多了"的意思是"说的那段话太繁"[①]。

　　无论在汉语还是英语中，形容词的语序变换都有一个共同的特点：当形容词前置于动词时，形容词的语义辖域涵盖动词所叙述的事件；当形容词后置于动词时，形容词的语义辖域仅指动词引发的后果。英语的方式状语前置或后置于动词，引发的差异仅限于语用层面，语序异动不能使方式范畴分化为两个不同性质的句法成分，前置或后置于动词的修饰成分都是状语。汉语形容词前置或后置于动词会形成两个不同性质的句法成分：前置于动词做状语，后置于动词做补语。这不仅是名称的变化，语序变化带来句法成分性质的改变。

　　形容词一般不能在做状语和做补语之间自由选择，同一形容词做状语或做补语，不仅表意不完全相同，句法形式上也有变动和调整。西班牙语中有些方式状语前置或后置于动词时，所表达的意义有差异，其中有些词由于语序不同而带来的词义差异，已经作为该词的不同义项被固定下来。西班牙语表方式的状语通常在形容词后加副词词尾"－mente"来充当。方式状语在西班牙语中的句法位置很自由，尤其是单个方式副词充当状语时。但西班牙语中有些方式副词由于所处句法位置不同，引发词义变化。如：

　　　　（8）a. Los　　refuerzos　llegaron　　<u>felizmente</u>　a tiempo.

　　　　　　　定冠词　　援兵　　　赶到　　　　<u>顺利地</u>　　及时地

　　　　　　b. <u>Felizmente</u>,　los　　　refuerzos　llegaron　a tiempo.

　　[①]　丁声树等：《现代汉语语法讲话》，商务印书馆 1961 年版，第 67 页。

幸亏，定冠词　　援兵　　赶到　　及时地

例（8）a 句中表方式的副词"felizmenete"后置于动词时，表"顺利"的意思；b 句中同一副词置于句首位置，表"幸亏"之义。同一副词由于占据的句法位置不同，副词的词义居然不同。这个现象可以从副词的语义辖域上解释：当副词后置于动词时，其语义辖域仅限于动词，倾向于解读为对动词所述动作方式的描写；当副词提到句首位置时，处于动词结构的外层，外层状语的辖域可以涵盖整个句子，副词是对句子所述事件的主观评价。汉语中也存在由于语序异动而引发形容词辖域变化的现象。如副词"幸亏"置于句首或置于主语后、动词前两个不同句位，表达的意思不同。如：

（9）a. 幸亏你昨天赶到了，否则今天没人能治得了他。

　　　b. 他幸亏昨天赶到了，否则今天早晨大雾，高速公路封路，根本来不了。

例（9）a 句"幸亏"位于句子开头，表达的意思是"你昨天赶到了"避免了某种不期待发生的事；b 句中"幸亏"位于主语和动词之间，表达的意思是"昨天"这个时间很重要，否则导致今天的大雾来不了的结果。可见，前置于句首的成分的语义辖域为整个句子。

西班牙语的方式副词在句子中可以占据的句法位置很自由，可以在句首、句末或动词宾语之间。方式状语的句位异动，有的引发副词的语义变化，但大部分不会引起词义变化，副词异动仅仅是为了凸显语用意图的强调。西班牙语中常以形容词加词尾"－mente"构成副词，这类方式副词所表达的意思在句子中还常常用前置词（相当于汉语"介词"）"con"加上与形容词同源同义的名词，共同构成的介词短语来表达。如：

（10）alegremente　＝　　　con　　　＋　alegria

　　　愉快地　　　（相当于英语 with）　＋　愉快（名词）

例（10）中等号前后句法形式所表达的语义完全相同，只是音节长短发生了变化。西班牙语以"－mente"结尾的方式副词还可用"de＋modo＋形容词"或"de＋manera＋形容词"来表达，其中"de"相当于英语中的"of"，而"modo, manera"的意思是"方式，方法"，相当于英语中的"means, manners"。如：

（11）gradualmente　＝　de　manera　　＋　　gradual

　　　逐渐地　　　＝　以…方式　　　逐渐的（形容词）

例（11）等号前的方式副词与等号后的介词短语所表达的意义相同，但以形容词加副词词缀的方式构成的副词形式短小，以介词词组的形式来表达的方式状语形体更长。一般形式简短的副词做状语时，句法位置相对自由，可以前置也可以后置于动词。介词短语充当的方式状语通常只能后置于动词，如果前置，意思会发生变化。如：

（12）a. contaba　　　con　　los　　dedos.

数（动词）用　　　　指头

b. Con　los　　dedos　contaba.

用　　　指头　　数

（13）Contaba　con　　tu　　ayuda

指望　　　　你的　　帮助

例（12）的两个句子中，介词短语"con los dedos"充当的方式状语的句法位置很自由，可以前置或后置于动词，意思是"他用指头数数"，介词短语因形体较长，后置于动词做状语是其常规句位；例（13）同样是用介词"con"引导的介词短语，但在"con tu ayuda"中只能后置于动词，动词"contaba con"组成动词和介词的固定搭配，意思是"指望"，整个句子的意思是"他指望你的帮助"。介词"con"在例（13）中语义虚化，与动词"contaba"组成动词短语，不能自由变换句法位置。动词加介词后，跟宾语的关系变得疏远，对宾语的控制度自然减弱。从语义关联上看，动词"指望"的受事宾语是虚的，未实现的，动词"指望"无法控制语义抽象的"ayuda（帮助）"。

西班牙语有的方式状语前置或后置与动词会引发语义和语用差异。西班牙语形体较长的介词短语做状语，只能后置于动词。可前置可后置的情况下，方式状语后置于动词是常规句位。将方式状语提到动词之前，是为了强调动作方式。总体上看，西班牙语方式状语的句法位置相对自由。

进一步考察语料我们发现，西班牙语不同类型的状语在句位异动的自由度上呈现出一定的等级差异。西班牙语的地点状语和时间状语在句子中的位置自由度最小，一般只能位于动词之后。方式状语的句法位置比较自由，能跟宾语交换位置。西班牙语方式状语可以位于动宾结构后，也可以位于动词后宾语前。从语义层面上看，宾语属于动词的内层结构，与动词的关系最密切。方式状语和宾语跟动词的关系都很近，所以形式短小的方式状语可以插入动词和宾语之间，在句法位置上具有较大的自由性。

　　西班牙语的修饰成分前置于中心词时，起限制作用，没有修饰功能。限制性成分不传递新信息，如"白雪"在西班牙语中说"blanco（白）nieve（雪）"。根据人们的认知经验，没有黑色的雪，所以"白"只起限定作用，没有分类功能；而"白云"在西班牙语中则需要表达为"nube（白）blanca（云）"，因为相对"白云"而言还存在"黑云"或"乌云"，后置的修饰成分除了限定之外，还具有分类功能。可见后置修饰成分的焦点性更强，所传递的是新信息。西班牙语的焦点信息也有后置倾向，这个特点跟现代汉语相似，这可视为不同类型语言的共性特点。

　　（二）方式状语前置于动词的语用分析

　　西班牙语的副词充当的方式状语置于动词之前要受到一定的限制，常用在感叹句中，或含有讥讽意味的句子中。如：

　　（14）a. Has hecho　bien　　el　　　ejercicio.
　　　　　　做　　　好　　　　　　　练习
　　（整个句子的意思：你很好地做完了练习。）

　　　　　b. Bien　　has hecho　el　　　ejercicio!
　　　　　　好　　　做　　　　　　练习
　　　　　（整个句子的意思：你练习做得真好！）

　　例（14）中两个句子从句法形式上看，a 句中方式状语"bien（好，副词）"在动词"has hecho（做，第二人称现在完成时）"之后，这是西班牙语方式状语的常规句位，句子的意思是"你很好地做完了练习"；b 句中方式状语"bien（好，副词）"前移到句首位置，句子的意思是"你练习做得真好！"。西班牙语表达感叹语气或强调语气，不仅可以通过副词前移来实现，还可能伴随方式状语异位，句子结构需要做出相应调整。如：

　　（15）a. Nos　　　insultó　　brutalmente.
　　　　　我们（宾格）侮辱　　　　粗野地
　　　　　（整个句子的意思：他粗鲁地侮辱了我们。）

　　　　　b. Brutalmente　fue　　como　　nos　　　　insulto.
　　　　　粗鲁地　　　　是　　　如何　　我们（宾格）侮辱
　　　　　（整个句子的意思：他是如此粗鲁地侮辱我们啊！）

　　例（15）两个句子表达的基本意思相同，语序调整凸显说话人的语用意图差异。a 句是正常语序，方式状语"brutalmente（粗鲁地）"后置于动词"insultó（侮辱，第三人称一般过去时）"，句子的意思是"他粗鲁地侮辱了我们"；b 句把方式状语"brutalmente（粗鲁地）"提前到句首，用系动词加"como"强调"如何"。这样的语序异位引发了句子结构的调整，这个句子的意思如果直译，应该是"粗鲁地是他如何侮辱我们的方式"。可见，方式状语前置起到了凸显方式、强调愤怒语气的作用，可以翻译为"他是如此粗鲁地侮辱了我们啊！"通过调整句子结构可以表达强烈语气，但置于句首的成分仅限于方式状语，因为语气性焦点属于语用层面，是语言中最外层和最容易表现的因素。在语法编码时，这样的句法成分容易发生句法位置的前置或外移。这一现象不仅西班牙语存在，汉语和英语也有。如：

（16）So　　　nice　　a　　day!

　　　如此　　好　　一　　天

　　　（句子的意思：如此美好的一天！）

（17）好聪明一个孩子！

例（16）中"so（如此）nice（好）"是语气性焦点，置于句首表感叹语气；例（17）把凸显语气的焦点"好聪明"置于句首，语气比"这个孩子很聪明"强烈得多。这都是形容词移位到句首而引发的语用功能变化。

西班牙语中还有一种状语前移的情况引起了我们的注意，当副词的修饰范围不限于谓语而是涵盖整个句子时，副词置于句首。但方式状语置于句首时，后面一定要有停顿，在书面语中表现为用逗号与后面的其他句子成分隔开。如：

（18）a. Afortunadamente，　　todo　ha terminado.

　　　　幸运地　　　　　一切　　结束（动词）

　　　b. Todo，afortunadamente ha terminado.

　　　　一切　　幸运地　　　　　结束

　　　c. Todo ha terminado，afortunadamente.

　　　　一切　　结束　　幸运地

例（18）的 3 个句子所表达的意思一样，状语"afortunadamente（幸运地）"在句子中的位置自由，在 a 句中置于句首，但需要用逗号将其跟句中其他成分隔开，表示对整个句子的主观评价；b 句状语插入主语后动词前，要在主语后加上逗号隔开；c 句方式状语在动词之后，但同样需要用逗号与句子前半部分隔开。这种在句中句法位置最自由的状语只能是表语气。语气状语的主观性最强，焦点性也很强，在句子中的位置相对自由。紧跟在动词后的副词一般做方式状语，不具有修饰整句的功能。方式状语在句子中前置于动词或后置于动词，有时还会引发语义变化。如：

（19）Todo ha terminado afortunadamente.
　　　一切　　　结束　　顺利地

例（19）跟例（18）c句的形式相同，唯一的差异是状语"afortunadamente（顺利地）"跟前面的句子成分之间没有用逗号隔开，而是跟动词"ha terminado"直接组合，语气上紧密相连。这类状语描写的是动作的方式，是方式状语而非语气状语，副词的语义是"顺利地"而不是"幸运地"。

查阅西班牙皇家学院编写的《西班牙语词典》我们发现，从词义发展演化的角度看，副词的不同义项之间存在逻辑关联。副词"afortunadamente"后置于动词时，语义跟动词直接关联，意思是动作进展"顺利"，当该副词处于动词的外层，与整个句子所表达的意义相关联时，表"幸运"之义。

例（18）和例（19）中"afortunadamente"的语义差异可从副词语义辖域和主观性两方面进行解释。词的语义辖域与该词在句子中所占据的句法位置有关。置于句首或动词外层、作为修饰成分时，词的语义辖域涵盖整个句子，紧挨动词、作为动词的修饰成分时，词的语义辖域仅限于动词。从语言的主观性看，动词内层的修饰成分常表动作方式，主观性较弱；动词外层的成分常对句子所述事件进行评价，具有比较强的主观性。

西班牙语中并非以"–mente"结尾的副词都因句法位置的异动而引发语义改变，因句法位置改变而引发语义变化的副词数量并不多。句位变化不引发语义变化的副词，通常都有与之对应的同根同义形容词，副词做状语修饰动词构成状中结构，该结构所表达的语义可以通过"系动词+同根同义形容词+主语从句"来表达，如：

（20）a. Verdaderamente la　　 situacion　es　dificil.
　　　　真的（副词）　　　情况　　是　困难（形容词）
　　　b. Es verdad　　　 que　 la　 situacion　es　dificil.
　　　　系动词 真的（形容词）　　　情况　　是　困难

例（20）的两个句子都表示"处境真的很艰难"的意思，a句中副词"verdaderamente（真的）"做状语；b 句"es（是）verdad（真的）"
是系动词加上同根同义形容词构成短语。副词做状语与同根同义形容词构
成的主语从句，二者之间可以自由变换形式，这表明谓语置于句首做状语
时，其语义辖域涵盖整个句子。

　　总体上西班牙语状语的句法位置比较自由，不同类型状语中句法位置
最自由的是方式状语。方式状语一般位于动词之后，当动词带宾语时，方
式状语位于宾语之后。影响方式状语句位的因素很多，有语义因素，也有
语用因素。

　　英语状语常由副词充当，大多数方式副词在形容词后加上词尾"‐
ly"构成，主要描写"如何、怎样地"实施动作，描写动作的方式和程
度。如：

　　　　（21）frequently、constantly、rapidly、calmly、happily、anxiously
　　　　　　经常地　　持续地　迅速地　平静地　快乐地　　焦急地
以上所列副词都带后缀。跟英语和西班牙语相比，汉语形态变化不丰
富，英语方式副词在翻译为汉语时，常采用在同根同义形容词后加状语标
记"地"的办法来表达。

　　副词和形容词属于不同词类，从功能分布角度看，副词和形容词呈现
出互补分布的特点。从词的语义特点上看，副词和可以修饰动词的形容词
都描写动作的方式和状态。英语和西班牙语都存在同根同义形容词和副
词，可以把分布互补、表意相同的副词和形容词看作一个词类。把英语中
的副词词尾看作状语标记，如同汉语的状语标记"地"。这样的处理，可
以避免不同类型语言之间关于词类划分的纠缠，专注地从语义层面探索方
式状语的句法位置，以及方式状语的句位变异引发的句法成分的功能与性
质的变化。英语中有不少与形容词同形的副词。如：

　　　　（22）late　early　high　low　fast　enough　firm　hard　straight
　　　　long
　　　　　　迟　　早　　高　低　快　足　　坚定　硬　　直
　　　　长
　　形式完全相同的副词和形容词都适合描写动作，基本是述行形容词。
这些做方式状语的形容词或副词，无论前置或后置于动词，与所修饰的动
词的语义关系并未改变。英语方式状语如果形式稍复杂一点，就必须后置
于动词。影响状语前置或后置于动词的原因，对英语来说就是方式状语形

式的长度。根据语言象似性原则，语言形式比较长，则该形式的内部结构也更复杂，表达的语义更丰富。

（三）外语的结果状语与汉语的补语比较

英语结果状语从句常用"so that，that，so，such"等关联词引导，结果状语从句是动词所述动作引发的结果，前后两个分句之间存在因果关系，前一分句的动词常带方式状语修饰。汉语焦点为方式范畴时，表方式的词语一般后置于动词做补语，凸显性状的程度量。如：

（23）We arrived early in the morning, so that we caught the first train.

我们 到 早 在 早上 所以 我们 赶上 第一班 火车

（句子的意思：我们到得很早，所以赶上了早班车）

（24）He drove so carelessly that he almost lost his life.

他 开车 如此 粗心 以至于 他 几乎 丧失 他的 生命

（句子的意思：他车开得太粗心，差点丧了命。）

（25）He got so little money that his family had to live on welfare.

他 拿如此 少 钱 以至于 他的 家人 不得不 生活 依靠 救济金

（句子意思：他工资拿得这么少，他的家人不得不靠救济金生活。）

例（23）中前一个分句"我们早上到得早"和后一个分句"我们赶上了头班车"之间存在因果关系，用"so that（所以）"表明因果关系，正因为到得早，致使赶上头班车的结果。当凸显形容词"早"所描述性状的程度量时，汉语形容词后置于动词做补语，该句位具有凸显程度量功能，方式状语焦点化，前一分句"我们到得很早"是比较适切的表达。例（24）前后分句之间的因果关系更加明确，"so（如此）"后直接加表方式的"carelessly（粗心）"，程度量得到凸显。例（25）与上面两个句子相同。

英语语法系统中不存在与汉语补语完全相同或对等的句法成分，当需要表达因动作发生而引发某种结果时，英语常用结果状语从句表达，主句和结果状语从句之间的语义关系通过关联词明确标示。汉语跟英语不同，常将方式范畴后置于动词做补语。跟英语直接采用关联词语标示出因果关系不同，汉语动词和补语之间常表达隐性因果关系，汉语补语这一句法成分具有凸显性状程度量的功能，而凸显的程度量是引发结果分句的原因。母语为英语的学生在习得汉语时，由于母语英语结果状语从句的影响，容易产生用状语替代补语的偏误。如：

(26)　＊a. 他紧盖了瓶子。

　　　　　b. He closed the bottle tightly.

例（26）a 句是母语为英语的学生产生的偏误。英语方式副词一般直接后置于动词或动宾结构。这个英国学生掌握汉语方式状语前置于动词的语序规则，但将该目的语规则泛化，就出现了如 a 句的偏误。为了强调第一分句中形容词"紧"的程度是避免第二分句状态出现的条件，需要形容词后置于动词做补语，凸显这一性状的程度量，形容词做补语最适合该语境，汉语可以表达为"他把瓶子盖得紧紧的"或"他把瓶子盖得很紧"。

形容词"清楚"常做状语，该形容词在英语中表述为"clearly"，意思是"in a clear manner, distinctly"，是副词，一般后置于动词做状语。如：

(27) speak clearly 清楚地说

(28) It is too dark to see clearly. 天太黑看不清楚。

(29) I can hear you loud and clear. 我听得很清楚。

例（27）中"clearly"占据方式状语的正常句位，后置于动词；汉语形容词"清楚"却前置于动词做状语；例（28）英语方式状语后置于动词，汉语采用结果补语形式；例（29）英语方式状语也后置于动词，汉语采用"得"后补语的形式。

可见方式范畴在汉语句子中的句法位置灵活多变：当方式范畴描写动作方式时，前置于动词做状语，如例（27）；当方式范畴表示某种条件下动作引发的结果时，后置于动词做结果补语，如例（28）；当方式范畴凸显性状程度量时，编码为"得"后补语，如例（29）。

英语方式状语也有前置于动词的可能，但前置于动词必须采用副词形式，而后置于动词则可以如例（29）那样，采用形容词形式。这表明英语后置状语具有谓语性，汉语补语具有谓语性，可见英语和汉语补语的共性。

西班牙语结果状语从句跟英语类似，常用关联词"tan（如此）＋形容词＋hasta que（以至于）＋小句"来表达。如：

（30）Esta　　tan cansado hasta que　no　quiere comer.

　　　　系动词 如此 累 以至于　 不　想　 吃

　　　　（句子的意思：他累得不想吃饭。）

　　（31）La mesa　es　 tan pesada hasta　que　 dos　perosonas no pueden levantarla.

　　　　　　桌子 系动词 如此 重 以至 　　 二　　 人　 不能　抬起（它）

　　　　　　（句子的意思：这桌子重得两个人也抬不动。）

例（30）和例（31）在汉语中为了凸显充当谓语的形容词的程度量，用带"得"的补语来表达；西班牙语则编码为结果状语从句，采用"tan（如此）…hasta que（以至于）"明确标示因果关系。可见，西班牙语结果状语从句表达的程度量和结果性，相当于汉语补语句。西班牙语结果状语从句也可以表达动作与性状之间的致使关系。如：

　　（32）Canta　demaciado　hasta　que　　ya　no　puede hablar.

　　　　　 唱　　 太多　　 以至于　　　 已经 不 能　 说话

　　　　　（句子的意思：他唱得嗓子都哑了。）

　　（33）No　puede　hablar　porque　cantó　demaciado.

　　　　　 不　能　 说话　 因为　 唱　 太多

　　　　　（句子的意思：因为唱得太多了，他嗓子都哑了。）

例（33）的意思是因为"唱得太多"而导致"说不出话来"，西班牙语中致使关系可以用因果复句来表达，致使关系可视为广义因果关系。

（四）形容词充当的补语具有谓语性

汉语形容词与表动作、举止、意图、意愿的动作动词组合时，常前置于动词做状语；与状态动词和变化动词组合时，因为凸显状态的程度量，常编码为补语。因此，当形容词与动作动词组合时，形容词可前置或后置于动词，由于语序变化引发句子表达意义变化。但英语方式范畴句位变化并不引发句子所表达意义的差别。如：

　　（34）a. 他很快地跑了。He ran very fast.

　　　　　 b. 他跑得很快。He ran very fast.

例（34）两个句子中形容词"快"与动词"跑"的语义紧密相关，

汉语形容词编码为状语或补语，句子表达的意思不同：a 句形容词做状语，表示动作发出者的主观意愿是尽力争取速度快；b 句形容词做补语，表示旁观者看到跑的速度快。英语两个句子的意义没有差别，都是副词后置于动词做状语。英语后置状语有些可以由形容词充当。如：

    （35）a. He drives slow（ly）. 他开得很慢。

          b. He slow＊（ly）drives.

上例中当方式范畴置于动词后，可以采用副词 slowly 或者形容词 slow 形式，但是如果方式范畴置于动词之前，则只能采用副词形式 slowly。西班牙语中的情况与英语类似。比较下面两个句子：

    （36）a. 他跑得很快。Corrió rapido. → ＊Rapido corrió.

          b. 他很快地跑了。Corrió rapidamente. →Rapidamente corrió.

例（36）a 句中"rapido"是与形容词同形的副词，做次级谓语，这种情况在汉语中一般编码为补语；例（36）b 句中"rapidamente"是副词，作景况补语①，说明动作"跑"的伴随方式。西班牙语方式状语常后置于动词，例（36）a 句采用形容词形式，相当于汉语补语，具有谓语性；b 句采用副词形式，"–mente"是西班牙语的副词词尾，相当于汉语的状语。

值得注意的是，西班牙语采用副词形式"rapidamente"时，方式状语的句法位置相对自由，可以前置于动词，也可以后置于动词，如例（36）b 句，箭头前后的句子都成立；采用形容词形式只能后置于动词，不能前置于动词，如例（36）a 句，箭头后的句子不能成立，因为后置于动词的形容词具有谓语性。

英语和西班牙语中状语的前置和后置并不完全自由，准确地说，描写动作伴随方式的状语前置或后置于动词是自由的；而形容词做状语，则只能后置于动词，因为后置的方式范畴具有谓语性。

西班牙语的双重补语也很有特点。西班牙语中有些形容词可以充当双重补语。根据孙义桢（2013）的定义，西班牙语双重补语是指句子中的

---

① 孙义桢：《西班牙语实用语法新编》，上海外语教育出版社 2013 年版，第 468—478 页。西班牙语的补语概念不同于汉语的补语。西班牙语中出现在动词后的都是补语，可分为直接补语（相当于汉语的直接宾语）、间接补语（相当于汉语的间接宾语或介词短语引导的旁格成分）和景况补语（相当于汉语的状语和部分状态补语）。

形容词既有说明主语或直接补语的功能，又具有补足动词的功能①。如：

　　（37）Los　ocupantes　del　vehiculo　salieron　ilesos.

　　　　　　乘客　　　　　汽车　　出来　安然无恙

　　　　（句子的意思：车里的乘客安然无恙地出来了。）

　　（38）Le　　encuentro　algo　nervioso.

　　　　　您　　发觉　　一些　紧张

　　　　（句子的意思：我发觉你有点紧张。）

　　例（37）中形容词"ilesos（安然无恙）"具有双重语义指向：既指向句子主语"los ocupantes（乘客）"，同时也指向动词"salieron（出来）"；例（38）中形容词"nervioso（紧张）"既说明动词的受事宾语"le（您）"，又说明动词"encuentro（发觉）"。又如：

　　（39）Las muchachas　volvieron　a　la universidad　muy　contentas.

　　　　　　姑娘们　　　回了　　　　　　大学　　非常　高兴

　　例（39）中后置于动词的形容词"contentas（高兴）"既可以修饰句子的施事主语"las muchachas（姑娘们）"，同时也修饰动词"volvieron（回）"，但句法形式上形容词与句子主语的性数一致。形容词与句子主语形态的一致性表明，做双重补语的形容词在语法编码中落实的是谓语性，形容词的语义主要指向句子主语。

　　西班牙语双重补语的谓语性跟汉语的补语相似。西班牙语中做双重补语的形容词的性、数与句子主语的性、数一致，该形容词的语义联系最密切的是句子主语，双重补语的谓语性通过与句子主语的性数一致得到体现。

　　西班牙语中，有的方式副词没有副词词尾"‒mente"，而是与该副词同根的形容词相同。如：

　　（40）a. Conduce　despacio.

　　　　　　驾驶　　　慢

　　　　b. Conduce　lento.

　　　　　　驾驶　　慢

　　例（40）a 句中表方式的"despacio（慢）"只有副词性；而 b 句中表范式的"lento（慢）"兼有形容词和副词性。这两个句子意思都是"他

---

①　孙义桢：《西班牙语实用语法新编》，上海教育出版社 2013 年版，第 15 页。

开得很慢"。兼类词究竟落实的是形容词性还是副词性？例（40）b 句中方式状语无词形变化，不好判断。西班牙语形容词进定句位有形变要求，必须与形容词所修饰的名词保持性数一致。请看下面的句子：

（41）Los　　soldados　avanzan　lento.
　　　　士兵们　　　前进　　慢

上例主语"los soldados（士兵们）"是阳性名词复数形式，形容词如果落实为形容词，必须在性数上跟主语一致，变为"lentos"，但例（40）中表示方式的词没有形态变化，这说明动词后表方式的词落实的是副词性。

西班牙语中存在由形容词转化而来的副词，这类副词在形式上跟形容词完全相同，但兼有副词和形容词性。这类形容词与副词词形相同。如：

（42）alto　bajo　claro　quedo　fuerte　recio　firme　caro　barato
　　　　高　　低　　清楚　安静　　强　　激烈　坚固　贵
便宜

这类跟形容词相同的副词在用法上受到限制，能与之搭配使用的动词不多，只能跟某些特定动词搭配使用。如：

（43）Habla　alto.
　　　　说　　高（声）

例（43）中表方式的"alto（高）"只能与动词"hablar（说话）"组合。动词"说"的意思是发出声音，而"高"指的是音量高，动词和形容词之间这种关联，根据认知经验是最自然的组合，"说"的动作必然发出"声音"，而描写动作结果"声音"的形容词是"高"。动词和形容词密切的语义联系导致动词和形容词高频共现，组合形式因出现频率高而被简化。西班牙语中也可以用介词短语表方式义。如：

（44）habla　　en　　voz　alta.
　　　　说　　用　声音　高

例（44）中形容词"alto（高）"修饰阴性名词"voz（声音）"，该形容词的性数与所修饰名词一致，介词"en"加名词性偏正结构"en voz alta（用大声）"做状语，修饰动词"habla（说）"。

西班牙语与形容词同形的副词在后置于动词时，落实的是副词性，此时它与主语的性数不一致，不根据主语的性数而改变词形。跟形容词同形的副词在使用上受到严格限制，这类词对所修饰的动词具有词语选择性，只有与特定动词组合时，没有副词词尾的形容词才能做状语，这表明西班牙语后置于动词的形容词也有谓语性。

西班牙语中形副同形而表方式的词，与之组合的动词基本固定。如：

（45）alto 高、bajo 低、claro 清楚、quedo 安静—hablar 说、chalar 谈

　　　　fuerte 强烈、firme 坚定、recio 剧烈—golpear 打、pisar 踩

　　　　coro 贵—costar 花费、pagar 付钱、cabrar 收费

　　　　hondo 深—respirar 呼吸

　　　　caro 贵、barato 便宜—comprar 买、vender 卖

以上我们简单列举了方式状语跟常用动词的搭配。从认知角度看，方式状语与动词的语义关联紧密，这是方式状语和动词高频组合的根本原因。言语交际中人们追求语言形式的简洁，采用同根同义形容词表方式，不在形容词后添加副词词尾。这个现象表明，即使在形式化要求严格的语言中，语法编码的基础仍然是语义。

孙义桢（2013）指出，西班牙语方式状语的句法位置很灵活。方式状语的常规句位是后置于动词，也可提到主语和动词之间，或提到句首[①]。西班牙语是形态变化比较丰富的语言，充当不同句法成分的词有形式标记，如充当方式状语的副词大部分带后缀"‑mente"。句法位置与进入该句位的词语要求形式一致。丰富的形变手段使入句成分贴上了功能标签，通过形变而标注了身份的词语，在句中位置相当灵活。方式副词无论前置或后置于所修饰的动词，由于词形标记，它与所修饰动词的语义关系非常明确，发生语义关联的句法成分之间要求形式一致，这是语序自由的句法保证。

有些副词前置或后置于动词引发词义变化，副词"seguramente"前置或后置于动词表意不相同。如：

（46）a. Si　no　lo　sabes　seguramente,　no　lo　digas.
　　　　如果 不　　　知道　　确实地　　不　　　　说
　　　　（句子意思：如果你不了解得很确切，那你就别说。）

　　　　b. Seguramente　se ira　pronto.
　　　　可能地　　　　去　很快

----

① 孙义桢：《西班牙语实用语法新编》，上海外语教育出版社 2013 年版，第 390 页。

（句子意思：他可能很快会离开。）

例（46）a 句副词 "seguramente" 后置于动词时，表示 "有把握地、确实地"；b 句中副词置于句首，意思是 "很可能地，极有可能地"。句位移动导致词义改变，这是句位语义内涵对入位词产生影响的表现。当 a 句中的动作已然发生时，副词是对动作所述行为的描写；当副词置于句首时，动作尚未发生，意思是不确定的推测。句位对入位词的影响固定在词义上，演化成不同的义项。

三　形容词做状语和补语的个案分析

为了验证上文关于形容词做状语和做补语的研究结论，我们对 30 万字的现代汉语语料进行了统计分析。语料之一是林海音的《城南旧事》（10 万字），这部作品具有口语表达特点，选择该作品的一个重要原因是，这是 20 世纪 60 年代的作品。朱德熙（1963）指出，双音形容词加 "地" 做状语是历史较短的新语言现象，选择《城南旧事》是为了考察早期现代汉语形容词做状语的情况；语料之二是陆天明的《省委书记》，这是一部长篇小说，我们从中选取了 10 万字。这部小说出版于 2002 年，与《城南旧事》代表的时代不同；语料之三是《朱镕基答记者问》，我们选取了第三部分 "在境外的演讲和答问"，约 10 万字，时间从 1997 年 9 月到 2002 年 4 月。选取政论语体的语料是为了考察不同语体对形容词做状语和做补语的影响。

（一）形容词做状语和做补语的情况统计

我们在所选取的 30 万字语料范围内，考察了形容词做状语和做补语的情况并进行了统计，结果见表 6 - 1。

表 6 - 1　　　　　　　　　　形容词做状语和做补语情况比较

作品篇名	做状语	做补语	状补比例
《城南旧事》	163	76	2.1：1
《省委书记》	219	61	3.6：1
《朱镕基答记者问》	97	34	2.9：1
总计	479	171	2.8：1

表 6 - 1 的统计数据表明：（1）形容词做状语和做补语的比例为 2.8：1，做状语的数量多，形容词做状语的概率高于做补语。（2）不同时代

作品中形容词做状语和做补语没有太大差异。20世纪60年代小说《城南旧事》中，形容词做状语和做补语之比是2.1∶1。21世纪初小说《省委书记》中，形容词做状语和做补语之比是3.6∶1，形容词做状语的比例略有提高。这个差异可能跟时代因素有关，也可能跟作家的个人风格有关。(3)文艺语体和政论语体中，形容词做状语和做补语情况差不多。《朱镕基答记者问》中所选取的是境外演讲和回答问题，带口语色彩。跟《城南旧事》中形容词做状语和做补语的情况接近，分别为2.9∶1和2.1∶1。

从上面的统计分析可见，语体风格和时代风格等因素对形容词做状语和做补语的影响不大。

（二）做状语时形容词的复杂形式

进一步考察语料我们发现，单音形容词做状语一般采用重叠形式，出现较多的单音形容词重叠形式有"紧紧、轻轻、慢慢、呆呆、好好、远远、长长、早早、急急、大大、深深、静静、斜斜"。单音形容词做状语时，不能加"地"，如"呆看"、"呆坐"，形容词与动词之间语义关联密切，有凝固发展为复合词的倾向。

双音形容词做状语以光杆形式为主，如"专心、突然、高兴、完全、狠心、大胆"，也有前加程度副词"很"和前加否定副词"不"的情况，如"不自然、不客气、不耐烦"。副词"半"也可前置于形容词做状语，如"半生气地说"。双音形容词重叠式可以做状语，形容词重叠式可分为完全重叠和不完全重叠两种形式。如"端端正正、老老实实、高高兴兴、慌慌张张、忙忙叨叨、瘦瘦高高、整整齐齐、结结巴巴、匆匆忙忙、和和气气、恍恍惚惚、糊里糊涂、孤零零、傻呵呵、可怜兮兮"等。

总体上看，163条形容词做状语的语料中，有83条是单音或双音形容词重叠式，超过形容词做状语总数的50%。做状语的形容词的复杂形式出现的情况详见表6－2。

表6－2　　　　　　　　形容词做状语的复杂形式比较

形式	光杆	重叠	程度副词	否定副词	并列词组	其他	总计
次数	45	87	14	7	1	1	453
	101	87	18	1	8	0	
	56	7	16	0	3	1	
比例	44.6%	40%	10.6%	1.6%	2.6%	0.4%	100%

表 6-2 中"次数"一栏中的三个数字表示统计的语料来源，从上到下依次为《城南旧事》、《省委书记》和《朱镕基答记者问》中该形容词形式出现的次数。表中"其他"指的是做状语的形容词除表中列出的形式之外，其他的复杂形式，包括在我们所搜集的语料中出现了比较句"比你更详尽地说明"、"比太阳更早地回家"等形式。结合表 6-2 的统计数据和具体语料分析，我们得到如下基本认识：

1. 光杆形容词做状语所占比重最大，占形容词做状语的语料总数的 44.6%；其次是形容词的重叠形式做状语，占总数的 40%。形容词重叠式做状语在文艺语体中比政论语体中概率高很多。小说《城南旧事》中形容词重叠式做状语占总数的 56%（87/155）；小说《省委书记》中形容词重叠式做状语占总数的 40%（87/215）；政论风格的《朱镕基答记者问》中形容词重叠式做状语占总数的 8.4%（7/83）。这表明形容词重叠式的描写功能比较适合文艺语体，而对于严谨、简练、平实的政论语体不太适合。

2. 程度副词修饰形容词做状语的情况在 3 种语料中出现的次数差不多，占总数的 10.6%，排第三位。形容词前加否定副词、并列形容词性词组以及形容词的其他形式做状语的次数所占比例较小。可见，形容词做状语以光杆形式和重叠形式为主。

（三）做补语时形容词的形式和功能

考察语料我们发现，做补语的形容词具有形式上的特点，主要有：

1. 带补语的谓词（动词和形容词）中双音动词很少，在所考察的语料中只发现"飞舞"1 个，其余 75 个均为单音动词。双音动词带补语只占总数的 1.3%。

2. 做补语的形容词多采用复杂形式。以光杆形式做补语的形容词主要有两类：一是表评价，如"对"、"没错"；二是表程度，如"凶"、"厉害"。评价性形容词做补语表说话人主观评价，表程度的形容词本身蕴涵性状程度量。这两类形容词由于形容词的语义特征，光杆形式也表程度量。这跟汉语补语的评价功能相吻合，因此这类形容词的光杆形式可以做补语。

3. 双音形容词重叠式做补语的比例很高。在形容词前加上程度副词"更、好、格外、真、挺、老"构成的偏正词组也可以做补语。指示代词"那么、那样、这么、多么"前加于形容词，共同做补语。比较句式或

"跟……那么好"构式以及并列词组如"又……又……"都是进入补语句位的形容词的复杂形式。总之，做补语的形容词一般都采用复杂形式。

形容词做补语所表达的语义很复杂，主要可以分为如下 3 类：

1. 表说话人对事物的主观感受和评价

这从做补语的形容词具有表评价的语义特征上可以看出。如：

（47）不错、厉害、多棒、怕人、很惨、怕人劲儿的、跟碧云霞那么好（红）

例（47）列举的形容词，语义既不指向动词的论元（施事和受事），也不指向动词，而是游离在句子信息结构外，对句子所叙述事件进行评价。这类表说话人主观评价的形容词一般只能做补语，不能前置于动词做状语，比如，可以说"唱得不错"，但是不能说"＊不错地唱"。

2. 表对动作引发结果的评价

这类形容词的语义可以指向动作施事，也可以指向动作受事。如：

（48）玩得好快乐、长得那么高；收拾得好干净、灌得红红的

动词和形容词充当的补语的关系可以用"因动词而变得或呈现形容词所述性状"的语义格式表达出来。上面列举的动补结构可以分别表达"因为玩儿而高兴"、"因为生长而很高"、"因为收拾而干净"、"因为灌酒而脸红"。其中，做补语的形容词"快乐"、"高"的语义指向动作施事，形容词"干净"、"红"的语义指向动作受事，动词和形容词之间存在致使关系，这类形容词一般只能后置于动词做补语，不能实现状补异位。

3. 表对动词所述动作的描写

（49）回来得很晚、走得那么快、叫得亲热、响得清脆

上例中形容词描写动作，包括动作发生的时间、速度、方式等，这类形容词可以实现状补异位，但形容词状补异位引发句子语义变化，句法形式也要做调整。有些形容词描述情感和感受，如形容词"高兴"可以做状语和补语，但状补异位后句子意思不同。试比较下面两组句子：

（50）忙得好高兴——高兴地亲着我

（51）听得糊里糊涂——糊里糊涂地说（回答）

形容词做状语和做补语时，与形容词组合的动词不同：形容词做状语时，形容词修饰的动词是自主动词，如"说"、"回答"等，这类动词具有可控的语义特征；"高兴"做补语时，谓语动词"忙"、"听"等，具

有不可控、被动等语义特征。我们考察了形容词做补语的复杂形式，详见表6-3。

表6-3　　　　　　　　形容词做补语的复杂形式比较

形式	程度副词	重叠	并列结构	光杆	其他	总计
次数	31 33 22	6 1 0	8 5 2	17 9 2	3 6 3	148
比例	58.1%	4.8%	10.1%	18.9%	8.1%	100%

表6-3中"次数"一栏的3个数字，表示在我们所选择的语料中对形容词做补语的形式出现次数，3种语料依次为《城南旧事》、《省委书记》和《朱镕基答记者问》。表中"其他"一栏指的是除了本列前面列举的复杂形式之外的形式，如比较句和紧缩句，包括"比……还要（都）"、"跟……一般"、"像……一样"、"形容词＋一点（一些）"、"越……越……"等。考察表6-3的统计数据和相关语料，我们得到以下基本结论：

1. 做补语的形容词复杂形式中，程度副词修饰形容词，构成偏正结构出现频率最高，占总数的58.1%，超过一半。这表明汉语补语凸显形容词所述性状的程度量。常采用的程度副词有表主观量的"很"、"非常"，也有表客观量的"最"、"更"、"比较"，指示代词"这么"、"那么"以及疑问代词"多么"，以及凸显说话人主观情态的"太"、"过分"、"异常"、"格外"、"真"等。这些成分所表语义跟汉语补语的主观评价性语义内涵相一致。

2. 形容词重叠式做状语和做补语的频率明显不同。形容词重叠式做状语占总数的40%，做补语只占总数的4.8%。这表明形容词重叠式的描摹功能符合汉语状语句位的语义内涵。汉语补语句位的主要功能是评价，形容词重叠式做补语的出现频率不高。

3. 形容词其他复杂形式做状语占总数的0.4%，做补语占总数的8.1%。做补语的形容词的"其他复杂形式"主要是比较句，有表类同的比较句，如"和（像）……一样＋形容词"、"跟……一般＋形容词"，有差比句，如"比……还要（都、更）＋形容词"，还有表递进的"越……越＋形容词"和表差比量级的"形容词＋一点（一些）"。这些统计数据表明，汉语补语的功能主要是在比较基础上作出判断和评价。

光杆形式在形容词做状语时出现频率最高；光杆形容词做补语比率为18.9%，虽然数量不多，但不应忽视。汉语的补语句位可以有效凸显形容词所描述的性状的程度量，光杆形容词之所以能进入补语句位，是因为这些形容词自身带有表程度量的语义特征。如：

（52）厉害、凶、好、不错、怕人、可怕、奇怪

以光杆形式做补语的形容词，根据形容词的语义特征可分两类：

1. 表程度。这类形容词表性状程度，如"闹得厉害"、"闹得凶"中做补语的形容词"厉害"和"凶"都描写性状剧烈而凶猛的程度。

2. 表主观评价。这类形容词表说话人对事件的主观评价，如"谈得不错"、"静得可怕"、"问得奇怪"、"活得好"中的形容词"不错"、"可怕"、"奇怪"和"好"等，这类形容词的语义不指向句中成分，仅表达说话人的主观评价。

在统计形容词做补语的语料时我们发现，"得"前谓语动词多为单音动词。分析30万字语料，我们得到形容词做补语的有效语料148条，其中双音动词只有14个，具体统计结果如表6-4。

表6-4　　　　　　　　　形容词做补语时双音动词比较

作品篇名	双音动词	形容词补语数	双音动词比例
《城南旧事》	1	65	1.5%
《省委书记》	7	54	13%
《朱镕基答记者问》	6	29	21%
总计	14	148	9.5%

考察表6-4的统计数据和具体语料，我们得到以下基本结论：

1. 总体上看，形容词做补语的句子中谓语动词绝大部分是单音动词，双音动词仅占总数的9.5%。

2. 年代越久远、口语风格越鲜明的作品，形容词做补语时双音动词做谓语的比例越低。《城南旧事》中谓语动词为双音动词的只占总数的1.5%；《朱镕基答记者问》中谓语动词为双音动词的高达21%，因为政论语体的词语多为后起的，书面语色彩强烈，而且双音动词的词义都比较抽象。

形容词做补语时，谓语动词以单音动词为主，在同源同义单音动词和双音动词中，谓语句位优先选择单音动词。在无可选择的情况下，双音动

词也可以做谓语动词。

第二节　汉语补语的语法功能

　　杨伯峻等（2011）从历时角度考察汉语补语并指出，补语标记"得"的出现在汉语发展史上具有重大意义，使能进入补语句位的成分进一步丰富，结构更加复杂多样。随着语言的发展，汉语补语这一句法成分还将有更加广阔的发展空间。

　　我们在上一节将英语的方式状语、西班牙语的方式状语跟汉语的状语和补语进行了比较，对真实语料中形容词做状语和做补语的情况进行了考察，发现汉语补语是焦点化的方式状语，汉语补语已经完成语法化，是汉语的一个显赫语法范畴，其语法功能远远超出后置方式状语。汉语补语所具有的语法功能很多，在英语和西班牙语中要通过其他语法手段实现。

一　汉语补语与英语西语表语比较

　　考察形容词做状语和补语的功能我们发现，只能做补语不能做状语的形容词不仅在语义上具有静态、述物等特征，而且与之组合的动词多为变化动词或状态动词。唯补形容词后置于变化动词或状态动词充当的补语，与英语和西班牙语的表语具有相同的功能。

　　英语的表语是起表述作用的句子成分，主要用来说明主语的身份、性质和状态，充当英语表语的成分可以回答"谁"的问题，此时表语通常由名词性成分充当；当表语用来回答"怎么样"的问题时，表语通常由形容词性成分充当表语。如：

　　（53）Mary became a lawyer. 玛丽变成了一个律师。

　　（54）My brother grew tall and handsome. 我兄弟长得又高又帅。

　　例（53）中"became（变）"是系动词，后面的"a lawyer（律师）"用来回答"玛丽变成了谁"这个问题，说明主语"Mary（玛丽）"的身份，名词性成分充当表语；例（54）中"tall（高）and handsome（帅）"用来回答"弟弟长得怎么样？"，说明主语"my brother（我兄弟）"的状态，形容词性并列短语充当表语。例（54）由形容词性成分充当表语，汉语用补语表达，形容词词性并列短语在补语标记"得"后做补语。

（一）汉语补语与英语表语比较

张道真（2008）把英语系动词定义为"后接主语补语的词"，如"be、become、turn、get、grow、keep"等，常出现在主语之后，这类动词都是系动词。与一般动词不同，系动词不叙述具体动作，而是叙述变化或说明主语的性状属性。系动词后可以接体词性成分，也可以接谓词性成分，谓词性成分主要是形容词。

薄冰（2008）对系动词的界定跟张道真（2008）相同，认为系动词是"连接主语，表示主语身份、性质、状态的动词。英语叫 link verbs"[①]。英语系动词仅起连接作用，不叙述具体行为，不强调动作的过程性，只能说明主语的身份、性质或变化状态。

英语系动词后接形容词，对句子主语的性状进行描写和说明。汉语多采用动补结构表达。当所描述性状由形容词简单形式表达时，汉语一般采用形容词充当结果补语；当需要凸显形容词所描述性状的程度量时，汉语形容词一般置于"得"后做补语。如：

（55）长粗了/长得很粗 grow（very）thick，develop（very）thick

（56）生锈了 get rusty，come into being rusty

（57）庄稼长旺了/庄稼长得很旺盛 The crops are growing very well

例（55）中系动词"grow（长）"后接形容词"thick（厚，粗）"做表语，汉语中这种情况常编码为补语，当无须凸显形容词所描述性状的程度量时，汉语形容词可以编码为结果补语，如"长粗了"；当需要凸显形容词所描述性状的程度量时，形容词前常加表程度的副词，如"很"，构成的形容词性偏正结构在"得"后做补语，如"长得很粗"。例（56）中系动词"get"后接形容词"rusty（锈的）"，在汉语中用动词"生锈"表达，如果需要凸显性状的程度量，也可以说"锈得很厉害"；例（57）如果直译为汉语是"长得很好"。可见，英语表语在汉语中通常用补语表达。换言之，汉语补语具有英语表语的语法功能。

根据张道真（2008）对英语系动词的分析[②]，可以把系动词分成表事物状态和表事物变化两类。表事物状态的系动词相当于汉语的状态动词，表事物变化的动词与汉语变化动词相类似。无论是状态动词还是变化动

---

① 薄冰：《魔法英语》，中国对外翻译出版公司2008年版，第144页。

② 张道真：《英语语法大全》，首都师范大学出版社2008年版，第238页。

词，动词后的形容词在汉语中做补语，对句子主语的性状进行评价。

1. 表事物状态的系动词

表事物状态的系动词由描述人体感觉和人体姿态的动词构成，描写人体感觉的系动词主要有：

（58）be　look　seem　appear　smell　taste　sound　feel
　　　　是　看　看来　显得　　闻　尝　　听　摸/觉得

上面所列举的系动词表示通过眼耳鼻舌身等人体器官感知客观事物的性状，系动词后的形容词通常是描写通过人体感觉器官感受到的外在世界的性状。

汉语语法系统中没有"系动词"这个动词次类，但是汉语的状态动词可以描写事物身份、性质和状态，如表视觉有状态动词"显得"，还可以通过动补结构"看起来"、"看上去"来表达，如"看起来很年轻"、"看上去很潮湿"等；嗅觉可以通过动词"闻"和趋向动词"起来"组成"闻起来"；表味觉的有"尝起来，吃起来"等；表听觉的有"听起来，听上去"；表感觉的状态动词有"觉得"等。这些状态动词和词组跟英语系动词的表达功能基本相同。

有些表人体感觉的状态动词跟补语标记"得"高频共现，并凝固成词，如"觉得"、"显得"；有些仍保持动补结构形式，如动词后加趋向补语"起来"构成"看起来"、"闻起来"、"听起来"等。这些动补结构中的趋向词已经虚化，如"看起来"中的"起来"与"站起来"中的不同，"站起来"中的"起来"表"向上"义，而"看起来"中的"起来"表"估计或着眼于某一方面"之义。在不同动词后的同一趋向补语，表达的语义不同，在表方向义基础上生发的引申义在语言发展历程中逐步稳定，并被固定下来，在词典中看作两个义项。感官动词跟趋向补语构成的动补结构后面，常带描写性状的形容词做补语。如：

（59）看起来很美/听起来很悲伤/闻起来非常香甜/说起来令人伤心

英语的第二类系动词描写身体姿势，特别是人体的相对静止状态。如：

（60）sit　stand　lie　keep　　stay
　　　坐　站　　躺　保持　呆/停留

上面所列举的这些动词具有一般行为动词性质，也可以做系动词用。

根据动词后所接成分的不同，这些动词的词义也不相同。如：

（61）a. Keep the telephone number please. 请保存这个电话号码。

b. Keep silent please. 请保持安静。

例（61）a 句动词"keep（保存）"后接名词性宾语"the telephone number（这个电话号码）"，"keep（保存）"是行为动词，词义为"保存"。b 句动词后接的是形容词"silent（安静）"，该动词为系动词，词义是"保持"，英语系动词用法相当于汉语的状态动词。

汉语中动词"保持"意思是维持原状，后面常接描写状态的形容词，如"保持冷静"、"保持稳定"、"保持清醒"，动词不表具体动作，从时间性上看这类动词不强调运动的起点和终点，而是凸显状态的持续。"坐"、"站"、"睡"等动词描写相对静止的动作状态，这类动词和描写动作姿态的形容词的组合时，形容词可以实现状补异位。如：

（62）a. 笔直地站着—站得笔直

b. 安静地睡着—睡得很安静

c. 端正地坐着—坐得很端正

上例动词"站"、"睡"、"坐"跟描写身体状态的形容词"笔直"、"安静"、"端正"之间没有致使关系，形容词只是描写动词所述姿态，形容词可以实现状补异位，而且表意没有太大区别。但跟这类动词组合的形容词如果不是描写人体外在姿态，而是描写动作发出者的主观感受时，形容词不能状补异位。如：

（63）a. 焦急地站在门口→＊在门口站得很焦急

b. 慵懒地睡在沙发上→＊在沙发上睡得很慵懒

上列形容词"焦急"、"慵懒"与叙述人体姿态的状态动词"站"、"睡"组合时，形容词只能做状语，不能后置于动词做补语。形容词"焦急"、"慵懒"描写人的主观感受，这与描写外貌和外在姿态的形容词"笔直"、"端正"不同，描写动作发出者的主观感受和意愿的形容词只能前置于动词做状语。

形容词与动词的语义关联是组合的语义基础。当形容词和动词组成动补结构时，形容词的语义指向动作施事，形容词由于占据补语句位而被赋予结果义，形容词所述性状具有临时性和易变性特点。

2. 表变化的系动词

表变化的英语系动词主要有：

（64）become、get、go、come 、fall、grow、turn、prove

上面所列举的英语系动词与汉语中的典型变化动词"变"的意思相近。这类系动词表述瞬间变化，后面常加形容词性成分表变化的结果，系动词跟后接形容词性表语一起，共同充当复合谓语，对事物性状加以描述。如：

（65）The milk turned sour and sweet. 牛奶变得又酸又甜。

与汉语不同的是，表变化的英语系动词后面既可加形容词性成分，表性状改变，也可接体词性成分，表身份的改变。如：

（66）Mary turned a nurse. 玛丽变成了一名护士。

系动词"turn（变）"的后面，在例（65）中接形容词性短语"sour and sweet（又酸又甜）"，例（66）中接名词性短语"a nurse（护士）"。英语系动词后所接的成分，无论是形容词性的还是名词性的，都是表语，用以说明句子主语的身份、属性、性质和状态。

汉语与英语不同，当变化动词后接名词性成分时，动词是"变成"，动词后接体词性成分被分析为宾语；当变化动词后接形容词性成分时，动词是"变"，常带补语标记"得"，"得"后形容词被分析为补语。英语表变化的动词在汉语中分化为两个词。可见，汉语补语具有英语表语的语法功能。

表变化的动词除了典型的变化动词"变"之外，常见的还有"长"、"生"等。如：

（67）马丁长得又高又帅。Martin grew tall and handsome.

（二）汉语补语与西班牙语表语比较

西班牙语表语与英语表语功能一样，主要用来说明句子主语的身份、性质和状态。孙义桢（2013）认为，对主语进行补充说明的成分即是表语。西班牙语表语和英语表语性质相同，通常由系动词与形容词共同构成。西班牙语系动词（verbo copulativo）是动词的一个小类，这类动词的作用是维系主语和表语的关系。西班牙语系动词中相当于英语系动词"be"的有"ser"和"estar"两个动词。如：

（68）Lucia　es　bonita.
　　　露西亚 是　漂亮
　　　（句子意思：露西亚长得很漂亮。）

（69）Lucia　esta　　bonita　hoy.
　　　露西亚 是　　　漂亮　　今天

（句子意思：露西亚今天显得很漂亮。）

例（68）中系动词"es（是）"是"ser（是）"的第三人称一般现在时变位，相当于英语系动词"is（是）"。西班牙语的这个系动词表示其后形容词所描述的性状具有恒常性，句子的意思用汉语表达就是"露西亚长得很漂亮"。例（69）中系动词"esta（是）"是系动词"estar（是）"的第三人称一般现在时变位，该系动词虽然从静态词义上看，与"ser（是）"相同，但不同之处在于，其后形容词所描述的性状具有临时性和易变性，意思是"露西亚今天显得很漂亮"，"漂亮"只是露西亚呈现的临时状态。

跟英语一样，西班牙语也存在表人体感知和人体静止姿态的系动词，这类系动词跟形容词组合时，形容词充当表语，功能相当于汉语补语。如西班牙语中动词"ver（se）"相当于汉语"显得"、"看起来"，后接形容词描述事物性状。如：

（70）La muchacha se　ve　triste.

　　　姑娘　　（被）看　忧伤

（句子意思：姑娘显得很忧伤。）

例（70）中形容词"triste（忧伤）"在系动词"se ve（看）"（自复动词 verse 的第三人称一般现在时变位）后做表语，功能相当于汉语补语。西班牙语表语跟英语表语一样，都是位于系动词后的成分，系动词后是体词性成分或形容词性成分，都不影响表语的性质。如：

（71）Huan　parece un general.

　　　胡安　像　一　将军

（句子意思：胡安看起来像个将军。）

例（71）中系动词"parece（像）"后接名词性成分"un general（将军）"做表语。西班牙语中用以说明、描写主语身份、属性、性质和状态的成分叫表语。

普通语言学对"补足语（complement，complementation）"这个概念的界定不甚清晰，该术语所指在不同语法学体系中并不一致。汉语补语跟普通语言学中的补足语概念不同，这给汉语学界与普通语言学界的学术交流带来不便。

汉语补语的功能涵盖了英语和西班牙语的部分表语功能，英语和西班牙语中系动词后接形容词相当于汉语补语的功能。从动词的语义特征上看，英语和西班牙语的系动词跟汉语的状态动词和变化动词有共性。

邢福义（2009）指出，"补语是谓词性结构里心语后边起补充作用的成分"①。汉语补语所补充的不仅可以是动词，也可以是动作施事或受事。英语和西班牙语表语实质上是主语补足语，对句子主语进行补充说明、判断和评价。汉语补语可以补充说明动词或动词论元，无论是动词还是动作施事或受事，都可能成为汉语句子的主语。汉语补语具有谓语性，英语系动词和表语共同构成复合谓语描写主语。综上所述，汉语补语和英语、西班牙语的表语具有相同的语法功能。

二　汉语补语表致使

当形容词后置于动词做补语时，句子的谓语动词和做补语的形容词之间常存在致使关系。如：

（72）a. 他把那颗核桃砸得粉碎。＝他砸那颗核桃 ＋ 那颗核桃粉碎

b. He cracked the walnut, and the walnut was broken into pieces.

例（72）a 句动词"砸"和形容词"粉碎"在语义上存在致使关系。把这个句子的复合语义结构拆开，分别表述为"他砸那颗核桃"和"那颗核桃粉碎"两个句子，动词"砸"所述动作引发受事宾语"核桃"状态改变。表致使关系的复合语义结构在英语中很难用一个句子表达，如例（72）b 句，英语一般拆成两个句子来表达，前一个句子的动词"cracked（敲）"与宾语"the walnut（核桃）"组成动宾结构，交代事件的背景信息，第二个句子描写宾语在动词所述动作影响下发生的性状变化。

英语叙述动词所述动作引发形容词所描述性状时，通常要采用两个分句表达，汉语常将形容词后置于动词做补语，这样就可以用一个单句表达双重语义。当形容词充当的状语前置于动词时，表示性状先于动作而存在，当形容词后置于动词做补语时，表示性状出现在动作之后，是动作引发的结果。如：

（73）He is playing very happily. 他正高兴地玩着。

（74）He is very happy from playing. 他玩得很高兴。

---

① 邢福义：《汉语语法三百问》，商务印书馆 2009 年版，第 46 页。

对比例（73）和例（74）我们发现，两个汉语句子的差别在于形容词前置或后置于动词的语序变化，但两个英语句子的表达形式差别很大。例（73）中副词"happily（高兴地）"修饰动词。副词后置于动词是英语状语的常规句位，汉语句子中形容词"高兴"前置于动词做状语。例（74）不是对动作的陈述，而是对主语状态的描写。英语句子中形容词"happy（高兴）"跟系动词"is（是）"组成复合谓语，描写主语的性状，介词短语"from playing（从玩耍）"表明致使主语呈现"高兴"状态的原因。汉语句子中形容词后置于动词做补语表达相同的语义。例（74）汉语句子的主语是动作施事，形容词后置于动词做补语，描写动作施事因动作引发的性状。

当我们扩展考察对象，不局限于形容词或形容词短语做补语，而是将小句做补语纳入考察范围时，动词和形容词充当的补语之间的致使关系显示得更加清楚。如：

（25）He got <u>so</u> little money　<u>that</u>　his family had to　live　on welfare.

　　　　他 拿 如此少　钱　　以至于 他的家人不得不 生活 依靠救济金

　　　　（句子意思：<u>他工资拿得这么少</u>，他的家人不得不靠救济金生活。）

例（25）"that"引导的结果状语从句"his family had to live on welfare（他的家人不得不依靠救济金生活）"是因为前面的主句"He got little money（他工资拿得少）"导致的结果。前后两个小句的致使关系通过关联词"so…that…（如此……以至于……）"明确标示。汉语句子为了凸显"工资这么少"的程度量，形容词后置于动词做补语。

当句子的谓语由形容词充当时，汉语补语对性状的程度量的凸显更加清晰。试比较下面西班牙语和汉语的不同表达方式：

（75）La mesa　es　<u>tan</u> pesada <u>hasta que</u> dos personas no pueden levandarla.

　　　　桌子　　　　如此重　　以至于　两　　人　不　能抬起（它）

　　　　（句子的意思：这张桌子重得两个人都抬不起来。）

例（75）中西班牙语句子的谓语是系动词和形容词构成的"es pesada（很重）"，结果状语从句是"dos personas no pueden levandarla（两个人不能抬起它）"。西班牙语句子中事物性状和结果状语的致使关系用关联词语"tan…hasta que…（如此……以至于……）"明确标示。在汉语句子中把形容词后置于动词做补语。由于补语句位的语义内涵，形容词进入补位既可以凸显程度量，又可表明致使关系。通过以上汉语跟英语、西班牙语的对比分析，可以清楚地看到，汉语补语具有表致使的功能。

三 汉语补语表被动

张道真（2010）指出充当宾语补足语的动词被动语态可看作系动词①。

(76) The floor was swept clean. 地扫得很干净。

= the floor was swept + the floor became clean.

例（76）句子的主语"the floor（地面）"是动词"sweep（扫）"的受事，该受事置于句首做主语，系动词"was（是）"跟动词过去分词"swept（扫）"构成复合谓语，表被动，形容词"clean（干净）"补充说明句子主语动词所述动作引发的性状。例（76）英语句子是典型被动句。汉语一般将形容词后置于动词做补语，编码为"地扫得很干净"。受事宾语做主语的句子，在汉语中常编码为无标记被动句。这类无标记被动句中动作受事可以是无生命的事物，如例（75）的"地"，也可以是有生命的事物，或者高生命度的人。如：

(77) He was beaten black and blue. 他给打得青一块紫一块。

= he was beaten + he became black and blue

例（77）中形容词性并列短语"black and blue（又青又紫）"在动词被动式"was beaten（被打）"后做表语，描写句子主语"he（他）"的性状。汉语句子中可以补出介词"被"。通过形容词性短语后置于动词做补语，补充说明句子主语"他"由动作引发的性状。

汉语形容词后置于动词做补语而构成的句子，功能与英语被动句相类似。汉语形容词做补语时，形容词的语义指向动作受事，该受事做主语时，跟英语被动句所表达的语义相同。如：

(78) a. 汉字写得很端正。

---

① 张道真：《英语语法大全》，首都师范大学出版社 2008 年版，第 640 页。

b. 衣服洗得非常干净。

c. 饭菜做得很可口。

上例中句子主语"汉字"、"衣服"、"饭菜"分别是谓语动词"写"、"洗"和"做"的受事，谓语动词和受事主语之间有被动关系。后置于动词做补语的形容词"端正"、"干净"和"可口"分别描述受事因动作而引发的性状。

汉语有些形容词含有被动意味，如形容词"吃香"的意思是"受欢迎，受重视"。这是个口语词，词义有被动意味。一般形容词"吃香"不能前置于动词做状语，只能后置于动词做补语。如：

（79）不知道为什么零钱今年变得吃香起来。

上例中形容词"吃香"后置于变化动词做补语，英语"吃香"的意思是"became well – liked"，直译为汉语就是"被喜欢"，用动词的过去分词形式表被动义。可见，形容词的词义含被动意味时，这类形容词只能后置于动词做补语，不能前置于动词做状语。

第三节　形容词做状语和做补语的语用差异

一　形容词做状语和做补语的句子焦点

句子焦点是说话人认为比较重要并需要通过语言手段强调的部分。刘丹青、徐烈炯（1998）认为，由于说话人的态度有主观性，应选择话语信息的强度而非信息的新旧来定义自然焦点。信息强度是说话人主观赋予的，而信息新旧是客观存在的。

徐杰（2004）指出，以信息强度确定焦点的标准不仅适用于自然焦点，也适用于其他性质的焦点。句子传递的新信息有被强调和不被强调两种情况，这是说话人主观赋予的。不被说话人强调的部分，无论新信息还是旧信息，都被排除出了关注范围；而被强调的部分，无论信息新旧，在句子编码时会通过语法手段凸显其焦点性。

人类传递信息的方向一般是从已知旧信息到未知新信息。从语言表达形式上看，上文出现过的是旧信息，言语表达中第一次出现的是新信息。旧信息通常置于句首位置，新信息常置于句子的末尾。

（一）形容词充当状语的焦点性

沈开木（1984）认为，跟中心成分比较，修饰成分容易成为焦点。修饰成分包括定语和状语。修饰成分在语言线性结构的建构上似乎可有可无，中心成分是支撑语言结构的必备条件，无论这些中心成分是否负载了说话人认为重要的语义信息和表达功能。钱敏汝（1990）认为，修饰成分比较容易成为焦点性成分，助词"的、地、得"具有聚焦作用。形容词做状语有的带"地"，有的不带"地"，有学者认为"地"是状语标记，有的则认为"地"只是标记凸显，是修饰成分在线性语法结构中的实现方式。

张国宪（2006）从交际语法角度进行分析，认为主语和谓语在句子中不一定最重要，从信息分布上看，词语在结构平面上和语义平面上的重点不一定平等[①]。句子传递的重要信息不一定通过结构层次高的主语和谓语来传递，而是由结构层次低的修饰成分来承载。我们在第三章中通过考察语料发现，形容词做状语时的描写效果甚至超过做谓语，述人形容词做状语的概率高于做谓语。

形容词充当的状语不是句子的自然焦点，虽然状语可以回答"怎么"的问题，后置于动词的形容词可以回答"怎么样"的问题。状语和补语都能回答问题，但只有后置于动词的形容词可以单独回答问题。如：

（80）问：孩子们玩得怎么样？

　　　答：很高兴。

（81）问：孩子们怎么玩？

　　　答：＊高兴。

比较上面两个例句可见，前置于动词做状语的形容词虽然起强调作用，但是不能单独使用，不是句子的自然焦点，只能作为谓语动词的修饰成分出现在句子中。形容词做状语时，句子的焦点是形容词所修饰的谓语动词。

充当状语的形容词不是句子自然焦点的另一个证据，是不符合焦点的唯一性。根据凸显单一焦点原则，言语交际中句子真正落实的焦点只有一个，可是谓语动词前可以出现多个性质不同的状语。如：

（82）a. 小分队已经整整齐齐地在那里站着。

---

① 张国宪：《现代汉语形容词功能与认知解释》，商务印书馆 2006 年版，第 166 页。

b. 小分队<u>已经</u>在那里<u>整整齐齐</u>地站着。

c. 小分队已经在那里站得<u>整整齐齐</u>。

d. ﹡小分队站得在那里已经整整齐齐。

e. ﹡小分队站得已经在那里整整齐齐。

例（82）a 句中状语数量不止一个：有表时间的"已经"、表地点的"在那里"和表方式的"整整齐齐"，3 个不同性质的状语连续排列在动词前，分别从方式、地点、时间方面对动词修饰和限制，并且 3 个状语可以自由地互换顺序。例（82）a 句与 b 句，状语位序异动后句子表意没有变化。但方式、时间、地点状语中，只有方式范畴的"整整齐齐"可以后置于动词，例（82）c 句中形容词重叠式"整整齐齐"后置于动词做补语，句子成立，但地点状语和时间状语不能后置于动词，例（82）d 句和 e 句都不成立。

汉语句子中常有多项状语同时出现在谓语动词前，这些状语不可能都成为句子的自然焦点，只能根据说话人的交际意图选择一个作为焦点。如：

（83）他立刻从山脚下急急忙忙地朝山顶跑去。

上例句子中谓语前面有多项状语，分别从时间（"立刻"）、运动起点（"从山脚下"）、运动伴随状态（"急急忙忙"）和运动方向（"朝山顶"）上描写动作"跑"，多个状语连续排列。如果把状语看作句子焦点，就很难把性质相同、表意不同的状语分化为焦点性和非焦点性成分。可见，汉语状语虽然有较强的描写功能，但不是句子的自然焦点。

（二）形容词充当补语的焦点性

后置于动词做补语的一般是形容词的复杂形式，包括前加程度副词构成的形容词性偏正短语、由语义相近的形容词组成的并列短语等。形容词性并列短语并非为动词提供多侧面描写，而是强调和凸显事物性状，可以看作是对形容词所描述性状的程度量凸显的一种手段。如：

（84）这个姑娘生得<u>聪明俊俏</u>。

上例中形容词性并列短语充当补语，"聪明"和"俊俏"分别从内在和外貌上描写句子的主语"这个姑娘"，这两个都是褒义形容词。做补语的并列词组一般由两个以上意义相同或相近的形容词构成，除非特定语境的需求，褒义形容词不与贬义形容词构成并列结构，意义相反的形容词也不会组成并列结构做补语。如：

（85）孩子长得<u>聪明伶俐</u>。

上例中做补语的并列短语中，形容词"聪明"和"伶俐"是近义词，构成并列短语做补语，凸显程度量。形容词做补语的句子焦点具有唯一性。这符合句子只能落实唯一焦点原则，因为在真实语境中具有性质不同的两个以上的焦点，听话人在解码时很难确定句子焦点。

汉语补语具有谓语性，补语标记"得"前后两部分构成主谓关系，也可以称为"大主谓关系"。如：

（86）衣服洗得很干净。

例（86）中"洗衣服"是背景事件信息，而"得"后形容词"干净"是对前半部分信息做出描述或评价。这个句子汉语还可用重动句表达如下：

（87）他洗衣服洗得很干净。

例（87）是重动句，动宾结构"洗衣服"交代背景信息，动补结构"洗得很干净"中动词"洗"不是第一次出现，是旧信息，起着关联"得"前部分和"得"后部分的作用，做补语的形容词"干净"是句子的自然焦点。

徐杰（2004）提出了单一强式焦点原则（unique strong principle），指出简单句可能同时包含多个焦点，但特定语境中突出强调的焦点只有一个，并且只能以专用焦点的语法形式突出这一说话人确定的信息焦点①。形容词做补语的句子中，突出说话人确定的信息焦点的语法手段有两个：补语标记"得"，这是虚词手段；另一个隐性但更重要的，是语序手段，汉语补语固定在句末位置。徐烈炯（2002）认为，汉语是自然焦点后置的语言，句末是汉语自然焦点的句法位置。语法标记"得"和占据句末位置凸显补语的焦点性。

徐杰（2004）认为，可根据疑问和否定形式判断句子的真实焦点，这两种都是超结构的语法范畴手段。汉语形容词做状语和做补语的焦点性，也可利用该手段判断。形容词做状语时，不能单独回答问题。如：

（88）问：你打算怎么读这篇文章?

答：a.（我打算）认认真真（地）读，逐字逐句（地）读。

---

① 徐杰：《普遍语法原则与汉语语法现象》，北京大学出版社 2004 年版，第 126 页。

　　b. ＊（我打算）认认真真。

　　例（88）形容词重叠式"认认真真"做状语，可以回答"怎么读"，但不能单独回答问题，必须与它所修饰的动词构成状中结构，共同回答问题，可见，形容词状语不是句子的自然焦点。

　　句子的否定中心一般是焦点，利用否定词可以鉴定出句子焦点。如：

　　（89）问：这篇文章你读得认真吗？

　　　　　答：a. 不，（我读得）不太认真。

　　　　　b. ＊没有，（这篇文章我）没看。

　　例（89）形容词"认真"后置于动词做补语，问的是动词"读"的性状，而否定回答应该如 a 句，否定描写性状的形容词"不太认真"，不能像 b 句，否定动词所述动作"没看"。否定动词把会话的预设前提否定了，交际未能达到预期交际效果。确定句子否定中心的方法证明，形容词做补语的句子的自然焦点是形容词补语。这是因为汉语句子的否定中心落在副词"不/没"所否定的成分上，被否定的成分一定是句子的焦点性成分。

　　（三）句子焦点的落实

　　形容词的主要功能是描写事物性状，多充当方式状语。当形容词后置于动词做补语时，补充说明事物性状。本书讨论的就是状态补语。汉语句子中如果谓语动词前已带方式状语，谓语动词后一般不能再出现状态补语。方式状语和状态补语都属于方式范畴。无论形容词前置于动词做状语还是后置于动词做补语，形容词充当的成分都是动词核心的附加成分。根据语言经济性原则，同一性质的语法范畴不必在同一句子中重复出现，因此方式状语和状态补语的分布具有互补性。如：

　　（90）　＊玛丽认真地学习得很勤奋。

　　（91）　＊孩子们开心地玩得非常高兴。

　　上面两个句子根据汉语母语者的语感都不能成立，例（90）的谓语动词是"学习"，前面的形容词"认真"和动词后的形容词"勤奋"都属于方式范畴，不能同时出现在动词前和动词后；例（91）存在相同问题，表方式范畴的形容词"开心"前置于谓语动词"玩"，动词后又出现形容词"高兴"。例（90）和例（91）均违背了言语交际中句子的单一性焦点原则。

　　宋文辉（2010）认为，句法成分位于句末时被凸显的程度高，句末是除了句首位置外最凸显的句法位置①。位于句末的形容词充当补语，凸显形容词所描述性状的程度量，补语句位的形容词含有比较的意味。静态地看，形容词无论充当状语或做补语都具有焦点性。但当形容词置于句末时，凸显性状的程度量，具有一般状语所不具有的评价功能。

刘丹青、徐烈炯（1998）指出，句子焦点带有说话人语用意图凸显的主观性选择，交际意图的主观性必须落实到具体的语法编码上。当句子谓语动词前出现能愿动词时，句子表达重心一般落在能愿动词上。汉语能愿动词主要有"可以，能，要，想，得，应该，当，愿意，肯，敢，会"等。能愿动词表达说话人对动词所述动作发生的可能性、必要性和主观意愿的判断。因为具有明显的主观色彩，能愿动词很容易成为句子焦点。当能愿动词出现在谓语动词前，形容词做状语或做补语的焦点性会被能愿动词取代，形容词做状语或做补语不具有焦点性，表意差别不大。如：

（92）a. 各级领导干部<u>应该</u>深入地学习会议精神。

　　　　b. 各级领导干部<u>应该</u>学得更深入一些、领会得更准确、更全面一些。

例（92）a 句能愿动词"应该"出现在形容词"深入"充当的状语前，b 句能愿动词"应该"出现在动补结构"学得更深入一些"前。无论 a 句还是 b 句，句子焦点都是能愿动词"应该"，两个句子在表意上没有太大差异。

能愿动词在形容词做补语的句子中出现频率较低，而且受到严格的句法限制。当能愿动词出现在动补结构前，做补语的形容词前常出现表客观量的程度副词"更"，"更"后形容词所描述的性状跟目前存在的性状比较，提出客观而明确的比较标准。

二　形容词做补语的篇章功能

刘丹青、徐烈炯（1998）指出，句子焦点从本质上看是一个语言性的话语功能。理论上焦点不是句子的结构成分，可以落实到句子中的任何成分上。语言中存在一些表示焦点的形式手段，这使焦点跟句法也有一定的关系。讨论焦点的含义应该从语用着手，篇章衔接是语用功能的一个重要方面。形容词前置于动词做状语或后置于动词做补语，句子的篇章衔接

---

① 宋文辉：《现代汉语动结式的认知研究》，北京大学出版社 2007 年版，第 94 页。

功能不同，篇章衔接的本质是信息传递的结构。

形容词充当的状语是描写性成分，但形容词做状语构成的形容词状语句是陈述性的。出现在状语句位上的形容词一般是偶然出现，复现概率低，是偶现成分，不被上下文的其他成分回指，形容词状语也不回指句子中的其他成分，而是交代动词所述动作发生的背景信息。汉语补语是语法化了的焦点性后置状语，不同于其他语言中的后置状语，通过补语标记"得"和句末位置等语法手段凸显其焦点性。

从信息传递角度看，焦点信息是说话人认为重要的信息。承载焦点信息的句法成分在篇章中不是偶现成分，而是通过复现或句子上下文的其他成分回指而重复出现的信息。因此汉语补语句具有较强的篇章衔接功能，其篇章衔接功能常通过以下手段实现：

（一）动词复现

汉语形容词做补语的句子（下文称"形容词补语句"）具有较强的篇章衔接功能，形容词补语句中的谓语动词在篇章中复现或被回指，或以动词的同义形式出现。如：

（93）他一下从座椅上站起来，站得笔直。

（94）她突然主动问话，这话问得既天真又老道。

（95）部队全速向西转移，队伍中的伤兵一瘸一拐地走得非常艰难。

例（93）第一分句动词"站"，在第二分句中复现；例（94）前一分句动词"问"，在第二分句中再次出现；例（95）第一分句动词是"转移"，第二分句动词是"走"，在特定的语境中，动词"转移"和"走"是话语同义形式，具有临时同义关系。这些句子都通过动词复现实现篇章衔接。

在篇章表达中，形容词补语句中的谓语动词通常不是第一次出现的新信息，而是已知信息，后置于动词做补语的形容词因此实现前景化表达，成为句子的焦点，这体现了从背景到焦点的认知图式。

篇章衔接功能只有在大于句子的话语表达中才得以显现。外国学生习得汉语语法规则基本在句子层面，有时形容词状补异位引发的差异，在句子层面很难看出来。值得注意的是，特定语境中不存在无条件的形容词状补异位，形容词状补异位的条件是或表达意思不同，或需要做出句法形式调整。由于上下文语境限制，一般形容词只适合做状语或做补语。如果局限在单句层面教学，就无法显示形容词补语句的篇章衔接功能，外国学生在习得汉语形容词做补语时，容易出现以形容词做状语替代形容词做补语的偏误。

（二）关联词语或内在逻辑关联

汉语补语与谓语动词之间最典型的语义关联是致使关系。动词和形容词补语之间的语义关联是：形容词充当的补语所描述的性状达到一定程度量，引发另一事件发生，这是形容词补语句具有篇章衔接功能的语义基础。如：

（96）老张不仅对省里的矿藏资源掌握得全面具体，‖ 而且对全国乃至全世界的矿业开发的现状及其政策也了解得很全面，很具体。｜所以，他提出来的开发方案是切实可行的。

例（96）是双重复句：第一层是因果关系，关联词"所以"前面的两个分句表述原因，由两个并列形容词补语句构成。表原因的两个形容词补语描写性状程度"全面具体"和"很全面，很具体"，这是得出下一个分句"他提出的开发方案切实可行"这一结论的依据。形容词补语句的衔接功能通过关联词"所以"明确标示出来。有些分句之间没有关联词语标示，而是通过分句与分句之间内在的逻辑关联来实现篇章衔接。如：

（97）他在阵地上战死了，‖ 死得很英勇，‖‖ 死得很悲壮。｜他是一个真真正正的革命烈士！

例（97）共有4个分句，表示三重关系：第一重是因果关系，第二重是递进关系，第三重是并列关系。并列关系的是两个形容词补语句"死得很英勇，死得很悲壮"，它们通过动词"死"的复现与前一分句衔接，与后面表判断的分句"他是一个真真正正的革命烈士"之间，通过内在逻辑关联来衔接，没有语言形式的明确关联标记。

从语言编码角度看，形容词做状语和做补语组合而成的句子具有不同的篇章衔接功能。当动词在篇章中首次出现，形容词一般前置于动词做状语，形容词和动词构成状中结构。当动词在篇章中再次出现时，形容词一般后置于动词做补语，动词和形容词构成述补结构，补语标记"得"具有取消谓语动词焦点性的作用。如：

（98）他伤心地哭了，结结巴巴地说："班、班长，还是我来吧！"

（99）小姑娘说完哭，哭完说，边哭边说，哭得很伤心，哭得很绝望。

例（98）因动词"哭"第一次出现，形容词"伤心"置于动词前做状语。形容词与动词组成状中结构"伤心地哭"，是叙述性的。状中结构适合对连续发生的事件进行叙述，若干个状中结构按照事件发生的时间先后顺序，组成一个话语链条。如：

（100）他仔细看看后面不追了，这才安静地埋伏在一个坟地里，急促地喘息着，静静地听着动静。

上例中动词"看"、"埋伏"、"喘息"、"听"是句子主语"他"发出的一连串动作。形容词"仔细"、"安静"、"急促"、"静"分别前置于谓语动词前做状语，组成状中结构，按照动作发生的时间先后顺序，组成一个事件链条。这样的语言环境中，状中结构做谓语，形容词前置于动词做状语。

三　形容词状语句和补语句的主要功能

李临定（1963）、房玉清（1992）认为，形容词做状语的句子整体上具有叙述功能，形容词做补语的句子整体上具有描写功能。王邱丕等（1992）认为，无论形容词以光杆形式还是以扩展形式进入补语句位，在"得"做补语的形容词都具有评议性。形容词做状语无评议性，形容词状语描写动词所述事件的有关侧面，提供跟谓语动词所述事件相关的背景信息。

形容词的主要功能是描写事物性状。形容词做状语时对形容词所修饰的谓词（包括动词和形容词）进行描写和限制。形容词的语义特征跟状语句位的描写性语义内涵相吻合。

未进入真实言语交际之前，句子中许多成分都可能成分焦点，比如数量短语、修饰成分等。但在特定语境中句子落实的真正焦点只有一个，连续排列的多项状语很难全部实现为焦点。状中结构的句子是以动词为核心的叙述结构，主要功能是对事件的陈述。状语仅提供动作发生的背景信息，在话语组织中一般不回指，也不被回指，是偶现成分。

补语标记"得"将句子分成两个部分：前部分交代背景信息，后部分对背景信息的某个成分进行评价。如：

（101）他洗衣服洗得很干净。

例中"得"前"他洗衣服"是一部分，"得"及后面的成分是一部分。从深层语义关系上，可以将例（101）拆开，分别编码成两个句子：

（101）他洗衣服洗得很干净。

　　　　　＝他洗衣服　+　（衣服）很干净

交代背景信息的是主动宾结构"他洗衣服"，其中宾语"衣服"兼任主谓结构"衣服很干净"的主语，本属两个语义结构的成分在表层线性序列中挤压进一个单句结构。"得"前谓语动词是已知信息，复现起关联作用。下例句子的情况稍有不同：

（102）他洗衣服洗得很累。

　　　　　＝他洗衣服　+　（他）很累

例中句子前半部分"他洗衣服"的主语"他"在主谓结构"他很累"中兼任主语。通过主语"他"再现，把原本不相关的两个语义结构挤压进一个句子。还有一种双重语义结构被挤压进一个单句的情况。如：

（103）他洗衣服洗得很快。

　　　　　＝他洗衣服　+　（洗）很快

例中句子前半部分"他洗衣服"中动词"洗"，在后半部分的主谓结构"洗很快"中兼主语。通过动词复现把两个语义结构关联在一起。

通过对形容词补语句的深层语义分析可见，补语标记"得"在语言组块过程中具有分离功能，切分为两块的语言结构之所以能关联起来，也是"得"起连接作用。连接"得"前后两个语块的，可能是动词也可能是动作的施事或受事。

汉语补语的语法功能众说纷纭，有的认为表示结果，有的说是描写，有的认为是补充说明，有的说是判断和评价。从补语在句中关涉的成分看，把汉语补语仅看作对谓语动词的补充说明不够全面。汉语补语关涉的句法成分并不限于谓语动词，也可能是动作施事或受事。把汉语补语的语法功能总结为"补充说明"太宽泛，把表示结果、用于描写和作出判断和评价等功能囊括其中，但无益于准确地分析和描写不同补语的功能。

从语言历时发展角度看，汉语带"得"的补语，也叫状态补语，是在结果补语的基础上发展而来的，最初表动词所述动作引发的结果，所以状态补语带表结果功能。形容词补语句中的动词和形容词之间存在致使关系，这也是状态补语具有结果性的语义基础。

"得"是状态补语区别于结果补语的形式标记，标志着状态补语的高度语法化。由于高度语法化，汉语状态补语不同于英语和西班牙语的后置状语，功能得到扩展：不再局限于表动作引发的结果，也可对动作本身进行描写，具有形容词前置于动词做状语的描写功能。

语言编码遵循经济性原则，人类大脑的记忆容量有限，在不影响言语交际效果的前提下，言语表达追求一个言语形式表达多个意义，而不是多个言语形式表达一个相同的意义。可状可补形容词在与动词组合，当形容词的语义指向动词时，形容词后置于动词做补语，其描写功能不完全等同于形容词前置于动词做状语，最大的差异是进入补语句位的形容词凸显性状的程度量。

考察语料我们发现，形容词前置于动词做状语时，以光杆形式做状语的频率最高，出现频率第二位的是描写性很强的形容词重叠式。做状语的形容词前加上程度副词中，出现频率最高的副词是"很"，该副词由于高频使用所表程度量已减损，在不重读的情况下不表程度量。进入状位的形容词一般具有简单形式，不能作太多扩展。形容词状语句的主要功能是叙述。形容词后置于动词做补语时，形式比较复杂，最常见的是形容词前加程度副词。光杆形容词做补语的情况很少，而且受到严格的句法限制。光杆形容词做补语具有比较意味，如"姐姐写得漂亮"、"这个苹果大"等。这表明汉语补语句位凸显程度量，评价的本质是对事物性状量级的比较。可见，形容词后置于动词做补语具有评价功能。

汉语形容词充当的补语具有评价功能，形容词补语句常出现评价性标记，表评价的标记既有词汇层面的，也有句子层面的。

（一）评价性的词汇标记

考察语料我们发现，在"觉得"、"认为"、"以为"等表主观看法的词语后，形容词一般后置于谓语动词做补语。如：

（104）他不认为自己这事儿办得不得体，但就是摆不脱内疚。

（105）他以为一定是里边坐得满满的，没想到才来了这么几个人。

（106）我相信孟子说得正确。

例（104）谓语动词"认为"后的宾语从句中，形容词否定式"不得体"后置于动词"办"做补语，说话人的看法通过补语表达；例（105）动词"以为"后宾语从句中，形容词重叠式"满满"做补语；例（106）动词"相信"后的宾语从句中，形容词"正确"在动词后做补语，表达主语"我"的主观评价。

　　表主观评价还有其他词汇标记，做补语的形容词前常加"这么"、"那么"、"多么"、"如此"、"多"表程度之高，而且带感叹语气。

　　（107）他装得<u>多么慈善</u>啊！

　　（108）这张脸怎么<u>变得如此苍老</u>？<u>如此难看</u>？

　　（109）公司怎么能让工人<u>干得这么疲惫</u>！

　　上例中"慈善"、"苍老"、"难看"、"疲惫"后置于动词做补语，这些形容词分别受"多么"、"如此"、"这么"等表强烈感情的代词修饰。这些代词指代事物呈现的性状程度，因带强烈的感情色彩，常用于感叹句和反问句中。例（107）是感叹句，句末有表感叹的语气词"啊"；例（108）和例（109）是反问句，句中有表反问的"怎么"。这些手段有效凸显了形容词充当的补语对事物性状的评价功能。

　　（二）评价性的句式标记

　　无论是感叹句还是反问句，都是为了强调和凸显说话人的主观情感，这跟补语评价性一致，都是说话人主观情态的显现。形容词充当补语凸显形容词所描述性状的程度量，汉语中的有些句式有凸显程度量的效果。比较句用介词"比"引介事物，对事物性状做出比较。比较句中描述事物性状的形容词常做补语。如：

　　（110）你比我还<u>了解得清楚</u>。

　　（111）胡杏笑着不肯走开，<u>还笑得比刚才放肆</u>。

　　例（110）中"得"后形容词"清楚"以光杆形式做补语，因跟比较句配合使用，比较句式赋予进入补位的形容词程度量；例（111）中形容词"放肆"后置于动词"笑"做补语，介词短语"比刚才"凸显"放肆"所述性状程度量的递增。

　　形容词补语句跟比较句的配合使用，有效凸显了做补语的形容词所描述性状的程度量，性状程度量的比较是评价性的，比较句可看作补语评价功能的一个句法标记。

第四节　补语的概念化与有界化

一　汉英动结关系的概念化

　　概念结构是人对事件基本认知组织模式的显现，这种组织模式体现在语言的句法语义中①。认知语言学认为，外在客观世界经过认知加工才能形成概念结构。不同于客观语义，概念结构包含了主观体验和感受，构成对不同事件的理想认知模式。句法结构的线性序列受到象似性原则支配，语言结构直接折射概念结构。

主观体验基础上形成的概念结构对语言结构具有很大影响，从概念化视角对语言现象进行探讨，有助于深刻理解句法结构与深层语义的和谐统一。从语言类型学视角看，概念化视角有助于透视不同类型的语言表达同一语义而采用不同句法结构这一现象背后的语言共性，以及人类语言共性跟不同类型语言的个性之间的本质关联。

汉语补语的语法功能比较复杂，是语言同形异义现象，即同一句法成分表不同语法意义。在语言研究方法中，语义分析法贴近人们的认知经验，语义分析把语法形式不同而表同一概念的语言结构进行对比分析。语言发展过程中的类推，容易造成语言形式和意义错位，典型的句法核心应同时兼具语义和形态两种核心的特征，非典型的句法核心则不然。

杨伯峻等（2011）指出，汉语状态补语由结果补语发展而来，联动式是动结式最古老的原型结构。联动结构具有双核性和语义上的平等性。联动结构中第二个动词多为形容词使动用法或及物动词。随着形容词使动用法的衰弱，联动结构后项逐渐发展为不及物动词，其意义也随动词及物性的降低而虚化，意义虚化使该成分抽象程度增加的同时，语法地位随之下降。补语在概念化过程中逐渐演变为前项动词的附属成分，语义双核心结构变成主从单核心结构。由语义平等的双核心结构到共同表述一个事件的单核心结构，汉语补语概念化过程出现了句法形式核心和语义核心的分离，即后项变成了句子的语义核心，前项则成为句法核心。

汉语补语的概念化过程中，最初独立的两个语义结构被挤压进一个句法结构。根据形容词补语句所叙述的事件结构，可以把两个结构叙述的事件分析为主事件和副事件。如：

（112）教室打扫得非常干净。

　　　主事件：教室非常干净

　　　副事件：（某人）打扫了教室

汉语形容词补语句是由主事件和副事件共同构成的复合事件。复合事

---

① 宋文辉：《现代汉语动结式的认知研究》，北京大学出版社 2007 年版，第 25 页。

件的设计符合人们的复合认知框架，不仅表述了主事件，而且通过副事件叙述了主事件发生的动因。可见，汉语的补语句法成分的出现和高度语法化，使汉语的表达精细而简练。

不同类型语言的概念化方式不相同，汉语补语句底层的复合认知结构在不同语言中采用不同的语法手段来表达。比较汉语补语句的事件结构在英语中的编码方式，有助于认识不同语言对动作与结果这一语义关系概念化的差异。比较下列汉语动补结构在英语中的表达方式：

（113）你猜错了。You have guessed wrong.

（114）他修好了摩托车。He has repaired that motorbike.

（115）他弄脏了她的裙子。He has dirtied her skirt.

考察以上句子发现，汉语用动结式表述的复合事件，英语采取不同的编码方式。例（113）表达说话人对动词所述动作进行评价，汉语动结式编码符合时间顺序象似性原则。英语对该事件的表达语序跟汉语完全相同，在动词"guessed（猜）"后直接加表评价的形容词"wrong（错）"。例（114）动词"修"和表结果的形容词"好"之间存在致使关系，汉语采用动结式表达，英语却采用动词完成时态"has repaired（已经修理了）"，英语动词具有词形变化，动词完成态表动词所述动作已然完成。例（115）汉语动词"弄"后加形容词"脏"凸显结果，英语用形容词"dirty（脏）"的使动用法表达，英语形容词的使动用法跟古汉语中形容词的使动用法相同。

不同语言的编码方式折射出语言形式背后不同的概念化过程。比较汉语和英语对动词及其结果概念化的不同方式发现，英语表达动词和结果概念关系的语法手段有一定规律。

（一）动词后接形容词或副词

汉语形容词后置于动词做补语，构成动补结构，如"猜得正确"、"听得很清楚"。这对母语是英语或西班牙语的学生来说不太难。这类动补结构在英语中所采用的表达手段与汉语相同，都在动词后接形容词或副词。外国学生在习得汉语动补结构时，易产生母语正迁移，从动词与后接形容词或副词的语义关系上看，主要有两种类型：

（116）你猜得正确。You guessed right.

（117）他跑得飞快。He ran very fast.

例（116）中做补语的形容词"正确"表说话人对动词所述事件的评

价；例（117）中"得"后做补语的形容词"飞快"描写动作"跑"。这种情况下英语和汉语的概念化过程相似，动词叙述事件，形容词进行评价。唯一不同的是，汉语后置于动词的形容词已语法化，并带标记"得"，但动词和表结果的词语的基本语序在汉语和英语中相同，先动作后结果，体现了时间顺序象似性原则。

（二）动词完成态包含动作及结果义

外国学生在习得汉语"修好"这类结果补语时容易出现偏误，主要是遗漏做补语的形容词，如把"他修好了摩托车"说成"他修了摩托车"。

汉语动结式在英语中一般只见动词，不见形容词充当的补语。这是因为英语动词有形态，动词完成态可表动作及动作完成义，所以动词后不需要添加表结果义的词语。强调动作"修"所引发的结果性状"好"，外国学生常用两个句子表达。如：

（118）他修了摩托车，摩托车好了。→他修好了摩托车。

例（118）左侧是外国学生说出的句子，两个单句没有语法错误，但表达不够简洁紧凑，把动补结构拆分成两个句子，第一句交代事件背景信息，第二个句子描述动作引发的性状。从认知角度看，某动作行为常引发某种结果，该动词和表结果的词语高频共现，表结果义的形容词不凸显新信息，容易被省略。

动词后接句法成分由于不传递新信息常被省略，这个被省略的成分不仅包括动词后表结果义的补语，也包括动词后宾语。如动宾结构"吃饱了饭"中的宾语"饭"一般不出现，动词完成态"吃饱了"可以表达包含宾语在内的信息。"喝醉了酒"中的"酒"也常被省略，表述为"喝醉了"。无论是"饭"还是"酒"做宾语，因为与动词"吃"和"喝"高频共现，根据认知经验，人们可由动词推测出来，因此根据语言的经济性原则常被省略。

（三）表结果成分包含动作和结果义

母语为英语的学生在习得汉语补语时，常把动补结构单层化。除用动词直接表动作和结果义以外，还有一种偏误是直接表述动作结果，省略动作动词，如把"我做完了"说成"我完了"，用表结果义的动词"完"表述动结式的复合语义关系，省略动词"做"。这类偏误是母语负迁移的影响。如：

（119）He is drunk. 他（喝）醉了。

（120）I have finished my homework. 我（做）完了家庭作业。

例（119）英语句子用动词过去分词表动作及结果义，英语动词过去分词与形容词功能相同，形容词"drunk（醉）"和动词"drink（喝）"是同根词，动词和形容词同源。根据认知经验，喝多了就醉了，若出现"drunk（醉）"状态意味着动作"drink（喝）"已然发生，因为状态是在动作作用下出现的，动词不传递新信息。

英语概念化过程中重视语义核心，围绕语义核心把汉语补语句的双重语义结构变成单层结构。例（120）谓语动词"finish（完）"现在完成时包含汉语动结式"做完"之义，动词"做"因不传递新信息而被省略。可见，汉语和英语在动作和动作引发结果的语义关系概念化时，采用了不同的语法编码手段。

（四）形容词使动用法表动作与结果义

外国学生在习得汉语"弄脏"、"打碎"这类动补结构时，常遗漏动词，只用形容词表动作和结果义。与上例列举的省略动词不同，英语对"弄"、"搞"等动词引发的结果义，常通过形容词使动用法实现。如：

（121）I dirtied my skirt. 我（弄）脏了裙子。

例（121）"dirty"是形容词，在句中后接宾语"my skirt（我的裙子）"，是形容词的使动用法，义为"弄脏、搞脏、使脏"。该句直译成汉语，可以说"我使我的裙子脏了"。根据《牛津现代高级英汉双解词典》的释义，形容词"dirty"是"become or make something dirty"，意思是"变脏，使（某物）变脏，弄脏某物"。如：

（122）White gloves dirty easily. 白手套容易搞脏。

（123）Don't dirty your new dress. 别把你的新衣服弄脏了。

英语有些与形容词同根的动词，可表动作引发的事物具有形容词所描述的性状，如表颜色的形容词"black（黑的）"的同根动词是"blacken"，该词的词义为"make or become black or very dark（使变黑或者变暗）"。如：

（124）Blacken the wall, please. 请把墙涂黑。

例（124）动词"blacken（涂黑）"表动作"涂"和通过动作引发性状"黑"的双重语义，即该动词包含动作和结果义。

形容词使动用法在古汉语中很普遍，由于动结式的出现，形容词使动用法逐渐衰弱。动结式不仅表结果义，而且交代引发结果义的具体动作，在表意上比形容词使动用法更精确，因此动结式在语言演变历程中逐渐替代形容词使动用法。现代汉语中，尤其是口语表达中，仍保留着某些形容词使动用法。如：

（125）别<u>脏</u>了我的手

（126）同学们都故意<u>黑</u>我。

例（125）中形容词"脏"义为"使（我的手）脏"；例（126）中形容词"黑"是"使（我）黑"之义。这两个形容词使动用法在《现代汉语词典》中均不作词条收录，但口语使用频率不低，有简洁生动的表达效果。

形容词使动用法由于动结式的出现而逐渐消失，但英语形容词仍然保留了使动用法。动作及结果义的概念化过程中，英语没有经历汉语动结式产生发展过程，这使英语动词和结果义的表达相对简单。由于动作义与结果义的单层化，英语可利用动词或表结果的形容词等词义手段完成语法编码，汉语则通过结构化语法手段实现语法编码。

（五）动词完成态表动作达成义

汉语结果补语可由动词充当，但进入补语句位的动词，有些词义跟单独使用或做谓语动词时不同，做结果补语的动词的语义已经虚化。如：

（127）a. 我<u>买到</u>了火车票。I got a train ticket.

b. 我<u>看到</u>了飞机。I saw the plane.

c. 我<u>听到</u>了声音。I heard the sound.

例（127）一组句子的谓语动词是"买"、"看"、"听"，动词后做结果补语的成分都由动词"到"充当，这个用法已语法化为该词的一个义项，《现代汉语词典》释义如下：

（128）到：③动词，用作动词的补语，表示动作有结果：看到。

英语中动词过去式可表动作及结果义，相当于汉语的"V＋到"。与汉语动结式相比，英语动词简单过去式没有表达获得结果的途径和手段。

汉语动结式中动词和做补语的成分之间有词语选择关系，存在严格的词义限制，组合不自由，因此有学者认为动结式不应看作句法结构，而应看作复合词。对外汉语教学对结果补语常采用各个击破的策略，把常充当结果补语的词一个一个地给学生进行讲练。

动词加"到"表结果义的动补式，英语分别用两个不同动词来表达，即动词可以分为描述单纯动作和通过动作获得结果两类。如：

    （129）看——看见 look——see

           听——听见 listen——hear

上例中不仅动词"到"、"见"可用于动词后表结果义，趋向动词也可用在动词后，与动词一起构成动补结构。这类由动作动词和趋向动词构成的动结式，英语也采用不同动词来表达。如：

    （130）拿来——拿去

          bring——take

如上例所示，汉语动词"拿"后接不同的趋向补语"来"和"去"构成动结式，英语分别用不同的动词"bring（带来）"和"take（带去）"表达。

（六）动词语义含动作和结果义

母语为英语的学生在习得汉语补语时，常出现用单个动词替代汉语动补结构的偏误，替代动补结构的英语动词的词义包含了动作和结果义。如：

    （131）∗他碎了我的眼镜。   He broke my glasses.

例（131）中动词"break"义为"（完整的东西）打破，击碎"，这个语义包含动作义"打，击"和结果义"破，碎"。现代汉语动词"打"的语义不断拓展，与不同词语组合时语义不同。试比较下面的句子：

    （132）他<u>打</u>碎了眼镜。

    （133）妈妈<u>打</u>红了孩子的屁股。

例（132）中"打"相当于例（131）英语"break（打碎）"；例（133）中动词"打"相当于英语动词"beat（击打）"。汉语采用动结式，英语采用单个动词表达相同意思，外国学生在习得这类汉语动补结构时偏误较多。

综上所述，对动作和动作引发结果的表达，汉语和英语存在概念化差异，语法编码采用的语法手段不同。母语是英语的学生受母语知识的影响，在表达动作与结果义时，习惯单层化处理，把动结式分成两个单句表达。在语义单层化处理过程中，由于两种语言概念化的差异，可能导致只能表达动作或结果义中的某一个因素，而忽略或省略另一个因素，并因此而产生偏误。

二　汉语补语的有界化

"有界"和"无界"是一对认知概念。沈家煊（1995）分析了汉语名词、动词和形容词有界和无界的情况，指出事件（event）是有内在终结点的有界动作，活动（activity）是没有内在终结点的无界动作①。形容词也存在有界和无界的差异，性质形容词是无界的，不能单独做谓语，单独做谓语有比较意味，状态形容词是有界的，可以单独做谓语。

做补语的形容词一般有界，这是汉语谓语动词有界性类推的结果。石毓智（2003）指出，现代汉语和古代汉语相比较，最大的变化是现代汉语句子中谓语动词的有界性，以动词为核心组成的句子，谓语动词后的补语为动词所述动作提供终结点。

类推是一种常见思维方法，现代汉语句子中谓语动词的有界性是学界共识，在此基础上类推，形容词做谓语也应该是有界的，做谓语的形容词也应有界化。考察形容词做谓语的语料，我们发现做谓语的形容词一般不采用光杆形式，常在形容词前加程度副词"很"。实际上程度副词"很"所表程度量已被弱化，在不重读时副词"很"不表程度量，其主要功能是帮助做谓语的形容词实现有界化。

赵元任（1986）认为，汉语补语带有谓语性。形容词做谓语要有界化，如"这个苹果很大"、"妹妹很漂亮"，如去掉副词"很"，变成"这个苹果大"、"妹妹漂亮"，形容词光杆形式充当谓语，此时句子具有比较意味。

汉语"得"后补语具有谓语性，也要实现有界化。对做补语的形容词语料进行检索和统计，我们发现形容词做补语时很少采用光杆形式，一般都通过不同语法手段复杂化，以形容词复杂形式进入"得"后补语句位充当补语，这是补位形容词有界化的句法实现。

从深层语义看，动词所述动作引发的性状跟动作方式和结果相关。描述动作的动词跟描写方式和结果的形容词之间有语义关系，动词和形容词组合应遵循有界与无界的匹配②，即有界动词与有界形容词组合，无界动词与无界形容词组合。

---

① 沈家煊：《"有界"与"无界"》，《中国语文》1995 年第 5 期。
② 沈家煊：《认知与汉语语法研究》，商务印书馆 2006 年版，第 177 页。

动词和形容词的组合与韵律也有一定关系。单音形容词跟单音动词组合符合汉语双音化趋势，韵律节奏比较稳定。但也存在不少用韵律难以解释的形容词与动词的组合，如"认真读"、"仔细听"都是双音形容词"认真"、"仔细"修饰单音动词"读"和"听"。单音形容词重叠式做补语时，有的必须带"的"，但在祈使句或对举结构中可不带"地"。如：

（134）慢慢走！别着急！

（135）你慢慢说，我慢慢记。

例（134）是祈使句，单音形容词重叠式"慢慢"前置于动词做状语，不加"地"；例（135）是对举结构，"慢慢"做状语可带可不带"地"。陈述句中形容词重叠式做状语时，形容词状语和动词之间带不带"地"比较自由，如"他慢慢（地）走过来，打开了门"。双音形容词做状语时，有的带"地"，有的不带"地"。这仅仅是韵律对语言组合的影响吗？沈家煊（2006）认为，造成这些现象的原因不仅是韵律问题，还跟动词和形容词的有界和无界有关。如：

（136）a. 把字写得大大的

b. *把字写大大的

c. 把字写大

d. *把字写得大

例（136）谓语动词都是"写"。动词不带"得"时是无界动词，跟性质形容词的无界性一致，可组成 c 句"把字写大"；动词带"得"为动词提供了运动终结点，动词有界化，形容词重叠式表程度量，也是有界的，有界动词和有界形容词相匹配，组成 a 句"把字写得大大的"；b 句无界动词"写"与有界形容词"大大的"、c 句有界动词"写得"跟无界形容词"大"，动词和形容词的有界性与无界性不一致，所以组合都不成立。

汉语对举结构中可出现动词加"得"跟单音形容词的组合，如"站得高，看得远"、"攀得高，跌得重"等，这是因为对举结构本身提供了比较性。

动词有界化的本质是运动过程有一个终结点，在有界动词语法编码时，常与"早已"、"已经"、"马上"等时间副词共现，以凸显动词的有界性。如：

（137）a. 马上说清楚

　　b. ＊马上说得清楚

　　c. 已经说得很清楚

　　d. ＊已经说很清楚

　　例（137）a句时间副词"马上"表动词"说"所述动作尚未完成，没有终点的动词是无界动词，动词后接补语用形容词"清楚"的光杆形式，是无界形容词，无界动词与无界形容词相匹配，句子得以成立。b句动词后加"得"实现有界化，有界动词跟时间副词"马上"语义不一致，补语标记"得"含动作完成义，形容词光杆形式"清楚"是无界的，有界动词和无界形容词不匹配，b句不成立。同理，c句有界动词和有界形容词匹配，"说得很清楚"成立；d句无界动词和有界形容词不匹配，句子不成立。

　　形容词的有界和无界主要体现在程度量上。性质形容词和状态形容词最本质的区别就是有界与无界。形容词有界和无界的性质影响与其他词语的组合。无论形容词前置于动词做状语或后置于动词做补语，动词的有界或无界都与形容词一致。"得"后补语一般不能是光杆形容词，因为补语标记"得"已将谓语动词有界化，"得"前谓语动词是有界动词。形容词复杂形式以不同手段凸显性状程度量，都是有界形容词。

　　综上所述，形容词无论前置于动词做状语还是后置于动词做补语，形容词的有界、无界和谓语动词的有界、无界是一致的，即无界形容词跟无界动词组合，有界形容词跟有界动词匹配。

第五节　本章小结

　　本章在偏误分析基础上反观汉语形容词做状语和做补语的本质差异。对汉语形容词做状语和做补语的功能进行探讨，将汉语形容词充当的状语和补语跟英语西班牙语的方式状语和结果状语进行了对比分析。

一　形容词做状语和补语的比较

　　英语和西班牙语中方式状语的常规句位是后置于动词，有时也可前置于动词，方式状语前置或后置于动词的位序异动凸显不同语用功能。表方式范畴的句法成分无论前置或后置于动词，在英语和西班牙语中不影响该句法成分的状语性质。

　　充当英语和西班牙语后置状语的语言成分，有些是与方式副词同形的形容词，前置于动词的方式状语只能是副词，不能是形容词。这表明英语和西班牙语后置状语跟汉语后置于动词的补语一样，具有谓语性。西班牙语的双重补语由形容词充当，只能后置于动词，形容词的性数变化与句子主语一致。双重补语在任何条件下都不能提到句首，这是西班牙语后置状语具有谓语性的表现。汉语"得"后补语也有谓语性，这是不同类型语言的共性，句末位置一般具有较强的焦点性。

　　汉语"得"后补语在英语和西班牙语中可通过致使句和结果从句表达，英语用"so…that…（如此……以至……）"等关联词表达主句和结果从句间的致使关系；西班牙语跟英语相似，用关联词"tan …hast que…（如此……以至……）"明确标示性状程度量引发的结果。

　　通过汉语与英语、西班牙语比较，我们发现汉语"得"后补语的本质是焦点性方式状语，并且高度语法化，该句法成分不仅具有状语功能，还有英语和西班牙语后置状语没有的其他语法功能。

　　本章我们统计了真实现代汉语语料库中形容词前置于动词做状语和后置于动词做补语的情况。形容词做状语和做补语的比例为2.8∶1，时代风格和语体风格对形容词做状语和做补语的影响不明显。光杆形容词做状语占形容词状语总数的44.6%，形容词重叠式做状语占总数的40%。政论语体中形容词重叠式做状语的比例很低，只有8.4%，这跟政论语体简洁平实的风格有关。总体上看，做状语的形容词在形式简单；程度副词修饰形容词做补语比例最高，达到总数的58.1%，形容词重叠式做补语只占总数的4.8%。

二　汉语补语的语法和语用分析

　　通过汉语跟英语、西班牙语比较，我们发现汉语补语的性质与英语、西班牙语后置状语不同，除后置状语功能外，汉语补语还有后置状语不具有的、通过其他语法手段才能实现的语法功能。

　　汉语补语具有英语和西班牙语表语的语法功能。英语和西班牙语的表语是对句子主语进行判断、描写和说明的句法成分，系动词和表语共同说明句子主语。表语可由名词性成分或形容词性成分充当。形容词性成分充当表语跟汉语形容词充当补语相似。英语表变化的系动词类似汉语变化动

词；英语表身体感知、人体姿态的系动词相当于汉语的知域动词或状态
动词。

汉语补语还可表致使义，动词和形容词之间的致使义，在英语和西班
牙语中常由致使句与结果从句表述。汉语补语还可表英语和西班牙语被动
句表达的被动关系。当动作受事做句子主语时，汉语补语描写受事在动作
影响下的性状，这在英语或西班牙语中编码为被动句。

汉语形容词做状语或做补语引发句子语用功能差异。形容词状语句和
形容词补语句的焦点不同。形容词状语有描写功能，但不是自然焦点，形
容词状语句的主要功能是陈述事件。形容词补语是句子的焦点，带标记
"得"，固定在句末自然焦点句位上，形容词补语句的主要功能是评价。

形容词状语句一般不具有承上启下的篇章衔接功能，形容词充当的状
语不回指上下文中的句子成分，也不被其他成分回指，是句子偶现成分，
起交代背景信息的作用。形容词补语句中"得"前动词是已知信息，形
容词充当的补语传递新信息，是句子的焦点。形容词充当的补语在篇章中
具有很强的承前性或启后性，常用关联词或特殊句式标记。形容词充当补
语具有很强的篇章衔接功能。

三　汉语补语的概念化和有界化

汉语动结式具有复合语义结构，汉语动结式概念化跟英语不同。英语
常对汉语动结式的复合语义结构进行单层化处理，包括用形容词对动作所
述动作进行评价、用动词完成时态表动作及其结果义、只表结果义而忽略
对动作的叙述、形容词使动用法、动词完成时态表动词结果义以及用词义
含有结果义的动词等词汇手段来表达。英语通过各种词汇手段把汉语动词
和补语之间的复合语义单层化，母语为英语的学生在习得汉语补语时，产
生大量由于母语负迁移而导致的偏误。

汉语补语一般不能由形容词光杆形式充当，这是补语有界性的要求。
现代汉语与古代汉语的一个显著区别是谓语动词的有界化，这是动结式的
产生对现代汉语语法系统的显著影响。受类推思维影响，谓语动词的有界
化使做谓语的形容词也有界化。做谓语的形容词一般不能采用光杆形式，
要在形容词前加上程度副词"很"。"很"在不重读的情况下不表程度量，
仅起帮助做谓语的形容词有界化的作用。汉语补语具有谓语性，在形容词
谓语有界化基础上进行二次类推，汉语形容词做补语也必须有界化，做补

语的形容词常采用复杂形式，这是形容词补语有界化的要求。

　　有界和无界影响汉语动词和形容词的组配。形容词做补语时，谓语动词因补语标记"得"而实现有界化，做补语的形容词也要通过形式复杂化而凸显程度量，实现有界化。

参考文献

（按音序排列）

B

半介：《动词的状语和补语》，《语文知识》1957 年第 8 期。

薄冰编：《魔法英语》，中国对外翻译出版公司 2008 年版。

北京大学中文系现代汉语教研室编：《现代汉语》，商务印书馆 1993 年版。

北京语言学院语言教学研究所编：《现代汉语补语研究资料》，北京语言学院出版社 1992 年版。

C

曹广顺：《近代汉语助词》，商务印书馆 1995 年版。

陈承泽：《国文法草创》，商务印书馆 1982 年版。

陈前瑞：《汉语体貌研究的类型学视野》，商务印书馆 2008 年版。

陈一：《形容词作状语问题再探》，《北方论丛》1987 年第 5 期。

陈平：《话语分析说略》，《语言教学与研究》1987 年第 3 期。

陈望道：《修辞学发凡》，复旦大学出版社 2008 年版。

成燕燕等：《哈萨克族汉语补语习得研究》，民族出版社 2003 年版。

D

戴浩一：《时间顺序和汉语语序》，黄河译，《国外语言学》1988 年第 1 期。

戴浩一：《以认知为基础的汉语功能语法刍议》，叶蜚声译，《国外语言学》1990 年第 4 期，1991 年第 1 期。

［英］戴维·克里斯特尔：《现代语言学词典》（第四版），沈家煊

译，商务印书馆 2002 年版。

邓懿主编：《汉语初级教程》，北京大学出版社 1993 年版。

丁声树等：《现代汉语语法讲话》，商务印书馆 1961 年版。

董秀芬：《词汇化：汉语双音词的演化和发展》，四川民族出版社 2002 年版。

F

范继淹：《论介词短语"在+处所"》，《语言研究》1982 年第 1 期。

范晓：《略论 V–R》，载《语法研究和探索（三）》，北京大学出版社 1985 年版。

范晓：《汉语的语序问题（一）》，《汉语学习》2001 年第 5 期。

范晓：《汉语的语序问题（二）》，《汉语学习》2001 年第 6 期。

房玉清：《实用汉语语法》，北京语言学院出版社 1992 年版。

符淮青：《词义的分析和描写》，语文出版社 1991 年版。

傅婧：《副词跟形容词的界限问题》，《中国语文》1954 年第 11 期。

G

高名凯：《汉语语法论》，商务印书馆 1986 年版。

龚千炎：《动结式复合动词及其构成的动词谓语句式》，《安徽师范大学学报》1984 年第 3 期。

郭继懋、王红旗：《黏合补语和组合补语表达差异的认知研究》，《世界汉语教学》2001 年第 2 期。

郭锐：《汉语动词的过程分析》，《中国语文》1993 年第 6 期。

郭锐：《过程和非过程——汉语谓词性成分的两种外在时间类型》，《中国语文》1997 年第 3 期。

郭锐：《汉语形容词的划界》，《中国语言学报》2001 年第 10 期。

郭锐：《现代汉语词类研究》，商务印书馆 2004 年版。

郭锡良：《先秦汉语名词、动词、形容词的发展》，《中国语文》2000 年第 3 期。

郭志良编：《速成汉语初级教程》，北京语言大学出版社 2007 年版。

郭中：《OV/VO 语序与状语位置关系的类型考察》，《民族语文》2013 年第 1 期。

国家汉语国际推广领导小组办公室编：《国际汉语教学通用课程大纲》，外语教学与研究出版社 2008 年版。

顾野王：《原本玉篇残卷》，中华书局 1985 年版。

H

何洪峰：《汉语方式状语研究》，博士论文，华中师范大学，2006 年。

何洪峰：《语法结构中的方式范畴》，《语言研究》2006 年第 4 期。

贺阳：《性质形容词作状语情况的考察》，《语文研究》1996 年第 1 期。

贺阳：《性质形容词句法成分功能统计分析》，载胡明扬编《词类问题考察》，语言学院出版社 1996 年版。

胡明扬：《汉语词类问题考察》，《中国语文》1985 年第 1 期。

胡明扬：《形容词的再分类》，载胡明扬著《胡明扬语言学论文集》，商务印书馆 2003 年版。

胡裕树编：《现代汉语》，上海教育出版社 1979 年版。

胡裕树编：《现代汉语（重订本）》，上海教育出版社 2011 年版。

黄伯荣、廖旭东编：《现代汉语（增订三版）》，高等教育出版社 2002 年版。

黄庆萱：《修辞学》，三民书局股份有限公司 1975 年版。

［英］霍恩比主编：《牛津现代高级英汉双解词典（第 8 版)》，赵翠莲等译，商务印书馆、牛津大学出版社 2014 年版。

J

［英］杰弗里·利奇：《语义学》，上海外语教育出版社 2005 年版。

金立鑫：《解决汉语补语问题的一个可行性方案》，《中国语文》2009 年第 5 期。

L

黎锦熙：《新著国语文法》，商务印书馆 1992 年版。

李大忠：《不能重叠的双音节形容词》，载《语法研究与探索（二）》，北京大学出版社 1984 年版。

李大忠：《外国人学汉语语法偏误分析》，北京语言大学出版社 2007

年版。

李德津、李更新编：《现代汉语教程读写课本》，北京语言大学出版社 1999 年版。

李德津：《外国人实用汉语语法》，华语教育出版社 2007 年版。

李劲荣：《指宾状语句的功能透视》，《中国语文》2007 年第 4 期。

李劲荣：《状位义与状位成分》，《云南师范大学学报》（对外汉语教学与研究版）2010 年第 6 期。

李临定：《带"得"字的补语句》，《中国语文》1963 年第 5 期。

李临定：《试谈汉语语法分析方法》，《中国语文》1992 年第 5 期。

李泉：《单音形容词原型性研究》，博士学位论文，北京语言大学，2005 年。

李胜梅：《修辞学倒装研究与语法学易位研究》，《福建师范大学学报》2009 年第 5 期。

李晓琪主编：《博雅汉语初级起步篇》，北京大学出版社 2005 年版。

李银新：《"得"字兼语句新论》，《汉语学习》1998 年第 1 期。

李宇明：《非谓形容词的词类地位》，《中国语文》1996 年第 1 期。

力量、肖应平：《"得"的语法化动因和机制》，《北方论丛》2006 年第 1 期。

刘丹青：《苏州方言重叠式研究》，《语言研究》1986 年第 1 期。

刘丹青：《语义优先还是语用优先》，《语文研究》1995 年第 2 期。

刘丹青、徐烈炯：《话题的结构与功能》，上海教育出版社 1998 年版。

刘丹青、徐烈炯：《焦点与背景：话题及汉语"连"字句》，《中国语文》1998 年第 4 期。

刘丹青：《小句内句法结构：〈语法调查研究手册〉节选》，《世界汉语教学》2005 年第 3 期。

刘丹青：《形容词和形容词短语的研究框架》，《民族语文》2005 年第 5 期。

刘丹青：《从所谓"补语"谈古代汉语语法学体系的参照系》，《汉语史学报》2005 年第 5 期。

刘珣编：《新实用汉语课本》，北京语言大学出版社 2003 年版。

刘月华：《状语与补语的比较》，《语言教学与研究》1982 年第 1 期。

刘月华等:《实用现代汉语语法》（增订本），商务印书馆2001年版。

刘振平:《单音形容词作状语和补语的对比研究》，博士学位论文，北京语言文化大学，2007年。

刘振平:《形动组合顺序的认知理据》，《语言教学与研究》2014年第5期。

龙果夫:《现代汉语语法研究》，科学出版社1958年版。

卢福波：《对外汉语教学实用语法》，北京语言大学出版社2010年版。

卢建:《可换位摹物状语的句位实现及功能分析》，《语言研究》2003年第1期。

鲁健骥:《状态补语的语境背景及其他》，《语言教学与研究》1992年第1期。

鲁健骥:《状态补语的句法、语义、语用分析在教学中的应用》，《语言教学与研究》1993年第2期。

鲁健骥主编:《初级汉语课本》，北京语言大学出版社2003年版。

陆丙甫:《词性标注问题两则》，《辞书研究》1983年第5期。

陆丙甫:《定语的外延性、内涵性和称谓性及其顺序》，载《语法研究和探索（四)》，北京大学出版社1988年版。

陆丙甫:《从语义、语用看语法形式的实质》，《中国语文》1998年第5期。

陆丙甫：《语序优势的认知解释——论可别度等级对语序的普遍影响》，《当代语言学》2005年第1期。

陆丙甫：《语序优势的认知解释——论可别度等级对语序的普遍影响》，《当代语言学》2005年第2期。

陆丙甫:《汉语的认知心理研究》，商务印书馆2010年版。

陆丙甫:《汉、英主要事件名词语义特征》，《当代语言学》2012年第1期。

陆丙甫、应学凤:《节律和形态里的前后不对称》，《中国语文》2013年第5期。

陆丙甫、应学凤、张国华:《状态补语是汉语的显赫句法成分》，《中国语文》2015年第3期。

陆俭明:《汉语口语句法里的易位现象》，《中国语文》1980年第

2 期。

陆俭明：《"VA 了"述补结构语义分析》，《汉语学习》1990 年第 1 期。

陆俭明：《关于语义指向分析》，载《中国语言学论丛》（第一辑），商务印书馆 1997 年版。

陆俭明：《"VA 了"述补结构语义分析补议》，《汉语学习》2001 年第 6 期。

陆俭明：《对外汉语教学与语言本体研究的关系》，《语言文字应用》2005 年第 1 期。

陆俭明：《现代汉语语法研究教程》，北京大学出版社 2005 年版。

陆志伟：《北京话单音词词汇》，科学出版社 1956 年版。

吕叔湘：《形容词使用情况的一个考察》，《中国语文》1965 年第 6 期。

吕叔湘：《单音形容词用法研究》，《语言教学与研究》1966 年第 2 期。

吕叔湘主编：《现代汉语八百词》，商务印书馆 1980 年版。

吕叔湘、饶长溶：《试论非谓形容词》，《中国语文》1981 年第 2 期。

吕叔湘：《与动词后得与不有关之词序问题》，载吕叔湘著《吕叔湘全集》（第二卷），辽宁教育出版社 1982 年版。

吕叔湘：《汉语句法的灵活性——动补结构的多义性》，《中国语文》1986 年第 1 期。

吕叔湘：《现代汉语语法分析问题》，商务印书馆 1990 年版。

吕叔湘：《中国文法要略》，商务印书馆 1990 年版。

吕叔湘：《语法学习》，复旦大学出版社 2006 年版。

吕文华：《对外汉语教学语法探索》，语文出版社 1994 年版。

M

马建忠：《马氏文通（新 1 版）》，商务印书馆 1983 年版。

马庆株：《自主动词和非自主动词》，《中国语言学报》1988 年第 3 期。

马庆株：《语法研究入门》，商务印书馆 1999 年版。

马庆株：《汉语动词和动词性结构》，北京大学出版社 2005 年版。

马真、陆俭明：《形容词作结果补语情况考察》，《汉语学习》1997年第 1 期。

马真、陆俭明：《形容词作结果补语情况考察》，《汉语学习》1997年第 4 期。

马真、陆俭明：《形容词作结果补语情况考察》，《汉语学习》1997年第 6 期。

莫彭龄、单青：《三大类实词句法功能的统计分析》，《南京师范大学学报》1985 年第 2 期。

穆力：《两种带"得"的动补结构比较》，《汉语学习》1981 年第2 期。

梅立崇：《也谈补语的表述对象问题》，《语言教学与研究》1994 年第 2 期。

缪锦安：《汉语的语义结构和补语形式》，上海外语教育出版社 1990年版。

N

聂志平：《"得"字句研究札记三则》，《浙江师范大学学报》2002 年第 5 期。

P

彭小川、李守纪、王红：《对外汉语教学语法释疑 201 例》，商务印书馆 2008 年版。

Q

钱敏汝：《否定载体"不"的语法—语义考察》，《中国语文》1990年第 6 期。

屈正林：《现代汉语的状补可换位成分——兼论"得"字句》，硕士学位论文，南昌大学，2005 年。

R

任鹰：《主宾可换位共用句的语义条件分析》，《汉语学习》1999 年第 3 期。

任鹰：《主宾可换位动结式述语结构分析》，《中国语文》2001 年第 4 期。

S

[日] 山田留里子：《双音节形容词作状语情况考察》，《世界汉语教学》1995 年第 3 期。

沈家煊：《"有界"与"无界"》，《中国语文》1995 年第 5 期。

沈家煊：《类型学中的标记模式》，《外语教学与研究》1997 年第 1 期。

沈家煊：《形容词句法功能的标记模式》，《中国语文》1997 年第 4 期。

沈家煊：《语言研究的目标——解释还是预测》，《中国语文》2004 年第 6 期。

沈家煊：《再谈"有界"与"无界"》，载《认知与汉语语法研究》，商务印书馆 2006 年版。

沈家煊：《如何解决"补语"问题》，《世界汉语教学》2010 年第 4 期。

沈开木：《段落浅探（一)》，《汉语学习》1984 年第 6 期。

施春宏：《汉语句式的标记度及基本语序问题》，《汉语学习》2004 年第 2 期。

石锓：《汉语形容词重叠形式的历史发展》，商务印书馆 2010 年版。

石毓智：《论"的"的语法功能的同一性》，《世界汉语教学》2000 年第 1 期。

石毓智：《肯定否定的对称与不对称》，北京语言文化大学出版社 2001 年版。

石毓智：《语法的形式和理据》，江西教育出版社 2005 年版。

石毓智：《现代汉语语法系统的建立——动补结构的产生及其影响》，北京语言大学出版社 2003 年版。

史维国：《说可能补语前不能加修饰语》，《汉语学习》2006 年第 4 期。

宋文辉：《现代汉语动结式的认知研究》，北京大学出版社 2010 年版。

宋玉柱:《论带"得"兼语式》,《徐州师范学院学报》1979 年第 1 期。

宋玉柱:《谈谈"程度补语"》,载宋玉柱著《语法论稿》,北京语言学院出版社 1995 年版。

孙义桢编:《西班牙语实用语法新编(修订本)》,上海外语教育出版社 2013 年版。

T

[日] 太田辰夫:《中国语历史文法》(修订本),北京大学出版社 2012 年版。

唐启运:《句子成分论析》,上海教育出版社 1980 年版。

W

王红旗:《动结式述补结构的语义是什么》,《汉语学习》1996 年第 1 期。

王还:《汉语结果补语的一些特点》,《语言教学与研究》1979 年第 2 期。

王还:《汉语的状语与"得"后的补语和英语的状语》,《语言教学与研究》1984 年第 4 期。

王还:《"得"后补语》,《世界汉语教学》1991 年第 1 期。

王还主编:《对外汉语教学语法大纲》,北京语言学院出版社 1995 年版。

王继同:《补语句的逻辑分析》,载《现代语言学理论建设的新思考》,语文出版社 1994 年版。

王力:《王力文集》,山东教育出版社 1985 年版。

王力:《汉语语法史》,商务印书馆 1989 年版。

王启龙:《现代汉语形容词计量研究》,北京语言大学出版社 2003 年版。

王邱丕、施建基:《程度与情状》,《中国语文》1990 年第 6 期。

王邱丕、施建基:《状语与补语比较》,《语言教学与研究》1992 年第 4 期。

文炼:《论语法中"形式和意义相结合"的原则》,《上海师范学院学报》1960 年第 2 期。

吴颖：《"动词＋得＋补语"的分类和语义特征分析》，《江苏大学学报》2002 年第 2 期。

X

夏征农、陈至立主编：《辞海》，上海辞书出版社 2010 年版。

肖伟良：《试论动词作动词的状语》，《广西师范大学学报》1983 年第 3 期。

邢福义：《词类辩难》，甘肃人民出版社 1981 年版。

邢福义：《词类问题的思考》，《语言研究》1989 年第 10 期。

邢福义：《现代汉语的特殊格式"V 地 V"》，《语言研究》1991 年第 1 期。

邢福义：《处理好词典编撰中结论与事实的关系》，《语言文字应用》2006 年第 1 期。

邢福义：《汉语语法三百问》，商务印书馆 2009 年版。

邢公畹：《现代汉语教程》，南开大学出版社 1994 年版。

邢红兵：《含"VA"结构的句子的语义分析》，《浙江师范大学学报》1994 年第 4 期。

徐杰：《普遍语法原则与汉语语法现象》，北京大学出版社 2004 年版。

徐烈炯：《汉语是话语概念结构化的语言吗》，《中国语文》2002 年第 5 期。

徐枢：《宾语和补语》，黑龙江人民出版社 1995 年版。

许绍早：《略论补足语》，《东北人民大学人文社科报》1956 年第 2 期。

许慎：《说文解字》，中国书店 2011 年版。

玄玥：《描述性状中结构作谓语的自然焦点》，《世界汉语教学》2007 年第 3 期。

Y

杨伯峻、何乐士：《古汉语语法及其发展》，语文出版社 2011 年版。

杨德峰：《试论副词作状语带"地"问题》，《暨南大学华文学院学报》2002 年第 3 期。

杨继洲：《汉语教程》，北京语言大学出版社 2003 年版。

杨建国：《先秦汉语的状态形容词》，《中国语文》1979 年第 6 期。

杨仁宽：《论非定形容词》，《语言研究》1985 年第 2 期。

杨树达：《高等国文法》，商务印书馆 1984 年版。

叶盼云、吴中伟：《外国人学汉语难点释疑》，北京语言大学出版社 2010 年版。

尹绍华：《试论状语与状态补语的区别》，《西南民族学院学报》2002 年第 2 期。

袁毓林：《述结式配价的控制——还原分析》，《中国语文》2001 年第 5 期。

袁毓林：《汉语句子的焦点结构和语义解释》，商务印书馆 2012 年版。

Z

赵元任：《汉语口语语法》，商务印书馆 1979 年版。

张爱民：《形容词重叠形式作状语与作其他成分的比较》，《语言教学与研究》1996 年第 2 期。

张伯江：《性质形容词的范围和层次》，《语法研究和探索》，商务印书馆 1997 年版。

张伯江：《汉语名词怎样表现无指成分》，《庆祝中国社会科学院语言研究所建所 45 周年学术论文集》，商务印书馆 1997 年版。

张道真：《英语语法大全》，首都师范大学出版社 2008 年版。

张国宪：《形容词结果补语的语义指向》，《学语文》1991 年第 6 期。

张国宪：《现代汉语形容词的典型特征》，《中国语文》2000 年第 5 期。

张国宪：《性状的语义规则及句法异位的语用动机》，《中国语文》2005 年第 1 期。

张国宪：《现代汉语形容词功能与认知研究》，商务印书馆 2006 年版。

张静：《新编现代汉语》，上海教育出版社 1980 年版。

张力军：《论"NP1 + A + VP + NP2"格式中"A"的语义指向》，

《烟台大学学报》1990 年第 3 期。

张敏：《认知语言学与汉语名词短语》，中国社会科学出版社 1998 年版。

张旺熹：《"动 + 行"结构的原型范畴》，《中国语言学报》2001 年第 10 期。

张旺熹：《汉语句法的认知结构研究》，北京大学出版社 2006 年版。

张旺熹：《汉语特殊句法的语义研究》，北京语言大学出版社 2007 年版。

张志公：《汉语语法常识》，中国青年出版社 1953 年版。

张志公：《汉语知识》，人民教育出版社 1979 年版。

赵金铭：《教外国人汉语语法的一些原则问题》，《语言教学与研究》 1994 年第 4 期。

赵淑华：《句型研究与对外汉语教学》，《语言文字应用》1992 年第 3 期。

郑怀德，孟庆海：《汉语形容词用法词典》，商务印书馆 2010 年版。

郑贵友：《现代汉语状位形容词的"系"研究》，华中师范大学出版 社 2000 年版。

周小兵等：《外国人学汉语语法偏误研究》，北京语言大学出版社 2010 年版。

朱德熙：《现代汉语形容词研究》，《语言研究》1956 年第 1 期。

朱德熙：《说"的"》，《中国语文》1961 年第 12 期。

朱德熙：《语法讲义》，商务印书馆 1982 年版。

朱德熙：《定语和状语》，上海教育出版社 1984 年版。

朱德熙：《语法答问》，商务印书馆 1985 年版。

朱德熙：《在纪念〈语言教学与研究〉创刊十周年座谈会上的发言》， 《语言教学与研究》1989 年第 3 期。

朱德熙：《从方言和历史看状态形容词的名词化》，《方言》1993 年 第 2 期。

朱文文：《现代汉语形容词状补语序选择机制研究》，博士学位论文， 北京语言大学，2008 年。

朱文文：《状补句位意义及其对形容词的语序选择》，《世界汉语教 学》2010 年第 4 期。

朱文文：《状补话语功能的对立及其对形容词的语序选择》，《语言教学与研究》2011 年第 1 期。

朱文文：《现代汉语形容词状补语序选择机制研究》，中国书籍出版社 2014 年版。

Chomsky, Noam. *The Minimalist Program*, Cambridge, MA：MIT Press, 1995.

Croft, W. *Typology and Universals*, Cambridge：Cambridge University Press, 1990.

Haiman, John. "Iconic and Economic Motivation", *Language* Vol. 59. 1983.

Hopper, Paul J. & Elizabeth Closs Traugott. *Grammaticalization*, Cambridge：Cambridge University Press, 1993.

John A. Hawkin. *Efficiency and Complexing in Grammars*, 世界图书出版公司 2012 年版。

Langacker, R. W. *Foundation of Cognitive Grammar*, Stanford：Stanford University Press. 1987.

Leech, Geoffrey. *Semantics*, Baltimore：Penguin Books Inc. 1974.

Lindsay J Whaley. *Introduction to Typology*：*The Unity and Diversity of Language*, 世界图书出版公司 2009 年版。

Quirk, Rando et al. *A Comprehensive Grammar of Contemporary English*, London：Longman Group, 1985.

Thompson, S, "A discourse approach to the across – linguistic category adjective". *In explaining Language Universals*, John A Hawkins, Oxford, Blackwell, 1998.

YipPo – ching & Don Rimmington. *Chinese*：*An Essential Grammar*, Rougledge, Taylor & Francis Group, 1998.

附录1　双音唯状形容词词表

错误　　辛勤　　良好　　初步　　容易2（发生某种变化的可能性很大）[①]　　基本

硬性　　真正　　主要　　共同　　通常　　首要　　袅袅　　纷纷

滔滔

附录2　双音唯补形容词词表

矮小　暧昧$_2$(行为不光明)　暗淡　昂贵　肮脏$_1$(不干净)

肮脏$_2$(卑鄙丑恶)　安宁$_1$(秩序正常)　安静$_1$(没有喧哗)　饱满$_1$(丰满)

逼真$_2$(真切)　碧绿　冰凉　薄弱　不错　苍白　苍劲　苍翠

敞亮　潮湿　陈旧　吃香　充沛　崇高　次要　葱绿

粗糙$_1$(不精细)　粗大$_1$(人体物体粗)　粗壮　翠绿　碧绿

大方$_3$(式样颜色不俗气)　单薄$_1$(天凉时衣被少而薄)　单薄$_2$(身体瘦弱)

单薄$_3$(力量论据等薄弱不充实)　淡薄$_1$(密度小)　淡薄$_2$(味不浓)

淡薄$_3$(力量论据薄弱)　淡薄$_4$(印象模糊)　淡漠$_2$(记忆印象不真切)　低级$_2$(庸俗的)

低劣　地道$_3$(够标准)　地道$_3$(实在)　动荡　动摇　端正$_2$(正派)　发达

烦琐　繁华　繁荣　繁重　飞快$_2$(锋利)　肥沃

肥大$_2$(生物体的某一部分粗大壮实)　肥沃　粉红　富强　富裕

富饶　腐败　腐朽　干净$_1$(没有尘土)　干燥　高级$_2$(水平超过一般)

孤僻　孤单$_2$(力量薄弱)　古老　光明$_1$(明亮)　广阔　贵重　滚圆　寒冷

含糊$_3$(示弱)　好看$_2$(脸上有光彩)　好受　好听$_2$(言语使人满意)　浩大　合算

黑暗$_1$(没有光)　黑暗$_2$(落后腐败)　恍惚$_2$(不真切,不清楚)　糊涂$_2$(内容混乱)

华丽　荒诞　荒凉　灰白　浑浊　豁亮$_1$(宽敞明亮)

尖锐$_1$(物体有锋芒)　艰巨　艰险　简单$_2$(经历平凡)　娇贵　焦黄

皎洁　结实$_2$(健壮)　洁白　紧张$_3$(供应不足)　可恶　精光$_1$(一点儿不剩)

精光$_2$(精光)　开阔$_1$(面积空间广阔)　开阔$_2$(思想心胸开朗)　慷慨$_2$(情绪激昂)

可靠$_1$(可以信赖依靠)　可心　可怜$_2$(数量少质量坏到不值一提)　空旷　宽敞

宽绰$_1$(宽阔)　宽绰$_2$(富余)　宽阔　魁梧　困苦　困难$_2$(穷困)

阔气　牢靠$_2$(坚固,稳固)　凉快　亮堂$_1$(敞亮,明朗)　亮堂$_2$(胸怀开朗)

辽阔　溜光　落后　麻痹　麻烦　渺茫$_1$(因遥远而模糊不清)　名贵

明净　明朗$_1$(室外光线充足)　难看$_2$(不体面)　难受$_1$(身体不舒服)

难听3（事情不体面）　嫩绿　泥泞　年轻　黏糊1（形容动词黏）

黏糊2（形容词人行动迟缓）　浓厚1（烟云等很浓）　浓厚3（兴趣大）

浓郁1（花草香味浓重）　浓郁3（树木等茂密而色浓）　庞大　庞杂　僻静

偏僻　贫困　贫穷　漂亮1（美丽好看）　破碎　朴实1（朴素）

朴素1（颜色样式不鲜艳）　普通　奇怪1（跟平常的人不一样）　崎岖　晴朗

强大　强壮　轻巧1（重量小而灵巧）　清淡2（食物含油脂少）　清淡3（营业额少）

清洁　穷困　缺德　锐利1（刀锋等尖而快）　弱小　霎白　深沉1（程度深）

深沉2（声音低沉）　湿润　瘦小　衰老　爽快1（舒适痛快）

爽朗1（天气晴朗）　松快　通红　通明　拖拉　危急

温和1（气候不冷不热）　稳健2（稳重）　污浊　稀薄　稀少　细嫩

细腻1（精细光滑）　细小　狭隘1（宽度小）　狭长　狭小　狭窄1（宽度小）　先进

萧条1（无生气）　萧条2（经济衰微）　新鲜1（没有变质的）　新鲜3（空气不含杂质）

雄厚　寻常　炎热　遥远　要紧2（严重）　要强　英俊

优越　油腻　黝黑　远大　扎实1（结实）　湛蓝　整齐2（外形规则）

整齐3（大小长短相差不多）　直溜　重要

附录3 双音可状可补形容词词表

暧昧1（行为不光明,不可告人）　　安定　　安分　　安宁　　安静2（安稳平静）

安全　　安生　　安稳　安闲　　安心　安逸　　傲慢　　懊丧

宝贵1（极有价值）　宝贵2（当作珍宝看待）　霸道　暴躁　卑鄙

卑贱2（卑鄙下贱）　悲惨　悲观　　悲伤　　悲痛　奔放　笨重1（庞大沉重）

逼真1（极像真的）　笔直　　便利　　憋闷　　别扭　冰冷　残暴

残酷　　残忍　　惭愧　仓促　　苍茫　灿烂　沉寂　沉闷

草率　　畅通　长久　纯正2（纯洁正当）　沉痛　　沉重　沉着　成熟

诚恳　　诚实　诚挚　淳朴　慈爱　　慈善　　慈祥　聪明

迟钝　　迟缓　充分　充实　　充足　传神　　纯洁　纯净

纯真　　纯正1（纯粹）　出色　匆忙　匆匆　从容1（镇静沉着）　　粗暴

粗鲁　　粗心　粗糙2（草率不细致）　粗野　脆弱　大方1（与"吝啬"相对）

大方2（举止自然不拘束）　呆板　单纯　单调　单一　倒霉　淡漠1（没有人情冷漠）

得体　得力　地道2（真正的）　　典型　动人　动听　毒辣

端正1（物体不歪斜）　短促　短暂　烦闷　烦琐　烦躁

繁忙　繁茂　方便1（便利）　反常　非凡　芬芳　放肆

飞快1（速度快）　分明　芬芳　愤慨　愤怒　丰富　疯狂

肤浅　浮躁　负责　复杂　干脆　干净2（比喻一点儿不剩）　刚强　高大

高明　高尚　高傲　高兴　耿直　工整　公正　公道

公平　孤单1（单身无靠而寂寞）　孤独　孤立1（同其他事物不相联系）

孤立2（不能得到同情和援助）　古板　高贵2（指地位特殊的）　高贵1（达到高的道德标准）

高尚　孤单2（力量单薄）　固定　光辉1（光明灿烂）　瑰丽　古怪　固执

光彩　光滑　光辉　光明2（比喻正义的或者有希望的）　光荣　广泛

规范　瑰丽　果断　过分　过火　过瘾　害羞

含糊1（不明确,不清晰）　含蓄1（含而不露）　含蓄2（思想感情不轻易流露）　豪放

豪华　　豪爽　　好看₁(看着舒服)　　好听₁(悦耳)　　好奇　　好强

好胜　　合法　　合理　　和蔼　　和睦　　和平　　和气₁(态度温和)

和气₂(和睦)　　和谐　　狠毒　　狠心　　宏大　　宏伟　　洪亮

厚道　糊涂₁(不明事理)　　糊涂₂(内容混乱)　　华丽　　滑稽　　滑溜

欢畅　　欢快　　缓慢　　欢乐　　欢喜　　红火　　荒诞　　荒凉

荒谬　荒唐₁(错误到使人觉得奇怪的程度)　　荒唐₂(行为放荡无节制)　　慌忙　　慌张

惶恐　恍惚₂(记忆、听、看得不真切)　　灰心　　辉煌　　晦涩　　昏暗　　昏黄

混乱　　活泼　　活跃　　红火　　火热　　豁达　　豁亮₂(嗓音响亮)

机灵　　机智　　积极₂(进取的,热心的)　　激昂　　激动　　激烈　　及时

急促₁(快而短促)　　急迫　　急躁₁(碰到不顺心的事马上激动)　　急躁₂(未准备好就行动)

寂静　　寂寞　　尖锐₄(言论斗争激烈)　　尖锐₂(深刻敏锐)　　坚定　　坚决　　坚强

坚固　　坚硬　　艰苦　　艰难　　艰辛　　简朴　　简便

简单₁(容易使用处理)　　简短　　简洁　　简练　　简陋　　健康₁(人体生理机能障碍)

健康₂(事物情况正常)　　健全₁(强健而没有缺陷)　　健全₂(事物完善)　　健壮　　娇嫩

娇气　　骄傲₁(自以为了不起)　　骄傲₂(自豪)　　紧迫　　巨大　　焦急

侥幸　　狡猾　　狡诈　　矫健　　结实₁(坚固耐用)　　杰出　　紧凑

紧急　　紧迫　　紧张₁(精神处于高度准备状态)　　紧张₂(激烈紧迫)　　谨慎

惊奇　　惊　　惊讶　　精彩　　精干　　精炼　　精明　　精辟

精巧　　精确　　精神　　精细　　精心　　精致　　拘谨　　拘束

巨大　　具体　　倔强　　均匀　　开朗　　开心　　坎坷

慷慨₂(不吝惜)　　苛刻　　科学　　可爱　　可耻　　可怜₁(值得怜悯)

可怕　　可恶　　可惜　　可心　　可靠₂(真实可信)　　刻苦　　刻薄

恳切　　空洞　　空虚　　恐慌　　枯黄　　枯燥　　苦闷　　苦恼

恐慌　　快活　　快乐　　宽广　　狂妄　　困难₁(事情复杂,障碍多)

浪漫　　牢固　　牢靠₂(稳妥可靠)　　老实₁(诚实)　　老实₂(规规矩矩)　　乐观

冷淡　　冷静　　冷酷　　冷漠　　冷清　　离奇　　厉害

利落₁(语言动作灵活敏捷)　　利落₂(整齐有条理)　　辽阔　　嘹亮　　利索　　吝

伶俐　　灵便　　灵活₁(敏捷不呆板)　　灵活₂(说话做事不拘泥)　　灵敏

灵巧　　灵通　　凌厉　　凌乱　　零散　　零碎　　零星

流利₁(说话快而清楚)　　流利₂(灵活不凝滞)　　隆重　　笼统　　啰唆

麻利　　马虎　　蛮横　　满意　　漫长　　·茂密　　茂盛

难看2(不光荣,不体面)　　冒失　　美观　　美好　　美丽　　美妙

美满　　猛烈　　秘密　　密切　　勉强₁(能力不够还尽力做)

勉强₂(不是心甘情愿)　　勉强₃(凑合将就)　　腼腆　　苗条　　渺茫₂(因没有把握而难以预测)

渺小　　民主　　敏感　　敏捷　　敏锐　　明白₁(内容意思等使人容易理解)

明朗₂(明显清晰)　　明亮₁(光线充足)　　明亮₂(发亮的)　　明媚　　明确

明显　　明智　　模糊　　耐烦　　耐心　　难过　　难看₁(丑陋)

难听₁(声音听着不舒服)　　难听₂(言语粗俗刺耳)　　难受₂(心里不痛快)　　宁静

浓厚₂(色彩重)　　浓密　　浓郁₂(气息浓重)　　暖和　　懦弱　　偶然

蓬勃　　蓬松　　疲惫　　疲乏　　疲倦　　疲劳　　偏激　　便宜

漂亮₂(出色)　　频繁　　平常　　平安　　平淡　　平等　　平凡

平静　　平均　　平坦　　平稳　　迫切　　贫苦　　泼辣

朴实₂(踏实不浮夸)　　朴素₂(生活节约不奢侈)　　普遍　　凄惨　　凄凉

漆黑　　齐全　　奇怪₂(出乎预料难以理解)　　奇妙　　气愤　　恰当

谦虚　　强烈₁(极强的,力量大的)　　强烈₂(鲜明的,程度高的)　　强盛　　强硬

憔悴　　巧妙　　切实　　亲爱　　亲密　　亲切　　亲热　　勤奋

勤快　　勤俭　　勤劳　　轻便　　轻浮　　轻捷　　轻快₁(动作不费力)

轻快₂(轻松愉快的)　　轻快₃(病情减轻,负担解除)　　轻巧₂(轻松灵巧)　　轻率　　轻松

轻微　　轻闲　　轻易₁(简单容易)　　轻易₂(随随便便)　　清楚₁(事情容易让人了解)

清楚₂(不糊涂)　　清脆　　清淡₁(不浓)　　清净　　清晰　　清闲　　清新

清醒　　曲折　　全面　　确切　　确实　　确凿　　热闹　　热烈

热情　　热心　　仁慈　　认真　　荣幸　　容易₁(做起来不费事的)

融洽　　柔和　　柔软　　软弱　　锐利₂(目光尖锐)　　散漫　　沙哑

善良　　深奥　　深沉₃(思想感情深刻)　　深厚₂(感情等浓厚)　　深厚₃(基础坚实)

深刻₁(达到本质的)　　深刻₂(内心感受程度大的)　　深入　　深远　　深重

神秘　　神奇　　神圣　　慎重　　生动　　生硬₁(勉强,不自然,做作的)

生硬₂(不柔和,不细致)　　盛大　　失常　　实际₁(具体的)　　实际₂(合乎事实的)　　实在

适当　　适宜　　瘦弱　　舒畅　　舒服　　舒适　　舒坦　　疏远

熟练　　爽快₂(直截了当)　　爽朗₂(开朗直爽)　　顺利　　死板₁(不活泼,不生动)

死板₂(不灵活变通)　　松软　　松懈　　肃静　　松散　　随便

随和　　琐碎　　踏实₁(切实不浮躁)　　踏实₂(情绪安稳)　　坦然　　坦率

淘气　　特殊　　天真₁(心底单纯不做作)　　天真₂(头脑简单)　　甜蜜　　调皮

贴切　　通畅₁(运行无阻)　　通畅₂(文字流畅)　　通顺　　通俗　　痛快₁(舒畅高兴)

痛快₂(尽心)　　痛快₃(爽快)　　痛心　　透彻　　突出　　突然　　颓丧

妥当　　妥善　　弯曲　　完备　　完全　　完整　　顽固　　顽皮

顽强　　旺盛　　微妙　　微弱　　伟大　　委屈　　委婉

温和2(使人感到亲切)　　温暖　　温柔　　温顺　　文静　　文明

紊乱　　稳当　　稳定　　稳固　　稳妥　　稳重　　稳健1(稳而有力)

窝囊1(因受委屈而烦闷)　　窝囊2(无能怯懦)　　无耻　　无聊　　稀罕　　稀奇

稀疏　　犀利　　喜悦　　系统　　细腻2(描写表演细致入微)　　细心

细微　　细致　　狭隘2(心胸不宽广)　　狭窄2(心胸不宽广)　　下流　　鲜红

鲜明2(分明而确定)　　鲜艳　　显眼　　显著　　险恶　　现成　　相同

相似　　详尽　　详细　　响亮　　消沉　　消极　　潇洒　　嚣张

辛苦　　新奇　　新鲜4(少见稀罕的)　　新颖　　兴奋　　兴旺　　醒目

幸福　　凶残　　凶恶　　虚伪　　凶狠　　凶猛　　雄伟　　雄壮

秀丽　　虚弱　　虚心　　雪白　　迅速　　雅观　　雅致　　严格

严峻　　严厉　　严密　　严肃1(神情气氛使人感到敬畏)　　严肃2(态度认真)　　严重

野蛮　　异常　　阴暗　　阴险　　殷勤　　英勇　　庸俗　　勇敢

勇猛　　踊跃　　优美　　忧伤　　忧郁　　幽静　　幽默　　悠久

悠扬　　油滑　　友好　　幼稚　　愉快　　愚蠢　　愚昧

原始2(古老的,未开发的)　　圆满　　均匀　　糟糕　　扎实2(工作学问实在)

着急　　珍贵　　真诚　　真切　　真实　　真挚　　镇定　　镇静

整洁　　整齐1(有秩序不乱)　　正常　　正当　　正经1(端庄正派)　　正派

正确　　正式　　正直　　直接　　直爽　　质朴　　忠诚　　忠厚

忠实　　周到　　周密　　主动1(与"被动"对应)　　主动2(按照自己的意愿)　　庄严

庄重　　壮观　　壮丽　　准确　　苗壮　　卓绝　　卓越　　仔细

自豪　　自觉　　自然　　自私　　自由　　自在

附录4 不能做状语也不能做补语的双音形容词词表

皑皑　　安静3(沉静稳重)　　斑斑　　饱满2(充足)　　背静　　笨重2(繁重而费力的)

卑贱1(出身低下的)　　勃勃　　惨重　　草绿　　忡忡　　纯正2(纯洁正当)

粗大2(声音大)　　从容2(时间或经济宽裕)　　低级1(初步的)　　地道1(真正有名地出产的)

方便2(适宜)　　方便3(有富余的钱)　　高级1(级别达到一定高度)　　肥大1(衣服又肥又大)

广大1(面积空间开阔)　　广大2(范围广泛)　　广大3(人数众多)　　含糊2(马虎)

积极1(肯定的,正面的)　　急促2(时间短促)　　尖锐1(锋利)　　精锐　　蒙蒙　　名誉

明白2(聪明,懂道理)　　磅礴　　日常　　上等　　深厚1(物体从上到下的距离大)

微薄　　微小　　微型　　唯一　　特定1(特别指定)　　特定2(某一个)

鲜明1(颜色明亮)　　险要　　新鲜2(花朵没有枯萎)　　新兴　　杏黄　　袖珍

要紧1(重要)　　银白　　英雄　　优良　　优秀　　优异　　幼小

原始1(最初的,第一手的)　　正经2(正当的)　　正经3(正式的)　　众多　　重大

狭隘1(宽度小)　　鲜明1(颜色明亮)　　低劣　　富饶　　含糊3(示弱)　　富饶

宽绰1(宽阔不狭窄)　　宽绰2(富余)　　黏糊1(东西黏性大)　　黏糊2(精神不振)

难听3(事情不体面)　　灵通　　强盛　　轻便　　业余1(工作时间以外的)

业余2(非专业的)　　要强

后　记

　　本书是在作者的博士论文《双音形容词状补功能比较研究》基础上修改而成的。2012年秋天我考入华中师范大学语言所，来到了美丽而沉静的桂子山，师从汪国胜先生攻读语言学及应用语言学博士学位。不知不觉中三年时光匆匆流逝，答辩完成后汪老师鼓励我认真修改学位论文。今天不再藏拙而将书稿付梓，首先要感谢汪老师的鼓励与鞭策。此刻的我依旧忐忑不安，心底涌起的是深深的感激之情。

　　对于恩师汪国胜先生，我始终怀着深深的感激之情。汪老师不嫌弃学生天资愚钝，将我领进师门。对我这个要兼顾学习和工作的学生倾注了大量的心血。汪老师鼓励我发挥自己多年从事对外汉语教学的长处，根据对外汉语教学的积累，针对某些正在思考的问题进行系统和深入的研究。正是由于问题引导，立足语言事实，使研究充满了乐趣。这篇学位论文获得了答辩委员会的肯定，被评为华中师范大学优秀博士论文。汪老师对后学的鼓励与奖掖是鞭策我前行的动力。

　　深深感谢德高望重的邢福义先生。邢先生是现代汉语语法研究的大家。在华中师范大学语言所攻读博士的日子里，我有幸聆听邢先生的教诲，深刻感受了邢先生豁达的胸怀、睿智的学术眼光和勤勉坚韧的品格。邢先生提出的"抬头是山，路在脚下"的所训将永远指引我的学术研究乃至人生之路。

　　深深感谢我的硕士导师刘焕辉先生。刘老师当年把懵懂无知的我引入了语言研究的大门，对学生的教学和科研常挂于心。刘老师勤于开拓的学术勇气、笔耕不辍的毅力、对学术的热爱、对生活的激情以及革命乐观主义精神都深深地感染着我，令学生不敢懈怠。

　　感谢南昌大学的同事们对我的关心和帮助。在日常的教学研究中，我很幸运地得到良师益友陆丙甫先生的点拨。每当我与陆老师交流学习研究中的零星想法，陆老师总是能从中发现有价值的观点并引导我向更加深入的方向思考；每当我迷惑踟蹰失去前进方向时，陆老师总是为我提供启发思路的中外文献。徐阳春老师和胡松柏老师在教学与研究中所给予的鼓励和帮助，我亦铭记在心。

这本书的出版也凝聚着中国社会科学出版社同仁的心血，特别感谢责任编辑任明先生对拙著的认真改校。感谢我的学生们为拙著的校对付出的辛勤劳动。

深深感谢我的家人。由于教学研究工作繁忙，我几乎没有闲暇时间陪伴年迈的父母，他们丝毫没有怨言，还时常牵挂着我。感谢兄妹们替我承担起照顾父母的责任。感谢爱人默默地陪伴我走过平常而紧张的每一个日子。感谢远在新加坡南洋理工大学的儿子给予我的鼓励和技术支持。父母和兄妹们的理解，爱人和儿子的支持，永远是我前行的动力。

感恩陪伴我一路走来的师长、同事、亲人、朋友和学生们。感恩命运馈赠于我的一切。我将常怀感恩之心踏实前行。

徐采霞

丙申年初夏于夏荷轩